中国轻工业“十四五”规划立项教材
学前教育专业（新课程标准）系列精品教材

学前教育学

主　编◎张继平
副主编◎李小玲　曹建荣
参　编◎严云芬　徐芳羚子
彭欣园　王佩瑾
赵元猛

中国轻工业出版社

图书在版编目（CIP）数据

学前教育学 / 张继平主编. — 北京：中国轻工业出版社，2024. 2
学前教育专业（新课程标准）系列精品教材
ISBN 978-7-5184-4615-5

Ⅰ. ①学… Ⅱ. ①张… Ⅲ. ①学前教育—教育理论—高等学校—教材 Ⅳ. ①G610

中国国家版本馆CIP数据核字（2023）第236477号

责任编辑：崔丽娜　　责任终审：高惠京
设计制作：锋尚设计　　责任校对：朱燕春　　责任监印：张　可

出版发行：中国轻工业出版社（北京鲁谷东街5号，邮编：100040）
印　　刷：三河市国英印务有限公司
经　　销：各地新华书店
版　　次：2024年2月第1版第1次印刷
开　　本：787×1092　1/16　印张：15.5
字　　数：360千字
书　　号：ISBN 978-7-5184-4615-5　定价：48.00元
邮购电话：010-85119873
发行电话：010-85119832　010-85119912
网　　址：http://www.chlip.com.cn
Email：club@chlip.com.cn

230334J1X101ZBW

前　言

学前教育在个体发展中起着奠定人生基础的重要作用，是“扣好人生第一粒扣子”的重要阶段，是基础教育的起始阶段。加快学前教育发展，办人民满意的学前教育，已经成为全社会关注的教育热点，也成为我国学前教育发展的宏伟目标。

学前教育学是一门研究学前教育现象，揭示学前教育规律的科学。它以教育学、儿童发展心理学等相关学科为理论基础，是一门多领域交叉融合的课程；也是贯穿古今、融会中西的课程，反映了人类对学前教育共同的探索和理解，体现了人类对学前儿童发展与教育的共同智慧，又关照了我国学前教育实践中面临的问题。

本教材包括三大部分内容，共十三章。第一部分是基础篇，包括第一至五章，阐述了学前教育的基本理论，儿童观、教育观、教师、学前全面发展教育以及学前教育目标等一些基本问题，第二部分是幼儿园篇，即第六至十一章，从幼儿园环境创设、幼儿园课程、幼儿园游戏、幼儿园的三大活动（教学活动、区域活动和日常生活活动）来介绍幼儿园教育的方方面面，是本书的重点内容。第三部分是学前教育衔接篇，包括第十二、十三章，介绍了幼儿园与家庭共育和与社区的合作，以及学前教育政策法规的重点解读。

本教材内容主要聚焦3～6岁幼儿的幼儿园教育，针对幼儿园教育中的环境创设，课程、游戏以及幼儿园的三大活动等内容进行系统阐述。本教材的编写人员都是学前教育专业教师，学科基础深厚、教学经验丰富，且他们大都是相关课程的专任教师，比较清楚在学前教育学中应该介绍哪些内容，如何为后期相关课程做好铺垫。

本教材主要具有以下特点：

1. 科学性、前沿性和思政性。本教材依据学前教育学的知识体系，编者查阅了大量文献，依据当前学前教育的相关文件，吸收了当前国际上学前教育研究的最新成果，充分反映国家对学前教育的最新政策方向，确保教材的科学性和前沿性，为学生从事学前教育工作提供理论依据。根据教育部发布的《高等学校课程思政建设指导纲要》（2020）的精神，深入研究学前教育专业的育人目标，增加课程的知识性、人文性，提升引领性、时代性和开放性。编者结合二十大精神，围绕建设高质量学前教育目标，挖掘思政目标内涵，促进学习者学前教育素养提升。

2. 实践性与备考实用性强。本教材依据学前教育学的知识体系，结合《幼儿园教师资格考试标准》和《幼教保教知识与能力》考试大纲中关于"学前教育原理"的要求编写而成。既保证了知识系统的完整性和科学性，也契合了考试大纲的知识点和重点内容，课前有考点预测，课后有真题练习，可为学生掌握学科知识和应对教资及国编考试提供支持。

3. 学科内容体系完整。本教材依据学前教育学科的逻辑结构，结合国家出台的最新政策文件、国家教师资格考试标准和大纲编写。内容包括学前教育基础理论、幼儿园教育及幼儿园衔接三大版块，有助于学生全方位地把握学前教育的基本问题，并掌握面对教育实践问题的基本方法，帮助学生入门学前教育提供宏观视角。

鉴于以上特点，本书既可作为当前高等院校学前教育专业课程教材，也适用于从事学前教育的各方人士，同时也可以作为家长在养育3~6岁儿童的理论指导书。本书旨在帮助学前教育专业学生、学前教育工作者以及家长树立科学的儿童观和教育观。

本教材的编写人员除了李小玲为海南外国语职业学院教师之外，均为上饶师范学院学前教育专业教师。本教材的具体编写分工如下：张继平负责编写了第一章；严云芬负责编写了第二章和第五章；曹建荣负责编写了第三章和第四章；徐芳羚子负责编写了第六章；彭欣园负责编写了第七章和第十二章；李小玲负责编写了第八章和第九章；王佩瑾负责编写了第十章和第十一章；赵元猛负责编写了第十三章。本教材为上饶师范学院教改课题"教师资格证国考背景下的'学前教育学'课程实践研究"的研究成果。

站在前人的肩膀上，才有了本教材的诞生。本教材在编写过程中参考了大量的国内外资料，在此向所有研究者表示感谢。书中如有疏漏和有待深入探讨之处，敬请读者批评指正。

编者

目 录

第一部分　基础篇

第一章　学前教育学概述

学习目标

1. 知识目标：了解学前教育学的研究对象；理解学前教育与学前教育学的内涵；掌握各发展阶段的著名教育家的学前教育思想。
2. 能力目标：运用所学知识分析、判断学前教育现象；了解学前教育学的发展趋势，寻找学前教育的热点问题。
3. 素质目标：养成自我反思、自主学习、互助合作的良好习惯；引发对本学科的学习兴趣。

本章知识导图

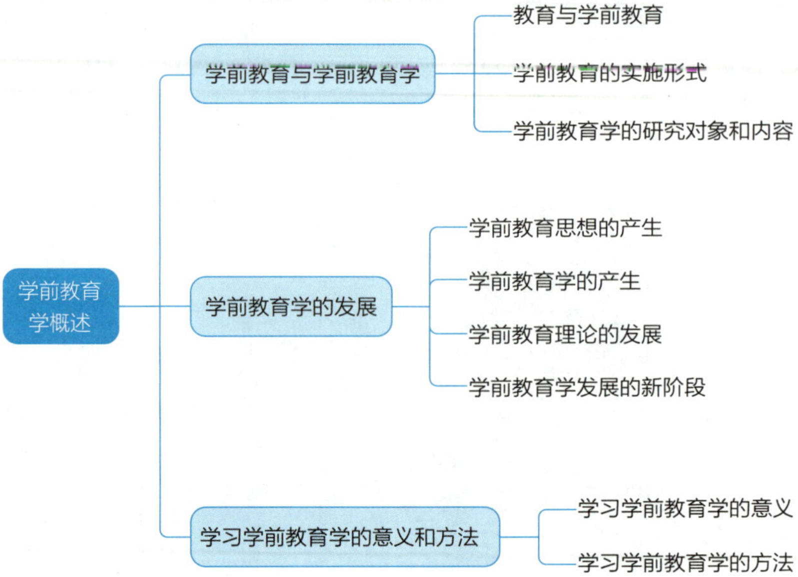

开篇案例

一只蝴蝶艰难地将身体从茧上的一个小口中一点点地挣扎出来，时间过去了几个小时，它似乎已经竭尽全力，不能再前进一步……此时有个人碰巧看到了这完整的一幕，他看到蝴蝶的挣扎实在心疼，决定帮助一下蝴蝶：他拿来一把剪刀，小心翼翼地将茧剪开。于是，蝴蝶很容易地挣脱出来，但是它的身体萎缩，翅膀紧紧地贴着身体……他接着观察，期待着在某一时刻，蝴蝶的翅膀会打开并伸展起来，足以支撑它的身体，成为一只健康美丽的蝴蝶……然而，这一刻始终没有出现！实际上，这只蝴蝶在余下的时间都极其可怜地带着萎缩的身子和瘪塌的翅膀在爬行，它永远也没能飞起。这个好心的人并不知道，蝴蝶从茧上的小口挣扎而出，是大自然的安排，它要通过这一挤压过程将体液从身体挤压到翅膀，这样它才能在脱茧而出后展翅飞翔……其实，人类的生命也同样需要奋斗乃至挣扎。如果生命中没有障碍，我们就会很脆弱，也许就像那只被剪开的蝴蝶，永远不能飞翔……

思考：

1. 教育有规律吗？
2. 不同的教育方式带来的结果是怎样的？

幼儿园教师资格证考试·考点预测◎

本章内容在幼儿园教师资格证考试科目《保教知识与能力》中关联考试大纲知识点为：理解幼儿教育的性质和意义，理解我国幼儿教育的目的和任务；了解中外幼儿教育发展简史和著名教育家的儿童教育思想，并能结合幼儿教育的现实问题进行分析。考点主要有：教育、幼儿教育的概念，幼儿教育机构的产生和发展，国外与我国幼儿教育的代表人物等。题型主要是单项选择题和论述题。学习这部分内容要注意区分学前教育与学前教育学，了解学前教育学的发展脉络，并掌握各阶段的代表人物及其教育思想。

什么是学前教育？学前教育有何规律？什么是学前教育学？学前教育学的研究对象是什么？本章首先要明确这些问题，学习学前教育的基本理论，感受学前教育多姿多彩的魅力。

第一节　学前教育与学前教育学

0～6岁是个体身心发育最为快速的时期，是人的认知风格、行为习惯、个性特征养成的关键期，这一时期的发展具有持续性的影响，并决定个体将来人格的发展方向和发展水平。同时，儿童在学前期形成良好的社会性和人格品质有助于儿童积极地适应环境和社会生活，有助于他们的健康成长。能否扣好人生的第一粒扣子，学前教育至关重要。因此，学前教育学的学习，需要先从它的研究对象——学前教育学开始。

一、教育与学前教育

学习学前教育学，首先要知道什么是学前教育，而学前教育的学习要先清楚什么是教育。

（一）教育

教育是培养人的社会活动。广义的教育是指凡是有目的地增进人们的知识技能、身体健康及思想品德的活动，包括家庭教育、社会教育和学校教育。狭义的教育是指学校教育，是指根据一定的社会要求和受教育者的发展需要，教育者有目的、有计划、有组织地对受教育者施加影响，培养一定社会所需要的人的活动。

（二）学前教育

学前教育是教育的初始阶段和重要组成部分，是提升全民族综合素质、提升国家人才竞争力的根基教育，重要性不言而喻。面向未来的学前教育，需要我们以更加开放和创新的思维去思考幼儿、教师、知识和家庭及世界之间的关系。

自从有了人类就有了学前教育。与教育一样，学前教育也有广义和狭义之分。广义的学前教育是指凡是有目的地对学前儿童（胎儿至6、7岁）产生影响的活动，包括学前家庭教育、学前机构教育和学前社区教育等。狭义的学前教育主要指学前机构所实施的有目的、有计划的教育，如托儿所和幼儿园等托幼机构的教育。主要包括0～3岁的学前早期教育和3～6岁的幼儿教育。在本教材中学前教育主要指3～6岁的幼儿教育。这也与我国多地学前教育与托育服务条例中保持一致。

从以上界定可以看出，对学前教育概念的理解要注意以下两个方面。

1. 学前教育的对象是学龄前儿童或称学前儿童

顾名思义，“学前”即入学之前，但何时才算入学、学前的起点在哪里，却有着不同的标准。我国儿童年满6周岁进入小学后才算入学，而美国有多个州规定，孩子5岁入小学的学前班就算入学了；就“学前”的起点而言，有的从迈入幼儿阶段的3岁开始，有的从婴儿甚至胎儿期就已经开始了。在我国文化下，对0～6岁学龄前儿童开展的保育与教育活动称为学前教育。另外，由于对学前儿童年龄范围的不同理解，学前教育、幼儿教育和早期教育这几个概念在一定程度上通用，但必须注意特定语境下各概念的特殊含义及区别。

2. 学前教育的基本内容是保育和教育活动

保育即对儿童日常生活的看护、照料。学前儿童处于身体发展的关键时期，更缺乏自我照料的能力，离不开成人对其日常生活的适当看护与照顾。所以，从活动的内容来看，学前教育除了一般意义上的教育外，还需特别注重保育。正因为如此，学前教育在当今国际上普遍被称为“早期儿童保育和教育”（Early Childhood Care and Education，简称ECCE）。

值得我们重视的是，由于学前儿童身心发展的特殊性，学前教育有别于其他阶段的教育，我们不能像其他阶段的教育那样主要通过教科书、课堂教学来让学前儿童获得发展，而是强调让儿童在适宜于其身心发展特点的、丰富的环境中，与教师、同伴在共同生活、活动中学习与发展，即在生活中学习与发展，在游戏中学习与发展；在发展中快乐游戏，在发展中幸福生活。

二、学前教育的实施形式

对学前儿童实施教育主要有两种形式，一种是在家庭中实施，一种是由社会组织实施，分别称为学前家庭教育和学前社会教育。

1. 学前家庭教育

学前家庭教育是一种伴随着人类社会的发展而发展的、历史悠久的教育形式。主要是指在家庭中，父母及其他长辈自觉地、有意识地对子女进行的教育。其具有如下特征：

（1）领先性。家庭是儿童受教育的最初场所，抚育者是儿童的第一任教师。儿童最早接受的是家庭保育和教育。家庭对儿童的动作、认知、言语、情绪和社会性的发展产生重要的影响，而且将伴随儿童的终身发展。

（2）个别性和多样性。家庭施教的对象为儿童个体，抚育者与儿童处于一对一或多对一的施教状态，是一种典型的个别教育形式。在具体的教育方法上，抚育者或言传身教，或启发诱导，或赞扬批评，对儿童的学习、道德、行为都要进行教育，这种多样性的教育无疑对儿童的影响是多方面的。

（3）生活性和随机性。学前教育具有生活性，但是，与学前社会教育相比，家庭教育更具有生活性。因为家庭教育是贯穿于日常生活之中的，其重要内容是生活常识、生活习惯、生活能力、生活态度，是帮助儿童解决生活中的具体问题。家庭教育具有随时随处、潜移默化的特点，寓教于家庭各种生活活动之中。

（4）随意性和差异性。家庭教育目标受抚育者的意愿及能力水平的制约，具有较大的随意性。不同的抚育者具有的儿童观、教育观、知识价值观及实际教育能力上的差异，导致家庭教育的目标也有很大的差异，这种差异会极大地影响家庭教育的水平和质量。

2. 学前社会教育

学前社会教育是近代资本主义社会发展的产物，是指在家庭之外，社会各方（如政府、团体、企事业、私人等）为学前儿童开设的集体保育教育机构和设施。其具有如下特征：

（1）群体性。在社会教育机构和设施中，教师实施的是一对多的教育方式，儿童可获得与小伙伴接触、交往的机会，具有群体活动的特征。

（2）目的性和计划性。各类学前社会教育机构实施的是有目的、有计划的教育，由专业人员承担教育工作，旨在促进儿童身心在原有水平上全面、和谐地发展。

（3）多样性。是指施教机构的丰富多样。学前社会教育有比较正规的形式，如托儿所、幼儿园、学前班，这类机构接纳的儿童是相对固定的，并达到一定数量的规定，施教目标与计划是明确的、严谨的，儿童在其中可获得较全面的发展，并且还有助于为工作的家长提供方便。随着学前社会教育的广泛发展，出现了多种类的教育形式，如儿童游戏场、儿童玩具图书馆、儿童博物馆、儿童剧场、玩具图书流动站等。

三、学前教育学的研究对象和内容

每一门学科都有自己特有的研究领域。学前教育学是教育学的一门分支学科。对人们的教育由于教育对象的年龄不同，分为学前教育、初等教育、中等教育、高等教育等教育阶段。各阶段的具体任务、内容、方法各不相同，具有各自的特点和规律，需要分别进行研究。下面我们来学习学前教育学的研究对象和内容。

（一）学前教育学的研究对象

学前教育学是专门研究学前教育现象，揭示学前教育规律的一门科学。学前教育学是教育学的一个分支，属于社会科学的范畴，以教育学和心理学的基本原理为基础，研究学前教育的内容、原则、手段和方法，揭示在儿童和教育者的共同活动中，怎样对儿童施加教育影响，促进儿童在体育、智育、德育、美育方面主动发展的规律。比如，幼儿园应如何安排儿童的一日生活，才能有利于儿童的健康成长；教师应如何创设游戏环境，才能充分发挥游戏活动在儿童发展中的作用等都是它所要探讨的问题。

（二）学前教育学的研究内容

学前教育学的研究内容，主要包括：

①学科的对象和学前教育学的产生和发展；

②儿童观的演变与发展；

③教育观的形成与变革；

④学前教育的目标与任务；

⑤幼儿教师的职业特点与素养；

⑥幼儿园的环境创设；

⑦幼儿园课程、教学、游戏及各种活动指导；

⑧幼儿园与家庭、社区和小学衔接。

学前教育学的研究任务是要总结实践经验，进行理论研究，探讨规律，指导实践，提高学前科学教育水平；为国家和有关部门制定政策、措施、进行教育改革提供理论依据。

思考：学前教育学有何特点？

学前教育学是一门综合性的、实践性很强的、不断发展着的学科。

第二节　学前教育学的发展

学前教育学随着社会的进步、科学文化的发展、学前教育机构的建立和教育学的完善而逐步发展起来，成为一门独立的学科。在学前教育学形成与发展的漫长历程中，各个不同历史时期的众多哲学家、教育家，以其独特的教育思想和丰富的教育实践活动，为学前教育学学科的创建与发展做出了重大的贡献。

学前教育学的发展大致经历了以下四个阶段。

一、学前教育思想的产生（孕育和萌芽阶段：18世纪以前）

人类进行学前教育的实践是伴随着人类的产生而出现的，在16世纪之前，只是在一些思想家和教育家的著作当中出现了一些关于学前教育的思想，并没有形成系统的学前教育理论，因此我们也把这个阶段称为学前教育学的孕育阶段。

（一）学前教育思想最初出现在古代一些哲学家的著作之中（孕育阶段）

从原始社会开始，人们已经积累了教养儿童的经验。我国最初有关儿童教育思想的萌芽散见于谚语中，如“三岁看大，七岁看老”等。我国一些古书中很早就有关于学前教育的记载，如西汉贾谊在《新书》中记载了公元前11世纪周成王母注意胎教之说、《大戴礼》与《礼记》都有记载一些学前教育思想，《大戴礼》的《本命》篇中有关于初生后年龄特点的记载，《礼记》的《内则》篇中提出关于小儿出生后选择保姆的要求以及从儿童能食能言时便进行教育，从小教儿童日常生活的习惯、礼节和常识等。

魏晋南北朝时，颜之推著有《颜氏家训》，南宋时期朱熹编有《童蒙须知》和《小学》等。虽然这些著作中有一些“人伦之教”和三纲五常的封建糟粕，但也提出了一些有益的学前教育思想，如颜之推在《颜氏家训》中提出应注意胎教，应从小教育儿童，他赞同孔子“少成若天性，习惯如自然”及俗谚“教儿婴孩”的说法，重视学前教育的作用；又如朱熹重视胎教，认为孕妇应注意审慎自己的行为，还认为婴儿出生后，乳母必须有“宽裕、慈、惠、温、良、恭、敬”等道德品质，主张对儿童“教之以事”，“从小便养成德行”。以上说明我国古代就有一些思想家总结了胎教和儿童出生后家庭教育的实践经验，重视幼小儿童的教育，提出了宝贵的学前教育思想。这些丰富的学前教育遗产，还有待我们进一步研究。

在西方，在古希腊和罗马时期，已有丰富的学前教育思想。主要的代表人物有：

（1）柏拉图（Plato），代表作有《理想国》《法律篇》，在西方教育史上最先论述了儿童优生优育的问题；强调学前教育的重要性，提出由国家对儿童进行公共教育；强调通过游戏、体育、唱歌、讲故事等活动，对儿童进行体、智、德、美全面发展的教育。

（2）亚里士多德（Aristotle），著有《政治学》《伦理学》等，提出了“教育要遵循自然”的论点，为人类研究儿童、教育儿童指出了正确方向。他把学前教育分为三个阶段：出生前的胎教、出生至5岁的婴幼儿教育和5～7岁的儿童教育；重视胎儿的保健、优生、优育，重视婴幼儿的体育、游戏，儿童的良好行为习惯的培养。

（3）昆体良（M.F.Quintilianus），古罗马教育家。其学前教育思想主要体现在代表作《论演说家的培养》中。他提出，人的教育应从摇篮开始，重视儿童的生长环境及影响，注重儿童道德品质的培养；认为儿童7岁前记忆力强，应学习识字、书写、发音、阅读等，但不能让儿童负担过重；提出适应自然、量力而行、因材施教、劳逸结合四条儿童教育原则；明确提出反对体罚等。

（二）学前教育思想较集中地反映在众多教育家的教育论著中（萌芽阶段）

随着文艺复兴运动的兴起及其思想的传播，教育实践和教育理论也得到了很大的发展，出现了许多著名的教育家，发表了许多有名的著作。以17世纪夸美纽斯的《大教学论》到1806年赫尔巴特的《普通教育学》为标志，教育学从哲学中脱离出来，成为一门独立的学科。学前教育的理论也逐渐丰富起来，在许多教育家的教育著作中都论述了学前教育思想。学前教育思想较集中地反映在众多教育家的教育论著中。

（1）夸美纽斯（J.A.Comenius），捷克教育家。他撰写了历史上的第一部学前教育专著《母育学校》以及世界上第一本图文并茂的儿童读物《世界图解》，构建了家庭学前教育的完整体系。

他论证的学前教育必须遵循儿童的自然、感官教育是学前儿童学习的基础等教育思想对近代学前教育的发展产生了重要影响。

（2）洛克（John Locke），英国教育家。他在《教育漫话》一书中根据培根的“经验论”论证了“白板说”，并提出了儿童体育、美育、德育和智育的具体建议。

（3）卢梭（J. J. Rousseau）法国教育家。他的近代儿童观为学前教育找到了出发点。在其代表作《爱弥儿》中，强调教育回归自然，主张按照儿童的自然发展历程来进行教育。同时，他主张的生来具有学习能力的婴幼儿不是通过语言和文字，而是通过经验并利用自己尚未成熟的器官进行学习的教育思想成为传统教育和现代教育的分水岭，对后世学前教育思想的发展有极其重要的影响。至此，教育从封闭走向开放，强调教育要适合于儿童，而不是使儿童去适应教育机构。

（4）裴斯泰洛齐（J. H. Pestalozzi），瑞士教育家。他继承了前人教育要遵循儿童的自然的思想，并以毕生的教育实践证明：一切教育都应以感官教育为基础，儿童学习的最好方式是操作，母亲是儿童最好的老师等原则和方法。他著有《林哈德和葛多德》《母亲读物》等，还在教育史上第一个提出教学心理学化的思想，强调教育必须考虑儿童的心理特点，并最早提出了“儿童年龄越小越需要心理学知识的指导”的见解，为学前教育理论步入科学化铺平了道路。

（5）欧文（Robert Owen），英国空想社会主义者，现代教育思想家和教育实验家。在《新社会观》《新道德世界书》《人类思想和实践中的革命》等著作中，欧文阐述了自己独到的学前教育思想。他认为人的性格主要受遗传因素和后天环境的影响，而一般贫民没有条件和能力教育孩子，因此，应把这些贫民的子女送去接受公共教育。1816年，欧文在苏格兰的纽兰纳克为工人及其子女创办了“性格陶冶馆”，这是欧洲最早的学前教育机构。

我国在唐宋以后，长期闭关自守，推行文化专制主义，实施八股取士的科举制度，阻滞了文化的发展。明清以后，文化教育仍因承袭传统的封建思想，学前教育相关研究较少。当然，这一阶段也有一些思想家提出了一些可贵的教育思想，如明代教育家王守仁提出了“今教童子，必使其趋向鼓舞，中心喜悦，则其进自不能已。”等。

二、学前教育学的产生（18世纪－20世纪上半期）

学前教育学成为一门独立的科学，首先是由德国教育家福禄贝尔（F.W.A.Froebel）提出的。以福禄贝尔写成的《人的教育》为标志，学前教育理论才从普通教育学中分化出来，成为一门独立的学科。福禄贝尔继承和发展了夸美纽斯和裴斯泰洛齐的主张，1837年在德国勃兰根堡设立了一所幼儿学校，并于1840年正式命名为幼儿园，这是世界上第一所幼儿园。因此，福禄贝尔被称为“幼儿教育之父”。其代表作还有《慈母游戏和儿歌》《幼儿园教育学》等，系统地提出了幼儿园教育理论。其对学前教育的主要贡献有以下几点。

1. 教育要遵循儿童发展的自然

福禄贝尔批判地继承了夸美纽斯提出的教育“适应自然”的思想，以及裴斯泰洛齐提出的只有适当的教育“才能使人成为人”的思想。他认为，对儿童的教学和训练在根本原则上必须是被动的、顺应的，而不是命令的、绝对的、干涉的，因此，应当谨慎地遵循儿童的本能。他认为儿童有四种本能：活动的、认识的、艺术的、宗教的本能，其中活动的本能是最重要的本能，因此主张幼儿园开展各种活动，让儿童的身心都获得发展。

他把幼儿比作花草树木，教师比作园丁，幼儿园比作花园。他认为儿童成长发展的过程就像是一朵花从花蕾到开花结果的过程，一棵树从播种发芽、柔嫩的枝条长成参天大树的过程。他希望儿童能在适合于自己的自然和宇宙的自然中受到教育。福禄贝尔还进一步指出，年幼儿童的自然发展情况是不同于年长儿童的。所以，对年幼儿童的教育应该在内容上、形式上与年长儿童相区别。

2. 学前教育要全面

社会发展需要的是全面发展的人，而学前教育也只有培养出全面发展的人，才能适应社会发展的需要。为此，他指出幼儿园的任务是对成长着的儿童给予全面的关心，为儿童的全面发展进行全面的引导。为了实现幼儿园的任务，幼儿园的教育内容应该是广泛的、多样的，既包括语言、数学、动植物、社会方面的知识、能力，也包括音乐、美术、体育等方面的知识、技能。而不是使儿童在学前期就处于社会生活的某一特殊方位或过早地接受专业训练。幼儿园的教育方法应该是通过活动来丰富儿童的知识、发展儿童的能力。教师要专门设计发展儿童的活动能力（创造力）、感知能力（情感）和智力（思维力）等方面能力的活动。这样，教育过程就能达到“想和做的统一，认识和行动的统一，知识和能力的统一”，促使儿童身心得到全面发展。因此，儿童个体的全面发展既是必要的，也是可能的。此外，福禄贝尔还指出，为使儿童得到全面的发展，学前教育机构还要帮助家庭教育子女，让儿童进行必要的活动，使他们的身体得到正常发展，并训练他们的感官，使他们了解周围的人和自然。

3. 教育应以儿童的自我活动为基础

儿童是天生善良的，儿童通过自我活动实现内部的发展。教师只为儿童提供条件，不进行干预，必要时才需要儿童服从一定的要求。福禄贝尔认为，儿童生活在社会中，应重视儿童与他人的交往该具有的品德。幼儿的行为是其内在生命形式的表现，是由内在的动机支配的。通过这些行为，幼儿才可以成长发展。保育者的任务是帮助幼儿除去生命发展的障碍，让自我得到发展。命令式的、强制的、干涉的教育方法对幼儿的发展是无效的，必须尊重幼儿的自主性，重视幼儿的自我活动。

4. 重视游戏有重要的教育价值

福禄贝尔是教育史上第一位阐明游戏教育价值的人。他重视游戏的教育价值，认为游戏是一种创造性的生活，能促进儿童的成熟与学习。他把游戏作为幼儿园的主要活动，还设计了一套游戏和教学材料。

福禄贝尔认为，幼儿是通过游戏将内在的精神活动表现出来的，“游戏是生命的镜子”；他强调游戏对幼儿人格发展、智慧发展有重要意义，“游戏会产生喜悦、自由、满足，以及内在的平安、和谐”，游戏是幼儿“起于快乐而终于智慧的学习”，“能自动自发、用心认真地玩到累了为止的孩子，将来必是个健壮、坚韧、能够牺牲、奉献的人”。他还认为，游戏中玩具是必需的，幼儿通过玩具“可直觉到不可观的世界”。他根据儿童的特点，将玩具、教具、教材融为一体，创造了一种操作物——“恩物”，他创制的“恩物”有几十种，如一个大立方体，可以分割成大小、数量不等的小立方体、长方体、长方板及小三角形板。幼儿在镶拼中可以认识多种图形、颜色和数目，搭建成各种各样的建筑造型，以发展语言能力、认识能力、想象力和创造力。

5. 要加强对儿童的指导

福禄贝尔认为，要使游戏等活动充分发挥教育儿童的作用，教师就必须对儿童的活动进行指导。教育儿童是一个师生相互影响、相互作用的过程，教师应根据教育原理为儿童设计、安排许多不同的活动。教师的作用就是在观察、了解儿童的基础上，为儿童提供他们想学的东西和机会；教师的作用，从本质上说，是帮助儿童发展个体中已有的学习的内部能力。所以，教师是儿童经验和活动的设计者，应给予儿童引导和保护，而不是命令、强制和干涉。因为儿童的“不受干扰的操作才是好的操作”，“这意味着幼儿依然处于创造过程，虽然是无意识的，但却力图成为一个自然的产物，这肯定是他本身最好的；进一步说，这完全适合于他的发展、他的性情、他的能力和他的愿望”。这些见解后来被蒙台梭利和皮亚杰所强调。与此同时，福禄贝尔还指出，没有教师引导、设计的环境，不是良好的环境，在这种环境下，儿童不可能真正地进行学习，或者是一种错误的学习。

三、学前教育理论的发展（19世纪—20世纪中叶）

（一）国外学前教育的发展

学前教育学作为一门独立的学科形成以后，在理论上和实践上都得到了迅速的发展。这期间国外涌现出来的教育家主要有以下几位。

1. 杜威（John Dewey）

杜威，美国教育家，著有《民主主义与教育》《经验与教育》《我的教育信条》等。尽管杜威没有专门论及幼儿教育和从事幼儿教育实践，但他的教育理念成为20世纪上半叶学前教育的重要理论基础，对许多国家的幼儿教育实践产生了极其深远的影响。杜威宣扬“儿童中心论”，认为教育的本质是“教育即生长”“教育即生活”“教育即经验的不断改造”。教育的过程就是儿童的生活过程。杜威强调儿童的主观能动性在学习中的重大作用，主张儿童在生活和活动中学习，这在当时是难能可贵的。如今美国开放式幼儿园的教学方法就是杜威教育理论的产物。但其也有过分夸大儿童自身的学习能力，忽视教师的主导作用的倾向。

2. 蒙台梭利（Maria Montessori）

蒙台梭利是意大利著名的儿童教育家，也是意大利历史上第一位女医学博士。她于1907年在罗马贫民区创设“儿童之家”，进行了举世闻名的“把教育缺陷儿童的方法用于教育正常儿童”的教育实验，创造了教育的奇迹。主要著作有《蒙台梭利儿童教育手册》《蒙台梭利教育方法》《童年的秘密》，较全面地论述了她关于学前教育的独特观点，她创立的蒙台梭利教育法受到全世界的瞩目。其主要的学前教育思想如下：

（1）幼儿自我学习法则。蒙台梭利在教育过程中发现，受生命本能的驱使，所有儿童天生都具有一种“吸收”文化的心理，儿童能够自己教自己。她这一发现带来了一场革命：①儿童不再被认为是一种幼小的生物，而被赋予巨大的创造力；②这种能力属于无意识心理，只有通过活动、通过生活经验才能变为意识。因此，她视教育为促进幼儿内在力量自然发展的过程，强调幼儿的自由活动，反对以成人为中心的教育，反对传统的班级统一教学，允许幼儿个别学习。她指出：我的教学法就是要培养和保护儿童自身的学习积极性。

（2）儿童成长具有敏感期。蒙台梭利从生物学的动物实验中发现敏感期后得到启示，发现儿童心理发展和学习过程中也存在敏感期，她认为在不同发展阶段，儿童的心理发展中会出现对不同事物的偏好的各种敏感期，包括秩序的敏感期、细节的敏感期、语言的敏感期、触觉的敏感期等，是教育的最好时机。因此，教师和家长必须随时留心观察儿童，发现儿童的敏感期，及时引导、帮助和鼓励，否则可能将对儿童发展造成难以弥补的缺陷，从而埋没他们的特殊才能。

（3）强调感觉训练。感觉教育是蒙台梭利教育中的重要内容。她认为，3～6岁是儿童身心迅速发展的时期，幼儿的各种感觉先后处于敏感期，因此必须对幼儿进行系统的和多方面的感觉训练，使他们通过与外部世界的直接接触发展敏锐的感觉和观察力，为高级的智力活动和思维发展奠定基础。她还认为，感觉教育主要是一个儿童依据教具进行自我教育的过程。“感觉隔离”是蒙台梭利感觉训练的一个重要技术特点，其目的是要借此方法有效地保持儿童的注意，以增强儿童对物体特殊性的感受。感觉隔离主要有两种方法：蒙眼和暗室。为此，她专门设计了一套感觉训练教具，如用以辨别各种形状的镶嵌板，辨别粗细、高低、长短的圆柱插板、长短棒，辨别不同声音和音色的音筒，辨别不同气味的瓶子，练习小肌肉活动的纽扣板，等等。这些教具的特点是：简单、幼儿能自我纠正错误、教师容易掌握指导时机。幼儿可以自由地选择教具，并专注地和独立地反复进行操作练习，获得自我学习和提高。

（4）创设有准备的环境。在蒙台梭利教育中，一个有准备的环境是关键。她认为，幼儿的发展离开适宜的环境是不可能实现的。因此，教育就是给幼儿创造一个好的学习环境。这个环境是一个有秩序的、充满生机的、愉快的和自由发展的，有助于儿童创造自我和自我实现的环境，那里几乎所有的东西都是为儿童设置的，适合于儿童的年龄特点，对儿童有极大的吸引力。在教育中，教师不是灌输知识的机器，而是一个环境的创设者、观察者、指导者。教师为幼儿精心设计环境和学习材料，提供必要的发展手段，保证幼儿能展开自由的学习。教师通过“全神贯注的观察”去发现幼儿巨大的个别差异，对幼儿的不同需要做出恰当的反应，提供必要的帮助。蒙台梭利明确指出，幼儿自由学习的质量是由教师的质量决定的，正是教师才使幼儿的自由得以实现。

蒙台梭利的教育理论也受到不少批评，主要是指责她的教育偏重智能而忽视幼儿情感的陶冶，忽视幼儿的社会化活动，其感觉教育教具脱离幼儿的实际生活，过于狭隘、呆板，操作方法过于机械，等等。然而，尽管如此，蒙台梭利教育对幼儿教育的巨大贡献是不可否认的，她的理论的基本精神，特别是重视幼儿身心发展特点、重视幼儿的自主操作练习和学习，重视环境的作用以及教师的作用的观点，等等，对今天的学前教育改革都具有极大的现实意义。

3. 皮亚杰（J. Piaget）

瑞士著名儿童心理学家皮亚杰提出，学前儿童认知的发展是从感知运动阶段（0～2岁）过渡到前运算阶段（2～7岁）的；儿童的动作和活动在其发展中起重要作用，儿童具有主动性；儿童通过与环境积极的相互作用而获得发展；儿童的发展是个持续的过程。

4. 维果斯基（Vygotsky）

维果斯基，苏联著名的心理学家，“文化–历史”理论的创始人。其代表著作有《思维和语言》《学龄前期的教学与发展》等。他认为，人的高级心理机能是社会历史发展的产物。反对将复杂的高级心理技能分解成简单的成分；语言是人类为了组织思维而创造的最关键的工具，儿童可以凭借语言与他人相互作用，进行文化与思想的交流。维果斯基在说明教学与发展的关系时，提出了“最近发展区”概念。“最近发展区”指实际的发展水平与潜在的发展水平之间的差距。前者是儿童由儿童独立解决问题的能力而定，后者是指在成人的指导下或者借助于能力较强的同伴合作时儿童能够解决问题的能力。他认为，教学促进发展，教学应该走在发展的前面。这一思想对正确理解教育与发展之间的关系，具有重要意义。维果斯基的心理发展理论揭示了人类整体与个体心理发展的本质，他的教学心理思想改变了传统的教学观，有利于建立新型的因材施教观，是现代流行的“支架式教学”的渊源和理论基础。

（二）我国学前教育的发展

这一时期我国一大批进步的政治家和教育家提出了改革旧教育制度，提倡西学，设立学校，也提出了实施学前社会教育的思想，并创办了我国最早的一批幼儿园。他们的教育理论和实践研究，丰富了幼儿教育理论，并对具有民族特色的学前教育学方面进行了有益的探索。在这个时期，比较著名的教育家有以下几位。

1. 陶行知

陶行知是我国“人民教育家”，他在学前教育方面的著作有《创设乡村幼稚园宣言书》《幼稚园之新大陆》《如何使幼稚教育普及》等。陶行知在学前教育方面提出了很多进步的教育主张，强调6岁前教育的重要性，他认为凡人生所需要的重要习惯、倾向、态度多半可以在6岁以前培养成功。他的办园思想是“中国化”“平民化”，主张在工农中普及学前教育，并创办了我国第一所乡村幼稚园和劳工幼稚园。他提出幼稚园应实施和谐的生活教育，反对束缚儿童个性的传统的教学法；主张通过“艺友制”来解决幼教师资的培养问题等。

2. 陈鹤琴

陈鹤琴是我国现代著名的学前教育专家，在他为中国幼儿教育事业走向现代化而不懈努力的一生中，从理论创立和实践躬行两方面，对儿童成长与发展进行了长期的观察实验和探索研究。他主要的教育思想如下：

（1）指出学前教育对于儿童一生的发展至关重要，关系到国家的前途和民族的命运。他对自己的子女进行三年跟踪观察和实验研究，记录了儿童身心发展的特点，总结出家庭教育的原则和方法。1923年创办了南京鼓楼幼稚园，并以此作为幼教实验中心，进行课程、故事、读法、设备等多项实验，以探索幼儿教育的规律，促进儿童的成长发展。

（2）强调学前教育要考虑儿童的特点。幼儿教育的对象是儿童，儿童不是小大人，对儿童的培养与成人不同，不能给他们成人化的东西，而要适应儿童好游戏、好奇、好模仿、喜欢户外生活、喜欢成功的生理与心理特点，做到儿童化，杜绝中小学化、成人化；即使是同一年龄阶段的儿童，也在生活经验、个性、兴趣以及学习能力等方面会有所不同。他倡导要了解每个儿童的个性，多采用小团体的教学法，因材施教，使儿童得到健康的成长；同时，儿童有独立的人格，教师要热爱儿童，公平地对待儿童，做儿童的朋友和伴侣，同游同乐地去玩去教，要启发、诱导儿童，要绝对尊重儿童的人格，不能任意恐吓、打骂儿童，以免阻碍儿童身心的正常发展。

（3）指出要对儿童进行全面发展的教育，使儿童成为“体魄强壮、品德良好和智力发达”的祖国幼苗。主张幼稚园一要注意儿童的健康，培养儿童的卫生习惯，为儿童提供必要的营养，矫正儿童的身体缺陷，预防传染疾病，发展儿童的各种活动动作，锻炼儿童的体格，重视开展户外活动、娱乐和游戏等；二要重视培养儿童的良好道德品质，教导儿童互相谦让、敬爱父母、尊敬师长、遵守纪律，有毅力、勤劳、勇敢、爱祖国、爱人民、爱大自然；三要培养儿童对自然美、社会美、艺术美的认识，发展艺术才能；四要重视儿童的感觉训练和智力发展，特别是观察力的提高等。

（4）提出幼儿教育要注意多样性。儿童是在游戏、作业、劳动生活、自然社会等丰富多彩的活动中得到成长和发展的。教师要竭尽全力为儿童创造良好游戏的环境，并组织儿童参加一些力所能及的劳动，随时随地向大自然、社会获取教育资源。为了充分发挥游戏环境的教育价值，陈鹤琴指出游戏设备要合乎儿童化、坚固耐用、卫生安全、艺术多变等标准，游戏用具要达到使用国货、坚固耐用、式样美观、大小合度、没有危险性等要求。在室内、园内的各种活动中，陈鹤琴最重视的是儿童的室外、园外活动。

（5）强调教师要对幼儿加以指导。陈鹤琴坚决反对以教师为中心或儿童中心主义的倾向，强调教师要对幼儿加以指导。而教师指导作用的发挥要和儿童主动性、独立性、创造性的发展有机结合，倡议要让儿童自由集合、自由合作。为了较好地发挥教师的指导作用，陈鹤琴提出，必须从政治思想、业务修养、教学技术、优良品质等方面加强对教师的培养和提高工作，他曾创建江西省立实验幼稚师范学校，实践自己的教育理论。

另外，陈鹤琴先生还指出幼儿园要和家庭紧密配合。他认为儿童教育是幼稚园与家庭共同的责任。家庭是孩子成长的第一个教育场所，父母是孩子的首任教师，应尽到教育好孩子的责任，幼稚园可以通过恳谈会、报告会、探访家庭等形式，向家长宣传婴幼儿早期教育的重要意义，宣传党的教育方针政策，普及儿童心理学、学前教育学的知识，使广大家长都能对自己的子女有个正确的培养目标和教育方法，取得家长在教育上的密切配合，使家庭教育与幼稚园教育步调一致，保证儿童得到合理的教养而生动活泼地成长。

3. 张雪门

幼儿教育家张雪门和陈鹤琴一起被誉为“南陈北张”。张雪门对学前教育理论和幼稚园课程进行研究，主要著作有《幼稚园教育概论》《新幼稚教育》《幼稚园的课程》《幼稚园的研究》等，对丰富和提高学前教育理论做出了一定的贡献。

此外，还有一些学前教育、教材教法方面的书籍对我们现在仍具有一定的参考价值，如张宗麟的《幼稚教育》，孙铭勋的《幼稚教育》，王骏声的《幼稚园教育》等。新中国成立之前，这些学前教育家积累和总结了很多学前教育经验，丰富了学前教育理论。

四、学前教育学发展的新阶段（20世纪中叶以后）

自19世纪中叶，学前教育学成为一门独立的学科以来，学前教育理论虽不断完善，但相对来说，仍是一门很年轻的学科。大部分内容还停留在经验的描述和简单形式的逻辑推理水平。20世纪中叶以来，人类社会不断发展，哲学、人类学、教育学、心理学、生理学等相邻学科的发展，不断丰富学前教育的理论基础，提高了学前教育学的理论化和科学化水平，学前教育学进入了发展的新阶段，这主要表现在以下两方面：

一方面，辩证唯物主义为学前教育学的研究提供了科学的世界观和方法论，使学前教育学的发展进入新阶段。学前教育学和其他科学一样，必须以一定的哲学作为理论基础。辩证唯物主义的产生和传播为进一步探索学前教育学的科学规律提供了条件，又对教育和学前教育的根本问题做了科学的回答。辩证唯物主义揭示了教育与社会的生产方式密切联系，为学前教育的目的、任务、内容的研究提供了基本观点。马克思主义对人的本质是社会关系的总和的论断，以及事物发展变化的根本原因在于事物的内部矛盾的观点，使人们对遗传、环境和教育三者之间的关系能做出科学的说明。辩证唯物主义的认识论又科学地说明理论和实践的关系。理论和实践相结合的原则指导着学前教育学的研究、学习和应用。以上这些对科学的学前教育学的建立起到了重大作用。

另一方面，邻近学科和科学技术的发展为学前教育学提供了科学基础，提高了学前教育的科学水平。学前教育学研究的对象是学前儿童的教育，必须在了解儿童生理和心理发展规律的基础上，才能科学地认识教育的规律。在20世纪中叶以来，生理学及神经生理学、心理学，特别是儿童心理学以及社会学、人类学有了较大的发展，为学前教育理论提供了科学依据。例如，心理学对儿童心理发展的动力研究，对学前儿童认知能力发展、情感和意志的发展的研究，对学前儿童个性形成的研究，为建立和提高学前儿童认知教育、情感教育和道德教育理论，提供了心理学的基础。

心理学是学前教育学的科学基础，不同的心理学派对儿童是怎样发展的、怎样学习的，有不同的解释。同时，各国具体国情和教育目的、任务不同，因而学前教育学出现了新进展。

1. 发展适宜性教育实践

美国幼儿教育学会（National Asociation for the Education of Young Children. NAEYC）于1987年颁布了《适宜0～8岁儿童发展的教育实践》，首次阐明了“发展适宜性教育实践”的基本观点和实施方式等。“发展适宜性教育实践”对世界范围内的学前教育产生了重要影响。

“发展适宜性教育”的内涵主要包括：

（1）年龄发展适宜性，即教育要与儿童的年龄特点相适应。这一命题基于人类发展的研究，认为在人生的早期存在着一个生长和变化的、普遍的、可以预知的顺序，教师可以根据一定年龄阶段儿童的普遍发展规律，为儿童准备学习环境，安排适合其发展的知识经验。

（2）个体发展适宜性，即教育要与每个儿童的特点相适应。这一命题认为每个儿童都有自己的人格、学习方式和家庭背景，都有独特的发展状况和成长进程，因此课程和教育方案都要适合儿童的个体差异，使儿童在活动中获得的经验既能适合其发展水平，也能激发其兴趣和满足其需要。

（3）社会文化适宜性，即教育要与每个儿童所处的文化背景相适应。目前学前教育工作者越来越重视文化背景在儿童学习与发展过程中所具有的重要作用。每个儿童都带着自己的文化背景进入集体，文化是儿童和家庭生活方式的总和，如他们的价值观或信仰、语言、思维方式、衣着外表和行为等。有些儿童的文化背景不同于教师，有些则不同于班级主流文化。儿童需要得到教师和其他重要成人的尊重。儿童所处的环境必须意识到儿童之间存在的个体差异和文化差异，并且能尊重这种差异，创造机会相互尊重、相互分享与相互理解，创造机会将儿童与现实、与更广阔的世界相联系。

这一理念与我国教育部2012年颁布的《3～6岁儿童学习与发展指南》及2021年颁布的《关于大力推进幼儿园与小学科学衔接的指导意见》等文件的基本精神和要求不谋而合。教育部在2022年2月颁布的《幼儿园保育教育质量评估指南》中，也向幼儿园明确提出“积极创设丰富适宜、富有童趣、有利于支持幼儿学习探索的教育环境”的要求。

2. 瑞吉欧学前教育模式

瑞吉欧是意大利北部的一个小城，具有良好的城市公共生活传统和艺术、人文的精神氛围。20世纪60年代以来，该市在洛利斯·马拉古奇（L. Malaguzzi）的发起和领导下，依靠市政府和社区民众的全力支持建立了一个公共的儿童保教模式，形成了一套特殊、创新的教育哲学和教育理念、学习的管理方法，以及环境设计的想法是继蒙台梭利之后又一个颇具特色的、堪称影响世界的学前教育模式。

为弘扬进步主义的教育理念，推广自己的教育经验，20世纪80年代初期，马拉古奇率部在欧美各国举办巡回展览。这个名为《儿童的一百种语言》的展览获得了巨大成功，使瑞吉欧的精神理念与教育经验得到各国教育界、学界和政治界人士的赞赏，被美国《新闻周刊》评为“世界十大最好的教育系统之一”，并刮起了一场席卷西方世界的瑞吉欧教育“旋风”。

瑞吉欧学前教育模式的主要特点如下：

（1）社会支持和父母参与。全社会关心学前教育素来是意大利的优良传统，是意大利文化中集体主义的一种体现。在瑞吉欧，0～6岁儿童的保育和教育是一项重要的市政工程，享有12%的政府财政拨款。父母在学校中所起的种种作用是实质性的。在全市所有的幼儿学校中，父母有权利参与学校各个环节的事务，并自觉承担起责任。

（2）学校的民主管理与合作。瑞吉欧学前教育体系以儿童为中心，在幼儿学校里，无论是教师或儿童都能获得“家”一样的感觉。教师之间没有任何层次等级，他们只是平等的共事者和合作者。这里也没有一般机构常见的那些行政事务。瑞吉欧幼儿学校实行3年一贯制，教师连续跟班教学，以保持教师和儿童之间长期稳定的联系。

（3）弹性课程与研究式教学。瑞吉欧幼儿学校的课程来自儿童的生活和兴趣，主要解决儿童真实生活中的问题，重在培养儿童的主动性和创造性。教师结成小群体进行长期深入的专题研究。他们没有固定的课程计划，教学活动强调生动而富有实效的学习，绝不匆匆忙忙“走过场”，要求自然而流畅。

（4）多种多样的教学手段。语言只是教师与儿童沟通的手段之一，瑞吉欧要求教师多采用动作、手势、姿态、表情、绘画、雕塑等方式进行教学。

（5）合作学习与反思实践。瑞吉欧教育中尤其注重儿童、教师和家长三位一体的合作教育，参与感是他们极为重视的概念。教师和孩子一样，都不是“训练”出来的，相反，教师是在与孩子、父母、其他教师沟通的环境中学习的。这种合作关系有助于教师不断增强自己的“角色”意识，提高教学水平。

（6）开放的教学环境。瑞吉欧学前教育体系重视学校环境的设计和布置，把学校的环境称为“不说话的老师”。因此，他们精心设计学校的每一个角落，让儿童在开放的环境中愉快学习、相互合作与交往。

3. 多元智能理论和多彩光谱方案

多元智能理论是由美国哈佛大学心理学家霍华德·加德纳（H.Gardner）提出，加德纳在1983年出版的《智力的结构》一书中首次提出了多元智能理论的基本结构，认为个体身上存在着相对独立的、与特定的认知领域或知识范畴相联系的多种智能。加德纳认为，人类的智能至少可以分成七个范畴：语言智能、数理逻辑智能、空间智能、身体运动智能、音乐智能、人际关系智能、自我认识智能。当然，人的智能远不止这些，1998年，他又提出了第八种智能——自然认知智能。加德纳认为，八种智能人人都有，只是各种智能在每一个人的身上表现程度不同，每个人都拥有不同的智能优势组合。

多彩光谱方案是以多元智能理论为主要理论基础的课程和评估方案之一。它是由哈佛大学的加德纳教授和塔夫茨大学的费尔德曼教授率领哈佛大学零岁方案和塔夫茨大学的合作研究小组合作完成的，是一项持续了10年的研究（1984—1993）。多彩光谱方案主张发展一种更为人道、宽泛的评估方案，认为儿童潜在的或者外显的能力远远超出了传统的智商测试或其他的标准化测试所能够反映的范围，要求开发一种课程，能够给儿童提供各种活动材料，支持儿童以各种方式开展学习，发现并发展儿童的强项，力争使所有儿童都能够以最佳的方式进步。这种评估工具项目的评价方法不是靠某种测试，而是为儿童提供在各个领域活动的机会，让儿童在真实的情境中表现自己。它用一系列涵盖各个领域的、与儿童日常生活相联系的学习活动，让儿童真实地完成任务，在此过程中来识别和培养儿童，以便使评估者全面了解儿童的智能概貌，为教学提供参考。当然，多彩光谱方案不是单纯的评价工具，它同时也为儿童发展多元智能创设丰富的活动，是一种结合了评价功能与日常教学功能的综合方案。

以上各流派的学前教育思想丰富和活跃了我国学前教育学的发展，我们要以辩证唯物主义方法论为基础，从实际出发，博采百家之长，进一步发展和创新我国学前教育理论。同时，以辩证唯物主义为指导，有计划地开展学前教育理论和实践的研究工作，继承发展并研究分析当前学前教育理论和科研成果，从而进一步健全和发展具有中国特色的指导实际工作的学前教育学。

第三节　学习学前教育学的意义和方法

一、学习学前教育学的意义

学前教育学是学前教育专业学生的专业主干课程，研究学前儿童教育的宏观问题及其一般活动规律。其目的在于使学生了解学前教育在儿童发展过程中及在整个教育系统中的地位与价值，掌握学前教育的先进思想及基本理论，领会科学的教育观念，认识学前儿童自身发展的特征及学前教育活动的基本特点。其意义具体体现在以下几个方面。

（一）提高对教师职业的认识，培养教育情怀

学好学前教育学，可以帮助我们提高对学前教育工作重要性的认识，增强对学前教育事业的热爱，坚定专业意识，培养教育情怀。热爱教育事业是教师崇高的美德和工作的动力，它可以激发教师的工作兴趣，坚定献身教育事业的责任感。

（二）建构学前教育的基本理论和技能

学前教育学知识是学前教育专业学生知识结构中不可或缺的部分。合理的知识结构，既是形成技能技巧，适应职业需要的必要条件，又是发展智力，培养能力，焕发创造精神的根本保证。通过学前教育学的学习，了解学前教育具有怎样的特点、幼儿教师需要怎样的素质、幼儿园活动

设计与实施应遵循怎样的规律等，将有助于幼儿教育工作者澄清观念，从而形成合理的儿童观、教师观、教育观，进而提高从事学前教育工作的自觉性和科学性。

另外，学前教育学作为一种理论，既来源于实践，又涵盖了丰富多彩的实践内容。学前教育学理论一旦被理解和内化，纳入行动者的认知结构以后，就会产生巨大的指导功能，推进学前教育实践问题的解决。学前教育如果不能上升为理论，就不可能有质的突破。从这个角度讲，学前教育学的发展和学习是学前教育专业化的必然路径。通过学前教育学的学习，可以促进幼教专业学生的专业化，提升其作为准幼儿教育工作者的专业自尊。

（三）指导学前教育实践，推动学前教育改革

理论来源于实践，又指导实践。通过对学前教育学的基本概念、基本观点的学习和内化，有利于学习者培养初步的实践能力——尊重儿童，促进发展。通过对学前教育主要对象（学前儿童、学前教师、学前教育影响源）以及相互关系与整体关系的学习和内化，有利于学习获得关于学前教育领域完整而系统化的认识，树立起高远的视野，对有可能遇到的实践问题有所准备。通过对学前教育问题的探讨和研究，对学前教育规律的把握和运用，提高学习者解决学前教育领域实际问题的能力。

学前教育改革和学前教育实践的发展需要学前教育理论。学前教育理论可以帮助我们分析研究教育改革中出现的新问题、总结概括教育改革中的新经验，并将新经验上升为科学的理论，使得教育理论不断地发展和完善。

二、学习学前教育学的方法

学习学前教育学不是一件轻而易举的事，有效的学习领会需要通过思考和实践逐步达到。在学习学前教育学这门学科的时候，应注意采用以下几种方法。

（一）学习和思考相结合

“学而不思则罔，思而不学则殆。”学习要与思考相结合。在学习中，一方面要认真学习已有的学前教育科学成就，同时还要充分发挥学习中的主观能动性，独立思考，学会自主学习，培养创造性思维。终生教育也要求每个人都具有自我管理、自我学习的能力，“活到老，学到老”，才能适合社会的需要。

（二）理论与实际相结合

学习任何一门学科都必须遵循理论联系实际的原则。理论和实际相结合，要着重以理论方面的提高，把书本知识的学习放在首位，认真钻研学前教育的基本知识和基础理论。同时，还应该根据学习的需要，接触实际，比如在学习某一章学前教育理论时，要紧密联系学前教育的实际，到幼儿园进行一定的见习、实习、研习，开展调查研究和各种专业活动，尝试利用理论知识去分析、解决实际问题，做到学以致用、学用结合。

（三）博览与精读相结合

教材是重要的学习资源，教材能连贯、系统地呈现知识，其编写体例要符合个体的学习习惯、思维特点和认知发展，因此必须精读教材。在精读教材的基础上，还应加强相关学科的学习，必须将学前儿童心理学、学前卫生学等社会科学和自然科学的学习相结合。广泛阅读有关教育、学前教育的各种专业书刊，及时浏览相应的教育网站。

（四）预习与复习相结合

学生应在课前预习一下教师即将讲授的内容，做到心中有数，并能带着问题投入课堂学习中，以提高课堂学习的质量；在听课以后，应及时复习巩固，以降低遗忘率。无论预习还是复习，都要把写、读、思考等方式结合在一起，才能真正提高学习效率。

如果我们在学习学前教育学的过程中，能够提出自己的问题，认真思考，尝试用所学理论解决实际问题，那么，这样的学习将帮助我们从普通人向学前教育工作者转变，迈出成为教师的第一步。

本章小结

学前教育学是一门研究学前儿童教育现象和规律的科学。学前教育学的内容和任务在于围绕学前教育儿童观、教育观，实现我国教育目的，有效促进儿童全面发展，而系统研究学前教育目标、内容、方法与途径，阐明我国学前教育的一般原理和原则，研究解决实践中的问题，发展高质量的学前教育，建设具有中国特色的学前教育理论体系。学前教育学经历了长期的发展演变。在古代就有学前教育思想散见于哲学家们的思想著作中。夸美纽斯的《母育学校》是第一次系统阐述学前教育的专著。福禄贝尔创办了世界上第一所幼儿园，其著作《人的教育》标志着学前教育学成为一门独立的学科。学前教育学是学前教育专业的主干课程，学好学前教育学对于形成正确的儿童观、教师观、教育观，掌握学前教育目标的内容、方法、手段具有重要意义，可为后续学习幼儿园活动设计与指导、幼儿园教育环境创设、儿童家庭与社区教育等课程打下理论和观念基础。学好学前教育学，需要深入理解并掌握其基础知识和基本技能，改进学习方法，加强理论联系实际和实践锻炼。

关键术语

学前教育、早期教育、幼儿教育、学前教育学

建议的活动

1. 查阅学前教育相关文献，了解学前教育研究的热点，就一个感兴趣的话题，写出自己的想法。

2. 组织一次辩论赛，主题为：学前教育是否重要？

拓展阅读

1. 黄人颂. 学前教育学[M]. 3版. 北京：人民教育出版社，2015.
2. 梁志燊. 学前教育学[M]. 北京：北京师范大学出版社，2013.
3. 刘晓东，卢乐珍，等. 学前教育学[M]. 南京：江苏教育出版社，2011.
4. 李生兰. 学前教育学[M]. 上海：华东师范大学出版社，2014.

第二章 学前教育观

学习目标

1. 知识目标：了解学前教育的价值和我国学前教育的发展，重点掌握科学的儿童观和教育观的内容。
2. 能力目标：能够形成正确的儿童观和教育观，并运用于教育实践。
3. 素质目标：形成科学的儿童观、教育观，热爱儿童、热爱教育事业。

本章知识导图

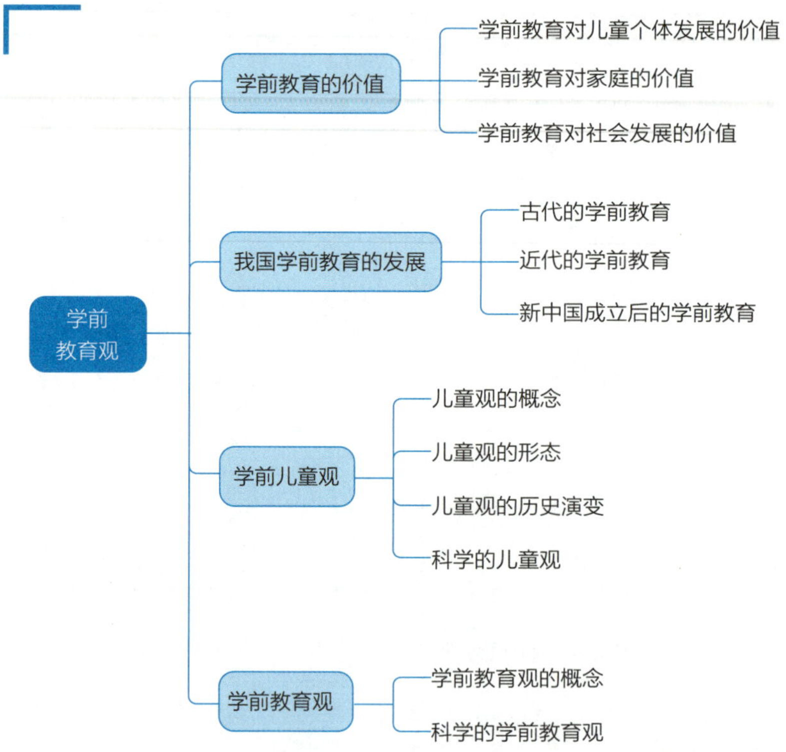

开篇案例

某幼儿园的花园里开出了美丽的玫瑰花，每天都有很多幼儿来看，但没有人去摘。有一天早晨，当园长在校园里散步的时候，看到一个4岁的小女孩在花园里摘下了一朵玫瑰花，抓在手中，从容地往外走。她想知道原因，于是便弯下腰，亲切地问她：“孩子，你摘这朵花要送给谁呀？能告诉我吗？”小女孩害羞地说：“我奶奶病得很重，我告诉她幼儿园里有一朵大玫瑰花，奶奶有点儿不信。我现在摘下来送给她看，看过了我就把花送回来。”听了孩子天真的回答，园长牵着小女孩，从花园里又摘下两朵大玫瑰花，对孩子说：“这一朵是奖励给你的，你是一个懂得爱的孩子；这一朵是送给奶奶的，感谢她养育了你这样好的孩子。”

思考：

1. 你认为案例中的园长有什么样的儿童观？
2. 你认为幼儿教师应该具有什么样的教育观？

幼儿园教师资格证考试 · 考点预测◎

在幼儿园教师资格证考试科目《综合素质》中，本章内容关联内容是“职业理念”模块，对应考试大纲知识点为：学前教育的价值、我国学前教育发展的基本情况、历史上典型的儿童观、正确的儿童观、科学的教育观等。考点主要有：幼儿教育的重要性，古代学前教育的发展情况，近代学前教育的发展情况，正确的儿童观，科学的教育观。在历年教师资格考试真题中考分占比较多，题型主要是单项选择题和材料分析题。

学前教育是幼儿成长的关键阶段，对于幼儿未来的学习和生活具有重要的影响。学前教育是幼儿成长的关键阶段，对于幼儿未来的学习和生活具有重要的影响。而建立正确、科学的教育观，是帮助幼儿健康成长，推进学前教育改革，提升学前教育质量的关键所在。

第一节　学前教育的价值

学前教育对儿童、家庭、社会都有着重要的意义和价值，它不仅对于儿童的身心发展和综合素质的培养具有重要作用，同时也有助于促进教育的发展，提高整个社会的竞争力和可持续发展。

一、学前教育对儿童个体发展的价值

幼儿教育对儿童而言具有至关重要的价值，主要体现在以下几个方面。

（一）保证胎儿的健康出生

胎儿在母亲体内孕育，母体对他的生长发育有着重要的影响。学前教育能够为胎儿的健康成长提供环境上的保证。

现代生理研究已证实，孕妇注意并保持愉悦的心情对胎儿的成长发展非常有利。胎儿约在5个月后，听觉及神经系统的发展便已初步完成，在六七个月后，便可辨别出母体的喜怒哀乐；而孕妇的心情也可以通过神经-体液的改变，影响到胎儿的血液供给、呼吸及胎动等。孕妇如果心境平静、安宁，能促进健康激素和抗体的产生，通过调节血液流动，使神经细胞更加活跃，从而改变胎盘的供血状态，增加血液中的有利成分，使胎儿在子宫中得到“动听音乐”的陶冶，向着理想的方向发育成长；孕妇如果情绪烦躁、忧虑，则会使大脑皮层高级神经活动和内分泌代谢功能发生不规则的变动，使胎儿在子宫内受到“噪音”的影响，从而出现发育缺陷。

当代临床科学研究也已证实，孕妇若能注意适当的饮食，并摄取适当的营养素，以降低烟、酒、加工食品等各种因素对胎儿产生的不良影响，则能使胎儿正常的发育与出生。

（二）促进儿童的认知发展

学前时期是幼儿的认知能力发展最迅速、最重要的时期。根据皮亚杰的认知发展阶段理论表明，儿童的智能-心理发展过程具有一个阶段性。幼儿在2岁时处于“感觉运动阶段”，首先获得动作的逻辑，逐渐发展出事物之间的次序、空间维度、物体守恒、因果性等知识。2～7岁处于“前运算阶段”，幼儿逐渐将感觉运动概念化，逐步完成对语言和符号的认识过程。到了7～10岁时，则处于“具体运算阶段”。可见学前时期对儿童的发展是长期性的，它影响并决定了儿童的日后社会性、人格发展的形式和水平。

在关键期，个人基于一定认识经验的学习习惯或行为的形成通常是很容易的，但是如果错失了这一时期，在以后的教育阶段中要克服则是非常困难的。有科学研究表明，早期教育在儿童的成长中起着重要作用。因为环境刺激单调、不足，缺乏适当的学前教育手段会导致儿童智力落后，但如果为儿童提供丰富的情感体验与正面的引导、帮助和教育机制，能够有效促进其认知发展。此外，教育的质量还会直接影响到儿童的学习态度、学习习惯和学习动机等，从而对个人的

认知发展和终身学习产生重大作用。合理的幼儿教育适应儿童身心发育规律，能促进儿童各种智力和非智力方面的健康发展，如语言技能、逻辑性、想象力、创造性、学习动机、求知欲、自主效能性等。而不恰当的教育方式如给儿童进行机械的知识和能力训练，不仅会损害儿童的学习积极性、学习热情和内在学习动机，从而降低儿童的自我效能性，而且会使儿童逐渐失去独立思考能力和创造精神，从而对儿童的认识能力发展产生巨大的负面影响。学前教育是人一生中关键的教育阶段，家长和教师必须抓住这一时期，给予幼儿良好的教育，以促进幼儿的成长。

案例

某幼儿园开展了一项关于认知发展的活动。在此次活动中，老师为幼儿准备了丰富的认知游戏。比如，老师为幼儿准备了各种颜色和形状的木块，让他们自由搭建，培养他们的观察力和动手能力。接着，老师又带领幼儿观察天气变化，让幼儿学会通过气象预测未来的天气情况。最后，老师还为幼儿准备了课堂游戏，如“小小消防员”“水果连连看”等。通过这些活动，老师发现幼儿在观察和思考问题时变得更加敏锐，对环境和生活有了更深的认知。孩子们的逻辑思维和语言表达能力也有了很大的提高，交流能力也更加出色。同时，孩子们更加有自信了，愿意通过各种途径展示自己的能力。

（三）促进儿童的社会性和人格的发展

社会性、人格是个人素质的重要部分，必须经过社会化的阶段才能逐步形成和完善。学前阶段是个人社会化的初始阶段和关键时期，在后天环境和家庭教育的共同作用下，在同周围人互动的过程中，婴幼儿阶段逐步产生并完善最基础的对人、对事、对物的情感、态度，从而建立行为、个性、价值观的基础。埃里克森的人格发展阶段理论指出，人格是人在自身和周围的环境相互影响下不断整合而成的。每一部分或每一阶段都属于整个周期的阶段，每个阶段都有特殊期，只有这些阶段都产生后才能使完整的人格组合形成。科学研究与事实都证明，在6岁以前是儿童的态度、人格、行为、情感初步建立的重要阶段，是儿童形成礼貌、友善、互相帮助、分享、谦虚、认真学习、责任心强、活泼开朗等良好的社会性行为与个性品质的关键阶段。而且，这一时期对儿童的成长状态也有着持续性作用，它决定了儿童日后社会化、人格发展的成长方式、特点与能力；也有利于他们主动地适应环境，并成功地应对社会生活。

儿童社会性、人格的健康成长需要成人提供优越、适合的教育环境。高质量的学前教育能对儿童社会性、品德的发展产生良好的促进作用。有研究表明，学前期恰当的社会性教育能够有力地促进儿童社会互助意识、爱心、责任感、自制力、责任心以及合作能力等社会性、品德素质的发展，实施了适当社会性教育的儿童以上各方面发展程度都会显著高于从未受过这一教育的儿童。学前期是儿童养成各种行为、良好习惯和个性发展的关键时期，而在该时期所接受的社会环境影响与学校教育影响，则是其行为、个性发展养成的重要基石。

案例

1978年，有记者采访当年的诺贝尔物理学奖得主卡皮查，问他：“您在哪所大学、哪个实验室里学到了您认为最重要的东西?”

让人意想不到的是，白发苍苍的卡皮查回答道：“是在幼儿园。”

记者呆住了，又问道：“您在幼儿园学到了些什么呢?”

卡皮查如数家珍地说："把自己的东西分一半给同伴们，不是自己的东西不要去抢，所有东西都要摆放整齐，吃饭时一定要洗干净手，做了错事一定要表达歉意。午饭后要注意休息，读书时要注意思考，要仔细观察大自然。从根本上说，我学到的全部东西就是这些。"

（四）对儿童身体发展的重要性

学前教育不仅对儿童的心理发育发挥了很大作用，对儿童的身体健康也具有关键作用。在现代幼儿园教育中一个很重要的内容就是要进行健康教育，主要包括身体健康，在集体生活中情绪稳定、快乐；生活、健康行为良好，有基本的正常生活和自理能力；掌握必要的自我安全保健知识，学会保护自己；喜欢体育运动，且动作协调、灵敏。幼儿教师要重视引导、支持幼儿进行适当的体育锻炼，同时重视良好生活习惯、卫生习惯、自理能力以及自我保护意识的培养，以促使幼儿的身心正常发展，为幼儿的健康成长打下良好扎实的物质基础。

资料链接

脑部学习与发育的绝大部分过程都发生在突触形成的网状物里，即神经元和神经元之间狭窄的间隙内。正是这个网状物决定了信息在人脑中的传递方式和效率。而婴儿的经验，特别是在头12个月里得到的经验，决定了突触连接的方式。

孩子在生命中的最初三年处于怎样的环境，实际上将决定其大脑的构造，他所经历的事物越有意义、越具有连贯性和趣味性，他的大脑也就塑造得越精妙。这也意味着孩子在一生中的最初三年所获得的经验丰富与否，在很大程度上影响他大脑的发育。

资料来源：科内拉. 新生儿大脑皮层的发育［M］. 哈佛大学出版社，1995年.

二、学前教育对家庭的价值

家庭是整个社会的主要构成元素，而儿童能否健康成长是家庭最关心的问题，所以开展良好的幼儿教育是家庭和睦的重要基础，是维持社会安定的重要基石，有着重大的社会教育意义。虽然家庭教育对于儿童的发展很重要，但由于缺乏专业化与针对性，因此需要有专门的幼儿教育组织补充家庭教育的缺失，以改善家庭教育所面临的问题。不论是在物质环境、师资条件或者人文氛围，学前教育都有着传统家教所不具有的优越性。

学前教育可以缓解家庭的教育压力。当今社会，家庭教育所面临着巨大经济压力和社会责任。过去"男主外、女主内"的传统家庭方式逐渐被颠覆，儿童的母亲也要肩负家庭的经济职责，让母亲专职进行学前教育工作已不符合当前的社会趋势。伴随着学前教育的进一步发展，学前教育机构不管规模和质量上都有显著的提高，传统家庭的经济压力也得到缓解，女性因而有机会实现和提升自我价值。

学前教育有助于促进家庭的人际交往。当前幼儿园经常组织开展亲子活动，可以充分调动家长带领儿童参加家庭外活动的积极性和主动性。因此，家庭之间、家庭与社会之间的交往更为密切，家庭的人际交往也因此更加开阔和深入。

三、学前教育对社会发展的价值

《国家中长期教育改革和发展规划纲要（2010—2020年）》中指出："学前教育对幼儿身心健

康、习惯养成、智力发展具有重要意义。”学前教育是中国学制教育的起步时期，是之后义务教育、高等教育乃至终生教育的基础时期，对我国教育事业的全面发展，尤其是基础教育的发展，具有重要的意义和影响。

通过帮助幼儿做好上小学的准备工作（包括社会适应性、学习适应性、身体素质以及良好的学习与行为习惯、态度和能力等），学前教育能够协助小朋友们更顺利地适应小学的学习和生活。我国教育部和联合国儿童基金会历时5年共同进行的“幼小衔接研究”，通过对儿童在入学前半年以及在入学后半年的实验研究发现，对学前儿童开展入学前期准备工作，即心理学习适应方面的准备工作（如培养幼儿小学认知所需要的逻辑思维能力、阅读能力、对言语指示的理解能力和读写算所需要的基本技能等）以及社会性方面的准备（如培养儿童任务意识和完成任务的能力、规则意识和遵守规则的能力、独立意识和自主进行操作的能力，以及创造性、人际交往能力等），能够促使儿童在步入小学以后在身体、情感、社会性等方面有良好的发展，能更顺利地实现由学前向小学阶段的过渡。

由此可见，学前教育对基础教育以及学校事业的全面发展都有着重要作用。国家已把发展九年制义务教育列为学校事业建设的主要任务，学前教育应为有效提升义务教育的品质和效率、推动这一任务的完成做出更多的贡献。

综上所述，学前教育具有重要的作用，不仅可以促进幼儿身体、心理和智力等方面的全面发展，同时也是家庭、民族乃至国家的希望所在，学前教育阶段的价值不容忽视。因此，学前教育在当今社会中越来越受到重视，我们应该尽可能为幼儿提供一个优质的学前教育环境。

第二节　我国学前教育的发展

学前教育是我国现代教育体系中的关键组成部分，是小学义务教育的重要基础，是我国幼儿终身教育的重要开端，在我国现代化教育战略中具有奠基性的意义。随着社会发展和人们教育理念的提高，学前教育在我国的发展历程中也经历了很多的变化。

一、古代的学前教育

我国在灿烂的古代文化中一直有着重视幼教的文化传统，其中就有关于学前儿童教育的部分。据史料记载，我国最早的学校被称为“庠”，它约形成于原始社会后期的虞舜时期。按照我国历史的传统记述与解释，“庠”是老人们聚集的地方，是氏族敬老养老行礼的场所。氏族将有经验的老人在“庠”这个地方集中起来，集体敬老，这些老人便承担了将自己丰富的生产经验和生活经验传达给下一代的责任。这个养老的“庠”，也正是学校的萌芽，是在我国原始社会末期就出现的专门为儿童进行社会共育的教育机构。

之后在我国的封建时代，传统的学前教育职能主要由家庭来承担，在我国古代也一直没有形成现代意义上的社会性的幼儿教育机构。但是，在一定时期、一定场合，也曾出现过一些慈幼机构。例如，西周时出现的我国最早的专门的慈幼机构——“孺子室”，是专门为周王的太子、王子及诸侯的儿子们所设立的。孺子室的保育人员，主要分为教幼儿行善的子师、了解幼儿性格上的好恶，并加以引导的慈母、管理幼儿饮食起居的保姆以及乳母等，分工明确，职责清晰，带有一定的教育组织形式。中国古代第一个具有教育性质的慈幼机构出现在东汉。据《后汉书·邓皇后纪》记载，东汉安帝元初六年（公元119年），和帝之妻邓太后就在宫内设置了邸第。但严谨地说，邸第不是专门的学前教育机构，还包含了较大年龄儿童的读经教育。邸第作为慈幼机构有一定的教育历史价值，但其教养对象只限于皇亲国戚，因此还谈不上慈幼机构的制度化、社会化。自北宋初开始，我国产生了由中央和地方政府办的社会性质的慈幼组织。北宋哲学家苏轼在密州任内，曾出公粮收养儿童，即中国社会慈幼组织的萌芽。宋代之后，或由政府诏令设立，或由当地官吏亲自建立，各种慈幼机构相继产生，为数不少。需要说明的是，这种慈幼机构只具备公益作用，并不具有社会教育作用，在这种慈幼组织存在的同时，幼儿教育仍然是由家庭负担的。

案例

司马光，北宋的政治家、史学家，官至尚书。他虽然官高权重，但严于教子，格外重视培养子女的自律自立意识。为了使儿子明白崇尚俭朴的重要性，以家书的形式写下了一篇传诵至今的文章——《训俭示康》。在信中他总结了历史上的许多达官显贵的子孙，因为受到了祖上荫庇而无法自强独立以至于最后颓废失败的教训，并告诫儿子：有德者皆由俭来矣。“俭能立名，侈必自败”。由于教子有方，司马光之子，个个谦恭有礼，不仗父势，不恃家富，人生有成。比如，他的儿子司马康从小便懂得了俭朴的重要性，并以俭朴自律。他历任校书郎、著作郎和侍读等，以博古通今、为人廉洁和生活俭朴而称誉于世。

二、近代的学前教育

1840年鸦片战争爆发，我国由一个封建大国逐渐沦为半殖民地半封建国家。伴随着社会的剧烈变革，教育领域也发生了深刻变革，学前教育的发展也开始进入了一个新的阶段。

（一）清末时期的学前教育

1903年，湖北武昌市创办了我国最早官办的幼教机构——湖北幼稚园，这也是我国学前教育阶段以公立义务教育制度开始的重要标志。1904年（光绪二十九年），《奏定学堂章程》中的“奏定蒙养院章程及家庭教育法章程”，第一次将学前教育列入学制系统。该章程规定：“蒙养院专为保育教导三岁以上至七岁儿童，每日不得超过四点钟。”“蒙养家教合一之宗旨，在于以蒙养院辅助家庭教育。”此后，上海、湖南、江苏等地相继设立了蒙养院和幼稚园。

（二）国民党统治区学前教育的发展

1922年以后，学前教育事业有了更多的进展。一方面，教育部又制定了新学制，将幼稚园开始纳入学制体系，主要面向6周岁以内幼儿。1932年，教育部制定了《幼稚园课程标准》（1936年重新修订），内容规定幼稚教育的总体目标是：①增进幼稚儿童身心的健康；②力谋幼稚儿童应有的快乐和幸福；③培养人生基本的优良习惯（包括身体、行为各方面的习惯）；④协助家庭教养幼稚儿童，并谋求家庭教育的改进。课程包括儿童歌曲、寓言和童谣、游戏、社会、知识、工作、静息和餐点等。

另外，国外的幼儿教育思想和办学的经验在此时也大量传入我国，人们开始了解福禄贝尔、蒙台梭利、杜威等人的教育思想。当时，中国教会所建立的幼稚园数量较多，影响也较大，国内幼稚园的教学内容和教学方式也开始学习国外，更注重幼儿的自主发展，采用设计教学法。此时，我国仍有一些教育家致力于研究和创建符合我国历史和国情的学前教育机构及教育活动。例如：陈鹤琴于1923年创办的南京鼓楼幼稚园，对学前教育的课程、教学、实验方法、仪器设备等方面，进行了相当丰富的实验研究；陶行知主张在广大工农中开展幼稚教育活动，并创建了我国第一个工农幼稚园与劳工幼儿园；张雪门主持了北平香山慈幼院的幼稚师范和幼稚园。这些前辈的本土化探索，为我国学前教育的发展积累了丰富的中国经验。

1946年时，全国设立的幼稚园达到1300余所，幼稚园的数量有了显著增长，多集中在工商业发达的沿海各地，但与我国辽阔的国土和众多的人口相比，这些数量仍无法满足我国儿童接受学前教育的需要。

（三）学前教育在老解放区的发展

老解放区的学前教育，是指1927年到1949年新中国成立之前，在中国共产党的领导下建立起来的革命根据地、抗日根据地以及老解放区的儿童学前教育。这种学前教育机构是适应革命战争的需要而建立和发展起来的。

1934年，苏维埃共和国临时中央政府内务人民委员部颁布了《托儿所组织条例》，提出了设立托儿所的目的、入所条件、对幼儿护养教育的要求、编制人数以及环境设备等，目的是要改善家庭，使托儿所来代替妇女担负婴儿的一部分教养责任，使每个劳动妇女尽可能地参加苏维埃各方面的工作，并使孩子能够得到更好的教育和照顾，在集体中养成共产儿童的生活习惯。当时曾在江西瑞金试办了两个幼儿园，接受对象是红军子女。

1941年，陕甘宁边区政府颁布了《陕甘宁边区政府关于保育儿童的决定》，针对新生儿护理、儿童保育、幼稚园的设置，对产妇、儿童的福利和营养需求及保育员待遇问题等做了具体要求。

在当时动荡的环境下，老解放区的儿童保育工作采取了多种组织形式：寄宿制的保育院、幼儿园、全日制托儿所、日托变工托儿所、小学附设幼稚园、"游击式"学前教育等。

老解放区的儿童保育工作，是为适应革命需要而产生的特殊方式，是我国革命事业的重要组成部分。儿童保育工作者们以"一切为革命，一切为孩子"为行动口号，在当时艰苦的物质条件下，处处发挥艰苦奋斗的精神，努力实现"锻炼儿童革命的观点与作风，培养儿童活泼、愉快的心情，健康坚定的性格，陶冶勇敢、老实的个性，增进儿童知识，训练手脑并用，使其成为未来新中国的主人"的教育目的。这些幼教机构实行"保教合一"的工作机制，即实行教师、保育员、医生三位一体的分工与配合的机制，从基本生活供应方面保障幼儿得到最优待遇，开展全面的学前教育，并进一步结合教育实践，改进教育方法，为后续我国幼教工作顺利开展积累了可贵的经验。

资料链接

陕甘宁边区第一保育院，是中国老解放区寄宿制幼儿教育机构。以蓝家坪托儿所为基础，1938年10月2日在延安创办，主要招收抗战前方指战员和革命干部的子女。1943年提出的教育目标是："增进孩子的身心健康和快乐，培养其优良的习惯和行为，使之成为抗战建国的优良小国民。"1948年提出的教育目标改为："树立儿童革命的观点和作风，培养儿童活泼愉快的心情，锻炼健康坚实的体格，陶冶勇敢老实的个性，增进儿童智识训练，手脑并用，使之成为未来新中国健全的主人公。"提出的教育原则："从母爱出发的感情教育，与实践相结合的生活教育，锻炼其集体观点和革命的阶级观点。贯彻保教并重的方针。"采用直观教学法、比较教学法、三化教学法（故事化、游戏化、歌曲化）。实施计划教育与兴趣教育相结合及单元教学法。1946年国民党军队进犯延安时，该院护送幼儿转移，历时两年多，行程数千里，平安抵达北京，随后又迁回西安。现为西安市第一保育院。

资料来源：周玉衡，范喜庆. 学前教育史［M］. 上海：复旦大学出版社，2020.

三、新中国成立后的学前教育

新中国成立后我国的幼儿教育事业发生了根本性的变化，进入了一个全新的发展时期。新中国成立初期采取公办与民办并举发展幼儿教育的方针，充分调动了社会各方面的力量，有力地促进了我国学前教育事业的发展。

（一）稳步发展时期（1949—1957）

1953年，我国进入社会主义建设阶段，当时的幼儿教育方针是：根据各地不同情况、城乡差异，有目的、有计划地在整顿中提高，在巩固的基础上适度发展，发展的重心应先放在工业地区、企业部门，其次是机关、学校及郊区农村，并鼓励私人办园。这一时期，在各方办园的形势下，幼教事业逐步发展起来。

（二）盲目发展与调整巩固时期（1958—1965）

1958年，为满足当时的经济建设和大量妇女参加生产与工作的需求，许多地方努力创造条件，建立和发展幼儿园，短时间内各地幼儿园特别是农村幼儿园规模迅速扩大，个别地方还将小园合并为几百人的大园，盲目发展幼儿教育事业。1958年，幼儿园的数量由1957年的1.64万所增至69.53万所。然而，不久便因缺乏社会需要和基础而纷纷解散。这一时期的幼儿教育理论和实践的发展混乱，幼儿教育质量显著下降。1961年，国民经济发展实行“调整、巩固、充实、提高”的方针，幼儿教育也不例外。经过整顿，幼儿教育回到了稳步发展的轨道上来。1962年幼儿园数稳定在1.76万所，1965年逐渐发展到1.92万所，入园幼儿达到171.3万人。

（三）遭到全面破坏时期（1966—1976）

1966年开始的十年动乱，使刚刚走向正常的幼儿教育事业遭到彻底的破坏，幼儿教育到了崩溃的边缘。我国学前教育在经过了这一严峻的考验之后，也以更成熟、更坚定的步伐，开始进入了全新的发展时代。

（四）改革开放以来我国学前教育的普及与提高

1978年，随着党的十一届三中全会的召开，我国社会进入了一个新的发展时期。十一届三中全会以后，党和政府把发展幼儿教育的重要性提到一个新的高度。1979年，中共中央、国务院转发的《全国托幼工作会议纪要》明确指出：坚持两条腿走路的方针，恢复、发展、整顿、提高各类托幼组织。幼儿教育事业在这种指导思想下得到恢复和发展。1987年，《关于明确幼儿教育事业领导管理职责分工请示》中提出要调动各级政府和各有关部门管理幼儿教育工作的积极性，形成国家、集体、个人办园的新格局。20世纪90年代起，我国积极贯彻世界儿童问题首脑会议通过的《儿童生存、保护和发展世界宣言》和《行动计划》，认真履行《儿童权利公约》，同时根据我国的实际，制定了一系列有关儿童教育的国家法律和纲领性文件，把儿童的生存、保护和发展与人类未来之间的关系提高到人口素质基础和未来发展的先决条件的高度。2001年，教育部部长陈至立在9国儿童首脑会议上的报告中提出了21世纪初我国全民教育发展的基本策略，确立基础教育在社会主义现代化建设中的战略地位，坚持基础教育优先发展，重视和发展学前教育。与此同时，幼儿园开始积极、稳妥地进行体制改革，进一步明确各级政府的管理职责，积极探索适应社会主义市场经济的办园模式和内部管理机制。

资料链接

我国学前教育事业发展统计表

年份	幼儿园数（万所）	入园幼儿数（万人）
1949	0.13	13.00
1958	69.53	2950.10
1964	1.77	158.90
1975	17.17	620.00
1980	17.04	1150.77
1990	17.23	1972.23
2002	11.18	2036.00
2009	13.80	2657.81
2021	29.48	4805.21

2003年3月，国务院办公厅转发教育部等部门（单位）制定的《关于幼儿教育改革与发展的指导意见》(以下简称《意见》)，对幼儿教育改革与发展目标，幼儿教育管理体制和机制以及师资队伍建设等方面提出了具体意见。《意见》提出了2003—2007年幼儿教育改革的总目标：形成以公办幼儿园为骨干和示范，以社会力量兴办幼儿园为主体，公办与民办、正规与非正规教育相结合的发展格局，根据城乡的不同特点，逐步建立以社区为基础、以示范性幼儿园为中心、灵活多样的幼儿教育形式相结合的幼儿教育服务网络。全国幼儿教育事业发展的总目标：学前三年儿童受教育率达到55%，学前一年儿童受教育率达到80%，大中城市普及学前三年教育，全面提高0～6岁儿童家长及看护人员的科学育儿能力。坚持实行地方负责，分级管理和有关部门分工负责的幼儿教育管理体制。《意见》绘制了21世纪初叶我国教育改革与发展的宏伟蓝图，幼儿教育事业进入了一个崭新的历史阶段，沿着现代化、科学化、社会化的轨道全面迈进。

2010年7月，国家教育部颁布的《国家中长期教育规划纲要（2010—2020）》(以下简称《规划纲要》)，将学前教育真正纳入国民教育体系，学前教育获得了体制内的合法身份与保障。《规划纲要》绘制了近十年我国学前教育发展的宏伟蓝图。

我国学前教育经历了近几十年的快速发展，取得了显著的成就。首先，从入园率来看，我国的学前教育入园率从2000年的35%上升到2020年的85%，这表明越来越多的幼儿家庭开始重视学前教育。其次，从幼儿园数量来看，截至2021年，我国共有幼儿园29.48万家，为满足广大幼儿的教育需求提供了坚实的保障。在教师队伍方面，我国的学前教育教师队伍不断壮大，教师的专业素质和教学能力得到了不断提升。

（五）我国学前教育的发展趋势

随着时代的发展和科技的进步，我国学前教育的发展趋势也日益明显。

1. 提高普及率

进一步推动学前教育普及化，让更多幼儿有机会接受优质的学前教育。政府将继续加大投入，完善学前教育基础设施，确保幼儿园的覆盖面和教学质量。

2. 加强教育质量

优化教育教学内容和方法，注重幼儿身心发展规律，提高学前教育质量。通过制定科学的评估标准，对幼儿园进行定期考核，确保教师队伍的专业性和教育质量。

3. 鼓励多元化办学

鼓励社会力量参与学前教育，增加幼儿园的种类和数量，满足不同家庭的需求。同时，政府将加强对私立幼儿园的监管和指导，确保其教育质量和安全。

4. 关注特殊儿童

加强对特殊儿童群体的关注和支持，建立专业的特殊教育幼儿园，为残障儿童提供合适的教育环境和帮助。通过专业的师资培训和资源支持，保障特殊儿童的教育权益和健康成长。

5. 强化家庭教育与社区参与

强化家庭教育与社区参与，为幼儿提供更加全面的教育环境。通过开展家长培训、亲子活动、社区教育活动等，提高家长的教育意识和能力，形成家校共育的良好局面。

6. 拓展国际交流与合作

加强与国际学前教育机构的交流与合作，学习借鉴先进的学前教育理念和方法，促进我国学前教育的国际化发展。通过举办国际教育交流活动、合作研究项目等，拓展学前教育的国际视野和资源。

总的来说，学前教育在我国的发展历程中经历了从无到有、从小到大、从单一到多元的变化。未来随着社会的发展和教育理念的不断更新，学前教育也将不断发展，为更多儿童提供更好的教育服务。

第三节　学前儿童观

学前教育是在教师与幼儿之间进行的一种社会实践活动。学前儿童身心发展的规律是教育的依据，教师对儿童的看法、态度与行为，直接影响到学前教育的质量。因此，树立科学的儿童观及儿童发展观是幼儿教师的首要任务。

一、儿童观的概念

儿童观是成人如何看待和对待儿童的观点的总和，主要指既定时代背景下国家、社会或家庭对于儿童的基本认知、看法和态度以及有关儿童的理念。主要涉及问题有：儿童的能力与特点、地位与权利；儿童期的意义、特点；儿童成长发展的形式与原因；教育同儿童发展之间的关系等。儿童是教育的对象，幼儿教师对儿童的不同看法与态度直接影响着教育的质量。正确认识和看待儿童，树立科学的儿童观，是做好学前教育工作的基础。

二、儿童观的形态

儿童观的形态是指在同一个时代，由于儿童观的主体不同，导致侧重不同的儿童观的形式。主要有社会主导形态的儿童观、学术理论形态的儿童观和大众意识形态的儿童观三种形态。

（一）社会主导形态的儿童观

社会主导形态的儿童观是指一定的社会政府、法律机构及其他属于支配地位的人所持有的儿童观。一般是以政令、规章、法令的形式出现，具有强制性的特点。例如：2001年我国教育部颁布的《幼儿园教育指导纲要（试行）》第一部分的总则的第四条：幼儿园应为幼儿提供健康、丰富的生活和活动环境，满足他们多方面发展的需要，使他们在快乐的童年生活中获得有益于身心发展的经验。由于此纲要是国家颁布，因此成为指导整个幼儿教育的纲领性宏观文件，成为评价幼儿教育的重要指标。这种儿童观体现了一定社会的总体价值取向，明确了国家对儿童的根本态度。

（二）学术理论形态的儿童观

学术理论形态的儿童观又称理性的儿童观，是儿童教育家或科研人员基于科学的儿童生理、心理研究成果而提出的儿童观。这种儿童观是与教育观联系最密切的儿童观，既有理论的高度又有实践的可行性。它是研究者在一定理论基础上，经过长时间深入研究后提出的，一般阐述得较为系统与全面，具有系统性。

（三）大众意识形态的儿童观

大众意识形态的儿童观主要是指社会中的不同群体对于儿童的根本看法，特别是与幼儿有关的群体，如教师、家长、社会教育机构的工作人员等，这种儿童观具有差异性、零散性、不系统性和不稳定性的特点，之所以具有上述特点，是由于不同的群体或个体生活环境和价值观念的变化，相应的儿童观也会发生变化。

这三种形态的儿童观之间并不是孤立的，而是相互联系、相互影响的关系。社会主导形态的儿童观和学术理论形态的儿童观要通过大众意识形态的儿童观直接作用于儿童。同时，学术理论形态的儿童观在三者之间具有重要的作用。从某种程度上说，学术理论形态的儿童观可以对其他两种儿童观有一定的引导、支持和纠正作用。

三、儿童观的历史演变

儿童观问题实质上是一种关于人的观念问题。不同的历史时期、不同的国家和民族有不同内容的儿童观。随着历史的演进，儿童观的内容也相应地发生变化。

（一）西方儿童观的历史演进

儿童观具有时代性和阶级性。在西方不同的社会历史时期，有着不同的儿童观。

1. 古代的儿童观

在古代，人们尚未发现儿童和成人有什么根本的不同，因而也没有明确的儿童观。对于原始氏族来说，由于当时生产力水平极端低下，原始人急切地希望儿童加入成人行列，因此他们没有把儿童作为儿童看待，而仅仅当作氏族部落的未来成员，当作缩小的成人。

2. 中世纪的儿童观

到了中世纪，即欧洲封建社会的年代。在这段时期教会变成了维护封建制度的强大精神支柱，僧侣阶级也获得了最高贵的地位。这种政治经济状况必然决定着当时的社会意识形态。教会认为人生而有罪，自然而然便认为儿童也是具有原罪的。但即使在这种认为儿童天生有罪等观念盛行的背景中，仍然有些学者倡导爱儿童，给儿童自由。

资料链接

中世纪没有“儿童阶段”这个观念，这种观念是在17世纪的欧洲被人们创造出来的。在中世纪，童年并不被当作一个独立、有别于成人的成长阶段；相反，儿童被当作“小大人”。在行为、情感、和心理上，成年人使用相同的标准对待儿童。

尽管年龄在现代社会被看作是个人的重要属性，但是在18世纪之前，欧洲人并不太关心具体的年龄。他们只有关于年纪的模糊感觉。一个人不是因为年纪而被看作是“婴儿”“青年”或者是“老人”，而是因为他的大致相貌和生活习性而被冠以此类称呼。对年龄的认真计算和记录在欧洲是一种现代的发明，是随着近代政府、教会和公司仔细记账、记录数字的行为而产生的。在这之前，儿童仅仅被视作小一号的成人。所以在中世纪的绘画中，儿童的体貌和特征被描绘为与成人完全一样，只是在尺寸上按比例缩小一些。儿童也从来不是中世纪绘画的中心题材。只有到了近代，儿童才成为核心家庭的中心，并在各种绘画中被突出表现。

资料来源：菲力浦·阿利埃斯. 儿童的世纪［M］. 沈坚，朱晓罕，译. 北京：北京大学出版社，2013.

3. 文艺复兴时期的儿童观

文艺复兴运动的爆发使得新的人生观沉重地打击了中世纪基督教会所谓的“原罪说”儿童观，并为近代儿童观的诞生铺平了道路。直到16世纪，文艺复兴的余光照进了儿童观领域，才使得散发着人文精神的全新儿童观来临。伟大的教育思想家伊拉斯谟认为要研究孩子的自然能力和才智，不要想象他们的兴趣与成人的一样，不要指望他们有像小大人一样的举止。在这一时期夸美纽斯也提出了著名的“种子论”，他认为在人的身上自然地播撒知识、道德和虔诚的种子，通过教育便可以把它们发展出来。

文艺复兴时期产生的儿童观承认了儿童的兴趣与自由，但是并未意识到儿童本身是具有自身的独特价值的存在，也未否定儿童对于父母的绝对服从关系。因此，把儿童作为父母的所有物的儿童观依然占统治地位。

4. 理性时代或启蒙时代的儿童观

17世纪，英国出现了一种新的儿童观和教育观：儿童生来是没有“原罪”的，是纯真无瑕的存在；反对体罚，主张激励和竞争的教育。最具有代表性的是洛克的“白板说”，他认为儿童来到人世间时其精神方面是一块“白板”。“白板说”使“原罪说”的儿童观遭受了致命的打击。而法国著名的教育家卢梭并不认为儿童是“白板”，他认为儿童生来便有自然赋予的冲动，而这种冲动不是天生的罪恶，而是未经污染的纯洁的心灵。他还认为儿童具有不同于成人的精神生活。儿童是有他特有的看法、想法和感情的，儿童是真正意义上的人，儿童具有独立的存在价值。

这一时期人们开始从全新的角度来审视儿童，在儿童观上有了一个大的飞跃，开始把儿童看作是一个有独立存在价值的实体，儿童有自己的权利、思想、情感、需要。要求人们珍视儿童、热爱儿童，反对把儿童看作是天生的罪人，认为儿童是天真、纯洁无瑕的；提出不应用成人的标准去要求儿童，儿童应该像个“儿童”。

5. 新教育和进步主义教育的儿童观

继卢梭之后，教育领域出现“教育心理学化”运动。这一运动主要发生在19世纪，裴斯泰洛齐首次明确提出“使教育、教学心理化”的主张，认为教育应当与儿童心理特点和人性规律相一致，使儿童在发展中处于主动地位。德国哲学家、心理学家和教育家赫尔巴特最先提出教育的首要科学是心理学；福禄贝尔接受裴斯泰洛齐的主张，认为儿童的本性是善良的，对儿童教育就是要循序渐进地使儿童善良的天性发展起来。到19世纪末20世纪初，新教育运动和进步主义教育运动进一步强调儿童是教育的主体和中心，强调儿童期自身的价值，才使儿童本位思想更渗入教育实践之中，使儿童在教育中的地位与作用凸显出来。

6. 20世纪：儿童的世纪

在19世纪向20世纪的过渡期间，伴随着科学的儿童心理学的建立，尊重儿童的呼声愈益高涨，使儿童成为全人类共同瞩目的焦点之一。在这一期间，出现了很多著名的儿童教育家，如杜威和蒙台梭利，他们都强调尊重儿童，坚信儿童的发展潜能，主张教育应当在不违背儿童自然本性的前提下进行，强调避免教育压迫儿童；同时，在这一世纪出现了空前的儿童研究盛况，出现了格塞尔、皮亚杰等著名的儿童心理学家，他们以科学方法研究儿童心理，揭示儿童心理的内部机制和发展规律，创立了各具特色的儿童心理发展理论，为科学地认识儿童丰富的心理世界做出了贡献。到20世纪，人们已开始将儿童研究与理解人类精神文化的发生联系在一起。在这个时期设立了国际儿童组织并通过了《儿童权利法案》，从而使尊重、爱护儿童成为全人类通过政治、法律途径携手进行的国际行动。整个社会给予儿童越来越多的关怀和注意，时代精神的光辉开始聚集在儿童身上。

（二）我国儿童观的演变历史

我国儿童观的发展与西方一样经历了不同的历史时期，但在独特的文化背景和传统下，呈现出与西方不同的特点。

1. 我国传统文化中的儿童观

我国传统文化是以成人为本位的，人们对于儿童多不能正常理解，不是将他们当作缩小的成人，便是将他们看作不完全的小人。具体表现为以下两种儿童观。

第一种儿童观："子子"。传统儒学认为，子女在父亲面前是没有自身权利的，父母可以随意打骂子女，可以自由安排子女的命运。

第二种儿童观：工具主义。将儿童视为工具，儿童从属并依附于成人。错误地把子女看成小祖宗，看成传宗接代的工具，或者把子女当作光耀门庭的工具又或者是养子防老的工具。

2. 中国近代的儿童观

直到"五四运动"时期，鲁迅先生提出了儿童本位的儿童文学观，认为儿童文学必须以儿童为本位，适应儿童心理，服务于儿童，使之成为儿童喜爱的文学。他的这种理论在历史上起到了撞击封建落后的儿童观、提高儿童文学地位并促进其发展的作用。在教育领域，陶行知和陈鹤琴在西方哲学、心理学、教育学的影响下，提出了尊重儿童、解放儿童等许多有价值的口号和见解。主张儿童有其不同于成人的独特的生理和心理特点，深信儿童蕴藏的潜力和创造力。

3. 中国当代的儿童观

直到1978年，政府实行改革开放政策，随着人们观念的解放，人们对儿童的观念也解放了。教育领域提倡热爱儿童和尊重儿童。我国政府不仅在国内不断加强儿童的福利和教育工作，而且积极参与国际社会为发展儿童事业而一致采取的行动。

四、科学的儿童观

从儿童观的历史演变可以看出，儿童观不是一成不变的，但在很长一段时间里又是稳定的。在现代，科学的儿童观应该包括以下几个方面。

（一）儿童是权利的主体

儿童是人，具有人的尊严和一切根本权利。儿童和成人一样，是权利的主体，享有法律规定的各种权利，任何人都无权以任何理由剥夺儿童的权利。儿童最基本的权利主要是生存的权利；充分发展其全部体能和智能的权利；保护他们不受危害自身发展影响的权利；参与家庭、文化和社会生活的权利。世界学前教育组织颁布的《童年宪章》中指出："所有的儿童都有权享受一个安全、快乐和健康的童年；所有的儿童需要在家庭里成长，在那里有特别亲密的成人，让他们体验爱和关怀；所有的儿童有权在安全并有激励性的环境里游玩、成长和学习，不受伤害和烦恼；所有的儿童需要得到机会和支持，逐渐形成对自己和别人宽容、谅解的态度……"教师只有尊重儿童的人格和尊严，维护儿童的地位和权利，才能让儿童感到他们存在的独特价值和意义。

资料链接

儿童权利公约（部分）

第三条　缔约国应承担确保儿童享有幸福所必需的保护和照料……并为此采取适当的立法和行政措施。

第六条　1. 缔约国确认每个儿童均有固有的生命权。

2. 缔约国应最大限度地确保儿童的存活与发展。

第二十四条　缔约国确认儿童有权享有可达到最高标准的健康、医疗和康复设施。

第二十八条　缔约国确认儿童有受教育的权利。

第三十一条　缔约国确认儿童有权享有休息和闲暇，从事与儿童年龄相应的游戏和娱乐活动。

资料来源：中华全国妇女联合会. 儿童权利公约［M］. 北京：中国国际广播出版社，1992.

（二）儿童是发展的主体

儿童是受教育的对象，但儿童在受教育过程中并不是对教师的完全盲从，而是具有在教育活动中的主观能动性和自我教育的可能性。现代教育观强调儿童既是教育的客体，也是实施教育的对象，同时也是教育的主体。

儿童与成人平等，具有相同的价值，法律赋予了儿童基本的人权，并且儿童是“有能力的主体”。人类的童年期长于动物的童年期，这为儿童以后的发展奠定了良好的基础。儿童在体力、智力、情感、社会性、道德等许多方面都不同于成人，他们是正在发展中的人。不能因为儿童弱小、需要保护，就轻视他们，使他们被动发展。现代儿童发展理论表明，儿童发展自始至终都是一种儿童主体的自我调节活动。他们天生好奇好问，求知欲旺盛，是主动的学习者。儿童只有在其自发的、感兴趣的活动中主动探索与学习，才是主动的学习者。外界环境的刺激，只有被主体选择，成为主体的反应对象时，才会对主体的发展产生影响。

儿童是有能力的、积极主动的权利主体，应有主动发展自己潜能的机会，在出生、成长、发育的过程中，成为自主的行动者，能表达自己的主张和意见，充分行使自己的权利。因此，我们要充分尊重儿童的主体性、独特性和完整性，将儿童的天性与教养、成熟与学习多种因素结合起来，维护和引发儿童内在的先天素质与自然的发展，并提供适宜的环境，使其健康成长。

案例

哈佛大学曾对一群哈佛大学毕业的大学生进行了一次关于人生目标的调查。调查结果显示：27%的人没有目标；60%的人目标模糊；10%的人有清晰但比较短期的目标；3%的人有清晰而长远的目标。25年后，哈佛大学再次对这群学生进行了跟踪调查。结果发现：3%的人，25年间他们朝着一个方向不懈努力，几乎都成为社会各界的成功人士，其中不乏行业领袖、社会精英；10%的人，他们的短期目标不断地实现，成为各个领域中的专业人士，大都生活在社会的中上层；60%的人，他们安稳地生活与工作，但都没有什么特别成绩，几乎都生活在社会的中下层；剩下27%的人，他们的生活没有目标，过得很不如意，并且常常在抱怨他人、抱怨社会、抱怨这个“不肯给他们机会”的世界。研究表明，有目标和没有目标、目标清晰和目标模糊，是否有长远目标，会直接影响人一生的发展。

（三）儿童是有个别差异的人

每个儿童都是一个独立的、完整的生命个体，他和其他儿童在各个方面存在着差异。儿童的发展差异主要有性别差异、个别差异和文化差异。

1．同一年龄的儿童，在发展上有性别差异

首先，国外的许多研究说明，男女儿童在很小的时候就开始表现出差异。我国许多学者通过研究发现，男女儿童在智力发展上的差异是和年龄联系在一起的。在学前阶段，男女儿童智力差异不是很明显；在婴儿期，这种差异很小；在幼儿期显示出差异，女孩的智力略优于男孩，但不显著。其次，教育实践证明，男女儿童在发展上也有差异。幼儿性别之间发展的差异在幼儿园的六科教育上有所表现，根据许多教师反映，男孩子在数学、体育、科学、美术等方面比女孩子稍强一些，而女孩子则在语言、音乐等方面比男孩子好一些。

2．同一年龄的儿童，在发展上有个别差异

儿童的个体差异体现在许多方面，首先表现在对物体的感知上。其次，表现在儿童的判断推理上。有的幼儿已能进行简单的判断推理，但有的幼儿则不能。最后，还表现在儿童的兴趣爱好上。不同的儿童对教育科目的喜好是不同的，参与活动的频率也不同。此外，儿童在情感、意志、个性等方面的发展上也存在差异。

3．同一年龄的儿童，在发展上有文化差异

不论是在国外，还是在国内，一些具有不同文化背景的幼儿园里，外国儿童的主动性、自我意识、自信心都优于我国儿童，但我国儿童的纪律性、自尊心、评价能力却优于外国儿童。

意大利的马拉古奇在他的诗歌《其实有一百》中写道："孩子是由一百组成的，孩子有一百种语言，一百双手，一百个念头，一百种思考方式、游戏方式及说话方式；还有一百种聆听的方式，惊讶和爱慕的方式；一百种欢乐，去歌唱去理解。一百个世界，去探索去发现。一百个世界，去发明。一百个世界，去梦想。"儿童之间有的只是差异，不存在高低贵贱之分，因此都应受到平等对待，包括特殊需要儿童。作为幼儿教师，应当认识儿童的个体差异，尊重儿童的个体差异，这样才能做到因材施教，保证每一个儿童个性的充分发展。

（四）儿童是发展中的人

儿童不同于成人，正处于发展之中。儿童幼稚、不成熟，这恰恰代表着人类发展的轨迹以及学习和发展的可能性，儿童需要时间去成熟和发展。儿童成长的过程就是不断发展的过程。

1. 儿童的身心发展具有规律性

儿童在不同的年龄阶段具有不同的身心发展特征，儿童随着年龄的增长，身心发展水平日益提高。儿童的发展呈现出阶段性，前一个阶段是后一个阶段的基础，后一个阶段是前一个阶段的继续，彼此相连，不可分割。

2. 儿童具有巨大的发展潜能

本质上，儿童处于生命发展的特定时期，具有很多的不稳定性和可塑性。这也意味着儿童的发展潜能极大，应当把儿童看作是发展过程中的客观存在，用发展的眼光去看待儿童，倡导对儿童进行形成性评价。教师要相信每个儿童都有发展的潜力，都可以积极成长，可以获得成功，对每个儿童都应充满信心。

3. 儿童的身心发展具有快速性、幼稚性和全面性

儿童身心的发展速度极快，变化很大，因而具有未定型性。儿童身心发展的各个方面都可以改变，教师不能从静态的角度看待儿童的身心特征和水平，而应从发展的角度看待儿童。

儿童的身心发展尽管很快，但他们毕竟还处在人生发展的初期，因此具有幼稚性。而教育者

是主导性的因素。因此，把握儿童身心发展的规律和特征是教师开展教育教学活动的前提。教师应注意照顾好发展还不完善、比较脆弱的儿童。

不同阶段的儿童具有不同的身心特征，儿童机体的各个部分相互联系、不可分割，儿童心理的各个方面也相互影响、相互制约，儿童的生理和心理完整、和谐地发展着。因此，教师应高度重视儿童身心的和谐健康发展。

（五）儿童是整体性的人

儿童的发展是身体的、认知的、情感的、社会的和人格的整体性的发展，这些内容构成儿童发展的各个不同的侧面，它们构成一个整体，互相联系，彼此制约。

处在学前期的儿童，生理的发展尤为重要，它是儿童整体发展的基础。列宁曾经指出，儿童有了“健全的身体”，才能有“健全的精神”。两次获得诺贝尔奖的居里夫人也认为，“科学的基础是健康的身体”。儿童大脑的成长使儿童的心理发展成为可能。另外，儿童道德、社会性的发展也与大脑的发育息息相关。美国心理学家格林斯通过研究提出，“情绪决定大脑结构”。一些医学研究也表明，音乐是特殊的“维生素”：不同速度、节拍和旋律的音乐，通过听觉神经传递到大脑，可使大脑皮层产生新的兴奋区，使原来的兴奋区得到休息，儿童就会感到轻松愉快。

幼儿是一个完整的人，不是单纯的抽象的学习者，而是有着丰富个性的人。在教育活动中，作为完整的人而存在的幼儿，不仅具备智慧和人格力量，而且体验着全部的教育生活。要把幼儿作为完整的人来对待，就必须反对那种割裂人的完整性的做法，还幼儿完整的生活世界，丰富幼儿的精神生活，给予幼儿全面发展个性力量的时间与空间。

“春风化雨，润物无声”。作为新时代的幼儿教师，必须不断更新观念、树立科学的儿童观，并积极地将观念与教育实践相融合，这样才能真正地促进儿童健康成长。

第四节　学前教育观

要做好学前教育工作，教师不仅要形成正确的学前儿童观，还要拥有科学的学前教育观。科学的学前教育观是进行幼儿教育工作的前提和基础，是教师教育素质的关键组成部分，它不仅直接影响教师的教育行为，而且直接影响着幼儿的发展。

一、学前教育观的概念

教育观是人们对教育的根本性的看法和态度。它既受社会政治、经济制度的制约，又受人们对教育要素不同观点的影响。具体地说，就是人们对教育者、教育对象、教育内容、教育方法等教育要素及其属性和相互关系的认识，还有人们对教育与其他事物相互关系的看法，以及由此派生出的对教育的作用、功能、目的等各方面的看法。

学前教育观是人们对学前教育的看法和态度，是指导学前教育实践的理论基础。在学前教育中，学前教育观对教育对象、教育目标、教育内容、教育方法等有重要的指导作用。例如，在教育者与受教育者的关系上，如果强调教育者的中心地位，会产生以学前教师为中心的教育观；如果强调受教育者的中心地位，会产生以幼儿为中心的教育观。再如，在教育内容的德、智、体、美等不同组成方面的关系上，强调德育的首要地位，会产生德育中心的教育观；强调智育的首要地位，会产生智育中心的教育观。幼儿教育是基础教育的奠基阶段，对于一个人的成长，对于一个人品行和习惯的形成，起到决定性的关键作用，幼儿教师应注意形成科学的教育观，促进幼儿的健康成长。

二、科学的学前教育观

科学的学前教育观是做好学前教育工作的基础，主要包括以下几个方面的内容。

（一）尊重幼儿的人权

学前教育应该以幼儿为主体，不仅要爱护关心幼儿，还要尊重幼儿的发展规律和个性发展，尊重幼儿的权利和人格。教师只有尊重幼儿的人权，充分调动和发挥幼儿身心发展特点和保教活动规律，提供合适的教育，才能保障幼儿健康快乐地成长。因此，教师应做到以下几点。

1. 爱护关心幼儿

幼儿教师热爱幼儿，是做好教育工作的重要条件。要教育好幼儿，首先要爱幼儿。苏联著名教育家苏霍姆林斯基说过："教育培养儿童的全部奥秘也就在于如何爱护儿童。"培养幼儿是长期的、复杂细致的工作，只有真诚地爱护幼儿，才能亲近和了解幼儿，才能选择适当的教育内容和采取适当的教育方法，很好地调动幼儿的积极性。爱是幼儿和老师心灵之间的通道，是打开幼儿心智的钥匙，教师只有爱护幼儿，才能取得预期的、良好的教育效果。

案例

幼儿乐乐有脚趾内翻的疾病，走路不稳。刚入园时，情绪一直不太稳定，不是掉眼泪，就是不好好吃饭。李老师每天早上都热情地蹲下和他打招呼，牵着他的手去拿玩具，邀请其他小朋友和他一起玩耍，消除他对陌生环境的不适应，慢慢地他开始露出了灿烂的笑容，开始学着自己吃饭、穿衣穿鞋。李老师和小朋友要帮助他，他不仅不让，还大声地说："我会穿，我自己穿。"有一次他拉肚子，李老师不仅帮他换洗裤子，还抱着他轻轻揉肚子，帮助他减轻痛苦，当乐乐妈妈来接他时，看着干干净净的孩子以及洗干净的3条裤子，感动地不知说什么好。现在乐乐每天都高高兴兴地来幼儿园，再也不是一副哭哭啼啼的样子了，乐乐妈妈说："非常感谢老师们，是你们让我能安心地工作，是你们让孩子在幼儿园快乐地生活。"

2. 平等对待幼儿

幼儿是具有自觉的主观意识和独立人格的主体。这就要求教师在与幼儿交往时，要把自己与幼儿摆在一个平等的地位上，平等对待每一位幼儿，创造良好的心理环境。首先，教师要摆正自己与幼儿的位置，以平等的身份对待幼儿，从简单地与幼儿互相打招呼问好，得到幼儿帮助时道谢，干扰幼儿时说对不起等日常行为做起。其次，要多与幼儿像朋友一样交谈，倾听幼儿的心声。交谈时采取半蹲、坐、弯腰的姿势，眼睛平视幼儿的眼睛，运用商量、鼓励、启发性的语言，让幼儿感受到老师对自己的理解、关心和重视，幼儿才能无顾虑地说出想说的话，并能愉快地接受老师的指导和建议。最后，教师要对所有的幼儿一视同仁，不能因为幼儿是否听话、漂亮或其他原因出现偏爱行为，伤害幼儿的自尊心。平等民主、轻松愉快的班级氛围，有助于幼儿形成开朗自信的性格。

在工作中，教师也要勇于正视自己的不足，如错怪幼儿或忘记了承诺后，应马上承认自己的失误，并及时向幼儿致歉。这样做不仅可以赢得幼儿的尊敬，而且可以消除教师和幼儿之间的戒备心理，缩短教师和幼儿之间的距离，形成坦诚、宽容、平等的师生关系。

3. 尊重幼儿

教师不仅要爱护幼儿，还要尊重幼儿。幼儿虽然年龄小，但也有自己的愿望和需要，也有自己独立的人格，教师应给予其满足和尊重，那种轻视幼儿正当的需要，认为可任意侮辱幼儿的看法和做法不符合教师的职业道德要求，也不利于幼儿的健康成长。教师要了解每个幼儿的身心需要，了解每个幼儿的特点，提出不同的要求，观察幼儿每一点细微的进步，不贬低幼儿，切忌说出“真笨”“你不行”等话语，教师要欣赏、接受和喜爱身边的每一个幼儿，自始至终以引导、鼓励的方式让幼儿在发展的过程中一步一个台阶，由幼稚走向成熟。

（二）重视幼儿的全面发展

对学前儿童实施全面教育是我国学前教育的基本出发点，也是我国学前教育法规所规定的幼儿教育的任务。学前教育应该重视幼儿的全面发展，包括体育、智育、德育、美育等各个方面的发展，不能偏向其中任何一方。

学前儿童体育是指在幼儿园进行的，遵循学前儿童身体生长发育规律，以促进学前儿童身体健康成长和增强体质为目的所进行的一系列的教育活动。学前儿童体育为其他领域的教育提供物质基础。学前儿童智育是指按照学前儿童认识活动的特点和发展的规律，有目的、有计划地促使学前儿童获得粗浅的知识技能，发展智力，培养其对周围事物的求知兴趣和良好的学习习惯的教育过程。学前儿童智育为其他领域的教育提供知识和智力基础。学前儿童德育是指按照社会的要求，引导和促进学前儿童社会性发展，培养学前儿童道德品质的教育活动。德育渗透于其他领域的教育之中。学前儿童美育就是按照学前儿童身心发展的特点，来培养学前儿童感受美、欣赏美、表现美和创造美的情趣和能力的教育活动。学前儿童美育是其他领域的教育的催化剂。学前儿童劳动教育是指根据学前儿童的身心发展水平引导其参加简单的劳动，培养其热爱劳动的意识以及良好的劳动习惯，使其具有一定的生活自理能力的教育活动。学前儿童劳动教育是促进幼儿全面发展的教育手段。幼儿教师应该要对学前儿童实施体、智、德、美、劳诸方面全面发展的教育，以促进其身心的和谐发展。当然，全面发展并不是要求幼儿在体、智、德、美、劳方面平均发展、齐头并进，各个方面的发展应该是和谐的，而不是单一的或者孤立的。

资料链接

“木桶效应”：一个木桶盛水的多少，并不取决于桶壁上最高的那块木块，而恰恰取决于桶壁上最短的那块木板。木桶效应最早是由美国管理学家彼得提出的，“木桶”就象征着人或事的各个方面，而短板就是其中的薄弱部分，所以盛水多少最关键的往往不是最长的那块木板，而是最短的那一块。根据这一核心内容，“木桶效应”还有两个推论：其一，只有桶壁上的所有木板都足够高，木桶才能盛满水。其二，只要木桶里有一块木板高度不够，木桶里的水就不可能是满的。

“木桶效应”告诉我们，儿童发展的这几个侧面犹如组成一个木桶的各块木板，只有每块木板既长又厚实，才能盛很多水，如果某块木板既短小又单薄，那水就盛得很少，甚至不能盛水。同时，儿童某一侧面的发展也是一个整体，它应该包含各个不同的层面。比如，儿童身体的发展应包括大肌肉（如四肢、躯干）的发展和小肌肉（如指头、手眼协调能力）的发展。所以，要满足儿童各种发展的需要，不应孤立、片面地强调某一方面而忽视另一方面，以保证儿童整体性的发展。

资料来源：龙吻. 世界上最神奇的30个教育定律［M］. 北京：朝华出版社，2012.

（三）尊重幼儿的学习方式

幼儿与成人相比，有着不同的学习方式和学习特点，他们是以活动为基本学习方式。活动对学前儿童的发展有着重要的价值，不论是在婴儿期，还是在幼儿期。学前儿童全面发展的教育任务是渗透在儿童一日生活的各项活动中完成。现代心理学认为：儿童大脑当中的操作模式根本上是来自外部动作模式的内化，儿童内部思维的综合能力只能源于外部，特别是在手指上所进行的“拆分”和“拼凑”活动。教育研究也表明，儿童通过自己的操作活动，能更好地理解事物及其相互之间的关系。

儿童的活动可以分为两大类：一类是操作活动，儿童通过与物体的相互作用而获得发展。通过动手操作，儿童逐渐理解事物之间的关系，掌握基本概念。例如，教幼儿认识球体时，教师将教室布置成一个游戏厅，幼儿有吹泡泡的，有玩滚球的，有拍皮球的，还有玩海洋球的。在玩的过程中，幼儿充分感知了球体的外形特征和特性。另一类是交往活动，儿童通过与教师、同伴的相互作用而得到发展。首先，儿童在与教师交往的过程中，能够学会如何正确地表达自己的思想、情感，掌握与别人交往的技能，形成良好的行为习惯，萌发创造性，增强责任感，提高积极的自我意象。其次，儿童在与同伴交往的过程中，不论是集体活动，还是小组活动，或是个人活动，都能促进儿童认知能力的发展，社会情感的升华，心理活动水平的提高。比如，当全班幼儿一起进行走、跑、跳、爬、球类等体育活动时，不仅能产生生理上的满足感，而且还能给幼儿以精神上的快感。幼儿在这些活动中，可以无拘无束地玩耍，尽情地说笑，陶醉于欢快的活动之中，促进身心健康成长。

（四）尊重幼儿的个体差异

促进幼儿发展，不仅是幼儿教育的出发点，也是幼儿教育的归宿；不仅体现在知识技能的增长，更体现在心理机能和内在素质的成长。幼儿发展具有相似的年龄特点与规律，又有不同的发展速度与个体差异。法国思想家卢梭在《爱弥儿》中说过：“每一个人的心灵有它自己的形式，必须按它的形式去指导他。”为此，教师不能“一刀切”，而要根据每个儿童的具体情况，实行区别对待，进行个别教育。

首先，要观察了解每个幼儿的特点。观察是教师认识和理解幼儿的重要途径。活动则是教师观察幼儿的窗口。为了实施好个别化教学，教师先要全面了解幼儿的全部情况。可以通过个别接触、游戏、教学、春游、实际操作、家访等活动，来全面观察、了解幼儿（也可向前任教师、家长了解）。

其次，应针对幼儿的特点，施行个别教学。教师在了解幼儿的特点之后，可针对不同幼儿的个性或者潜能，安排不同的活动。比如，让具备领导才能的幼儿成为组长，带领组员开展活动。另外，教师应运用多种教学形式和手段，让幼儿能够在活动中有所收获，逐渐爱上在幼儿园中的生活。

教师要重视每个孩子的个性发展，让每个孩子发展成为独一无二的个体。用自己的耐心与爱心，从多方面充分了解幼儿的个性特点，根据幼儿之间的差异合理安排课堂，实现因材施教。

（五）重视家园共育

在教育教学过程中，家庭对幼儿有着非常深远的影响，幼儿教育需要家长的配合。《纲要》中也明确指出：“家庭是幼儿园重要的合作伙伴。幼儿园应本着尊重、平等、合作的原则，争取家长的理解、支持和主动参与，并积极支持、帮助家长提高教育能力。”教师要与家长建立良好的沟通，让家长了解幼儿园的教育理念、课程设置、活动内容等，以便家长能够更好地理解孩子在幼儿园中的学习和生活；教师要鼓励家长参与幼儿园的教育活动，如家长会、亲子活动、家庭教育讲座等，让家长了解孩子在幼儿园中的表现，同时也可以让家长与其他家长分享自己的教育经验和心得；教师还要为家长提供家庭教育支持，如提供家庭教育课程、育儿知识、亲子游戏等，帮助家长更好地了解孩子的成长需求，同时也可以提高家长的教育能力。最后，教师应关注家长的反馈，听取家长的意见和建议，及时解决家长的问题和担忧，增强家长对幼儿园的信任和满意度。幼儿教育需要家长的配合，只有开展家园合作，才能更好地促进幼儿的健康成长。

案例

幼儿园刚刚开学，江老师便跟幼儿家长有了君子协定：不接受任何礼物、约请，欢迎家长到幼儿园了解孩子的发展情况；避免物质攀比，满足孩子的精神需求；组织建立家长QQ群、家长委员会、家长志愿者队，给家长们建立互帮互助的平台。江老师主动约请幼儿的家长，了解情况、向他们介绍幼儿在幼儿园的表现。江老师细致、生动的描述和分析，让幼儿家长对幼儿园教师刮目相看。自此之后，每一次幼儿园的活动，幼儿家长都全力支持。有一次，幼儿菲菲快过生日了，她的妈妈买了蛋糕，直接带到幼儿园，要老师分给班上的孩子。江老师耐心地向菲菲妈妈解释了此举的不妥，从幼儿园的餐点设置，到可能会引发的幼儿之间的攀比，再到食品的浪费和安全，最后，菲菲妈妈拎着蛋糕回去了。现在，无论班里哪个孩子过生日，都会非常主动地告诉老师、告诉同伴，大家一起开心地唱歌、相互祝愿，没有任何负担。就这样一次一次的坚持之下，君子协定被大家共同认可，江老师对自己的严格、对孩子的爱，让家长们对她悄悄竖起大拇指。

总之，正确的幼儿教育观对于幼儿的发展具有重要影响。在教育过程中，教师应该注意形成科学的教育观，为幼儿提供良好的教育环境和发展机会，促使幼儿健康快乐地成长。

本章小结

科学的教育观是帮助幼儿全面发展，提高学前教育质量的关键。本章首先阐述了学前教育的价值，主要包括学前教育对儿童个体发展，对家庭、对社会发展的价值。然后按时间顺序分阶段论述了我国学前教育的发展概况，并分析了我国学前教育未来的发展趋势。之后解释了学前儿童观的内涵，提出了儿童观的主要形态，并介绍了儿童观的历史演变情况，指出了正确的儿童观的内容。最后界定了学前教育观的概念，并详细分析了科学的学前教育观应包含的几个重要方面。

关键术语

个体发展价值、学前儿童观、学前教育观、学前教育观

建议的活动

1. 对幼儿园的一个班级进行观察，分析该班级教师有着怎样的教育观。并分析这种教育观与科学的教育观的异同点，谈谈怎样才能树立正确的教育观。

2. 设计一份关于儿童观的调查问卷，针对一个或几个幼儿园的家长和教师进行调查，了解现代的成人对于儿童的真实看法和观点。

拓展阅读

1. 刘晓东. 儿童文化与儿童教育[M]. 北京：教育科学出版社，2006.

2. 虞永平. 幼儿教育观新论[M]. 北京：人民教育出版社，2006.

第三章 我国机构教育中的学前教育

学习目标

❶ 知识目标：了解托育机构保育的重要价值；了解托育机构保育工作的目标、要求和基本原则；掌握我国幼儿园教育的目标和任务；理解并掌握幼儿园教育的原则。

❷ 能力目标：能运用幼儿园教育的原则对教育实践中的问题进行分析。

❸ 素质目标：明确幼儿园的任务和教育原则，树立正确的教育观。

本章知识导图

- 我国机构教育中的学前教育
  - 托育机构保育的价值、目标和原则
    - 托育机构保育的重要价值
    - 托育机构保育工作的目标和要求
    - 托育机构保育的基本原则
  - 幼儿园教育的目标、任务和原则
    - 幼儿园教育的目标
    - 幼儿园教育的任务
    - 幼儿园教育的原则

开篇案例

党的十八大提出“办好学前教育”；党的十九大不仅提出“办好学前教育”，而且在“坚定文化自信，推动社会主义文化繁荣兴盛”中强调要“从娃娃抓起”，更将“幼有所育”作为七项民生与社会事业之首，并强调要“不断取得新进展”。连续十年，国家实施了学前教育行动计划，中央财政设立支持学前教育发展专项资金，一系列学前教育重大项目在各地实施。党的二十大报告提出，要“强化学前教育、特殊教育普惠发展”。全国人大代表委员热议学前教育的普惠优质发展，为“幼有所育”迈向“幼有优育”积极建言献策。

2018年9月7日，十三届全国人大常委会立法规划中，学前教育法纳入全国人大常委会立法规划的一类立法项目，拟在十三届全国人大常委会任期内提请审议。2023年6月2日，国务院常务会议讨论并原则通过《中华人民共和国学前教育法（草案）》，决定将草案提请全国人大常委会审议。2023年8月28日，学前教育法草案提请十四届全国人大常委会第五次会议初次审议。针对学前教育发展，草案强调，发展学前教育坚持政府主导，以政府举办为主，大力发展普惠性学前教育资源，引导和规范社会力量参与；幼儿园应当根据学前儿童身心发展规律和年龄特点，科学实施保育和教育活动，不得教授小学阶段的课程内容、采用小学化的教育方式；幼儿园应当把保护学前儿童安全放在首位，落实安全责任制相关规定；国家为家庭经济困难的适龄儿童等接受普惠性学前教育提供资助。

思考：

1. 学前教育为何越来越受到重视？
2. 作为一名学前教育专业的师范生，请你谈谈学前教育立法的意义。

幼儿园教师资格证考试·考点预测◎

在幼儿园教师资格证考试科目《保教知识与能力》中，本章内容关联内容是“学前教育原理”模块，对应考试大纲知识点为：理解幼儿教育的性质和意义，理解我国幼儿教育的目的和任务。理解学前教育的基本原则，理解幼儿园教育的基本特点，能对教育实践中的问题进行分析。考点主要有：幼儿园的任务、学前教育的原则等，题型主要是单项选择题和简答题。

国家高度重视托幼事业发展。《中共中央 国务院关于学前教育深化改革规范发展的若干意见》指出，学前教育是国民教育体系的重要组成部分，是重要的社会公益事业。新时期学前教育必须坚持公益普惠基本方向，推进学前教育普及普惠安全优质发展。“托幼”一般泛指负责收托0～3岁婴幼儿的托儿所（托育机构）和负责3～6岁幼儿学前教育的幼儿园，是对这两类机构的简称。

第一节 托育机构保育的价值、目标和原则

托育机构的服务对象是0～3岁的婴幼儿及其家长。托育机构的工作重点，大致包括对婴幼儿的照护活动，为家长提供早期教育的指导，运用专业知识为家长解答育儿过程中遇到的各种问题，并为婴幼儿营造良好的成长环境，促进婴幼儿的全面发展。

一、托育机构保育的重要价值

托育机构是对3岁以下的婴幼儿提供保育为主、保教结合的全日托、半日托、计时托、临时托等照护服务机构的简称。托育机构由社会组织、企业、事业单位或个人举办，机构以养育为主、保教融合为原则，为婴幼儿及其家庭提供服务。托育服务事业事关百姓福祉，托育机构保育的重要价值体现在以下三个方面。

（一）促进婴幼儿健康成长

0～3岁是个体发展的开端，是教育启蒙的奠基阶段和关键时期，把握生命最初的“黄金1000天”对儿童后续发展具有深远影响。正如意大利儿童教育家玛利亚·蒙台梭利所言，“人出生后头3年的发展，在其程度和重要性上，超过人整个一生中的任何阶段……如果从生命的变化、生命的适应和对外界的征服，以及所取得的成就来看，人的功能在这一阶段实际上比3岁以后直到死亡的各个阶段的总和还要大，从这一点上来讲，我们可以把这3年看作人的一生。”我国著名儿童教育家陈鹤琴也认为，“幼稚期（自生至7岁）是人生最重要的一个时期，什么习惯、言语、技能、思想、态度、情绪都要在此时期打下一个基础，若基础打得不稳固，那健全的人格就不容易建造了。”随着社会和科学的不断发展，早期教育对于儿童发展的重要性越来越受到大众的关注。托育机构通过为婴幼儿提供科学、规范的照护服务，使婴幼儿获得探索世界和理解世界的乐趣，进而促进婴幼儿在身体发育、心理健康、语言与认知、社会性与情绪等方面的发展。

（二）帮助家长增强科学育儿能力

近几年，人民群众对婴幼儿照护和早期教育服务的呼声越来越高，尤其是双职工青年夫妇、多胎家庭。国务院办公厅发布《关于促进3岁以下婴幼儿照护服务发展的指导意见》（以下简称《意见》），为解决婴幼儿照护问题提供了政策保障。《意见》强调，发展婴幼儿照护服务的重点是为家庭提供科学养育指导，并对确有照护困难的家庭或婴幼儿提供必要的服务。2023年5月，习近平总书记主持召开二十届中央财经委员会第一次会议，强调大力发展普惠托育服务体系，显著减轻家庭生育养育教育负担。托育机构提供的服务一方面有利于婴幼儿的早期发展，另一方面也满足了家长日益增长的育儿需求。托育机构通过与家长合作共育的机会，为家长在日常生活中对婴幼儿进行教育提供理念和方法上的指导，影响家长育儿的观念与行为，帮助家长增强科学育儿的能力，提升家长的养育水平。

（三）助力经济社会的持续发展

婴幼儿照护服务，事关婴幼儿健康成长，事关广大家庭和谐幸福，也事关经济社会的持续发展。近年来，我国托育服务发展取得了一定成效。各地积极探索多样化普惠托育服务，打造15分钟托育服务圈，搭建智慧托育信息平台，发展医育结合、智慧托育等新业态，一项项暖心举措，补齐了民生短板，提升了千家万户的幸福感。托育机构的照护服务为婴幼儿成长发展提供了适宜的环境和条件，保障儿童的生存权、发展权、受保护权和参与权，守护儿童的成长发展和美好未来，让广大儿童成长为德智体美劳全面发展的社会主义建设者和接班人，不断为实现中华民族伟大复兴的中国梦贡献力量。

二、托育机构保育工作的目标和要求

2021年，国家卫生健康委为指导托育机构为3岁以下婴幼儿提供科学、规范的照护服务，根据《国务院办公厅关于促进3岁以下婴幼儿照护服务发展的指导意见》的要求，依据《托育机构设置标准（试行）》《托育机构管理规范（试行）》，制定了《托育机构保育指导大纲（试行）》。《托育机构保育指导大纲（试行）》自印发之日起施行，对提高婴幼儿照护服务规范化水平，促进婴幼儿健康成长具有重要意义。

《托育机构保育指导大纲（试行）》的第二部分关涉托育机构保育的目标与要求。从营养与喂养、睡眠、生活与卫生习惯、动作、语言、认知、情感与社会性7个方面，分别对照护7～12个月、13～24个月、25～36个月三个年龄段的婴幼儿，提出了目标、保育要点和指导建议。托育机构保育工作应当遵循婴幼儿发展的年龄特点与个体差异，通过多种途径促进婴幼儿全方位和谐发展。

（一）营养与喂养

1. 目标

①获取安全、营养的食物，达到正常生长发育水平。

②养成良好的饮食行为习惯。

2. 保育要点

（1）7～12个月。

①继续母乳喂养，不能继续母乳喂养的婴儿使用配方奶喂养。

②及时添加辅食，从富含铁的泥糊状食物开始，遵循由一种到多种、由少到多、由稀到稠、由细到粗的原则。辅食不添加糖、盐等调味品。

③每引入新食物要密切观察婴儿是否有皮疹、呕吐、腹泻等不良反应。

④注意观察婴儿所发出的饥饿或饱足的信号，并及时、恰当回应，不强迫喂食。

⑤鼓励婴儿尝试自己进食，培养进餐兴趣。

（2）13～24个月。

①继续母乳或配方奶喂养，可以引入奶制品作为辅食，每日提供多种类食物。

②鼓励和协助幼儿自己进食，关注幼儿以语言、肢体动作等发出进食需求，顺应喂养。

③培养幼儿使用水杯喝水的习惯，不提供含糖饮料。

（3）25～36个月。

①每日提供多种类食物。

②引导幼儿认识和喜爱食物，培养幼儿专注进食习惯、选择多种食物的能力。

③鼓励幼儿参与协助分餐、摆放餐具等活动。

3. 指导建议

①制订膳食计划和科学食谱，为婴幼儿提供与年龄发育特点相适应的食物，规律进餐，为有特殊饮食需求的婴幼儿提供喂养建议。

②为婴幼儿创造安静、轻松、愉快的进餐环境，协助婴幼儿进食，并鼓励婴幼儿表达需求、及时回应，顺应喂养，不强迫进食。

③有效控制进餐时间，加强进餐看护，避免发生伤害。

（二）睡眠

1. 目标

①获得充足睡眠。

②养成独自入睡和作息规律的良好睡眠习惯。

2. 保育要点

（1）7～12个月。

①识别婴儿困倦的信号，通过常规睡前活动，培养婴儿独自入睡。

②帮助婴儿采用仰卧位或侧卧位姿势入睡，脸和头不被遮盖。

③注意观察婴儿睡眠状态，减少抱睡、摇睡等安抚行为。

（2）13～24个月。

①固定幼儿睡眠和唤醒时间，逐渐建立规律的睡眠模式。

②坚持开展睡前活动，确保幼儿进入较安静的状态。

③培养幼儿独自入睡的习惯。

（3）25～36个月。

①规律作息，每日有充足的午睡时间。

②引导幼儿自主做好睡眠准备，养成良好的睡眠习惯。

3. 指导建议

①为婴幼儿提供良好的睡眠环境和设施，温湿度适宜，白天睡眠不过度遮蔽光线，设立独立床位，保障安全、卫生。

②加强睡眠过程巡视与照护，注意观察婴幼儿睡眠时的面色、呼吸、睡姿，避免发生伤害。

③关注个体差异及睡眠问题，采取适宜的照护方式。

（三）生活与卫生习惯

1. 目标

①学习盥洗、如厕、穿脱衣服等生活技能；

②逐步养成良好的生活卫生习惯。

2. 保育要点

（1）7～12个月。

①及时更换尿布，保持臀部和身体干爽清洁。

②生活照护过程中，注重与婴儿互动交流。

③识别及回应婴儿哭闹、四肢活动等表达的需求。

（2）13～24个月。

①鼓励幼儿及时表达大小便的需求，形成一定的排便规律，逐渐学会自己坐便盆。

②协助和引导幼儿自己洗手、穿脱衣服等。

③引导和帮助幼儿学会咳嗽和打喷嚏的方法。

（3）25～36个月。

①培养幼儿主动如厕。

②引导幼儿餐后漱口，使用肥皂或洗手液正确洗手，认识自己的毛巾并擦手。

③鼓励幼儿自己穿脱衣服。

3. 指导建议

①保持生活场所的安全卫生，预防异物吸入、烧烫伤、跌落伤、溺水、中毒等伤害发生。

②在生活中逐渐养成婴幼儿良好的习惯，做好回应性照护，引导其逐步形成规则和安全意识。

③注意培养婴幼儿良好的用眼习惯，限制屏幕时间。

④注意培养婴幼儿良好的口腔卫生习惯，预防龋齿。

⑤在各生活环节中，做好观察，发现有精神状态不良、烦躁、咳嗽、打喷嚏、呕吐等表现的婴幼儿，要加强看护，必要时及时隔离，并联系家长。

（四）动作

1. 目标

①掌握基本的大运动技能。

②达到良好的精细动作发育水平。

2. 保育要点

（1）7～12个月。

①鼓励婴儿进行身体活动，尤其是地板上的游戏活动。

②鼓励婴儿自主探索从躺位变成坐位，从坐位转为爬行，逐渐到扶站、扶走。

③提供适宜的玩具，促进抓、捏、握等精细动作发育。

（2）13～24个月。

①鼓励幼儿进行形式多样的身体活动，为幼儿提供参加爬、走、跑、钻、踢、跳等活动的机会。

②提供多种类活动材料，促进涂画、拼搭、叠套等精细动作发育。

③鼓励幼儿自己喝水、用小勺吃饭、自己翻书等。

（3）25～36个月。

①为幼儿提供参加走直线、跑、跨越低矮障碍物、双脚跳、单足站立、原地单脚跳、上下楼梯等活动的机会。

②提供多种类活动材料，促进幼儿搭建、绘画、简单手工制作等精细动作发育。

③鼓励幼儿自己用水杯喝水、用勺吃饭、协助收纳等。

3. 指导建议

①在各个生活环节中，创造丰富的身体活动环境，确保活动环境和材料安全、卫生。

②充分利用日光、空气和水等自然条件，进行身体锻炼，保证充足的户外活动时间。

③安排类型丰富的活动和游戏，并保证每日有适宜强度、频次的大运动活动。做好运动中的观察及照护，避免发生伤害。

④关注患病婴幼儿。处于急慢性疾病恢复期的婴幼儿，及时调整活动强度和时间；发现运动发育迟缓的婴幼儿，给予针对性指导，及时转介。

（五）语言

1. 目标

①对声音和语言感兴趣，学会正确发音。

②学会倾听和理解语言，逐步掌握词汇和简单的句子。

③学会运用语言进行交流，表达自己的需求。

④愿意听故事、看图书，初步发展早期阅读的兴趣和习惯。

2. 保育要点

（1）7～12个月。

①经常和婴儿说话，引导其对发音产生兴趣，模仿和学习简单的发音。

②向婴儿复述生活中常见物品和动作，帮助其逐渐理解简单的词汇。

③引导婴儿使用简单的声音、表情、动作、语言表达自己的需求。

④为婴儿选择合适的图画书，朗读简单的故事或儿歌。

（2）13～24个月。

①培养幼儿正确发音，逐步将语言与实物或动作建立联系。

②鼓励幼儿模仿和学习使用词语或短句表达自己的需求。

③引导幼儿学会倾听并乐意执行简单的语言指令，积极使用语言进行交流。

④提供机会让幼儿多读绘本、多听故事、学念儿歌。

（3）25～36个月。

①指导幼儿正确地运用词语说出简单的句子。

②鼓励幼儿用语言表达自己的需求和感受。

③创造条件和机会，使幼儿多听、多看、多说、多问、多想，谈论生活中的所见所闻。

④培养幼儿阅读的兴趣和能力，学讲故事、学念儿歌。

3. 指导建议

①创设丰富和应答的语言环境，提供正确的语言示范，保持与婴幼儿的交流与沟通，引导其倾听、理解和模仿语言。

②为不同月龄婴幼儿提供和阅读适合的儿歌、故事和图画书，培养早期阅读兴趣和习惯。

③关注语言发展迟缓的婴幼儿，并给予个别指导。

（六）认知

1. 目标

①充分运用各种感官探索周围环境，有好奇心和探索欲。

②逐步发展注意、观察、记忆、思维等认知能力。

③学会想办法解决问题，有初步的想象力和创造力。

2. 保育要点

（1）7～12个月。

①提供有利于视、听、触摸等的材料，激发婴儿的观察兴趣。

②鼓励婴儿调动各种感官，感知物体的大小、形状、颜色、材质等。

③引导婴儿观察周围的事物，模仿所看到的某些事物的声音和动作。

（2）13～24个月。

①引导幼儿运用各种感官探索周围环境，逐步发展注意、记忆、思维等认知能力。

②鼓励幼儿辨别生活中常见物体的大小、形状、颜色、软硬、冷热等明显特征。

③鼓励幼儿在操作、摆弄、模仿等活动中想办法解决问题。

（3）25～36个月。

①引导幼儿运用各种感官反复持续探索周围环境，逐步巩固和加深对周围事物的认识。

②启发幼儿观察辨别生活中常见物体的特征和用途，进行简单的分类，并感受生活中的数学。

③培养幼儿在感兴趣的事情上能够保持一定的专注力。

④通过各种游戏和活动，鼓励幼儿主动思考、积极提问并大胆猜想，激发幼儿的想象力和创造力。

3. 指导建议

①创设环境，促进婴幼儿通过视、听、触摸等多种感觉活动与环境充分互动，丰富认识和记忆经验。

②保护婴幼儿对周围事物的好奇心和求知欲，耐心回应婴幼儿的问题，鼓励婴幼儿自己寻找答案。

③在确保安全健康的前提下，支持和鼓励婴幼儿的主动探索。

（七）情感与社会性

1. 目标

①有安全感，能够理解和表达情绪。

②有初步的自我意识，逐步发展情绪和行为的自我控制。

③与成人和同伴积极互动，发展初步的社会交往能力。

2. 保育要点

（1）7～12个月。

①观察了解不同月龄婴儿的需要，把握其情绪变化，尊重和满足其爱抚、亲近、搂抱等情感需求。

②引导婴儿理解和辨别高兴、喜欢、生气等不同情绪。

③敏感察觉婴儿的情绪变化，理解其情感需求并及时回应。

④创设温暖、愉快的情绪氛围，促进婴儿交往的积极性。

（2）13～24个月。

①引导幼儿用表情、动作、语言等方式表达自己的情绪。

②培养幼儿愉快的情绪，及时肯定和鼓励幼儿适宜的态度和行为。

③拓展交往范围，引导幼儿认识他人不同的想法和情绪。

④引导幼儿理解并遵守简单的规则。

（3）25～36个月。

①谈论日常生活中幼儿感兴趣的人和事，引导其通过语言和行为等方式表达情绪情感。

②鼓励幼儿进行情绪控制的尝试，指导其学会简单的情绪调节策略。

③创设人际交往的机会和条件，使幼儿感受与人交往的愉悦。

④帮助幼儿理解和遵守简单的规则，初步学习分享、轮流、等待、协商，尝试解决同伴冲突。

3. 指导建议

①观察了解每个婴幼儿独特的沟通方式和情绪表达特点，正确判断其需求，并给予及时、恰当的回应。

②与婴幼儿建立信任和稳定的情感联结，使其有安全感。

③建立一日生活和活动常规，开展规则游戏，帮助婴幼儿理解和遵守规则，逐步发展规则意识，适应集体生活。

④创造机会，支持婴幼儿与同伴和成人的交流互动，体验交往的乐趣。

托育机构应当为婴幼儿创造适宜的生活环境和条件，根据不同月龄婴幼儿的生理心理特点和认知发展规律，以游戏为主要形式，安排丰富的活动，充分尊重个体差异，寓教于乐，提供专业、规范、安全、健康的照护服务，促进婴幼儿的早期发展。托育机构可通过入户指导、亲子活动、家长课堂等方式，利用互联网等信息化手段，为家庭和社区提供科学育儿指导服务。

资料链接

美国0～3岁婴幼儿五个发展领域及关注点

发展领域	描述	观察和制订计划时的关注点
保障终身幸福和健康生活的身体发育和习惯培养	身体健康和发育：照护者要观察婴幼儿的身高和体重，观察他们是否得到了充足且适当的营养，是否有受虐待的迹象，是否患慢性疾病或受到伤害 心理健康：照护者要观察家庭和集体照护环境中的婴幼儿的压力水平；示范并培养婴幼儿形成健康、安全的习惯；促进婴幼儿自我照料能力的增长，包括学会满足自己的需求	①身体健康和发育 ②心理健康 ・婴幼儿的心理健康 ・情感氛围 ・婴幼儿被虐待或者被忽视 ③学会健康和安全地生活 ④自我照料
思考、推理和理解世界：大脑与认知发展	认知发展：指婴幼儿知识的增加以及他们在理解世界的过程中其认知过程发生的变化，也指婴幼儿思考、推理和解决问题的能力会随着时间的推移及经验的增加而变得日趋复杂	①大脑的发育与经验 ②认知过程 ・注意力 ・客体永久性 ・因果关系 ・分类 ・记忆、模仿和回忆
身心联系：感知运动的整合发展	当婴幼儿利用全部感官探索周围环境时，其知觉能力得到了发展。运动能力发展是指婴幼儿不断改善小肌肉运动（精细动作）和大肌肉运动（粗大动作）能力，越来越能协调、平衡和控制自己的身体	①知觉能力发展 ②运动能力发展 ③空间意识
存在与归属感：社会性与情绪发展	社会性发展：指婴幼儿对自身和他人的认识不断加深 情绪发展：指婴幼儿能够了解情绪和给情绪贴标签，知道他人也有不同的情绪，并学会自我调节情绪；道德感，包括明辨是非、关心他人、移情等；对世界的审美意识，即什么是美丽的，婴幼儿欣赏什么，以及他们为什么欣赏它	①自我意识和他人意识 ②自信和自尊 ③与他人互动 ・气质 ・同伴交往 ④亲社会行为 ⑤情绪发展 ⑥依恋 ⑦情绪调节
交流：语言、读写能力和数学理解能力的发展	语言发展包括接受性语言和倾听能力（理解口头和非口头语言）以及表达性语言（能够与他人交流，让他人理解自己）的发展。语言发展对于婴幼儿理解和使用符号来进行读写、理解数学非常重要，婴幼儿要能够意识到单词、标志和符号都是有意义的，并能够使用它们	①接受性语言和倾听 ②表达性语言 ③早期读写与数学理解能力

资料来源：卡罗尔·科普尔，等. 0～3岁婴幼儿发展适宜性实践[M]. 洪秀敏，等，译. 北京：中国轻工业出版社，2020：38-39.

三、托育机构保育的基本原则

《托育机构保育指导大纲（试行）》明确了托育机构保育的核心要义，强调托育机构保育应遵循“尊重儿童、安全健康、积极回应、科学规范”的基本原则。

（一）尊重儿童

托育机构保育是婴幼儿照护服务的重要组成部分，是生命全周期服务管理的重要内容。尊重儿童，指的是托育工作必须坚持儿童优先，充分保障儿童权利，应当尊重婴幼儿的成长特点和规律，关注个体差异，促进每个婴幼儿全面发展。

（二）安全健康

安全健康，指的是托育机构保育工作必须最大限度地保护婴幼儿的安全和健康，切实做好托育机构的安全防护、营养膳食、疾病防控等工作。为进一步加强对托育机构工作的指导，提高托育机构服务质量，为婴幼儿提供科学、规范的喂养服务，保障婴幼儿安全健康成长，国家卫生健康委制定了《托育机构婴幼儿喂养与营养指南（试行）》。此外，托育机构应当建立信息管理、健康管理、疾病防控和安全防护监控制度，制定安全防护、传染病防控等应急预案，切实做好室内外环境卫生，注意防范和避免伤害，确保婴幼儿的安全和健康。

（三）积极回应

托育机构应当提供支持性环境，敏感观察婴幼儿，理解其生理和心理需求，并及时给予积极适宜的回应。保育工作应当根据婴幼儿的身心发展特点和规律，制订科学的保育方案，合理安排婴幼儿饮食、饮水、如厕、盥洗、睡眠、游戏等一日生活和活动，支持婴幼儿主动探索、操作体验、互动交流和表达表现，丰富婴幼儿的直接经验。

（四）科学规范

托育机构是实施保育的场所，应当提供健康、安全、丰富的生活和活动环境，配置符合婴幼儿月龄特点的家具、用具、玩具、图书、游戏材料和安全防护措施，并根据场地条件合理确定收托规模，配备符合要求的保育人员。托育机构负责人负责保育的组织与管理，指导、检查和评估保育人员的工作。托育机构需按照国家和地方相关标准和规范，合理安排婴幼儿的生活和活动，满足婴幼儿生长发育的需要。

资料链接

实践指导原则

发展适宜性实践指导0～3岁婴幼儿教育专业人士：

①了解不同背景下的婴幼儿。

②尊重和支持所有的婴幼儿及其家庭。

③与幼儿家庭充分合作，共同关心和照顾婴幼儿。

④根据婴幼儿的文化背景给予适宜的照护。

⑤尊重婴幼儿的权利。

⑥与婴幼儿建立相互关爱、相互支持的关系。

⑦对婴幼儿的交流保持敏感，并及时做出回应。

资料来源：卡罗尔·科普尔，等. 0～3岁婴幼儿发展适宜性实践[M]. 洪秀敏，等，译. 北京：中国轻工业出版社，2020：33.

第二节　幼儿园教育的目标、任务和原则

幼儿园教育活动是有目的、有意识、有计划的活动。幼儿园教育的目标和任务指引着幼儿园教育的方向。学前教育工作者需要明确我国幼儿园教育的目标和任务，掌握幼儿园教育的基本原则，从而确保教育实践的科学性和有效性。

一、幼儿园教育的目标

教育的目的，直接决定了教育工作的基本方向。幼儿园一切教育活动都是围绕教育目标而组织的，最终都是为了实现教育目的。那么，幼儿园教育的目标是什么？这是研究幼儿园教育首先要回答的问题。

（一）幼儿园教育目标的内涵

教育作为培养人的社会实践活动，教育目的是对培养人的期待和要求。广义的教育目的是指社会团体和个人对受教育者成为什么样的人所持有的期待和要求。而现代教育是国家的事业，国家对培养什么样的人有着特定的要求，即构成了狭义的教育目的。国家对于受教育者的期待和要求是根本的，这里所指的教育目的就是狭义的教育目的，即国家对本国教育培养的人才的质量和规格的总要求。我国的教育目的是培养德、智、体、美、劳全面发展的社会主义建设者和接班人。各级各类学校的培养目标虽有差异，但是在教育目的上是一致的。

幼儿园是对3～6岁的适龄幼儿进行教育的机构，幼儿园教育是基础教育的重要组成部分，是学校教育制度的基础阶段，也是实现我国教育目的的重要一环。幼儿园教育目标是根据国家教育的总体目标，适应经济社会发展的要求及幼儿身心发展特点，制定的有关幼儿保育和教育质量规格的总体要求，是教育目的在幼儿园阶段的具体化。

（二）我国幼儿园教育目标的内容

教育目的不是固定不变的，对一个国家而言，不同时期的教育目的也会根据不同阶段社会发展的需要而制定。幼儿园的教育目标也会根据国家对于教育的总体目标的变化而制定。

《幼儿园工作规程》是我国第一部规范幼儿园内部管理的规章，也是基础教育领域比较早的一部管理规章，多年来对加强各级各类幼儿园的规范管理发挥了重要作用。下面将通过对历次规程中有关幼儿园教育目标表述的回顾，把握我国幼儿园教育目标的变与不变。

1989年，国家教育委员会发布了《幼儿园工作规程（试行）》，指出幼儿园的任务是实行保育与教育相结合的原则，对幼儿实施体、智、德、美全面发展的教育，促进其身心和谐发展。幼儿园同时为幼儿家长安心参加社会主义建设提供便利条件。

1996年，国家教育委员会依据《中华人民共和国教育法》制定了《幼儿园工作规程》，规程中指出幼儿园的任务是实行保育与教育相结合的原则，对幼儿实施体、智、德、美诸方面全面发展的教育，促进其身心和谐发展。幼儿园同时为家长参加工作、学习提供便利条件。

2016年，教育部为了加强幼儿园的科学管理，规范办园行为，提高保育和教育质量，促进幼儿身心健康，依据《中华人民共和国教育法》等法律法规，制定了《幼儿园工作规程》。规程中指出，幼儿园的任务是：贯彻国家的教育方针，按照保育与教育相结合的原则，遵循幼儿身心发展特点和规律，实施德、智、体、美等方面全面发展的教育，促进幼儿身心和谐发展。幼儿园同时面向幼儿家长提供科学育儿指导。

从以上回顾中可以看出，尽管我国幼儿园教育目的的表述有所不同和侧重，但是有些内容一直保持不变，比如促进幼儿的全面发展、为社会主义建设服务，这些内容构成了我国幼儿园教育目标的基本特点。

2016年版的《幼儿园工作规程》突显了立德树人的根本任务，进一步强调了幼儿园要坚持国家的教育方针，遵循幼儿的身心发展特点和规律，明确了幼儿教育的社会价值定位，彰显了幼儿为本的教育立场。将“实施体、智、德、美诸方面全面发展的教育”改为“实施德、智、体、美等方面全面发展的教育”，是对幼儿发展的方面做出的具体规定，从变化中可以看到德育在诸方面中的导向地位和国家对于幼儿发展方面的殷切期盼。

（三）幼儿园保育和教育的主要目标

1989年颁布的《幼儿园工作规程（试行）》第五条规定，幼儿园保育和教育的主要目标是：促进幼儿身体正常发育和机能的协调发展，增强体质，培养良好的生活习惯、卫生习惯和参加体育活动的兴趣；发展幼儿正确运用感官和运用语言交往的基本能力，增进其对环境的认识，培养有益的兴趣和动手能力，发展智力；萌发幼儿爱家乡、爱祖国、爱集体、爱劳动的情感，培养诚实、勇敢、好问、友爱、爱惜公物、不怕困难、讲礼貌、守纪律等良好的品德、行为、习惯，以及活泼、开朗的性格；萌发幼儿初步的感受美和表现美的情趣。该保育和教育目标较为全面地涵盖了幼儿身体发展、智力发展、品德发展、审美发展。

1996年颁布的《幼儿园工作规程》，在1989年版本的基础上增加了“求知欲望”“爱科学的情感”“自信”的内容。1992年，党的十四大报告指出：“科技进步、经济繁荣和社会发展，从根本上说取决于提高劳动者的素质，培养大批人才。我们必须把教育摆在优先发展的战略地位，努力提高全民族的思想道德和科学文化水平，这是实现我国现代化的根本大计。”这反映了现代化建设进程中，社会对于人才需求的变化，从“求知欲望”“爱科学的情感”的增加可以看到社会对科学的崇尚，国家在改革发展的进程中，迫切需要科学技术人才，教育被赋予了提高民族素质的使命，在幼儿园阶段反映的就是国家需求的具体化。“自信”这一内容则是对于幼儿园培养出来的人的规格的具体要求，从侧面也反映了社会对于受教育者的要求和期许。这一要求一直沿用至今，与中国特色社会主义“四个自信”的重要论述方向一致。2016年7月1日，习近平总书记在庆祝中国共产党成立95周年大会上明确提出：坚持不忘初心、继续前进，就要坚持中国特色社会主义道路自信、理论自信、制度自信、文化自信。“四个自信”的重要论述，创造性地拓展了党的十八大提出的中国特色社会主义“三个自信”的谱系，凸显了中国特色社会主义的文化根基、文化本质和文化理想。2023年3月5日，习近平总书记在参加江苏代表团审议时强调，我们的教育要善于从五千年中华传统文化中汲取优秀的东西，同时也不摒弃西方文明成果，真正把青少年培养成为拥有“四个自信”的孩子。由此可见，1996年版本中所增加的“自信”这一内容，不仅在过去，而且在当今社会也具有深远价值和意义。

在2016年版的《幼儿园工作规程》中，幼儿园保育和教育的目标完整表述为：①促进幼儿身体正常发育和机能的协调发展，增强体质，促进心理健康，培养良好的生活习惯、卫生习惯和参加体育活动的兴趣。②发展幼儿智力，培养正确运用感官和运用语言交往的基本能力，增进对环境的认识，培养有益的兴趣和求知欲望，培养初步的动手探究能力。③萌发幼儿爱祖国、爱家乡、爱集体、爱劳动、爱科学的情感，培养诚实、自信、友爱、勇敢、勤学、好问、爱护公物、克服困难、讲礼貌、守纪律等良好的品德行为和习惯，以及活泼开朗的性格。④培养幼儿初步感受美和表现美的情趣和能力。2016年颁布的《幼儿园工作规程》，在1996年的基础上增加了“促进心理健康”“勤学”、强调了“动手探究能力”的表述，幼儿园教育通过强化这些特定方面的素质，以满足社会发展的需要。现阶段，培育和践行社会主义核心价值观，促进幼儿主动地、生动活泼地发展，培养幼儿的实践能力和创新精神，培养德、智、体、美全面发展的社会主义建设者和接班人，是落实教育科学发展、贯彻党的教育方针的集中体现。

二、幼儿园教育的任务

幼儿园是对3周岁以上学龄前儿童实施保育和教育的机构。把握幼儿园教育的目标是幼儿园工作开展的前提，明确幼儿园教育的任务是工作顺利、有效开展的保证。幼儿园的任务指幼儿园应该承担的任务，它是由幼儿园的性质和社会的需求所决定的。

（一）幼儿园的双重任务

纵观新中国成立以来国家颁发的几个重要文件，如1952年颁布的《幼儿园暂行规程（草案）》、1979年颁布的《城市幼儿园工作条例》（试行草案）、1989年颁布的《幼儿园工作规程（试行）》，发现以上三个历史时期所规定的幼儿园的任务是一致的，都肩负着双重任务，即担负着保育教育儿童和服务家长的任务。

幼儿园的双重任务，是我国幼儿园的一大特色，同时也是幼儿园的社会使命。

1996年版的《幼儿园工作规程》中指出，幼儿园的任务是实行保育与教育相结合的原则，对幼儿实施体、智、德、美诸方面全面发展的教育，促进其身心和谐发展。幼儿园同时为家长参加工作、学习提供便利条件。从中可以看出，幼儿园双重任务属性的继承与发展。

同样，2016年版的《幼儿园工作规程》中关于幼儿园任务的界定也呈现了双重任务的表述。一方面，在1996年版的基础上突显了立德树人的根本任务，进一步强调了幼儿园要坚持国家的教育方针，遵循幼儿的身心发展特点和规律，将“实施体、智、德、美诸方面全面发展的教育”改为“实施德、智、体、美等方面全面发展的教育”，突显了德育的地位和重要性。另一方面，将“幼儿园同时为家长参加工作、学习提供便利条件。”改为“幼儿园同时面向幼儿家长提供科学育儿指导。”这一表述的更改，弱化了幼儿园的“托幼服务”功能，强化了幼儿园的教育功能，包括对家庭教育的指导功能。

真题链接

〔2019年上〕幼儿园的双重任务是（　　）。

A. 保教幼儿和服务家长　B. 看护幼儿和服务家长

C. 培养习惯和传递知识　D. 保育和教育幼儿

答案：A

（二）当前幼儿园实现双重任务所面临的新挑战

随着社会的发展，幼儿园在实现双重任务中遇到了新的挑战，主要表现在以下三个方面。

1. 对幼儿身心素质的培养提出了更高的要求

如前文所述，2016年版的《幼儿园工作规程》将“实施体、智、德、美诸方面全面发展的教育”改为“实施德、智、体、美等方面全面发展的教育”，突显了德育的地位和重要性。2018年9月10日，习近平在全国教育大会上做了重要讲话，会议指出要在学生中弘扬劳动精神，教育引导学生崇尚劳动、尊重劳动，懂得劳动最光荣、劳动最崇高、劳动最伟大、劳动最美丽的道理，长大以后能够辛勤劳动、诚实劳动、创造性劳动。在培养人的素质上，把“劳”与德、智、体、美提到同等重要位置。这些变化都要求我们要跟上时代的步伐，顺应不同时期社会发展的要求，把握教育过程中对于人才素质方面的要求，急社会发展之所急，培养担当民族复兴大任的时代新人。

2．对幼儿园提供的家长服务有了新期望

幼儿园的双重任务是我国幼儿园的一大特色，这一使命没有变，但在为方便家长服务这一任务上，新时期有了新要求。以前强调的是幼儿园照护幼儿有助于解决家长参加工作、学习无暇照顾子女的问题，因此重心放在减轻家长负担，并尽力方便家长。而现在，从规程当中有关于家长服务这方面的表述可以看出，幼儿园的“托幼服务”功能的弱化，幼儿园的教育功能在增强，对家庭服务的表述指向的是幼儿园所提供的科学育儿指导，其核心在教育，最终目的在于双向发力，共同促进幼儿的发展。因此，幼儿园应主动与幼儿家庭配合，帮助家长助设良好的家庭教育环境，向家长宣传科学保育、教育幼儿的知识，共同担负教育幼儿的任务。面对新的发展形势，幼儿园须把握当前家庭教育的特点，在管理制度、运作机制、家园合力等方面做出改进和调整，以满足新时代对于幼儿园开展家长工作的需要。

3．对幼儿园保教质量提出更高的要求

当今社会，学前教育质量时代已经到来，办好学前教育不仅是幼儿全面发展的需要，也是国计民生和社会可持续发展的诉求。2022年，为深入贯彻全国教育大会精神，加快建立健全教育评价制度，促进学前教育高质量发展，根据中共中央、国务院《关于学前教育深化改革规范发展的若干意见》和《深化新时代教育评价改革总体方案》的精神，制定了《幼儿园保育教育质量评估指南》。该指南旨在切实扭转不科学的评估导向，强化评估结果运用，推动树立科学保育教育理念，全面提高幼儿园保育教育水平，为培养德、智、体、美、劳全面发展的社会主义建设者和接班人奠定坚实基础。人民群众不但需要“有园上”，更要求“上好园”，未来我国学前教育的发展要从幼有所育向幼有优育、幼有善育的方向发展，为幼儿提供更加公平、更有质量的学前教育。

三、幼儿园教育的原则

为了促进幼儿的身心健康发展，幼儿园教育需按一定的教育原则施教。幼儿园教育原则是为教育目的服务的，是基于对幼儿发展规律的认识提出的，是对教育教学规律的认识和反映，在促进幼儿发展过程中起指导作用。

幼儿园教育规则包括两个部分，一是教育的一般原则，中小学、幼儿园教育都应该遵循，它反映了对所有教育者的一般要求，如尊重儿童的人格尊严和合法权益的原则、促进儿童全面发展原则、面向全体并重视个别差异原则、主体性原则、目标性原则、科学性原则等；二是幼儿园教育的特殊原则，是幼儿园教育对教师的特殊要求，如保育与教育相结合的原则、以游戏为基本活动的原则、教育的活动性和活动的多样性原则、生活化和一日活动整体性的原则。

（一）保育与教育相结合的原则

教师应从幼儿身心发展特点出发，在全面、有效地对儿童进行教育的同时，重视幼儿生活上的照顾和保护，保教并重，确保幼儿健康、全面地发展。贯彻这一原则应明确以下三点。

1．保育和教育是幼儿园两大方面的工作

保育主要是给予儿童精心的照顾和养育，帮助其身体和机能良好发育，促进其身心健康发展；教育则重在发展儿童的认知、情感、社会性，培养儿童良好的态度、品质、行为习惯，引导幼儿学习相应的知识技能等。这两方面共同构成了幼儿园教育的全部内容，二者不可偏废。

2．保育和教育工作相互联系、互相渗透

幼儿园保育和教育工作是由幼儿身心发展特点和幼儿园工作的特殊性决定的。虽然保育和教育有各自的主要职能，但并不是截然分离的。教育中包含了保育的成分，保育中也蕴含着教育内容，二者相互联系、相互渗透。

3. 保育和教育是在同一过程中实现的

保育和教育并不是分别孤立地进行的，而是在统一的教育目标的统领下，在同一教育过程中实现的。其实，在保育工作中，蕴含着丰富的教育元素，包括生活常识教育、健康教育、卫生习惯、安全教育等。保育员在对幼儿进行生活管理和指导过程中，应多留意、发掘，把握教育契机，促进幼儿良好的生活习惯和独立自主能力的形成。

（二）以游戏为基本活动的原则

游戏是幼儿园的基本活动。游戏是幼儿最愿意从事的活动，它对幼儿的成长和发展有着不可替代的价值。把握这一原则，需要理解以下两点。

1. 游戏是学龄前儿童主要的学习方式

幼儿的学习主要是在他们与周围的人和事物的相互作用中，在各种实践活动中获得并积累经验，要想让儿童主动地去发现学习，只能以游戏的形式，这是由他们的身心发展的特殊性决定的。儿童只有通过游戏化的学习获得经验，才能把外部的要求内化为他们自己内部的需要，变成自觉的行为。游戏中包含着学习，学习中也包含着游戏。

2. 游戏是内容和形式的结合

游戏是一种学习活动，也是幼儿获取经验的一种手段，它可以随儿童的兴趣而发生改变。教师要充分认识游戏对于儿童发展的作用，保证幼儿游戏的时间和空间，为幼儿创设适宜的游戏环境，提供丰富的游戏材料，让幼儿自主、愉快地进行游戏，在游戏化的学习中获得发展。

（三）教育的活动性和活动的多样性原则

教师应该从幼儿身心发展特点和水平出发，以活动为基础展开教育过程。同时，活动形式应该多样化，让儿童能在多种多样的活动中得到发展。贯彻这一原则要把握以下两点。

1. 教育的活动性

幼儿身心发展规律和特点决定了他们必须通过活动去接触各种事物，在亲身体验、直接感知、实际操作过程中，逐步积累经验，获得真知。离开了活动，就没有儿童的发展。幼儿园教育过程中，不能只让儿童端坐静听，而应该尽力创造条件，引导儿童积极主动活动。对幼儿来说，只有在活动中的学习，才是有意义的学习。在活动中，教师既要放手让幼儿进行活动，同时又要适时给予支持和引导，鼓励幼儿发挥主动性和创造性，使活动真正成为促进儿童发展的有力手段。

2. 教育活动的多样性

幼儿园教育活动不能是单一的，因为活动的内容、形式不同，在幼儿发展中的作用是不一样的。比如晨间锻炼和植物角的照料活动，前者可以帮助幼儿获得运动的快乐和体能的发展，而后者获得的是对植物生长变化的感知和初步的探究能力。因此，教师要注意教育活动的多样性，才能有效促进幼儿发展。

（四）生活化和一日活动整体性的原则

基于幼儿生理、心理的发展特点，幼儿园教育要特别注重生活化原则，并发挥一日活动的整体教育功能。贯彻这一原则，需要注意以下两点。

1. 生活化原则

生活化原则首先体现在教育生活化方面，在幼儿园教育过程中，把幼儿园课程和幼儿的日常生活、感性经验联系起来，换句话说，将富有教育意义的生活内容纳入课程领域，使幼儿园教育贴近幼儿的生活和经验。比如，幼儿园每年9月都会开展新生入园适应工作，帮助幼儿更快适应幼儿园生活。再如，幼儿园根据节日设计相应课程，也能感受到生活和文化气息。另外，生活化原则还体现在生活教育化方面，是指将学前儿童日常生活中已获得的原有经验系统化、条理化，即在生活中适时引导，以促进学前儿童发展。比如，在成人眼里并不起眼的小蚂蚁、蜗牛、树叶等自然物，在儿童眼里都是不可多得的宝贝。教师如果对幼儿的生活世界多加留心，将这些经验内容有效组织起来，将会激发幼儿的好奇心和求知欲，让幼儿在接触自然、生活事物和现象的过程中，获得对周围事物的认识和初步的探究能力。

2. 一日生活整体性原则

幼儿园一日活动是指幼儿园每天进行的所有保育和教育活动，包括由教师组织的活动（如幼儿的生活活动、教学活动等）和幼儿的自主自由活动（区域活动、自由游戏活动等）。无论是教师组织的活动还是幼儿自主的活动，都对幼儿的发展有着特殊意义。一日活动中的各项活动均不可偏废，每种活动都不是孤立地对幼儿产生影响。一日活动须在共同的教育目标下，形成合力，才能发挥整体教育功能。幼儿园应充分认识和利用一日生活中的各种活动，通过合理组织、科学安排，寓教育于一日活动之中，发挥一日生活整体的教育效应。

幼儿园教育工作的原则是体、智、德、美诸方面的教育应互相渗透，有机结合。遵循幼儿身心发展的规律，符合幼儿的年龄特点，注重个体差异，因人施教，引导幼儿个性健康发展。面向全体幼儿，热爱幼儿，坚持积极鼓励、启发诱导的正面教育。合理地综合组织各方面的教育内容，并渗透于幼儿一日生活的各项活动中，充分发挥各种教育手段的交互作用。创设与教育相适应的良好环境，为幼儿提供活动和表现能力的机会与条件，以游戏为基本活动，寓教育于各项活动之中。

本章小结

本章主要从托育机构保育和幼儿园教育两个方面讨论了我国机构教育中的学前教育。

先从托育机构保育的重要价值、托育机构保育工作的目标和要求、托育机构保育的基本原则三个方面介绍了托育机构中的学前教育。又从幼儿园教育的目标、任务、原则三个方面介绍了我国主流形态下的学前教育。

关键术语

托育机构、托育机构保育、幼儿园教育、幼儿园教育原则

建议的活动

进入幼儿园的某个班级，对幼儿教师的行为进行观摩记录，结合本章内容分析教师的行为是否适宜，该如何改进。

拓展阅读

1. 何慧华. 托育服务从业人员职业责任[M]. 上海：上海教育出版社，2020.

2. 卡罗尔·科普尔，等. 0～3岁婴幼儿发展适宜性实践[M]. 洪秀敏，等，译. 北京：中国轻工业出版社，2020.

3. 黄人颂. 学前教育学[M]. 3版. 北京：人民教育出版社，2015.

第四章 学前儿童全面发展教育

学习目标

1. 知识目标：理解学前儿童全面发展教育及其构成关系，掌握学前儿童德育、智育、体育、美育、劳动教育的含义、内容及实施。
2. 能力目标：能运用学前儿童全面发展教育的观点分析、评价幼儿园的教育活动。
3. 素质目标：树立正确的教育观和全面发展观。

本章知识导图

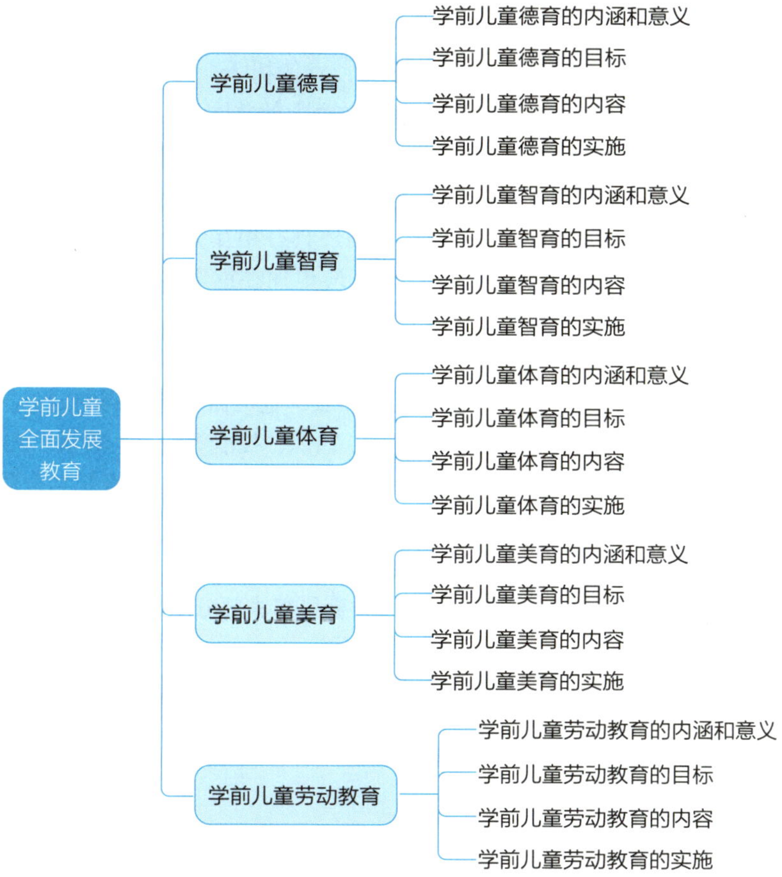

开篇案例

一位幼儿家长抱怨说："这家幼儿园天天让孩子玩，什么都没教。不教拼音，不教写字，孩子连字都认不了几个。"旁边的几位家长也附和着说，幼儿园应该教孩子一些知识。以上这种现象侧面反映了部分大众对于幼儿园教育的认知。那么，幼儿园教育应该是什么样子的呢？拼音、识字、算数应该成为幼儿在园的学习内容吗？

（改编自2021年下半年幼儿园《保教知识与能力》真题）

思考：

1. 你认为案例中几位幼儿家长的说法是否正确？请说明理由。
2. 假如你是该幼儿园的教师，你会如何回应幼儿家长的这种说法？

幼儿园教师资格证考试·考点预测◎

在幼儿园教师资格证考试科目《保教知识与能力》中，本章内容关联内容是"教育活动的组织与实施"模块，对应考试大纲知识点为：能根据教育目标和幼儿的兴趣需要和年龄特点选择教育内容，确定活动目标，设计教育活动方案。掌握幼儿健康、语言、社会、科学、艺术等领域教育的基本知识和相应教育方法。理解整合各领域教育的意义和方法，能够综合地设计并开展教育活动。考点主要是各领域的教育目标，在历年考试中考分占比较小，题型主要是单项选择题。

全面发展的教育目的决定了全面发展教育的整体内容，德育、智育、体育、美育、劳动教育是全面发展教育的基本组成部分。2018年9月10日，习近平总书记在全国教育大会上旗帜鲜明地指出，努力构建德智体美劳全面发展的教育体系。至此，立德树人，“五育”并举，培养德智体美劳全面发展的社会主义建设者和接班人的任务成为全体教育人的共同目标。从德智体美劳“五育”并举的培养体系来看，每一育都有独特的育人功能、育人价值和独特的教育内涵，它们不能相互替代。与此同时，它们彼此之间又相互渗透，不可分割，每一方面都包含着对幼儿的品行、认知、情感、社会性、审美等方面的要求。此外，“五育”之间还具有相互促进，彼此互为目的和手段的关系。2019年，《中国教育现代化2035》中进一步提出，应更加注重学生全面发展，大力发展素质教育，促进德育、智育、体育、美育和劳动教育的有机融合，明确提出“五育”融合的教育发展目标。

2001年，《幼儿园教育指导纲要（试行）》中明确指出：幼儿园的教育内容是全面的、启蒙性的，可以相对划分为健康、语言、社会、科学、艺术五个领域，也可做其他不同的划分。各领域的内容相互渗透，从不同的角度促进幼儿情感、态度、能力、知识、技能等方面的发展。2016年，《幼儿园工作规程》中指出，幼儿园的任务是贯彻国家的教育方针，按照保育与教育相结合的原则，遵循幼儿身心发展特点和规律，实施德、智、体、美等方面全面发展的教育，促进幼儿身心和谐发展。因此，对学前儿童实施全面发展的教育是我国学前教育的出发点和归宿。本章立足于对学前儿童全面发展教育的总体认识和把握，着重阐述幼儿全面发展教育各组成部分的内涵、目标、内容和实施。

第一节　学前儿童德育

德育作为全面发展教育的重要组成部分，是全面贯彻党和国家教育方针、实现教育目的的根本保证。在我国，学前儿童德育作为幼儿园的首要工作，是促进幼儿全面和谐发展，指引幼儿成长为中国特色社会主义事业的合格建设者和可靠接班人的不可或缺的部分。

一、学前儿童德育的内涵和意义

德育有广义和狭义之分。广义的德育指社会有目的地对其社会成员的政治意识、思想观念和道德品质等方面施加影响的活动，包括社会德育、学校德育和家庭德育等。狭义的德育指学校德育，学前儿童的德育即幼儿园德育，是指教师通过有目的、有计划、有组织地对学习者施加政治意识、思想观念和道德品质等方面的影响，使幼儿通过内化形成社会所需要的品德的教育活动。

在我国，一般情况下指的是狭义的德育，即幼儿园德育的概念。幼儿园德育包括政治教育、思想教育和道德教育，还包括优秀传统文化教育、生命教育、心理健康教育、生态文明教育等。政治教育旨在培养幼儿正确的政治观念和信仰；思想教育旨在培养幼儿正确的世界观、人生观和价值观；道德教育旨在促进幼儿的道德发展和良好道德行为习惯的养成。我国幼儿园德育是一种涵盖整个社会意识形态教育的“大德育”，不仅要求通过教育使幼儿妥善处理好与其他个体的关系，而且要求幼儿处理好个体与集体、个体与社会、个体与国家的关系。

幼儿园德育对幼儿实施社会主义政治意识、思想观念和道德教育，具有十分重要的意义。

1. 德育是实现我国教育目的的基本要求

一直以来，我国的教育目的虽然在内容上有所变化，但其基本精神，即培养德智体美劳全面发展的社会主义事业的建设者和接班人，贯穿变化的始终。其中，政治意识、思想观念和道德品质是幼儿全面发展的核心内容。因此，可以说，促进幼儿政治意识、思想观念和道德品质的发展，是实现教育目的的基本内容，同时也是实现全面发展教育的基本标志。

2．德育为我国培养合格的社会主义建设者和接班人奠定基础

习近平总书记曾说：世界上最难的事情，就是怎样做人、怎样做一个好人。要做一个好人，就要有品德、有知识、有责任，要坚持品德为先；一个人可以有很多志向，但人生最重要的志向应该同祖国和人民联系在一起，这是人们各种具体志向的底盘，也是人生的脊梁。德育就是要引导幼儿像习近平总书记教诲的那样，心有榜样，从自己做起、从小事做起，一点一滴积累，养成好思想、好品德；爱祖国、爱人民、爱劳动、爱科学、爱社会主义，时刻把祖国和人民放在心中，努力做中国特色社会主义事业的合格建设者和可靠接班人。

3．德育对促进幼儿全面发展具有积极意义

幼儿的全面发展，是幼儿在德、智、体、美等方面的发展。德育通过有目的、有计划、有组织地对幼儿施加社会主义思想和价值观影响，可以培养幼儿争当学习和实践社会主义核心价值观的小模范。德育制约着幼儿的发展方向，对促进幼儿的全面发展具有导向作用。

二、学前儿童德育的目标

德育目标是幼儿园通过德育活动要求幼儿在政治意识、思想观念和道德品质上应该达到的基本要求，是衡量和评价幼儿园教育质量的重要标准。幼儿园德育以幼儿的身心发展水平为起点，以德育目标为归宿。德育目标决定着幼儿园德育的内容、组织形式、方法和手段以及途径等，制约着幼儿园德育的全过程。

《幼儿园工作规程》对学前儿童德育目标做了如下规定：萌发幼儿爱祖国、爱家乡、爱集体、爱劳动、爱科学的情感，培养诚实、自信、友爱、勇敢、勤学、好问、爱护公物、克服困难、讲礼貌、守纪律等良好的品德行为和习惯，以及活泼开朗的性格。这个目标落实在幼儿园的社会领域中，则表现为：①能主动地参与各项活动，有自信心；②乐意与人交往，学习互助、合作和分享，有同情心；③理解并遵守日常生活中基本的社会行为规则；④能努力做好力所能及的事，不怕困难，有初步的责任感；⑤爱父母长辈、老师和同伴，爱集体、爱家乡、爱祖国。学前儿童德育是整个德育的起始阶段，要使幼儿的品德和个性发展有良好的开端，为一生的发展奠定坚实的基础。《幼儿园工作规程》中还强调幼儿园的品德教育应当以情感教育和培养良好的行为习惯为主，注重潜移默化的影响，并贯穿于幼儿生活以及各项生活之中，并且充分尊重幼儿的个体差异，根据幼儿不同的心理发展水平，研究有效的活动形式和方法，注重幼儿培养良好的个性心理品质。

三、学前儿童德育的内容

学前儿童德育的内容主要包括发展幼儿的社会性和发展幼儿的个性两个方面。

（一）发展幼儿的社会性

人的成长历程是个体从“自然人”走向“社会人”的社会化过程。学前儿童社会化，是指幼儿在一定的社会条件下，通过与环境的交互作用，逐步掌握社会规范，学会适应社会生活的过程。幼儿的社会性发展是通过社会化的过程来实现的。学前儿童德育实质上是帮助幼儿社会化的过程。发展幼儿的社会性包括以下几个方面。

1．发展幼儿的交往能力

对于学前儿童来说，人际交往是指幼儿在生活中、学习中与他人的接触与交往。哈佛大学一项长达75年的研究表明，良好的人际关系让人更幸福、更健康。因此，必须发展幼儿的交往能

力，使他们在与他人交往的过程中，了解自己和他人，学会处理好与父母、教师、同伴及其他社会成员的关系，这关系到幼儿的健康成长乃至终生幸福。在教育过程中，要引导幼儿学习如何提出自己的要求；如何加入别人的活动；学会分享、合作、轮流等；学会如何解决与他人的冲突；如何理解、帮助他人等。

2. 形成必要的社会行为规范

社会行为规范是社会成员在社会活动中所遵循的标准和原则，这是每个公民都必须遵守的。要对幼儿进行必要的社会行为规范的教育，如培养他们讲文明、讲礼貌、守纪律、讲卫生、爱护公物等良好的行为习惯。开展社会主义核心价值观教育，根据幼儿的身心发展特征和规律，紧紧围绕实现中华民族伟大复兴的中国梦这一目标，紧紧围绕社会主义核心价值观这一内容，把培育和践行社会主义核心价值观融入幼儿园教育的全过程，使社会主义核心价值观融入幼儿的学习生活和精神世界。

3. 培养爱的情感

广泛进行爱国主义、集体主义和社会主义教育，是我国中小学德育的基本内容。热爱祖国，是我们每个人应该有的公民道德之一。因此，培养幼儿爱祖国、爱家乡、爱集体、爱劳动、爱科学的情感是学前儿童德育的重要内容。

幼儿从家庭进入幼儿园，这是他们生活环境的重大变化。要尽快帮助他们熟悉幼儿园环境，让幼儿渐渐适应集体生活，培养他们对集体的认同和归属感，喜欢集体并且愿意为集体做事。培养幼儿爱祖国、爱家乡的情感，要从培养幼儿热爱身边的人开始，要培养他们爱父母、爱老师和小朋友，帮助他们体验父母、亲人、老师和小朋友对他的爱。从爱身边的亲人开始，逐步扩展到爱周围的人。爱家乡、爱祖国的培养要从具体的事物入手，如认识家乡或祖国的风景名胜、美食文化，了解首都、国旗、国徽及重大社会事件等。

（二）发展幼儿的个性

诚实、自信、有爱、勇敢、活泼开朗等都是良好的个性品质，它们推动幼儿积极地与周围环境中的人与物交往，有利于幼儿与周围的人建立良好的关系，有利于幼儿适应环境，从而健康快乐地成长。

幼儿自信、活泼开朗的性格的形成，与成人和幼儿相处的方式有关。高压管控下的幼儿往往比较被动，过多的消极批评甚至滥用惩罚，一方面影响幼儿对自身的认知和评价，另一方面造成幼儿消极怯懦、畏首畏尾的性格，甚至让幼儿产生恐惧心理，出现社交退缩。在教育过程中，教师应坚持积极鼓励、启发引导的正面教育，帮助幼儿发现并欣赏自己的优点，鼓励幼儿积极主动地表达、表现自己的感受、意愿与想法，增强自信心。

四、学前儿童德育的实施

学前儿童德育的实施需要把握两方面的内容，一是实施学前儿童德育的途径，二是实施学前儿童德育时应注意的问题。

（一）实施学前儿童德育的途径

学前儿童德育的实施主要包括日常生活、专门的德育活动、游戏活动这三种实施途径。

1. 日常生活是实施学前儿童德育的基本途径

日常生活为幼儿提供了道德行为联系与实践的机会，是品德养成的重要基地。学前儿童德育应贯穿于幼儿的日常生活之中。在日常生活中要根据学前儿童的年龄特点，从常规教育入手，使道德教育与生活实践相结合，善于抓住契机，随时随地地进行教育。例如，有的教师利用幼儿每天的盥洗常规，培养幼儿的生活自理能力以及遵守集体生活秩序、讲卫生的好习惯，同时培养幼儿换位思考、为他人着想等良好的心理品质。例如，当一个小朋友因为另一个小朋友洗手时弄在地上的水而摔了一跤时，教师利用这个机会让所有的小朋友都解释了洗手时不能玩水更不能把水洒在地上的原因，让幼儿懂得自己的行为会给他人带来的影响。并且，教师和那个把水洒在地上的小朋友一起把地拖干净，用实际行动证明自己应为他人着想。由此可见，一日生活中处处都有德育的契机，教师应高度重视日常生活的德育价值，及时捕捉并将其转化为教育行动，以此促进幼儿社会性和个性的发展。

2. 专门的德育活动是实施学前儿童德育的有效手段

专门的德育活动是指教师根据学前儿童的年龄特征和各年龄班德育的内容和要求，结合本班的实际情况，有目的、有计划组织的德育活动，如谈话、讨论、教学、实践活动（参观、春游、劳动、节日庆祝）等。学前儿童的道德认知、情感及行为，会通过每一次活动，特别是实践活动的累积而逐渐得到提升和发展。有研究者认为，以种植活动为媒介，将自然教育与德育有机结合，可以培养幼儿良好的学习品质，发展幼儿的社会交往能力，树立幼儿的劳动观，培养幼儿的生命意识。专门的德育活动可以班集体进行，也可以分组、个别进行，活动内容应以幼儿的生活中熟悉的现象或事例为主。

3. 游戏活动是实施学前儿童德育的重要途径

游戏是幼儿园的基本活动，也是德育的有效途径。游戏包含反映社会道德规范、行为准则、人际关系等德育的内容，游戏是幼儿最喜爱的活动，利用游戏来培养学前儿童良好的品德容易为儿童所接受，效果也比较好。通过各种各样的游戏，幼儿不仅能够体验到积极的情感，还能获得实践道德行为的机会。表演游戏中，幼儿通过扮演几种小动物，编故事、讲故事，并把礼貌用语编进故事里。有时候，学前儿童自发扮演一定的社会角色，通过体验到的社会情感，能较快地认同其中的社会行为规范，并自觉按照这些规范行动。例如“最美逆行者”“穿越火线”等游戏，有助于培养幼儿的社会责任感。规则游戏中，有时候为了游戏的顺利进行，幼儿可以克服平时的胆小怯懦，遇到挫折也能调整状态，克服困难，继续游戏。

（二）实施学前儿童德育应注意的问题

实施学前儿童德育时应注意以下几个问题。

1. 关爱与尊重幼儿

关爱幼儿，是进行学前儿童德育的前提，也是促进其身心健康发展的重要条件。教师只有热爱幼儿，他们才能产生对教师的信任和喜爱，幼儿接受教育才成为可能。教师只有关爱幼儿，平等对待每一位幼儿，不歧视、忽略那些接受能力弱或所谓的问题儿童，才能营造一个幼儿获得道德成长的良好环境。在没有爱的环境中长大的幼儿，不会有热爱社会、关心他人的自觉。教师对幼儿的爱不仅是一种情感，更是一种社会责任，教师的爱必须有利于幼儿向着自信自强、富有爱心和责任感的方向发展。

尊重幼儿，首先要尊重他们的人格，保护他们的自尊心。教师不能因为幼儿年龄小、“好糊弄”，而任意进行挖苦讽刺，更不能进行体罚或变相体罚，否则不仅会伤害他们的自尊心，对他们的个性发展乃至健康人格的形成都会造成不利的影响。尊重幼儿还体现在尊重幼儿的主体性上。德育并不是说教、灌输大道理，在实施德育时，必须尊重并充分发挥幼儿的主体性，把发展的机会还给幼儿，引导幼儿积极主动地参与进来。例如，教育引导幼儿遵守纪律和规则，是幼儿园德育的一项重要内容。规则对幼儿的行为都有一定的限制，因此很容易将幼儿变成被动的受约束的对象。教师应尽可能地让幼儿参与规则的制定，并在这一过程中引导幼儿真正理解规则，这样幼儿不仅明白为什么要有这个规则，还会感觉到每一条规则都是自己制定的，所以主动地遵守它。

2. 遵从德育的规律

实施学前儿童德育须从情感入手，重点放在道德行为的形成上。因为每种品德都是由道德认识、道德情感、道德意志和道德行为四个要素构成的。而在幼儿品德形成过程中，各要素的发展不是同步的，幼儿的道德认识和道德意志发展较慢，但情感易受到感染、产生共鸣。情感是认知的动力，要使幼儿获得道德认识上的发展，必须唤起幼儿积极的情感体验。幼儿德育要从情感入手，具体应注意以下几点。

（1）要由近及远、从具体到抽象。根据幼儿的认识特点选择德育内容，要注意选择幼儿熟悉的、具体的事物，然后循序渐进地扩大范围。比如，对幼儿进行爱国教育，祖国这一概念比较抽象，可以从培养幼儿对周围的人和事物入手，从爱父母、爱老师、爱同伴到爱幼儿园、爱家乡，引导幼儿对生活、家乡产生热爱时，对祖国的爱才成为可能。

（2）直观、形象，切忌空谈。幼儿受思维发展的限制，德育过程必须借助直观、具体的手段，才能让幼儿容易理解和接受。在幼儿德育中要反对空洞的说教，对幼儿说“你是一个好孩子”不如说“你帮助小明系好了鞋带，这样他在游戏的时候就不会绊倒摔跤了”，给幼儿一个可以理解的具体的描述，让他们看到自己行为的价值，远比空洞的说教让幼儿获益。

（3）注意个别差异。由于年龄、家庭背景、性格的不同，学前儿童的道德认知的发展也存在个别差异，因此德育要有针对性地进行。例如，对内向的幼儿，教师要善于发现其优点，有意识地在众多孩子面前给予表扬；对虚荣心强的幼儿则需要有节制地运用表扬；对缺少关爱的孩子，教师则可以用一些亲近的表扬方式，如拥抱、眼神等，让其感受到温暖和善意的同时，增强自信心。

3. 重视指导幼儿行为的技巧

有目的地改变幼儿的行为是幼儿德育的重要任务。教师需要掌握指导幼儿行为的基本技巧。常用的技巧主要有以下几种。

（1）强化行为的技巧。教师对学前儿童正确行为的表扬、肯定、赞许、鼓励和对消极行为的批评、惩罚等都是强化。强化有利于形成、巩固幼儿正确的行为。面对幼儿的正确行为，教师应给予认同、赞赏的积极评价；面对幼儿的过失行为，教师应给予关心与期望的评价，这样会使幼儿在宽容、理解中自觉地改正过失。而无原则的迁就、姑息则会让幼儿的不良行为得到消极强化。

（2）预估行为的技巧。预先估计到幼儿行为的发生而提前干预，有利于激发幼儿的积极行为，避免消极行为。有经验的教师通过对幼儿的长期观察和了解，能够在事情发生之前预估到幼儿的行为而提前采取措施。

（3）转移行为的技巧。转移是指把幼儿的注意力从当前的活动转移到另一项活动上去，以引导幼儿行为向积极方向发展，通常是以建议去提醒、启发、引导幼儿转移到其他活动上去。

（4）让幼儿理解行为后果的技巧。幼儿的一些错误行为有的是因为不能预见到自己行为的后果，不理解规则而造成的。因此，要让幼儿改变行为，教师可以通过角色体验、移情等方法，让他们看到自己行为所造成的影响，幼儿理解规则后，违规行为就会减少。

第二节　学前儿童智育

智育是全面发展教育的重要组成部分，是传授知识、技能，发展智力、能力，培养创新精神的重要途径。

一、学前儿童智育的内涵和意义

智育是指有目的、有计划地让受教育者掌握系统的科学基础知识和基本技能，促进受教育者智力发展的教育过程。

学前儿童智育是有目的、有计划地让学前儿童获得粗浅的知识技能，发展智力，增进对周围事物的求知欲，学习“如何学习”，并养成良好学习习惯的教育过程。学前儿童智育应当根据学前儿童认知发展的规律来进行。

智育在学前儿童的全面发展教育中具有重要的地位和作用。

首先，智育为促进幼儿的全面发展提供知识基础。智力是人认识事物的能力，包括观察力、注意力、记忆力、思维力、想象力和创造力等，其中思维力是智力的核心。幼儿的全面发展是个体身心各个方面的发展，其中一个重要的方面，就是心智发展。幼儿的心智发展，主要依靠智育。智育，一方面实现人类知识的再生产，另一方面实现人类智力的再生产和进一步发展。在人类知识再生产的过程中，个体的心智得到了发展。

其次，智育是实现全面发展教育的重要保证。学前儿童的全面发展教育包括智育，智育是幼儿全面发展教育的重要内容。德育、体育、美育、劳动教育都包含着智育的因素，智育为德育、体育、美育、劳动教育提供知识和智力基础。

最后，智育有利于促进社会和科技的进步与发展。当前，我国进行社会主义现代化建设，要求个体掌握现代科学知识，需要个体具有创新精神和开拓思维。智育教幼儿勤学、好问、求真，也教幼儿在探究的过程中创造性地解决问题。只有充分发挥智育的作用，才能培养具有良好智力结构和创新精神的人才，对幼儿进行智育则是为人才培养奠定基础，进而推动社会和科技的进步和发展，推动和谐的社会主义现代化国家的建设，早日实现中华民族伟大复兴的中国梦。

二、学前儿童智育的目标

2016年颁发的《幼儿园工作规程》第一章第五条指出：“发展幼儿智力，培养正确运用感官和运用语言交往的基本能力，增进对环境的认识，培养有益的兴趣和求知欲望，培养初步的动手探究能力。”这是对学前儿童智育目标的总体描述。具体来说，学前儿童智育的目标主要体现在以下几个方面。

（一）发展幼儿智力

幼儿智育的目标，是以发展幼儿的智力为核心。幼儿智力发展水平的高低，制约着幼儿在各方面的学习与发展。幼儿智力的发展，不仅是幼儿认识周围世界，学习运用语言与人交往，掌握社会行为规范，发展美感的基本条件，也是幼儿今后学习与发展的基础。幼儿教师应该从小培养幼儿的感知能力、操作能力、记忆力、观察力、想象力等，通过教师提供的多种多样的活动，引发幼儿的实践探索，从而促进幼儿智力的发展。

（二）培养幼儿正确运用感官的能力

培养幼儿正确运用感官的能力，即发展幼儿正确运用视觉、听觉、嗅觉等感觉器官来感知外部世界的能力。感知能力是认知能力的重要组成部分，也是思维能力发展的基础。幼儿正处于感知能力迅速发展和不断完善的时期，因此，培养幼儿正确运用感官的能力是学前儿童智育的基本目标，这也是幼儿园智育区别于小学智育的一个重要特征。

（三）发展学前儿童的语言表达与交流能力

语言是幼儿认识事物、提升感知经验，进行思维活动的工具。语言能力的发展与思维的发展有着密切的关系，幼儿的语言理解、表达能力在一定程度上反映出他的智力水平。幼儿正处于语言发展的敏感期，语言能力发展迅速，如果这一时期幼儿的语言能力没有得到良好的发展，就可能导致语言发展缓慢或障碍。因此，幼儿教师要创造机会，提高幼儿语言交往的积极性，发展幼儿的语言能力。

（四）培养学前儿童有益的兴趣和求知欲望

有益的兴趣和求知欲望，是幼儿学习与发展的动力。有益的兴趣包括探索的、创造的、动手动脑的兴趣和对周围事物表现出的兴趣等。兴趣和求知欲望能激发幼儿积极主动探究周围的事物，获取知识和技能，促进智力的发展。

（五）培养初步的动手探究能力

动手探究能力与人的智力发展有着密切的关系，是智力的重要组成部分。多动手能促进大脑的发育，在动手操作活动中，幼儿能够学会许多知识技能，思维也可以得到发展。因此，教师要为幼儿提供各种动手操作的机会，不仅能够满足他们的探究兴趣和欲望，也可以为幼儿智力发展创造条件。

三、学前儿童智育的内容

学前儿童智育的内容主要包括以下三个方面。

（一）发展幼儿的智力

发展幼儿的智力包括以下三个方面：①促进幼儿认知能力的发展，如发展幼儿的感知觉、观察能力、语言能力、思维力、想象力和创造力等。②培养幼儿良好的智力品质，如思维活动的速度、灵活性，观察事物的准确性、敏锐性等。③帮助幼儿尝试使用智力活动的方法和技能，如观察事物或现象的方法、分析解决问题的方法、操作的方法和技能等。

（二）引导幼儿获得简单的知识

幼儿的知识一般来源于他们对周围环境的认知与感知。幼儿学习的知识包括与他们生活密切相关的生活常识（如衣食住行的知识）、社会知识（如国家的名字、国旗国徽）、自然常识（如天气、四季）以及幼儿能够理解的科学技术知识（如常见的科技产品的用途、科学常识）等。教给幼儿的知识，必须是他们周围生活中能接触到的、具体的、形象的，通过简单的知识的学习，激发幼儿对客观事物的兴趣和求知欲。

（三）培养幼儿求知的兴趣和欲望以及良好的学习习惯

学习兴趣和求知欲以及良好的学习习惯都是幼儿的学习品质，是学前儿童智育的重要内容，也是今后学习和发展的基础和保证。幼儿很早就对周围事物表现出浓厚的兴趣和强烈的求知欲望，这体现在他们好奇好问、好动、好模仿，喜欢听成人讲故事等。教师要组织幼儿从事他们感兴趣的活动，创造适宜的学习环境与条件，引导和鼓励幼儿主动地探索和学习。良好的学习习惯是幼儿获取知识和技能、发展智力及今后学习和发展的重要条件。良好的学习习惯应从幼儿开始学习时就注意培养。

四、学前儿童智育的实施

学前儿童智育的实施需要把握两方面的内容，一是实施智育的途径，二是实施智育时应注意的问题。

（一）实施智育的途径

1. 创设宽松、自由的环境，让幼儿自主活动

幼儿智力的发展与环境密切相关，环境包括物质环境和精神环境。当有一个宽松、自由、丰富的环境时，幼儿才能自由探索、思考，才能充分发挥想象力和创造力，激发学习兴趣和求知欲望，幼儿的智力才能得到发展。因此，教师应该创设良好的物质环境，提供丰富的活动材料，同时关爱与尊重幼儿，建立和谐的师幼关系，让幼儿自由自主地与环境相互作用，从而获得智力的发展。

2. 组织多种形式的教育活动和游戏，发展幼儿智力

幼儿是在各种活动中主动学习、获得发展的，幼儿园的教育活动和游戏是促进幼儿智力发展的有效途径。幼儿园教育活动可以提高幼儿的认知能力，幼儿在实际操作的过程中获得直接经验，发展思维能力。游戏，尤其是智力游戏，以其有趣的游戏形式，使幼儿在愉快的活动中训练思维，增进知识、发展智力。

3. 日常生活活动是实施智育的重要途径

实施学前儿童智育，组织专门的教育活动十分必要，但日常生活活动也是对幼儿实施智育的重要途径。在日常生活中，幼儿对周围世界充满好奇心，什么都感兴趣，这种好奇心进而发展成求知欲，表现为“十万个为什么”“打破砂锅问到底”等。教师应认识到日常生活活动对于幼儿智力发展的重要性，将智育渗透在日常生活中，抓住教育契机，引导幼儿解决生活中的问题，增进其对周围环境的认识。

（二）实施智育时应注意的问题

1. 处理好智力与知识、技能之间的关系

知识、技能与智力之间是密切联系、彼此促进的。知识、技能是智力发展的基础，智力发展又是获得知识与技能的必备条件。知识的缺乏不利于智力的发展，而智力的高低决定掌握知识的深度和运用知识的灵活度。

2. 重视幼儿非智力因素的培养

非智力因素是指不直接参与认识过程的心理因素，它包括情感、意志、性格、兴趣等方面。智力因素与非智力因素是智力活动的两个方面。它们虽有相对的独立性，但二者又是相互联系、相互影响、相互制约的。只有当二者都处于最佳状态，幼儿的智力活动才能取得成功。非智力因素在学习过程中，对学习活动起促进、定向、维持、调节和强化等多种作用。因此，在幼儿智育实施过程中，要重视幼儿非智力因素的培养，教师可以从培养幼儿广泛的兴趣和强烈的求知欲入手，发展幼儿的非智力因素。

3. 注意幼儿知识的结构化

在遇到问题的时候，如果幼儿的知识是分散的、杂乱的，那么幼儿靠着这些知识很难去解决问题。换句话说，幼儿智力发展不是靠掌握的个别知识，而是这些知识能否结合成反映事物或现象之间的规律或联系的“结构”。幼儿的知识结构是建立在他们生活中获得的感性知识经验基础上的。教师要重视幼儿知识的结构化，将这些零散的知识按一定的结构组织起来，将新旧知识联系起来，结合成更丰富的知识结构，以实现举一反三的效果。

第三节　学前儿童体育

中共中央办公厅、国务院办公厅印发的《关于全面加强和改进新时代学校体育工作的意见》中

指出：学校体育是实现立德树人根本任务、提升学生综合素质的基础性工程，是加快推进教育现代化、建设教育强国和体育强国的重要工作，对于弘扬社会主义核心价值观，培养学生爱国主义、集体主义、社会主义精神和奋发向上、顽强拼搏的意志品质，实现以体育智、以体育心具有独特功能。

一、学前儿童体育的内涵和意义

体育的概念有广义和狭义之分。广义的体育是整个文化教育的重要组成部分，是提高人民健康水平，增强人民体质，丰富社会文化生活，提高生活生产力的重要手段。而狭义的体育仅指学校体育，是一种有计划、有目的、有组织的，保证受教育者的身体正常生长发育的教育活动。幼儿体育是指幼儿园进行的、遵循幼儿身体生长发育的规律，运用科学的方法以增强幼儿的体质，保证幼儿健康为目的的一系列教育活动。

幼儿体育在整个幼儿园教育中具有以下重要意义。

（1）学前儿童体育可以促进幼儿身体生长发育。幼儿园通过有目的、有计划地对幼儿实施体育教育，可以促进幼儿的神经系统、骨骼、肌肉等正常发育，增强幼儿体质，提高幼儿对环境的适应力，为幼儿健康成长奠定基础。

（2）学前儿童体育为幼儿园其他各育的发展奠定基础。体育能使幼儿保持旺盛的精力、清醒的头脑和灵活的思维，从而帮助幼儿更加有效地学习。体育锻炼还能缓解疲劳，消除紧张，为幼儿的学习提供保障。体育活动能培养幼儿的规则意识、公平意识、合作精神等心理品质，促进幼儿社会性发展。通过体育，幼儿身体素质得到锻炼，一个健康的体魄是未来从事劳动生产、创造的前提和基础。幼儿的健康水平和身体素质一定程度上影响着国家和民族的健康水平，关系到国家的未来，学前儿童体育是实现中华民族伟大复兴的“奠基工程”。

二、学前儿童体育的目标

《幼儿园工作规程》第一章第五条指出：“促进幼儿身体正常发育和机能的协调发展，增强体质，促进心理健康，培养良好的生活习惯、卫生习惯和参加体育活动的兴趣。”具体来说，学前儿童体育的目标主要体现在以下几个方面。

（一）促进幼儿身体正常发育和机能协调发展

促进幼儿身体正常发育，是幼儿各方面健康发展的前提。身体机能协调发展包括机体组织、器官以及各生理系统的协调发展，生理机能和身体运动机能的协调发展等。

（二）增强体质，促进心理健康

幼儿适应环境和抵抗疾病的能力强弱是体质好坏的主要标志。心理健康是指幼儿心理发展达到正常水平，情绪积极、性格开朗、无心理障碍等，主要以情绪安定愉悦、适应集体生活为主要特征。

（三）培养幼儿良好的生活、卫生习惯和参加体育活动的兴趣

良好的生活、卫生习惯是促进幼儿健康的必要条件。生活习惯包括生活自理能力，自我保护能力，有规律的生活及良好的饮食、睡眠习惯。卫生习惯包括幼儿个人卫生习惯及在公共空间应有的卫生习惯。幼儿参加体育活动的目的不是训练体育的技能技巧，而是在于培养幼儿参加体育活动的兴趣，发展基本活动能力，促进其身心健康成长。

三、学前儿童体育的内容

（一）促进幼儿健康成长

为保证幼儿的健康，需要建立良好的生活环境；制定、执行合理的生活制度和卫生保健制度；积极锻炼幼儿的身体；为幼儿提供合理的膳食；重视幼儿的心理健康。

（二）发展幼儿的基本动作

基本动作包括走、跑、跳、投掷、钻爬和攀登等。发展幼儿的基本动作可通过游戏、体操、户外体育活动、体育课等来完成。

（三）培养幼儿良好的生活、卫生习惯

幼儿良好的生活习惯主要是通过日常生活中的反复训练、培养形成的。合理严格的作息制度，成人要求的一致性和连贯性，以及环境因素的良好影响等，都是基本的重要条件。

（四）增强幼儿的自我保护意识

幼儿天性好奇好动，对生活中的危险缺乏认识，还不具备对危险事物和行为的判断能力和自我保护能力。教师应当对幼儿进行必要的安全教育，从生活中常见的、与幼儿关系密切的安全知识入手，比如用电、防火和交通安全等，培养幼儿的自我保护能力。

四、学前儿童体育的实施

学前儿童体育的实施需要把握两方面的内容，一是实施体育的途径，二是实施体育时应注意的问题。

（一）实施体育的途径

1. 提供良好的生活环境

幼儿身体的正常生长发育，体质的增强与健康水平的提高，需要必要的物质环境与心理环境。幼儿园应充分利用现有条件，挖掘现有资源，因地制宜，为幼儿创设良好的物质环境和心理环境。

2. 精心组织各项体育活动，提高幼儿的健康水平

体育活动是幼儿体育的重要发展途径。幼儿园体育活动的组织形式有早操、体育课、户外体育活动等。户外体育活动（包括集体的或小组形式的体育活动和利用各种运动器械来进行的体育活动）应当是幼儿园体育活动的主要组织形式。在组织幼儿开展体育活动时，要尽量减少幼儿等待、排队的时间。要注意幼儿的安全，但也不要因噎废食，高度控制；要注意运动量的适宜性，避免活动不充分或过度疲劳现象的发生。

（二）实施体育时应注意的问题

1. 注重幼儿身体素质的提高

幼儿园体育应以增强幼儿体质为核心。提高幼儿的身体素质，是幼儿体育的重中之重。在幼儿园体育中，不能把目光盯在技能技巧的训练上，更不能因为比赛、表演等，进行有损幼儿身体的任何活动。开展幼儿体育活动，要充分考虑幼儿的身体特点，多采用游戏的形式，让幼儿在轻松愉悦的氛围下得到锻炼，增强体质。

2. 重视培养幼儿对体育活动的兴趣和态度

兴趣是最好的老师，当幼儿产生兴趣后，他们才会主动积极地投入各种体育活动中，体育活动的目的才能实现。幼儿的兴趣如果能进而发展成有益健康的锻炼习惯，对今后的生活乃至人类健康来说都有重大意义。因此，幼儿园必须重视兴趣和积极态度的培养，设置难度适宜、有趣味性的体育活动，让幼儿体验到参与体育活动的成功与快乐，不能为了达到所谓的活动目的，出现强迫或是责罚幼儿的情况。

3. 专门的体育活动与日常活动相结合

专门组织的体育活动是增强幼儿体质的有效途径，但并不是唯一的途径。幼儿园体育的目标，尤其是幼儿良好生活卫生习惯和体育锻炼习惯的形成，仅仅靠体育锻炼是不能实现的，还必须通过日常生活中的培养和训练。因此，要实现体育的目标，必须将专门的体育活动与日常活动结合起来，重视日常生活中的体育，尤其应保证充足的户外体育活动时间，通过多种途径使幼儿健康成长。

4. 注意体育活动中教师的指导方式

不同的体育活动中，教师与幼儿相互作用的方式不同。因此，教师在组织幼儿体育活动时，应采用不同的指导方式。例如，在早操活动中，教师的示范很重要；开展体育活动时，教师作为活动的指导者，要调动幼儿活动的积极性来实现活动目标；体育游戏中则要充分保证幼儿的自主性；户外体育活动中要保证幼儿自由、安全地活动等。

第四节　学前儿童美育

美育是全面发展教育的重要组成部分，与德育、智育、体育、劳动教育相辅相成、相互促进。

一、学前儿童美育的内涵和意义

美是客观事物的现象和属性之一。美无处不在，但并不是人人都能发现美、认识美。正如伟大的艺术家罗丹说："世界上不缺少美，只是缺少发现美的眼睛。"人们要进行审美活动，就需要有正确的审美观念、健康的审美情趣，这就需要通过一种专门的教育，用特定的途径和手段对人进行审美教育，即美育。

学前儿童美育是幼儿全面发展教育的一部分，它是根据幼儿身心特点，利用美的事物和丰富的审美活动来培养幼儿感受美、表现美的情趣和能力的教育。由于幼儿身心发展的特点，特别是思维的直觉行动性和具体形象性、认识过程中的情绪性等，决定了幼儿美育的特点是：通过活动，用具体鲜明的形象去引导幼儿直接感受美，而并不要求幼儿对美的形象从逻辑上做过多的理解和分析；幼儿美育是以培养幼儿审美的情感、兴趣为主，而不以培养审美观念、概念为主；以及幼儿美育是以培养幼儿表现美的想象力、创造力为主，而不以训练技巧为主。

学前儿童美育对于幼儿的全面发展有着重要意义。《关于全面加强和改进新时代学校美育工作的意见》中指出，美是纯洁道德、丰富精神的重要源泉。美育是审美教育、情操教育、心灵教育，也是丰富想象力和培养创新意识的教育，能提升审美素养、陶冶情操、温润心灵、激发创新创造活力。美育通过艺术形象，潜移默化地熏陶感染幼儿的心灵，使幼儿在感受美的同时，激发幼儿认识世界的兴趣，开阔视野，增进对世界的认识，发展智力。美育使幼儿产生美好的情感和情绪体验，进而影响幼儿发展出积极向上的精神和活泼开朗的性格。

二、学前儿童美育的目标

《幼儿园工作规程》中关于美育目标的表述是："培养幼儿初步感受美和表现美的情趣和初步能力。"感受美是审美的基础。幼儿期是感知觉发展的关键时期，因此，培养幼儿对美的感受力是与幼儿的发展规律相一致的。萌发幼儿感受与欣赏美、表现与创造美的情趣主要是培养他们对美的健康的兴趣和爱好，这是幼儿接受美育的最重要的前提条件，也是幼儿今后继续成长，形成健全人格，形成对生命、对生活、对人类社会的积极态度的一个重要基础。在幼儿自身主动投入审美活动的基础上，培养他们相应的表现能力，特别是想象力、创造力。在此基础上，幼儿进行审美活动，体验审美活动的乐趣，表达自己对美的理解和感受。

三、学前儿童美育的内容

（一）培养幼儿的审美情感

美育是最能深入人的灵魂、触动人的情感的教育。培养幼儿对美的事物的兴趣和爱好是幼儿美育的重要内容。幼儿期的情绪、情感容易被感染、激发，幼儿的好奇心使他们对美的事物有积极的探索兴趣。因此，只要给幼儿提供美的事物，让他们能够理解美的形式所包含的美的意义，就能激发他们的情感体验，就能让他们从直觉开始，产生最初的审美情感，并能将此情感一直贯穿于他们整个的审美活动。

（二）培养幼儿的审美感知

审美感知是审美活动的开端和基础。培育幼儿的审美感知就是积极引导幼儿去亲身感受和体验现实生活和周围自然环境中的美，使其对美变得敏感起来，能在平常的事物中、生活中发现美、感受美。幼儿审美感知的发展伴随着其一般感知觉和认知的发展，从无意识地对美的东西的注意到模仿周围成人对美的感受，直至自觉地认识美、欣赏美、表现美。幼儿的审美感知具有表面性，如他们容易接受表面的简单的形式美，喜爱鲜明、艳丽的颜色，不注重色彩的协调，喜欢听欢快、变化明显的曲调等；幼儿的审美感知还带有行动性，常常直接以动作、表情、语言和活动等方式表现对美的感受、理解、态度。比如，对美的东西总喜欢动手摸一摸、看一看、听一听、闻一闻等。因此，应当多组织各种活动，让幼儿有机会发展感觉器官和基本的认识能力，同时充分利用自己的各种感官去感知美，发展对美的丰富感受性。

（三）培养幼儿的审美想象和创造

幼儿在感受美的基础上，在情感的驱动下，会产生表现美的欲望和行动，幼儿表现美的核心是幼儿的想象和创造，即幼儿以自己的方式、带着自己的特点，表现自己对美的独特体验和理解，创造出新的形象、新的想法。幼儿的这种审美想象力和创造力不是被动施加的，而是在宽松的环境中，通过在绘画、唱歌等审美活动中自然而然地发展出来的。因此，创造一个自由开放的环境，让幼儿积累丰富的审美经验，充分自由地展示自己，进行想象和创造，都是幼儿美育的重要内容。

四、学前儿童美育的实施

学前儿童美育的实施需要把握两方面的内容，一是实施美育的途径，二是实施美育时应注意的问题。

（一）实施美育的途径

1. 艺术教育是幼儿美育的主要途径

因为艺术是人类审美实践的集中体现，所以艺术教育是幼儿美育的主要手段。幼儿园的艺术教育主要通过音乐活动、绘画活动、手工制作、文学作品欣赏、表演活动等来实施。在这些活动中，发展幼儿的听觉、视觉、触觉、身体感觉等综合审美感知，让幼儿被旋律、舞蹈、绘画、工艺品、诗歌、童话等所感染，唤醒幼儿的审美意识，产生积极的情感体验，激起幼儿用节奏、用色彩、用线条、用形体等来表达美、创造美的欲望和行动。

2. 幼儿的日常生活是美育的重要途径

美育的实施不应仅仅局限在艺术活动方面，日常生活是向幼儿进行美育的极好机会。幼儿最初的美感是从日常生活开始的，因为日常生活中的美是幼儿最接近、最熟悉、最容易感知的。因此，幼儿审美教育应当贯穿在幼儿的整个生活中，与幼儿的生活密切结合在一起，应注意引导幼儿发现、认识周围生活中平凡的人和事物的美。

3. 大自然、大社会是幼儿美育的广阔天地

引导幼儿观察和感受大自然是幼儿美育的重要途径。自然界是幼儿美育内容的天然宝库，它为幼儿提供的审美对象是丰富多彩、千变万化的。自然界的美是真实的美，它具体、直观、生动形象，很容易为幼儿所感知。比如，日月星辰、山川湖海、花草树木、虫鱼鸟兽等，都可以是幼儿的审美对象。幼儿园特别是大城市的幼儿园可利用远足、郊游、到农村参观等活动，尽可能地创造幼儿与自然接触的机会；利用影视、美术作品等艺术形式让幼儿去认识、感受、观赏自然中的美好事物，激发幼儿对自然美的热爱。

（二）实施美育时应注意的问题

1. 幼儿美育是面向全体幼儿的

幼儿美育的目的是培养每一个幼儿美的情感以及美的心灵，促进每一个幼儿人格的健全发展，而不是为了培养艺术家。在美育的实施过程中，必须贯彻面向全体、注意个体差异的原则。除了要避免美育成为少数幼儿的“专利品”之外，还要考虑幼儿在艺术天赋上的个别差异，给予早期发现与培养，但这决不能以牺牲幼儿其他应有的发展为代价。

2. 重视通过美育培养幼儿健全的人格

幼儿美育应当着眼于引导幼儿人格向积极方面发展，特别是幼儿情感的发展，培养幼儿成为一个具有美好心灵的人。长期以来，美育受应试教育的影响，一些教师偏重结果，过分强调幼儿的技能技巧的反复练习，不关注幼儿在活动中的情感体验、态度和心性的变化发展，不利于审美教育目标的真正达成。

3. 重视培养幼儿的想象力和创造力

在美育中，幼儿表现美的灵魂是幼儿的自由想象和创造。幼儿的想象是依据主观体验或直觉来展开的，教师不能用事物真实情况的逻辑来进行评判。有一个很经典的案例，说的是一个幼儿画画时，把太阳涂上绿色，教师看见了就指责说：“太阳怎么会是绿色的呢？乱画！改成红色！”结果幼儿只能屈从于教师的权威。其实，这个幼儿想的是“我觉得太阳是绿色的就凉快了”。如果教师用“像不像”的标准来要求儿童的创作，无异于告诉幼儿一个事物只能有一个正确的答案，这不仅是一种错误地认识世界的方式，还会打击幼儿从事审美创造的积极性。教师对于幼儿的想象和创造，不要急着用成人的标准做评判，不妨先听听儿童自己的想法，鼓励和接纳儿童的合理想象，保护他们的想象力和创造力。

第五节　学前儿童劳动教育

2018年9月，习近平总书记在全国教育大会上强调，要努力构建德智体美劳全面培养的教育体系。2020年3月，中共中央、国务院印发的《关于全面加强新时代大中小学劳动教育的意见》，对新时代劳动教育作出顶层设计和全面部署。劳动教育纳入人才培养全过程，贯通大中小学各学段，与德育、智育、体育、美育相融合，促进学生全面发展。

劳动教育是新时代党对教育的新要求，是中国特色社会主义教育制度的重要内容，是全面发展教育体系的重要组成部分，是大中小学必须开展的教育活动。

一、学前儿童劳动教育的内涵和意义

劳动教育是以劳动为载体的教育活动，重在引导学生树立正确的劳动观，形成崇尚劳动、尊重劳动的意识，增强对劳动人民的情感，培养报效国家、奉献社会的精神。

学前儿童劳动教育是指根据幼儿的身心发展水平，引导其参加简单的劳动，培养幼儿正确的劳动观念，帮助幼儿形成热爱劳动的意识以及良好的劳动习惯，使其具有一定的生活自理能力的教育活动。

劳动教育是中国特色社会主义教育制度的重要内容，直接决定社会主义建设者和接班人的劳动精神面貌、劳动价值取向和劳动技能水平。幼儿园实施劳动教育，是培养全面发展的人的重要途径，对幼儿的实践能力、创新精神、社会责任感的发展都有深远影响。劳动教育有利于幼儿养成热爱劳动、遵守劳动纪律、吃苦耐劳的品质。劳动实践过程还有助于促进幼儿身体的发育，增强体质。此外，劳动教育的实践过程还包含着美的成分，有助于幼儿审美意识、审美能力的发展。劳动教育不仅能够利于幼儿的全面发展，还能联结幼儿园与社会，培养幼儿正确的劳动观念，在劳动过程中，体会到合作与责任，培养合作意识等。

二、学前儿童劳动教育的目标

2020年7月7日，为深入贯彻习近平总书记关于教育的重要论述，全面贯彻党的教育方针，落实《中共中央 国务院关于全面加强新时代大中小学劳动教育的意见》，加快构建德智体美劳全面培养的教育体系，教育部研究制定了《大中小学劳动教育指导纲要（试行）》（以下简称《纲要》），《纲要》指出劳动教育的总体目标是，准确把握社会主义建设者和接班人的劳动精神面貌、劳动价值取向和劳动技能水平的培养要求，全面提高学生劳动素养。使学生树立正确的劳动观念、具有必备的劳动能力、培育积极的劳动精神，以及养成良好的劳动习惯和品质。

《幼儿园工作规程》规定要萌发幼儿爱劳动的情感，《幼儿园教育指导纲要（试行）》也指出要培养幼儿对劳动者的热爱和对劳动成果的尊重。因此，学前儿童劳动教育的目标是，引导幼儿树立正确的劳动观念，养成热爱劳动、尊重劳动人民、珍惜劳动成果的意识，提高生活自理能力，具备良好的劳动习惯和劳动品质。

三、学前儿童劳动教育的内容

《纲要》中指出劳动教育的内容主要包括日常生活劳动、生产劳动和服务性劳动中的知识、技能与价值观。2020年10月30日，全国首张覆盖中小学、幼儿园的《金牛区中小学、幼儿园劳动清单（试行）》发布，该清单以贯彻落实中共中央、国务院《深化新时代教育评价改革总体方案》

和教育部《大中小学劳动教育指导纲要（试行）》精神为核心，按照“探索建立劳动清单制度”要求，结合金牛区区域经济社会和学校实际编制的全学段劳动清单，具有一定的参考意义，清单沿用了《纲要》中对劳动教育的内容的划分。这里也将幼儿园劳动教育的内容划分为日常生活劳动、生产劳动和服务性劳动。

（一）日常生活劳动

日常生活劳动包括自我服务、家庭服务、生活礼仪等。

1. 自我服务

自我服务劳动，是学前儿童劳动的开始。它对学前儿童养成良好的生活习惯和培养独立生活的能力有重大意义，是学前儿童从完全依赖成人照顾进入独立生活所不可缺少的重要阶段。

学前儿童自我服务劳动的具体内容有：①会独立起身、睡眠——包括穿、脱衣服和鞋袜，折叠被子、衣服，整理床铺；②会独立盥洗——自己洗脸、洗手、洗脚，刷牙，独自大小便，正确使用卫生纸；③会独自进餐——自己吃饭，收拾餐具；④会独立整理卧室、用具，并保持清洁。

2. 家庭服务

家庭服务劳动也是学前儿童劳动的重要形式。学前儿童通过做些力所能及的家务劳动，能从小形成家庭观念，不仅有利于他们的健康成长，也有助于家庭的和谐气氛的形成。家长可以根据孩子年龄的大小和能力高低，引导学前儿童学习生活自理的各种技能，参加家务整理活动，清洗小物品，帮助父母择菜、收拾碗筷等。

3. 生活礼仪

生活礼仪指的是在日常生活中让幼儿学会一些基本的待人接物的能力，做一些基本的待客接物的事情，比如为客人开门和问候、准备拖鞋、引导客人入座、为客人端水果等。

（二）生产劳动

生产劳动包括种植类、养殖类活动，还有一些发明制造、加工制作类活动。

种植和饲养活动是学前儿童喜爱的活动，不同年龄段的学前儿童都有浓厚的兴趣主动投入种植和饲养活动中。在种植和饲养活动中，幼儿实地观察到植物的生根发芽、开花结果和动物的生长发育的变化，不仅可以丰富他们的感性知识，开阔眼界，满足他们的好奇心，也可以激发学习科学知识的求知欲，体验到劳动的乐趣。

发明制造类劳动让幼儿运用材料进行手工制作，不仅能使幼儿认识到各种材料的性能，学习加工制作的技能，还能发展幼儿的注意力、想象力和创造力。教师要重视制作的过程，满足幼儿游戏的需要，让幼儿体会到制作的快乐。

（三）服务性劳动

服务性劳动是学前儿童劳动的主要形式，主要是指学前儿童为班级、幼儿园、家庭进行的一些劳动，如修补图书、清洗玩具，参与园区材料整理等。服务性劳动能培养学前儿童对他人的关心和为集体服务的责任感，也是进行集体教育的有效途径。此外，服务性劳动还可以以家庭或幼儿园为单位，将爱心和公益行为延伸，辐射到家庭所在小区、幼儿园所在社区等，有利于幼儿社会责任感的形成。

四、学前儿童劳动教育的实施

学前儿童劳动教育的实施，一方面要把握劳动教育的实施路径，另一方面要注意实施劳动教育过程中可能出现的问题。

（一）劳动教育的实施路径

1. 完善幼儿园劳动教育课程建设

完善幼儿园课程建设，首先要制定适合幼儿年龄特点的教育目标。制定合理的幼儿园劳动教育的课程目标，需要依据幼儿的年龄特点和身心发展水平，结合《幼儿园教育指导纲要（试行）》《幼儿园工作规程》《3～6岁儿童学习与发展指南》中有关教育总目标、五大领域的目标及要求的表述。其次要丰富和完善幼儿园劳动教育课程内容。幼儿园劳动教育不仅要贴近幼儿的生活，也要与时代的发展相结合，不断丰富幼儿园劳动教育的内容。要克服“劳动与教育分离”，需要将简单的劳动过程与德、智、体、美等教育目标建立内在的联系，对劳动教育进行系统、深入的思考。

2. 优化幼儿园劳动教育实施方式

幼儿园劳动教育不只是对幼儿劳动技能的训练，而是在劳动过程中把握教育性原则，对幼儿的品德、审美、创造力等进行培养。通过引导幼儿认识到劳动的价值和重要性，尊重劳动人民、珍惜劳动成果，在享受劳动带来的快乐和成果时热爱劳动。幼儿园劳动教育的实施还要进一步拓宽劳动教育的实施途径。幼儿园的一日生活都是组织开展劳动教育的重要方式，幼儿园活动中要充分发挥集体的作用，激发幼儿参与劳动的欲望，愿意主动为集体服务，增强劳动的光荣感和幸福感。此外，家庭和社区也是实施劳动教育的重要途径。家庭中父母长辈的劳动观念、态度等潜移默化地影响着幼儿的劳动意识、劳动态度以及劳动习惯的养成。社区的志愿活动、义卖活动等对于培养幼儿的社会责任感，激发幼儿的社会服务意识具有重要作用。因此，教师要发挥家、园、社区三位一体的纽带作用，积极地与家庭和社区合作，以促进幼儿劳动教育质量的提升。

（二）实施劳动教育时应注意的问题

1. 重视劳动的教育价值

劳动教育是对学前儿童全面发展的教育之一。传统的劳动观使教育与劳动相脱离，影响大众对于劳动教育的认识。在这种劳动价值观念的影响下，幼儿园劳动教育难以发挥其育人功能。因此，教师应该重塑劳动观，重视劳动教育的价值，劳动教育既是全面发展教育的重要组成部分，也是促进幼儿品德、身体、智力、美感等发展的重要手段。

2. 健全幼儿园劳动教育保障机制

劳动教育实施的困境不仅出在劳动教育观念上，而且出在师资队伍上。幼儿园劳动教育需要教育者全面、系统、深入地布局、设计，开发课程资源，引导并支持幼儿的劳动。但目前幼儿园劳动教育的开展除了劳动教育本身没有引起足够的重视外，更难的问题是缺乏相应资质的幼儿教师。教育者要教人首先得接受教育。由于师资的缺乏，很多幼儿园的劳动教育实施面临形式主义、泛泛开展、走个过场等诸多问题，幼儿并没有从中得到应有的发展，反而从枯燥的、简单的、重复的劳动中失去了对劳动的热爱。因此，改善当前劳动教育的困境，一方面，需要有条件的高校机构培养适应新时代劳动教育发展的储备人才；另一方面，幼儿园可以经常性地组织相关教研、外出学习交流等，培养一支适合本园发展情况的高素质教师队伍，以达到提升幼儿园劳动教育的效果和质量。

本章小结

学前儿童全面发展教育是指以学前儿童身心发展的现实与可能为前提，对学前儿童实施德、智、体、美、劳诸方面全面发展的教育，以促进其身心的和谐发展。本章分别对幼儿全面发展教育各组成部分的内涵、目标、内容和实施进行介绍。学前儿童的全面发展教育并不是要求个体在德、智、体、美、劳诸方面平均发展、齐头并进，而是各个方面的发展应该是和谐的，不是单一的或者孤立的。

关键术语

学前儿童全面发展教育、德育、智育、体育、美育、劳动教育

建议的活动

选择一所幼儿园，进行定期走访调查，观察幼儿园劳动教育的实施情况，并进行分析讨论，形成调查报告。

拓展阅读

1. 张俊，蔡冬青. 南京鹤琴：一所没有特色的幼儿园[M]. 南京：南京师范大学出版社，2022.

2. 卡罗尔·科普尔，休·布雷德坎普. 3~6岁儿童发展适宜性教育[M]. 胥兴春，姜晓，译. 北京：中国轻工业出版社，2022.

3. 宗颖，等. 劳动的艺术 艺术地生活：幼儿园工艺劳动课程实践[M]. 南京：江苏凤凰教育出版社，2023.

第五章 幼儿教师

学习目标

1. 知识目标：了解我国幼儿教师的地位，掌握幼儿教师拥有的权利和应尽的义务，理解幼儿教师的职业特点，重点认识并掌握幼儿教师的专业素质要求。

2. 技能目标：能够评价反思自己和幼儿园教师的教育行为，在教育实践中提升自己的职业素养。

3. 素质目标：明确幼儿教师的工作职责，初步树立科学的职业发展观，培养爱岗敬业的职业精神。

本章知识导图

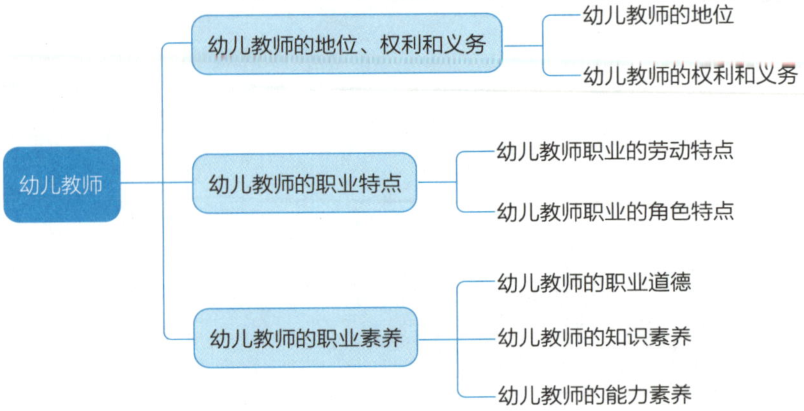

开篇案例

在幼儿园里，有个简单的模仿游戏很受孩子们的欢迎，那就是老师说："请你跟我这样做……"幼儿说："我就跟你这样做……"。可有一天，老师正带着孩子们玩这个游戏时，幼儿琳琳突然站起来说："老师，我不想像你那样做!"老师停下来问她为什么？她摇摇头说："就是不想！我想做和老师不一样的动作。"听完后，老师想，如果拒绝琳琳，她可能会不想继续玩这个游戏。于是，老师说："那好，琳琳就和老师做不一样的动作吧。"游戏又开始了，琳琳做的每一个动作都和老师不一样，老师拍手，她就做舞姿动作；老师学小山羊，她就学小花猫……慢慢地，好多小朋友都低声说着："老师，我也不想跟你做一样的动作。"看到孩子们对游戏规则变化比较感兴趣，老师说："好，我们把儿歌改成：请你跟我这样做，我不跟你这样做。每个小朋友的动作都要跟老师的不一样，怎么样?"孩子们都表示同意。接着游戏重新开始，孩子们都特别认真，他们创编了许多游戏中没有的动作。老师发现这样的变化比单纯的模仿更能吸引孩子的注意力，可以带动每一个孩子都参与游戏，而且使孩子的反应能力、想象力和创造力都能得到发展。游戏结束后，孩子们仍然十分兴奋，都说："老师，这样真好玩儿!"

思考：

1. 应该如何理解幼儿教师这个职业，幼儿教师的劳动有什么特点?

2. 怎样才能成为合格的幼儿教师？合格的幼儿教师应该具备哪些职业素养呢?

幼儿园教师资格证考试·考点预测◎

在幼儿园教师资格证考试科目《综合素质》《保教知识与能力》中，本章关联内容分别是"教师职业道德""文化素养""教师基本能力"和"学前教育原理"模块，对应考试大纲知识点为：教师的权利和义务，幼儿教师职业的劳动特点，幼儿教师的职业素养。考点主要有：幼儿教师拥有的权利，幼儿教师应尽的义务，幼儿教师劳动的特点，幼儿教师扮演的角色，幼儿教师的职业素养等。在历年教师资格考试真题中考分占比较多，题型主要是单项选择题和材料分析题。

幼儿教师，指的是在特定的学前教育机构中，利用专门的设施，按照特定的章程，对学前儿童实施教育行为的专业人员。作为幼儿教师应该认清自己的社会地位、权利与义务、劳动特点和应具备的职业素养，这是提高幼儿教育质量，培养新时代人才的关键。

第一节 幼儿教师的地位、权利和义务

幼儿教师主要是对幼儿进行启蒙教育，与其他的教师一样，是一种古老而永恒的职业。随着社会的发展，幼儿教育越来越得到人们的重视。幼儿教师应对自己的职业地位、权利和义务有比较清楚的认知。

一、幼儿教师的地位

社会地位，指的是人在社会结构体系中所处的位置。幼儿教师的社会地位是指幼儿教师职业在社会整体职业体系中所处的位置。现代社会学奠基人之一、德国著名社会学家马克斯·韦伯提出，决定社会地位的主要因素应该是经济因素、社会文化地位和权力因素。我国社会学家李强则指出，在社会学的研究中，对于社会地位的评价有三个方面的标准：①经济地位的高低；②政治权力的大小；③社会声望的高低。因此，幼儿教师作为在学前教育机构中担任教育教学工作的专门人员，其社会地位也可以分为经济地位、权力地位和职业声望三个方面。

（一）经济地位

经济地位的衡量标准是经济收入或财富的多少情况，这是影响教师社会地位的主要因素，是教师社会地位评价的主要依据。在我国，《教师法》第25条规定了“教师平均工资不得低于国家公务员的工资水平”的要求。但是，由于各种原因，幼儿教师的经济收入和报酬一直都不太高。从纵向来看，20世纪末以来幼儿教师的经济收入有了一定的提高，但直到现在还是与《教师法》的要求有些距离；从横向来看，幼儿教师与其他职业的经济收入相比存在着差距，和同为教师职业的小学、中学、大学教师相比，幼儿教师的经济收入较低。另外，幼儿教师得到的报酬不够稳定，如目前越来越多的幼儿园实行结构工资制，将幼儿教师的经济收入与幼儿园本身的经营状况挂钩，这使得幼儿教师的收入变动比较大。

（二）权力地位

随着中国经济的不断发展，幼儿教育日益受到人们的关注。2010年颁布的《国家中长期教育改革和发展规划纲要（2010—2020年）》中明确提出了基本普及学前教育的目标，随后在国务院颁布的《国务院关于当前发展学前教育的若干意见》中，进一步在国计民生和国家未来发展的高度上强调发展幼儿教育的重要性。在国家和社会的关注下，幼儿教师的政治地位提高到了一个崭新的高度。

但从现实情况来看，幼儿教师通过参与国家政策制定、政治团体活动，影响政策成为权力精英的机会很小，实际参与的人数屈指可数。大多数幼儿教师社会影响力较弱，参与国家政治活动时的话语权和决策权还没有得到充分的保障，参与的广度与深度还不够。

（三）职业声望

教师的职业声望是社会成员对教师职业的作用、功能、声望的整体评价。它和该职业自身的

特征及社会价值取向之间是密切相关的。职业声望虽然是由人们的主观判断而来，但在总体评价上，职业声望能够体现一个人的社会地位。从总体上讲，由于教师的政治地位和经济地位的不断提高，教师的职业声望也获得了比较大的发展。据2007年中国科普研究所对全国18～69岁成年公民进行的中国公民科学素质调查显示，职业声望最高的前三位是教师、科学家、医生。不过，在教师群体内部，不同教育阶段教师的职业声望也是有区别的，通常会随着教育阶段的提高而依次递增，依次是幼儿教师—小学教师—中学教师—大学教师。虽然幼儿教师的工作量大、承担的社会责任重、掌握的教育技能全面，但由于传统文化的影响，在现实生活中幼儿教师的专业地位不高。

当然，随着社会的进步以及学前教育事业的迅速发展，幼儿教师的社会地位得到改善，有了进一步的提高。根据1993年10月颁布的《中华人民共和国教师法》(以下简称《教师法》)和1995年3月颁布的《中华人民共和国教育法》(以下简称《教育法》)的精神，幼儿教师是在幼儿园履行职责、对幼儿身心施以特定影响的专业教育工作者，担负着培养社会主义事业的建设者和接班人、传播精神文明、提高全民族素质的历史使命。《教育法》和《教师法》为我国幼儿教师的社会地位提供了基本的法律依据和充分的法律保障。随着我国“科教兴国”战略的实施，全社会已经认识到，振兴民族的希望在教育，振兴教育的希望在教师。幼儿教师的奠基性工作对社会的作用越来越被全社会所认识，幼儿教师越来越受到国家的重视和他人的尊敬。

二、幼儿教师的权利和义务

为了保障教师的正当权益，建设具有良好思想品德修养和职业素质的教师队伍，促进社会主义教育事业的蓬勃发展，1993年10月31日第八届全国人民代表大会常务委员会第四次会议通过了《中华人民共和国教师法》，并规定每年的9月10日为教师节，这不仅有助于形成尊师重教的良好社会风气，也标志着我国教师的权利和义务、资格和任用、培养和培训、考核、待遇、奖励、法律责任等都得到法律的保障。

(一)幼儿教师的权利

教师享有的权利除了一般公民所享有的权利外，还包括自身职业所带来的权利。幼儿教师的权利主要是指幼儿教师依法行使的权力和享受的利益，是学前教育教师专门具有的权利。通过法律的形式规定幼儿教师的权利，是维护幼儿教师利益、保证幼儿教师顺利工作的必要条件。幼儿教师享有的主要权利包括以下几个方面。

1. 教育教学权

我国《教师法》第七条第一款规定，教师拥有“进行教育教学活动，开展教育教学改革和实验”的权利。因此，在聘的学前教育教师有进行学前儿童教育教学活动，开展学前儿童教育教学改革和实验研究的权利，任何组织和个人都不得非法剥夺。

2. 科学研究权

《教师法》第七条第二款规定，教师有“从事科学研究、学术交流，参加专业的学术团体，在学术活动中充分发表意见”的权利。《幼儿园工作规程》第三十七条第三款第四项也有规定，幼儿教师有权“参加业务学习和幼儿教育研究活动”。这就是说，幼儿教师可以参加学前教育方面的科学研究、学术交流，可以加入学前教育专业的学术团体，可以在学术活动中自由地发表意见。随着时代的进步，家长对学前教育机构有了新的要求，学前教育机构对教师的教育教学质量也有了新的要求。学前教育机构在竞争中发展，教师在竞争中生存，只有不断提高教学业务水平，提升教学质量，才能在竞争中持续成长。所以，开展教学研究、学术交流是一条十分有效的途径。

3. 管理学生权

《教师法》第七条第三款规定，教师有权“指导学生的学习和发展，评定学生的品行和学业成绩”。学前教育教师作为教育活动的主导者，有权管理和指导学前儿童的学习和游戏，促进学前儿童身心全面发展，有权评价学前儿童的品行和学业。在评定学前儿童的品行和学业时，幼儿教师必须做到客观、公正、一视同仁，而不能主观、片面，不能带有个人的好恶及个人的情感色彩；必须公平、合理、客观地评价每个学前儿童；根据学前儿童的个体差异，研究适宜的教育形式和教育方法，因材施教，使每个学前儿童的个性和能力得到最大程度的发展。

4. 获得报酬权

《教师法》第七条第四款规定，教师有“按时获取工资报酬，享受国家规定的福利待遇以及寒暑假期的带薪休假”的权利。《劳动法》第五十条规定：“工资应当以货币形式按月支付给劳动者本人。不得克扣或者无故拖欠劳动者的工资”。《劳动法》第五十一条规定：“劳动者在法定休假日和婚丧假期间以及依法参加社会活动期间，用人单位应当依法支付工资”。

《教师法》和《劳动法》的规定，为保障学前教育教师的这一权利提供了对应的法律依据。学前教育虽然还不属于义务教育阶段，但同样也很重要，它是终身教育的起始阶段，对人的发展起着奠基的作用。幼儿教师的获得报酬权应得到保障，如果教师连自身的生存都成问题，提升学前教育的质量将无从说起。

5. 民主管理权

《教师法》第七条第五款规定，教师有“对学校教育教学、管理工作和教育行政部门的工作提出意见和建议，通过教职工代表大会或者其他形式参与学校的民主管理”的权利。《幼儿园工作规程》第五十三条规定：“幼儿园应建立教职工大会制度，或以教师为主体的教职工代表会议制度，加强民主管理和监督”。

幼儿园的教育工作主要依靠教师去完成，充分调动教师的积极性，调动教师集体的智慧，主动参与幼儿园的民主管理，共同策划幼儿园的管理和发展，这对幼儿园的发展有着重要的促进作用。教师参与幼儿园管理的方式，主要是通过参加教职工代表大会，对幼儿园的工作提出自己的看法和建议，对幼儿园的管理者进行监督。幼儿园要保障教师的这一权利，教师也应认真履行自己的权利，从而推动幼儿园的民主建设，提升幼儿园管理的质量和水平。

6. 进修培训权

《教师法》第七条第六款规定，教师应“参加进修或者其他方式的培训。”《教师法》第十一条第一款规定：“取得幼儿园教师资格，应当具备幼儿师范学校毕业及其以上学历。”现在有很多的优秀教师，即使拿到了高级职称，但还是经常通过进修、短期培训、听专家讲座等形式，不断提高自身的职业素养，这是继续教育的思想在这些教师身上的具体体现。随着科学技术和社会经济的发展，继续教育将成为现代教育中的重要组成部分。幼儿教师必须与时俱进，不断更新知识，提升技能。学前教育机构应该为教师的进修提供机会，创造良好的环境，保障教师的合法权益。

资料链接

根据《中华人民共和国教师法》《教师资格条例》和《〈教师资格条例〉实施办法》，制定中小学和幼儿园教师资格考试标准。幼儿园教师的资格认定一般包括：

①遵守宪法和法律，拥护党的基本路线；

②热爱幼儿教育事业，爱护幼儿，具有良好的思想品德，为人师表，忠于职责；

③具备幼儿师范学校毕业及以上学历，或经国家教师资格证考试合格；

④具备承担教育教学工作所必需的基本素质和能力，努力学习专业知识和技能，提高文化和专业水平；

⑤普通话水平应当达到国家语言文字工作委员会颁布的《普通话水平测试等级标准》二级乙等以上标准，并取得相应等次《普通话水平测试等级证书》；

⑥具有良好的身体素质和心理素质，无传染性疾病，无精神病史，适应教育教学工作的需要。

（二）幼儿教师的义务

幼儿教师的义务是指幼儿教师依法应尽的责任。幼儿教师的权利和义务是辩证统一、相辅相成的，不能只行使权利而不履行义务，也不能只承担义务而不享受权利。依据《教师法》和《幼儿园工作规程》的规定，我国幼儿教师的义务主要是：

（1）遵守宪法、法律和职业道德，为人师表。作为中国的公民，幼儿教师首先必须遵守宪法和法律。但作为教育工作者，幼儿教师还应该具备高尚的师德，保持良好的职业操守，不利用职权谋取私利，积极投身教育事业，做到为人师表。

（2）贯彻国家教育方针，遵守规章制度，执行幼儿园保教计划，履行聘约，完成工作任务。教育工作是在教育方针指导下进行的，而教师是教育方针的具体执行者，国家的教育方针最终是在教师的教育教学活动中体现出来的。因此，幼儿教师必须认真贯彻国家制定的教育方针，认真完成园所规定的工作任务，为幼儿的全面发展打好基础。

（3）按照国家规定的保教目标，组织、带领幼儿开展有目的、有计划的教育活动。幼儿教师应按照国家规定的保教目标，在了解幼儿的认知、情感、社交等方面的发展规律的基础上，制订出符合幼儿特点和需要的教育计划，引导幼儿开展各种教育活动。

（4）关心、爱护全体幼儿，尊重幼儿人格，促进幼儿的全面发展。幼儿教育是幼儿成长的重要阶段，因此幼儿教师要以博大的胸怀关心、爱护每一个幼儿，尊重幼儿的个体差异，不歧视、不伤害幼儿。并且提供高质量的教育，以帮助孩子们全面发展。这不仅包括语言、数学、科学、艺术、音乐等各个方面。同时，也包括培养幼儿的社交能力和情感技能等。

（5）制止有害于幼儿的行为或其他侵犯幼儿合法权益的行为，批评和抵制有害于幼儿健康成长的现象。幼儿教师应该确保幼儿在学习和生活中的安全，要营造一个安全、干净、整洁的环境，防止事故和意外发生。另外，对摧残虐待儿童的现象要坚决予以抵制、斗争，保护幼儿的合法权利不受侵犯，保证幼儿能健康快乐地成长。

（6）不断提高思想政治觉悟和教育教学业务水平。教师的思想政治条件是教师素质的重要因素，也是左右教育成效的重要条件。因此，幼儿教师在提高教育教学能力的同时，要努力学习，不断提高自己的理论修养及思想政治觉悟。

总之，作为一名专业教育工作者，幼儿教师应当明确自己职业的重要性，不仅要珍惜和保护自己的权利不受侵害，也要认真地履行自己的义务，为幼儿教育事业的发展贡献自己的光和热。

第二节　幼儿教师的职业特点

任何一种职业的劳动都有自己的独特之处，幼儿教师职业的劳动也不例外。幼儿教师的职业不仅有劳动特点，其承担的角色也是多种多样的。

一、幼儿教师职业的劳动特点

幼儿教师负责幼儿的教育工作，并按照教学目的和培养目标，引导幼儿进行各种教学活动，并照顾他们的饮食、睡眠、盥洗等，促使幼儿在体力、智力、道德、行为习惯、审美等方面获得发展。与其他职业一样，幼儿教师的劳动也有自身的特点。

（一）劳动对象的主动性和幼稚性

在学前教育中，幼儿是幼儿教师劳动的对象。在学前教师对幼儿施加影响的教育过程中，幼儿既是“教”的客体，又是“学”的主体。他们并不是消极被动地接受老师的影响，而是通过自身的内部因素来积极主动地选择和接纳外界的影响，从而逐步形成自己的生活经验和知识结构，并发展自己的思想和情感。所以，教师应该熟悉幼儿，并针对他们的基本特征和能力水平，调动幼儿的积极性和好奇心，激发他们的主动性，将自己的教学工作建立在对幼儿全面了解的基础上，向他们施以适当的教育，并根据他们的意见反馈，逐步改变教学的内容和方式，使教育工作获得良好的效果。

幼儿教师的劳动对象不但有主动性，还有幼稚性的特点。教师的主要劳动对象为初生或6周岁以下的儿童。由于幼儿年龄较小，身体各器官没有发育健全，缺少分辨是非的能力，缺乏足够的经验，对许多事情是初次了解，很多行为也是初次出现，所以以幼儿的目光来观察周围事物，就带有天真、稚嫩的特点。比如：有的孩子见到蝴蝶，会问蝴蝶的妈妈在哪儿；孩子吃饭时，会把碗里的米饭抠个洞。对待幼儿稚嫩的话语与动作，教师要予以理解，要设身处地地为幼儿考虑，从幼儿的角度来思考问题。在同幼儿交往，与幼儿沟通的过程中，教师应通过幼儿能够理解的方法进行引导，将他们稚嫩的思想转变为幼儿创造性的思想和活动。同时，因为幼儿稚嫩的特性，也意味着儿童在生命初期获得的印象较为深刻，成长的可塑性较大，他们会依靠、模仿自己的老师，可以说，这一时期的教育对幼儿今后的成长有着很重要的影响。

（二）劳动任务的全面性和细致性

学前教师的劳动任务是指根据教育目的和培养目标，对幼儿进行体、智、德、美等方面的全面教育，让他们身心健康、快乐成长，为上小学奠定良好的基础。教师要对幼儿进行全面的教育，不仅要关心他们的生活，还要辅导他们的体育锻炼运动；不仅要做好儿童保育工作，还要关注他们的心理健康；不仅要教给幼儿基础的知识和技能，还要发展他们的智力，培养孩子良好的道德品质和行为习惯。为保证幼儿的健康成长，教师的教育工作各项任务一定要全面完成，不可偏废。可以说，幼儿教师扮演且担负着妈妈、教师和朋友的角色和任务。

幼儿教师劳动任务的全面性，还体现在教师的任务是面对所有的幼儿，对他们实施全面发展的教育，让每位幼儿都能健康活泼地成长。教师不仅要对每个幼儿施行身体、认知、道德、审美上的整合性教育，而且还要注意采用游戏化的方式促进其发展。

幼儿老师的工作是非常细致的。由于幼儿独立生活水平低下，教师要细致地照顾他们的日常生活，如给不能独立进食的幼儿喂饭，帮助幼儿在洗手时将衣袖卷起，随时根据天气情况和运动量给幼儿加减衣物等。而工作任务的细致性，需要教师树立“幼教无小事”的教育理念，对一点一滴的事情、要求都必须予以充分的关注，从而引发教育的契机。当然，教师工作的细心和严谨同样也能够防止不必要的隐患的发生。

（三）劳动过程的创造性

教师的劳动并不是通过简单的模仿或机械操作来实现，和其他的职业相比有着较大的创造性。这是由教育对象的特点和教育环境的复杂性所决定的。教师劳动的对象是幼儿，他们既不是没有生命的自然物品，也不是没有意识的植物或动物。他们是有着各种特征的活生生的幼儿，具有不同的需要、兴趣，不同的气质和性格，以及不同的行为和能力。他们的这些特点必然会使教师的劳动过程和教育情境异常复杂和多样，也决定了教师的劳动有着很强的灵活性和创造性。

老师在劳动过程中的创造性，首先表现在对幼儿的因材施教方面，教师不仅要针对幼儿共同的特点进行教育，更要针对幼儿的个别差异进行教育。简单来说，就是要用一把钥匙开一把锁，防止“一刀切”“一锅煮”的教育方法，使每个幼儿都能身心健康地成长。其次，创造性还表现在教师对幼儿教育教学原理的选择、方法的运用，以及教法的选择和使用方面。教育有法可循，但无定法，所以照搬别人的或以往的经验，教育工作常常无法取得良好的效果。所以，教师必须根据不同的情况创新性地选择和运用教育方法，并进一步地寻求和研究更合理的教学模式和方法。最后，创造性劳动还表现在教师的教育机智上。教育机智指的是对突发性教育情境做出迅速、恰当的处理的能力。尽管老师教学的教育情景可能会重复出现。但是，老师的劳动过程绝不是一成不变的步骤和方式，它是心灵的相互碰撞，是灵魂的沟通与相互照应复现。因此，幼儿教师的劳动过程没有固定的程序和模式。教育是心灵的碰撞，是情感的撞击与照应，在幼儿教育者与幼儿之间的交互作用中，教育情景常常是无法控制的，事先预料不到的事件随时可能出现。这就要求教师善于洞察和抓住教育情境的微妙变化，灵活机动地采用适宜的策略，处理教育过程中产生的新问题，使教育获得最佳的效果。

当前幼儿教育工作尚处于教育变革的过程中，而培育幼儿的创造能力又是幼儿教育的主要目标之一，因此对幼儿教师的劳动创造性也提出了更高的要求。

案例

幼儿园的张老师正在按照学校预先制订的活动计划安排孩子们进行绘画活动，此时，活动室外面飘起了雪花，很多孩子都按捺不住了，不时地向外看去，甚至有些孩子直接离开座位走到了活动室外。当张老师发现孩子们的动态后，便明确要求他们只能在活动室作画，既不能向外望，也不能走出去。就这样，许多孩子心不在焉地继续完成绘画活动。过了一会儿，活动室外的雪停了，孩子们都非常难过。

另一位幼儿老师的做法则不一样。李老师带孩子们进行户外活动时，有一位孩子看到地上自己的影子，就叫其他孩子过来一起玩好玩的影子游戏，孩子们有的用脚踩他人的影子，有的想用自己的身体挡住其他人的影子……户外活动结束后，孩子们回到了教室。李老师打算按照原来的计划进行语言活动，可当她看到班上的小朋友们都在兴致勃勃地谈论着刚才的影子游戏时，便决定取消原来的计划，顺应班上小朋友的好奇心与需求，根据“影子”开展了一次谈话活动，并由此生成了一个“影子游戏”的单元主题活动。

（四）劳动手段的示范性

任何劳动都需要以一定的手段，使用一定的工具，以作用于劳动对象。学前教育的劳动手段，往往具有很强的示范性。这是因为幼儿的模仿能力强，而知识的掌握、技能的培养、优良品德习惯的形成，很大程度上是和老师的教育作用密切联系在一起的。教师除了以自身的智慧、知识情感和品德风貌等方面去影响幼儿以外，对自身的行为也要多加注意，无论是在正规教育活动中，还是在非正规的活动中都应严以律己，否则，教师无意的错误行为，都有可能变成幼儿效仿的对象。这是由于幼儿分辨是非的能力比较差以及幼儿强烈的“向师性”导致的。工作手段的示范性若运用得当，教师能够减少很多不必要的工作环节，在实际生活中很自然地让幼儿获益。

由于幼儿教师劳动手段的示范性，对幼儿教师也提出了新的要求。幼儿教师不仅应具有开朗的性格、良好的教学能力与素质、丰富的知识，还应是美术、音乐、文学等方面的多面手，这样才可以有效地起到言传身教的作用。

案例

幼儿园的刘老师每天都会站在教室门口迎接入园的孩子，并且会主动喊“小朋友早上好”，当小朋友离开时会说一声“小朋友再见”；每次在教室里坐着时会轻轻地移动板凳，轻轻地坐下；在孩子们帮自己拿东西时，会说一声“谢谢”。她不仅自己这样做，也要求孩子们这样做。她还在孩子们中间寻找典型，谁尊敬师长？谁讲卫生？谁守纪律？谁讲文明？谁吃饭不挑食……随时关注，随时肯定并表扬他们。在每周一的评比会上，她会表扬一些小朋友，还会把他们的作品显示在荣誉栏内。刘老师班上的孩子们也更加喜欢展示自己的优点，并主动弥补自己的不足，他们都变得越来越可爱了。

（五）劳动周期的长期性

幼儿教师的劳动具有长期性的特点。这是因为幼儿教师培育幼儿的劳动，必须经历漫长的时间才能达到效果。一般来说，幼儿要发展成社会所需要的人才，通常需要十多年的时间。每一位幼儿在体、智、德、美各方面的成长上都有一段漫长的历程。幼儿老师必须经过长时间的、大量的劳动，才能够取得一定的成功。

另外，影响人的成长与发展的因素比较复杂。一方面幼儿教师的劳动成果，以及幼儿的发展，不像工人所制造的商品那么具体可见，常常不易被人理解。另一方面，又因为幼儿将来要应对成年之后的社会，从培养目标、内容以及方式等，都要着眼未来，并充分考虑未来社会的实际需求，让幼儿成为社会中未来的有用人才。

综上所述，幼儿教师的劳动过程是复杂的、繁重的和富有创造力的。幼儿教师的劳动也是光荣和伟大的。

二、幼儿教师职业的角色特点

幼儿教师的工作与其他职业相比，担任的角色是多元化的。有学者从不同角度形容幼儿教师的角色：学前儿童生活的呵护者、科学知识的传播者、共同成长的同伴；学前教育活动的准备者、组织者、指导者、观察者、记录者、反思者；学前儿童心理的协调者；学前儿童家庭的合作者；园本活动的整体设计者；学前教育的研究者。《幼儿园教育指导纲要（试行）》中指出，教师应成为幼儿学习活动的支持者、合作者、引导者；《儿童的一百种语言》中指出，教师的角色是伙伴、园丁和向导；《活动中的幼儿》指出，在认知发展的课程中，对成人作用的最贴切的描述为，教师是儿童解决问题活动的积极鼓励者。还有些教育家认为，教师是维护学龄前儿童健康的护理员，开启儿童智力之门的建设者，培育幼儿高尚品德的工程师，以及提高幼儿丰富审美意识的美容师，等等。结合众多学者对教师角色的定义和我国学前教育的特点以及《幼儿园教育指导纲要（试行）》的精神，幼儿园教师的角色主要应该有以下几种。

（一）幼儿教师是幼儿生活的照顾者

《幼儿园工作规程》指出，幼儿园的任务是实行保育与教育相结合的原则。《幼儿园教育指导纲要（试行）》中提出，幼儿园必须把保护幼儿的生命和促进幼儿的健康放在工作的首位。从这些规定可以看出学前教育与其他任何教育活动的不同之处在于，学前教育要承担保育的任务和职责，这主要是由学龄前儿童的身心发展特点所决定的。首先，学龄前儿童身体各项机能都还不完善，心理也还处于发展的起步阶段。其次，学前儿童对周围的任何事物都有巨大兴趣，有探索的欲望，但由于他们不会辨别事物的安全性，所以有时可能会导致事故发生，受到伤害。最后，学龄前儿童的生活自理能力比较弱，尤其是小班的幼儿，精细运动还没有发展完善，在穿衣服、吃东西的时候容易遇到困难。2010年联合国教科文组织的世界学前教育大会上也提出：幼儿的生长发育十分迅速，同时又十分脆弱，极易受到伤害，各种风险给儿童带来的负面影响往往会造成无法挽回的后果。所以，幼儿教师的首要任务便是成为幼儿的日常生活护理员，为幼儿创造一个安全、愉快的生活环境，对幼儿的生活进行细致照顾，给予幼儿情感上的呵护和关怀，使幼儿的身体、心理得到和谐的发展，能够快乐地生活、健康地成长。

（二）幼儿教师是幼儿学习的支持者

在传统的教学过程中，教师首先是知识的传授者。著名教育学家夸美纽斯曾说：“教师的嘴就是一个源泉，从那里可以涌出知识的源流，从学生的身上流过。每逢这个源流开放的时候，学生就把自己的注意当作一个水槽一样，放在它的下面。一定不让流出的东西跑掉了。”这段话生动地表现出受教育者面对学习的被动与无奈。而现代的社会，让学习者学会学习、学会思考、学会生活、学会创造，已成为大家的共识，也意味着教师不仅仅是学习者知识的传授者，还必须成为学习者知识的支持者。幼儿老师的职责便是为儿童的学习创造适宜的条件，充分调动儿童的学习欲望，更要放手让儿童自主获得、自主学习、主动发展。而这种教育过程中，就如同“在儿童与社会建设人才之间架起一座座桥梁，教师要引导孩子自己走过桥，首先把孩子放在一个主动迈步的位置，始终注视着孩子的脚步，有时在前引，有时在旁扶，有时在后促，让孩子一步一个脚印地走过桥”。这样，儿童才能获得独立、主动、健全的发展。

（三）幼儿教师是幼儿与社会沟通的中介者

幼儿最早接触的家庭以外的社会环境是幼儿园，幼儿园里的幼儿教师是幼儿了解社会行为规范和人际交往，体验社会角色和彼此的情感，初步学习适应社会生活的领路人。

教师是班级的领导者，在教师的引导下，班级逐步建立起集体的目标，每位幼儿都遵守集体的共同行为规范，并互相开展集体活动的评议工作，以形成良好的班级文化氛围。在这个过程中，老师的教育思想、专业知识、教育素养、教风教态对幼儿的发展有着非常重要的影响。

教师又是校园活动的组织者，他们把思想认识上有差异、需要与兴趣上有差别的儿童组织起来，通过共同的学习生活以及在园内、园外丰富多彩的各种活动，感受互相的真情和理解，并由此激发儿童热爱集体、热爱社会的思想感情，为他们将来走向更为广阔的人生奠定基础。

（四）幼儿教师是资源的整合者

幼儿园作为一种开放的体系，它的良性运转需要社会、家庭的支持，因此，幼儿教师需要懂得与家庭、社会交流沟通，整合各类有益的教育资源，为幼儿成长提供帮助。

幼儿园并不是独立发展的，而是在与家庭和社会的相互联系中成长的。所以，幼儿园老师也理所当然地成为关系系统中的一环，而且是关键的一环。她们担负着整合各领域的教育资源的使命，成为教育资源的整合者。一方面，父母作为基本的教育工作者，儿童的发展是父母与老师共同的职责。父母把幼儿送入幼儿园，并非其教学职责的转移，而是父母有幸在培养幼儿上有一个专业的合作者。所以，幼儿教师要充分利用幼儿园的教育资源为家长提供科学的保育、教育理念，使得家庭与幼儿园给予孩子的影响具有一致性，促进其身心的健康和谐发展。另一方面，学前教育需要大量的资源，仅仅靠幼儿园的力量所获得的资源是比较少的。教师是家庭、社会和学校的纽带，要针对学前儿童学习的需求，全面发掘家庭自身蕴藏的资源，包括幼儿父母职业的优势，以及充分利用社区的资源等。通过这两方面，教师可以把各方面的资源整合到学前教育，做好资源整合者的角色。

第三节　幼儿教师的职业素养

提高学前教育的质量的关键和核心是教师集体质量的提高。教师的职业素养，是对教师提出的专业性要求，是指幼儿教师在进行幼儿教育工作中应该具有的基本素质。教师必须具有相应的职业素养，才能承担教导幼儿的神圣任务。

一、幼儿教师的职业道德

教师担负着教育人的工作，德才兼备历来作为考核教师的基本标准。教师的职业道德是指幼儿教师在教育活动中所应当遵守的行为规范和职业道德标准，它影响并决定着幼教工作质量的好坏。幼儿教师应具备的职业道德主要有以下几个方面。

（一）热爱学前教育事业

对教育事业的热爱，是建立在对教育的深入了解的基础上。学前教育是我国教育事业的一部分，是基础教育的基础，幼儿教育水平的高低，直接关系到国家的繁荣昌盛、民族素质的提高。幼儿教师只有对幼教事业有更正确和深刻的认识，才会热爱幼教事业，才会增强对幼儿教育事业的情感，才会对幼儿倾注满腔的关爱和激情，任劳任怨，不计较个人得失，在任何情况下，尽力去把教育事业做好。如果并不喜欢幼儿教育事业，就只会把幼儿教育事业当作一个谋生的工具，在事业上处处被动，总是感到痛苦不堪，而一有机会就想方设法改行，这种老师是无法从事幼儿教育事业的。唯有热爱幼教工作，才会勤勤恳恳，不辞劳苦，不怕困难，不计时间，不计报酬，克服各种障碍，日复一日，辛勤耕耘在幼教园地里，为幼教改革和提高幼教质量做出一份努力，把幼儿的健康成长作为对自己辛勤劳动的最高奖励，真正体现出对幼教事业的奉献精神。

热爱幼儿教育工作，为幼儿教育事业无私付出，是幼儿教师崇高的思想精神在自身工作岗位上的充分体现。热爱幼儿教育工作是教师的基本职业道德规范，是幼儿教师职业道德的根本与基础。

（二）热爱并严格要求幼儿

苏联文学家高尔基有一句名言："教育儿童的事业是要求对儿童有伟大爱抚的事业。"教师对儿童的关心和爱护是儿童身心健康发展的重要条件。教师对儿童的爱，在儿童的成长中占有重要地位。

爱是教育的起点。没有爱，就没有教育。苏联教育家苏霍姆林斯基曾说，我生活中什么是最重要的呢？我可以毫不犹豫地回答：对孩子的爱。对幼儿的爱，是使老师忘我地、鞠躬尽瘁地为幼儿服务，并能有所作为的一种精神力量。教师对幼儿的爱更是一种具体的教育动力，它能为幼儿创造安全、愉快、公平的教育氛围，促使他们主动地配合教师的教育任务，不断发扬自己的优点，积极克服自己的缺点，不断地健康成长。可以说，爱心是幼儿教师从事教育工作的基础。教师唯有具备对幼儿的热爱，才能够真正全心全意投身幼儿教育工作，并在教学活动中重视、了解幼儿，民主、公正地对待幼儿。

同时，教师对幼儿的爱应该是教育爱，即理智的爱。这代表着教师在爱幼儿的同时，要对幼儿态度和蔼、宽容、不偏爱、尊重幼儿的人格，并保护幼儿的合法权益。幼儿教师不仅是幼儿的老师，同时也是幼儿的朋友。教师应注意尊重幼儿的人格，保护他们的自尊，把每个孩子看作是一个自主、能动、有意识地发展活动的主体。不能把孩子看作“小木偶”，可以任意摆布；更不能把孩子看作“小玩具”，可以随意玩耍。每一位幼儿都是特殊的个体，都有着不同的特征，教师应根据他们的个别差异因材施教，让每一位幼儿的潜力都得以充分发挥。

热爱幼儿是希望他们在体、智、德、美几个方面都能获得相应的发展，是希望他们将来成为人类社会的栋梁之材，因此，热爱幼儿还应该和严格要求幼儿相结合，而不是溺爱或纵容。教师要给幼儿提出合理的、一贯的要求，指导幼儿进行游戏和各种活动时，注意发挥幼儿的长处，并耐心帮助幼儿纠正自己的缺点。

（三）团结同事，形成教育合力

幼儿教师与幼儿教师之间的关系以及教师与整个幼儿教师集体之间的关系，是教师职业道德的一个重要方面。幼儿的教育工作，是由托儿所、幼儿园老师共同完成的，没有集体的共同劳动，单个的教师是不可能完成教学工作的。幼儿园教育工作的开展、班级保教工作的进行，都是教师们共同创造性劳动的成果。

一方面，教师要重视构建良好和睦的同事协作关系。这不但有助于教师的身心健康，同时也可以优化校园的环境。从幼儿教师本身的发展考虑，幼儿教师要在幼儿园集体内工作，需要集体的支持与协助，包括交流、建议和提供资源等，集体的或其他老师的成功经验才能转变为自身的精神财富，从而提高教育的质量。所以，处理好个人与个人、个人与集体的关系也是幼儿教师必须完成的一项任务。

另一方面，教师还要注意形成与集体通力合作的良好关系。幼儿教师集体是一个由共同的教育任务组成的复杂整体，为确保这一集体可以成为一个统一的整体并高效地开展工作，全体成员力量的协调一致就变得尤为重要。

所以，幼儿教师对待同事要彼此尊重，善于发现他人的优点，虚心学习，互相合作，彼此团结。对本班的同事更要彼此关爱，团结互助，步调一致，从全局考虑，维护集体权益，防止因琐碎事情引起意见分歧、冲突，以至彼此关系破裂等。

（四）以身作则，提高修养

教师自身的业务提高和道德修养是衡量师德高低的重要标准。教师作为以心育人的职业，教师的自我素养与行为本身就是一种非常重要的资源和手段。“身教重于言教”，这是教育工作的重要规律，尤其是对可塑性、模仿性强的年幼儿童来说，教师的言谈举止、行为习惯、仪表服饰更是不可忽视的教育力量。幼儿教师“个人修养与行为”的要求体现了对教师“内外兼修”“为人师表”的期望。苏联教育家加里宁曾说过：一个教师必须好好检点自己，他应该感觉到，他的一举一动都处在最严格的监督之下，世界上任何人也没有受着这样严格的监督。孩子们几十双眼睛盯着他，须知天地间再也没有什么东西，能比孩子的眼睛更加精细更加敏捷，对于人生理心理上各种细微变化更富于敏感的了，再没有任何人像孩子的眼睛那样能捉摸一切最细微的事物。教师不仅要用自己的知识、技能去教育幼儿，也要用自己的人格、仪表去教育幼儿。因此，作为一名教师，比从事任何职业的人更需要严格要求自己，做到文明礼貌、遵纪守法、举止大方、谈吐有礼、团结协作、以身作则，不在幼儿面前有失教育者的风度、形象和品格。

此外，更新知识，增强素养也是幼儿教师职业道德的要求。幼儿教师的素养分为思想品德素质、幼儿教育专业素质和教育基础知识修养等。幼儿教师应以锲而不舍的敬业精神，不断提升自身的思想品质、涵养水平和业务知识能力。尤其是当前科技发展迅速，心理学、教育学理论知识不断丰富与创新，在基础教育改革不断深入的情况下，幼儿老师更要努力钻研业务，勇于创新，不断总结教学经验，探索新的课题。

二、幼儿教师的知识素养

文化素质是从事教育工作的根本，是一切专业能力的基础。教师在上岗以前，必须了解和熟悉幼儿教育的基础知识，了解幼儿教育的发展趋势与最新的研究成果。了解这些知识将有助于教师认识幼儿教育的发展规律，进而提高教育工作的针对性、计划性和工作效率；也有助于教师建立正确的教育观念。教师更要成为积极主动的终身学习者，唯有通过深入了解幼儿教育基础知识，关注教育形势的改变，重视教育实践，才能使自身的教育观念不断更新。

（一）广博的科学文化知识和艺术知识

广博的科学文化和艺术知识是幼儿教师知识素养的基础，为其奠定了坚实的科学人文素养。幼儿教育是基础教育的基础，幼儿对事物的认识通常是表面的、简单的，但因为他们的发展往往是全面的、综合的，对事物的认知和理解也是多元的。所以幼儿园的课程一般都不设分科的教学任务，涉及的领域非常广泛，教师往往也不是单科教师，而要作为一个具备综合素质的教育工作者，对幼儿进行全面的教育引导。幼儿园开设的课程，一般涉及动物、植物、自然、天文、地理、物理、化学、数学、语文、美术、音乐等领域，而美术、音乐等艺术方面的教学既可充实幼儿教育内容，又能成为幼儿教育的重要手段，它可以使幼儿在轻松、活泼、愉快的氛围中，以生动形象的方式获得发展。

为了做好教育教学工作，启迪幼儿的智慧、锻炼幼儿的品德，幼儿教师必须掌握广博的文化基础知识、艺术知识等，这样才有底气来启发、引导和教育幼儿。同时，也应根据社会和科技的发展，不断地更新自己的知识，完善自己的知识结构，不断提高自己的专业修养。

（二）幼儿生理学、心理学和教育学知识

幼儿教师要作好幼儿教育工作，首先要正确认识和理解幼子，系统了解幼儿的生理和心理等方面的科学知识。例如：幼儿体内各组织系统是如何发育的，有什么特征？动作发展的规律是怎样的？儿童的感知觉、注意、记忆、想象、思维是怎样发展的？情感、意志又是怎样发展的？其规律如何？儿童生理学与心理学基础知识是对幼儿实施教育的理论依据，是幼儿教师工作所必备的知识，也是幼儿教师知识结构中的重点内容。如果缺乏这方面的知识，对儿童进行教育教学就会遇到困难，教师的活动难以达到预期的效果。

正确认识并掌握幼儿身心发展的基本特征及其变化规律是进行学前教育工作的基础。了解幼儿教育的基础知识，幼儿教育的基本原理与实施途径，是幼儿教师成功实施教育的根本。

（三）扎实的学前教育专业知识

长期以来，我国社会上始终存在着一个误解，认为幼儿教师所教内容过于肤浅，没有高度的

科学性，更谈不上专业性，好像谁都能成为幼儿教师。其实，这种看法是非常片面的。因为幼儿教师和其他职业一样，都是具有高度专业性的职业。

幼儿教师若想做好教育工作，必须具备扎实的幼儿教育理论专业知识。例如，教师所需要了解的专业知识有：熟悉幼儿保育与教育基础知识；了解幼儿园教学的基本目标、任务、教学内容、特点与基本原则；了解幼儿园内各领域教师的专业特征与教学基本知识；熟悉幼儿园内环境设计、一日生活布置、游戏设计和教学活动、儿童保育与班级管理等工作的基本知识和方法；了解幼儿园的儿童安全急救预案；了解在发生重大意外与危急状态下儿童安全保护和救援工作的基本办法；能够通过观察、对话、记录等方法了解幼儿以及掌握教育心理学的基本原理与方法；掌握0～3周岁婴幼儿保教与幼小衔接的相关理论知识和基本方法；等等。这些专业理论知识可以通过学习相关专业课程，如“幼儿卫生学”“幼儿心理学”“幼儿教育学”“幼儿园管理”“儿童家庭教育”等来掌握与儿童身心发展及教育有关的专业基础知识。

教师只有掌握了扎实的专业知识，才能够形成正确的教学理念。教师需要掌握幼儿身心发展的特征和影响幼儿健康成长的各种因素，了解教育的基本规律，理解科学教育的途径以及培育心灵的艺术，这样才能达到良好的教育效果。

案例

在开展科学活动“学习分类”时，杨老师没有引导幼儿自己去寻找物品间的区别，而是亲自包办，直接告诉幼儿答案。结果发现，幼儿都没有体会到学习的乐趣，活动的效果也很差。这次失败的活动引发了杨老师的思考，怎样让幼儿自己学会探究，怎样让幼儿通过操作、亲自实践来进行学习呢？在活动后，她通过不断地翻阅相关书籍，认真了解教育教学的动态，揣摩新思想、新方法，并在日常教学中不断开展实践，努力将新的教育教学理念运用得更为精确。一段时间后，再次开展相关活动时，杨老师发现班上的幼儿的积极性、主动性都大大提高了。

三、幼儿教师的能力素养

教师的能力素养是教师在教育教学过程中所形成的能够顺利完成某项任务的能力和本领。教师的学科素质是其综合素养的外在体现，是教师专业化成长在教学过程中的体现，也直接关系到教师的保教效果以及孩子的成长。

（一）观察和了解儿童的能力

观察、了解幼儿是评价幼儿的重要手段，是提供适宜教育的基本前提和基础，也是教师反思自身教育行为的适宜性、不断改进教育行为、实现自身专业发展的重要手段。细心地观察并了解幼儿的能力是教师的基本功之一，是教师开展教育活动的前提。幼儿教育家蒙台梭利曾提出，一位不会观察的教师是绝对不称职的，教师要能洞察到孩子最细小的动作，能探知到孩子最迫切的需求。所以，敏锐的观察力和了解儿童的能力是学前教师必须具备的基本能力，也是进行教育工作的基础。教师应该注意训练并提高自身的观察力，了解每一位幼儿的特点，发掘每一位幼儿的长处，深入地了解幼儿，及时发现他们的问题，并从幼儿细小的行为中洞悉他们的内心世界，针对不同的幼儿实施针对性的培养，促使每位幼儿都能健康快乐地成长。

教师的观察能力主要体现在随机的观察和有计划的观察上。随机观察中，老师要尽可能准确而又客观地观察幼儿，从而及时捕捉到幼儿最细小的行为，并发掘出他们最细微的需求，了解行为出现背后的原因，及时进行有效反馈；在进行有计划的观察时，教师要事先确定好观察计划，并罗列观察要点，然后选择代表性的情境加以观察并细致地做好笔记，观察一段时间之后，教师要认真地分析并研究这些笔记内容，从而总结并概括出每个幼儿的长处与不足，从而设计出适合的教育方式。

（二）组织管理能力

教育全班幼儿，使他们的体、智、德、美等方面全面发展，是教师的中心工作。在班级的管理上，教师肩负有着重大责任。从教育内容看，有德、智、体、美诸方面；从教育任务看，有保育和教育两个方面；从教育途径看，有集体教学活动、劳动、游戏、一日生活等；从教育形式看，有集体、个别、小组活动等。教师应将各种课程和活动形式合理设计，科学安排，并制订出最佳的教学方案。促进幼儿的全面成长，不是一件简单的工作，需要教师具有很强的组织管理能力。

一般来说，教师的组织管理能力包括：制订班级教育工作计划的能力；创造与本班孩子成长相适应的条件的能力；建立良好班集体，包括制定班级教育目标，形成良好班风，维持良好的教育教学秩序与纪律的能力；根据幼儿的发展情况，进行分类并灵活地引导各小组共同开展活动的能力；指导幼儿进行各种活动并加以评价的能力；等等。

如果班级管理工作不善，班级就会陷入无序和混乱的状态，不仅会侵占幼儿的学习时间，还会导致教师疲惫不堪。即使教师准备得十分充分，但是不良的班级管理还是会导致幼儿出现很多的纪律问题和行为问题，进而阻碍教师合理运用教育指导方法，而这种现象在合作学习、实验活动和手工操作等集体活动上体现得十分明显。所以，教师要预先制定好班级行为准则，并约定幼儿违反规定所需要承担的后果，以训练幼儿的自律意识和自律能力，同时加强教师和幼儿之间的交流，加强对教育质量的监控，教师的管理效果将会大大提高。

教师组织管理水平的提升是需要一个过程的，每做一项工作，必须事先进行严密的设计，考虑到执行的每个步骤，认真细致地开展工作，在每一项工作完成后都认真总结经验教训，这样教师的组织管理水平才能够在不断的锻炼中获得提升。

（三）教育教学能力

为使幼儿能健康快乐地成长，教师应设计适合幼儿特点、有效推动幼儿发展的活动。教育教学能力是教师必备的能力，教师不但应组织并安排好班级的各种活动，使一日教育活动顺利进行，还必须做好每天的教学工作。一般来说，幼儿老师的教育素养应主要从以下能力中体现：

①制订教育教学计划的能力；

②设计合适课程的能力；

③歌曲创作能力（包括创编幼儿故事、幼儿歌曲、幼儿舞蹈、体操和游戏的能力以及即兴伴奏、音乐指挥能力）；

④组织幼儿一日生活中各项活动并寓教育于各项活动中的能力；

⑤创设合理的教育环境的能力；

⑥针对幼儿的特点，对幼儿进行个别教育的能力；

⑦对教育工作的评价能力；

⑧使用现代教育技术的能力；

⑨合理选购和制作玩具的能力；

⑩随机应变的能力。

（四）科学研究能力

研究是教育者对待未知事物的一种方式。面向幼儿，教师对于所要讲授的知识已经非常了解，但是，幼儿会怎样理解，却是各不相同的。所以，教育工作包含着不确定性，需要教师加以探索。

幼儿教师的教育科学研究主要以处理教育中的实际问题为主，其科学研究的顺序一般是：学习教育理论；运用教育理论对自己的教育实践进行评价，以便发现问题；制订解决问题的方案；实施方案直到问题解决。随着国家、地方、学校三级课程的实施，意味着教师将成为幼儿园课程的重点开发主体之一。为此，教师必须了解相应的课程理论，明确课程开发的顺序和方法；对原有课程进行反思，研究、确立课程的目标；思索怎样利用本园和社区资源，并将其转化为可用于儿童教育的内容；思考怎样研究构建一种开放性的、有利于师生合作或幼儿独立探索的课程环境；思索怎样利用现代教育技术，采用灵活多样的方法和技术手段，使课堂教学更多地成为儿童探索问题、解决问题的活动。让教师成为科学研究者，才能更快地提升教师的专业能力，促进教师专业发展。

（五）沟通能力

沟通是人与人之间通过信息交流，双方相互理解，互相接受对方思想、言行，相互配合，达成默契的过程。沟通的手段主要有言语沟通、非言语沟通等。教师和幼儿、教师和家长的语言沟通能力是教师应具备的重要能力。

1. 教师与幼儿的沟通

教师和幼儿的沟通是一种双向交流的方式。和幼儿良好的沟通不但可以帮助教师理解幼儿，融洽和幼儿间的师生关系。同时，沟通也为幼儿提出自己的意见、提高幼儿的口语表达能力与交际能力创造了机会。

教师和幼儿的沟通手段分为语言的和非语言两种。教师和幼儿的语言交流，往往是围绕某个主题进行的，教师要注意交流的方式，观察找到幼儿关心的话题，把幼儿带入谈话话题当中，运用简单有趣的提问，保持幼儿对话的积极性，幼儿发言后，老师应表现出极大的热情与耐心，仔细聆听和予以鼓励。

和幼儿进行语言沟通时，教师本人的语言素养也非常重要。因为幼儿的知识经验和理解能力较差，教师的口语表达应符合幼儿的接受水平。例如：教师讲话的态度平和，会使幼儿有一种安全感，并且愿意聆听；教师语气坚决，会使幼儿觉得教师充满了自信；教师语言表达简单明了，从容不迫，会使幼儿很容易听懂；教师尽量用欢快的语调走到幼儿身边说话，而不是从远处大声嚷嚷，会使幼儿觉得很放松。教师也应注重语言艺术，由于幼儿的思维以具体形象思维为主，因此教师的讲话应该生动形象，引人入胜，要富有生动内容伴随动态言语，并始终用积极的语言与幼儿沟通，直接告诉幼儿应该做什么，而不是告诉幼儿不应当做什么。

教师和幼儿的非语言交流主要是指身体语言，用眼神、动作、表情、姿势等方法和幼儿交流。教师的脸部表情是教师和幼儿沟通的情感信号，将直接影响到教育教学效果。如果教师流露的是肯定和赞赏的笑容，就会给予幼儿支持和激励；如果教师流露的是消极和指责的表情，则容易让幼儿产生羞耻感和自卑感。通过这种非语言的交流，幼儿可以体会到教师对自己的爱，才能相信教师、尊敬教师，促使师幼双方构建起融洽稳定的人际关系。无论哪种沟通方式都需要教师用积极、主动、平等的态度，创造一个安全、温馨、可信赖、无拘无束的氛围环境，尽量地从幼儿的视角来思考问题。

2. 教师与家长的沟通

家园之间的彼此沟通、关系融洽，是协调各种教育因素，形成教育合力的主要保障。家园关系的建构中，教师对家长的理解与尊重是沟通的基础，即教师需要了解家长对幼儿的期望，家长的个性、职业、文化程度、家庭教育思想与方式等，在此基础上制订自己的工作方法与工作方案。

（1）教师在与家长沟通时要建立情感上的联系。教师应该发自内心地关注其孩子的发展，积极向家长说明孩子在园状况，积极邀请父母参与教师课程设计、管理与评价等，认真听取家长的意见与建议，在对教育幼儿的问题上产生矛盾时，绝不互相指责，要设身处地地替家长考虑，尽自身所能解决家长在教育幼儿时出现的问题，让家长感受到教师是爱孩子的，如此才能够激发家长的积极性和老师交流的主动性，一起为幼儿的进步而努力。

（2）在与家长交流时，掌握沟通的技巧。教师学会交流的技巧非常关键，如与家长见面沟通时聆听的技巧、向不同个性的家长沟通儿童健康状况的技巧等。只要教育者本着爱护、关怀儿童的目的，注意沟通的技巧，同时利用谈话引导家长掌握科学的育儿方法，就可以在交流的过程中获得父母的认可、理解和尊重。

（3）采取多种形式与家长沟通。教师可以利用家长来园接孩子的时间进行短暂交流，或者以家访、家园沟通手册等方式与家长沟通。

（六）其他能力

幼儿教师还必须具备其他一些能力，如语言表达能力、创造能力、反思能力等。

语言是教师传播知识与学生交流的主要手段，尤其是幼儿教育工作，必须具有较强的语言表达能力。语言表达能力主要包括口头语言与书面语言两种。在幼教工作中，口语表达已成为教师与幼儿沟通、传递教育信息以及指导与训练幼儿的主要手段。在学前教育时期教师就必须具备良好的口语表达能力。为了适应幼教工作活动的需要，幼儿教师的口头语言教育应当满足下列条件：①教师的讲话形式必须活泼生动、富有现代感情色彩、引人入胜，并伴随着表情、神态以及运用实物语言等；②教师应说普通话，并努力做到语音标准、语调亲切、语速适当；③教师要注意言语输出的状况，能根据幼儿的反馈，及时控制或修正发出信息的方式；④在语言教育上，教师应当懂得使用语言艺术，能活泼地讲述故事，能充满热情地诵读故事或诗词，并富有创造性地和幼儿在一起创编故事情节等。书面语言表达能力是语言表达能力的重要组成部分，有助于教师撰写教学日记、经验总结和科研报告，这也是幼儿教师需要具备的能力。

幼儿教师的创造能力主要是指其不断学习，汲取新知识，创造新的教育方法的能力。幼儿教师只有不断尝试、大胆创新，才能更好地促进幼儿的发展。因此，幼儿教师不要拘泥于固定的工作模式，要根据教育任务和儿童的发展水平重新考虑本班的教育内容和方法，在保持和发扬原有的优良经验的基础上，从实际出发，大胆创新，以获得新的教育成果。

反思能力是教师对幼儿工作的总结与提升，是促进教师专业成长的必备能力。认识来源于实践，反思就是人们对实践过程的各个环节进行审视，对实践中获得的认识进行再思考、再认识，是思维不断深入、升华的过程。幼儿教师的反思能力是教师在先进的教育理论指导下不断地对自己的教育实践各环节和教育实践中获得的认识和经验进行回顾、分析和总结，积极探索与解决教育实践中的问题，努力提升教育实践的科学性、合理性，并使自己在专业上逐渐成长的过程。通过持续不断的实践和反思，幼儿教师才能把现有的教育观念转化为自己的知识经验，最终转变为教育行为，推动教育过程的最优化。

综上所述，合格的幼儿教师，其职业素质不应该是各素质要素的简单相加，而是一个整体的、系统的结构。应该包括良好的职业道德、较强的教育能力、扎实的知识素质，这是从事幼儿教育事业必备的条件。

本章小结

幼儿教师是指幼儿教育机构中履行教育教学职责的专业人员。随着国家和社会对学前教育越来越重视，幼儿教师的地位得到了提高，其拥有的权利和义务也在法律中得到了明确的规定。幼儿教师的劳动与其他的劳动不同，有着主动性和劳动对象的幼稚性、全面性和细致性、示范性、创造性、长期性等特点，其承担的角色有幼儿生活的照顾者、学习的支持者、与社会沟通的中介者、资源的整合者等。要成为一名合格的幼儿教师，必须具备职业道德、知识素养、能力素养等职业素养，这是成为一名优秀的幼儿教师的必备条件。

关键术语

幼儿教师职业、劳动特点、职业素养、职业道德

建议的活动

1. 对幼儿园的幼儿教师进行观察，记录他们的职业素养情况，并思考应该如何提高教师的职业素养？

2. 上网查找并整理关于幼儿教师对幼儿体罚的相关信息，分析这些幼儿教师体罚行为背后的原因。

拓展阅读

1. 步社民. 幼儿园教师成长论[M]. 北京：新时代出版社，2005.

2. 安·爱泼斯坦. 有准备的教师：为幼儿学习选择最佳策略[M]. 李敏仪，译. 北京：教育科学出版社，2012.

第二部分　幼儿园篇

第六章　幼儿园环境创设

学习目标

1. 知识目标：了解幼儿园环境创设的概念和基本理论。

2. 能力目标：能够掌握幼儿园环境的构成和创设出适合幼儿发展的幼儿园物质环境和精神环境的策略。

3. 素质目标：理解幼儿园环境创设的基本原则，形成科学的环境创设理念。

本章知识导图

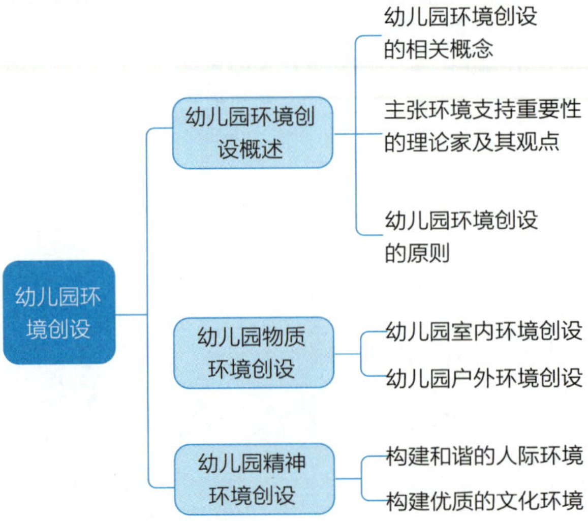

开篇案例

学前教育专业的实习生小李刚进幼儿园班级就被眼前美丽而充满童趣的环境吸引住了，班级墙面的布置是一幅关于春天的景象，尤其是牛皮纸做的大树看起来栩栩如生。可是，她发现班上的孩子们似乎对此并不感兴趣，也不愿意去欣赏，这使小李感到很困惑。一个学期过去了，小李的实习接近尾声，她离开幼儿园班级时，发现班级墙面上的大树还是那棵大树，该班级的环境还和她来时一模一样。此时她似乎明白为什么班上的孩子们对此不感兴趣了。

思考：幼儿园的环境可以一成不变吗？它应该是怎样的呢？

幼儿园教师资格证考试·考点预测◎

在幼儿园教师资格证考试科目《保教知识与能力》中，与本章相关的考试内容是“幼儿园环境创设”模块。涉及的考试内容主要包括幼儿园环境创设的概念、构成和原则等方面。在历年教师资格考试真题中考分占比较少，题型主要是单项选择题和论述题。

《幼儿园教育指导纲要（试行）》明确指出：“环境是重要的教育资源，应通过环境的创设和利用，有效地促进幼儿的发展”，“幼儿园的空间、设施、活动材料和常规要求等应有利于引发、支持幼儿的游戏和各种探索活动，有利于引发、支持幼儿与周围环境之间积极的相互作用”。接下来本章将重点介绍应当如何开展幼儿园环境创设。

第一节　幼儿园环境创设概述

“近朱者赤，近墨者黑”“孟母三迁”等俗语典故形象地说明了环境对人的影响，人们从古至今都非常认可人类的进步和发展与周围环境有着密不可分的关系，尤其是在幼儿的成长与发展中，环境的特殊作用尤为明显。因此，幼儿园的环境需要经过精心的设计而创设出来。那么，到底什么是幼儿园环境创设呢？

一、幼儿园环境创设的相关概念

幼儿园环境创设是指教育者根据幼儿教育的要求和幼儿的身心发展规律、需要，充分挖掘和利用幼儿生活环境中的教育因素，并创设幼儿与环境积极作用的活动场景，把环境因素转为教育因素，促进幼儿身心主动发展的过程。

而这里，还涉及一个关键概念就是幼儿园环境。心理学家布朗芬布伦纳的生态系统理论把影响人的发展的环境分为四个层次：①微观系统（个体活动和交往的直接环境）；②中间系统（各微系统之间的联系或相互关系，如同伴关系）；③外层系统（儿童并未直接参与但却对他们的发展产生影响的系统，如父母的工作环境）；④宏观系统（存在于以上3个系统中的文化、亚文化和社会环境）。据此，幼儿园环境指的是幼儿本身以外的，影响幼儿发展或者受幼儿发展所影响的幼儿园中的一切外部条件和事件。

幼儿园环境有广义和狭义之分。广义的幼儿园环境包括幼儿园外部环境和幼儿园内部环境，狭义的幼儿园环境主要指幼儿园内部环境。幼儿园外部环境包括大自然、社会、国家、家庭、社区等，而幼儿园内部环境则主要包括幼儿园的物质环境和精神环境。

二、主张环境支持重要性的理论家及其观点

关于环境在幼儿教育和身心发展中的功能，国内外众多学者都做出了较为细致的分析和论述。

蒙台梭利认为，儿童具有吸收性心智，能够从所处的物理和社会环境中吸收经验，因此需要给儿童提供“有准备的环境”。儿童的发展是在活动中实现的，只有儿童和环境充分接触，通过自身积极主动地探索、实践才能得到真正的发展，这种活动蒙台梭利称之为“工作”。蒙台梭利认为，环境就像人类的头部，影响着幼儿的整体发展。蒙台梭利所创设的“有准备的环境”就是一个符合幼儿需要的、能够体验社会生活的、自由与自制的、有序的、真实与自然的环境，是一个充满美感、安全、平等、尊重与关爱的环境。

以马拉古奇为代表创建的瑞吉欧教育将幼儿园的环境称为儿童的“第三位教师”。在物质环境的空间规划上，很注重如何增进环境的开放和资源的综合利用，所有的教室都向中心区域敞开大门，使幼儿园与周围的社区能够随时沟通和密切互动。同时，幼儿园环境也非常注重美观和高度个性化，入口处放着各种各样的镜子、照片和幼儿的作品，教室内部也基本上依照此方法布置。瑞吉欧幼儿园开放的环境设置充分实现了“环境教育”的重要功能。

皮亚杰强调，儿童与环境之间积极的身体和心理互动（身体和社会互动），是认知发展中最重要的与学业相关的因素。和蒙台梭利一样，皮亚杰也认为，教师应该做一位细心的观察者，这样才可以创设对儿童具有挑战性的环境和提供相应的经验。同为建构主义流派的维果斯基教育法同样要求教师成为细心的观察者，能用观察中获得的信息为儿童创设亲身体验的互动环境，并支持他们的学习。维果斯基认为，学习发生在社会互动的大环境中，应该为儿童提供合作的机会。

除了西方的一些教育学家、心理学家以外，我国的陈鹤琴先生也曾说：“幼儿教育要取得较大的效益，必须优化环境。”他认为，幼儿生来对环境没有什么概念，但他们具备三种基本功能，分别是接受外界的刺激、在大脑中保留这种刺激、接受的刺激到一定时期会发生相应的反应。这三种基本功能是幼儿一生做人的基础。刺激是从环境中来的，好的刺激就产生好的影响，

而坏的刺激就产生坏的影响。

总之，尽管不同时期、不同国家的幼儿教育家的环境创设理论和实践不尽相同，但他们都强调了创设良好的环境对于幼儿身心发展具有的重要功能。因此，幼教工作者应该充分重视幼儿园环境中蕴含的教育意义，借鉴有关的理论和经验，因地制宜地进行幼儿园环境创设。

三、幼儿园环境创设的原则

随着社会对学前教育的重视，幼儿园如雨后春笋般纷纷成立，每所幼儿园都是因地制宜、各具特色的，并没有统一的样式。但是，幼儿园在创设园所环境时，需要遵循以下基本原则。

（一）安全性原则

安全性原则是指幼儿园的环境是安全的，能够保障儿童的身心健康发展。《幼儿园教育指导纲要（试行）》中明确指出：幼儿园必须把保护幼儿的生命和促进幼儿的健康放在工作的首位。树立正确的健康观念，在重视幼儿身体健康的同时，要高度重视幼儿的心理健康。这也是由幼儿的身心发展规律及年龄特点决定的，幼儿身体协调性差、控制能力弱，加之其生活经验较少，缺少危机意识，自我保护能力不足，所以他们对外界环境的安全性要求更高，需要幼儿园为他们提供安全的活动和学习环境。只有在安全的环境里，幼儿才能够自由地活动、自主地发展。因此，安全性原则是幼儿园环境创设中首先需要遵循的基本原则。

幼儿园环境安全包括幼儿园物质环境安全和幼儿园精神环境安全。

1. 幼儿园物质环境安全

幼儿园物质环境安全是指幼儿园的园舍建筑、设施设备、活动场地、玩教具等物质条件必须符合《托儿所、幼儿园建筑设计规范》等国家颁布的相关卫生标准和安全标准，不会对幼儿的安全和身心发展造成不良影响。比如，幼儿园的园舍建筑设计要规范、安全；对可能给幼儿构成安全威胁的服务设备设施在建设中应“隐形”，远离幼儿的活动区域或者建造在幼儿触摸不到的位置；幼儿游戏设施和玩教具应卫生无毒并配有必要的防护措施；幼儿常用的物品应该契合幼儿尺寸等。

案例

某幼儿园新建了一间多功能活动室，里面用于演出的小舞台是高于地面一个大台阶的。一日，幼儿园为了迎接其他园所老师到园参观学习，在该活动室举行了公开课展示活动。展示活动快要结束时，突然传来孩子的哭声。原来，一名幼儿在游戏中跑出舞台区范围，致使其跌落舞台。好在舞台高度有限，没有造成严重伤害，但此事也让园所管理者及幼儿教师深刻反思了幼儿园中一些潜在的危险因素。

2. 幼儿园精神环境安全

安全不单单是身体上的，还有心理上的。教师要尊重、爱护、支持、帮助幼儿，给幼儿营造出有安全感的环境。比如，教师要善于发现幼儿的优点和长处，接纳幼儿的缺点和不足，耐心教导。教师要多对幼儿进行表扬和鼓励，并正确地进行批评和指正，帮助幼儿形成健康的人格和个性。严禁虐待、体罚或变相体罚、侮辱、歧视等损害幼儿身心健康的行为发生，杜绝忽视幼儿、冷漠对待幼儿的现象出现。

（二）环境与教育目标相一致原则

环境与教育目标相一致原则是指在创设幼儿园环境时，要考虑环境的教育性，使环境与幼儿园教育目标一致，充分体现利用环境进行教育的思想，发挥环境作为幼儿“第三位老师”的教育功能。有些幼儿园强调环境创设的装饰功能，而忽略了环境的教育功能。环境作为重要的隐性课程，对幼儿的身心全面发展起着潜移默化的作用。幼儿园在进行环境创设时，除了要关注环境的装饰美，更要关注环境的教育性。

幼儿园可以根据教育活动的任务和内容来设计幼儿园环境，将环境创设与课程实施有效结合。比如，进行课程主题活动“我的家乡”之前，教师可以在班级布置家乡的主题墙，在班级各区域放置家乡特色的物品，图书角提供家乡风俗文化的相关图书等，随后跟随教学活动的进展陆续添加和更换配套的玩教具和装饰。

另外，在幼儿园精神环境层面也需注重教育性。首先，幼儿园要树立优良的园风，塑造和谐的幼儿园文化，为幼儿营造具有教育意义的精神家园；其次，幼儿园管理者要建立规范的管理制度和幼儿的一日常规，让幼儿学习在规则中自由生长，提高幼儿的社会化；再次，教师要以身立教，以身作则，为幼儿树立良好的榜样；最后，教师要善于挖掘幼儿在园生活中具有教育价值的事件，抓住稍纵即逝的教育机会展开教育。

（三）适宜性原则

适宜性原则是指幼儿园环境创设要考虑幼儿的身心发展水平、年龄特点以及当地的文化和经济状况等。幼儿的身体、认知、情感和社会性处在迅速形成与发展的时期，具有鲜明的年龄特征，因此幼儿园环境创设应符合幼儿的身心发展规律和年龄特点，尤其是环境中的游戏材料要随着年龄阶段的不同而有所改变。比如，小班幼儿的思维具有直觉行动性，新颖、奇特、对比强烈的事物容易引起小班幼儿的注意，而且数量要充足；中大班的幼儿象征性游戏的水平较高，提供的玩具材料可以是一物多用的。此外，即便相同年龄阶段的幼儿，在兴趣、能力、学习方式等方面也会有极大的个体差异。比如，有些幼儿喜欢益智类游戏，那班级内需要设有七巧板、拼图等材料的益智区；有些幼儿动手能力较强，喜欢剪贴画，那班级内需要设有美工区，让幼儿享受操作的乐趣；等等。总之，幼儿园环境布置要满足全体幼儿的需求，且材料投放也需要注重层次性，让喜好不同的幼儿都能找到适合其兴趣和发展水平难度的材料及玩法。

适宜性还体现在地方性上。有些地方的幼儿园在幼儿园环境设施上追求豪华，认为幼儿园环境设施好了，教育质量就会提高。也有一些幼儿园不管自身的地理条件、自然环境如何，都在自己的园内创建野趣区、人造山坡等，花费巨资来创造一个仿真“自然环境”。这样的幼儿园环境创设是不符合适宜性原则的，幼儿园应该立足于当地的文化特色和自身的优势进行环境的规划设计，实地调研、选取地区自然资源和文化中适宜的内容来创设园所环境。基于一定的地区文化特色去创设环境，能够帮助幼儿了解自己所熟悉的生活和文化，萌发幼儿对家乡的热爱。

（四）参与性原则

参与性原则是指幼儿园环境创设应让幼儿参与其中，使环境创设成为师幼积极互动的过程。《儿童权利公约》指出，儿童有权利参与和自己生活密切相关的活动，幼儿园的环境创设活动完全可以体现这一精神。教师要培养幼儿对幼儿园的归属感与认同感，就要让幼儿感受到“我是幼儿园的主人”，幼儿是有权利参与到环境创设的。通常情况下，幼儿园环境创设是由教师作为主要完成人来实施，即便幼儿参与，也仅限于用幼儿的作品点缀环境。尤其是面对学龄后期的幼儿，教师应与幼儿共同商量确定环境布置的主题、材料、作品、风格等，对于环境内物品的摆放和整理也应让幼儿自己动手。比如，蒙台梭利创设的幼儿园取名为“儿童之家”，“家”里的所有物品的摆放和位置都有幼儿参与甚至由幼儿决定，并且平常的环境维护也都由幼儿进行。这样有幼儿参与完成的环境也更能满足幼儿的兴趣和需求，也更能激发幼儿的责任感和主动性。

（五）动态性原则

动态性原则是指幼儿园环境创设是需要不断更新变化的。很多幼儿园的环境在学期伊始创设完成之后就一直停留在那里，这是不恰当的。一成不变的环境很容易让幼儿失去兴趣，并且无法跟上幼儿的发展步伐和需求，从而导致无法发挥环境教育作用的情况出现。因此，幼儿园的环境创设是一项长期的工作，需要随着幼儿的发展包括课程主题的变化而同步调整。

（六）开放性原则

开放性原则是指创设幼儿园环境时不仅要考虑幼儿园内的环境因素，也要重视幼儿园外环境的各要素，两者有机结合，协调统一地对幼儿施加影响，形成开放的幼儿教育系统。首先是空间上的开放，幼儿园应主动与外界结合，综合利用各种社区资源，如探访小学、博物馆等；其次是内容上的开放，环境的布置可以结合当下的各类与幼儿生活经验相关的时事主题，如亚运会等；最后是参与者的开放，如邀请家长、各行工作者入园等，让家庭、社区成员更进一步地了解幼儿和幼儿园，使幼儿园教育获得家庭、社区的支持和配合，有针对性地对幼儿进行教育，同时也促使家长和社区成员改善自身的教育观念和行为。

（七）经济性原则

经济性原则是指幼儿园环境创设应根据幼儿园自身经济的实际情况，以较小的财力、物力、人力投入获得较大的教育成果，尽力做到低成本、高效益。陈鹤琴先生明确提出，幼儿园环境好坏的关键在于是否促进幼儿的发展，而不是在于花钱多少。他根据自己的教育实践，提出大自然、大社会都是活教材，提倡利用周围的环境就地取材，废物利用，一物多用。幼儿园的财政资金是有限的，有多少钱办多少事，但并不是没钱就无法进行环境创设。在布置环境时，教师要根据幼儿的切实需要进行采购，尽可能减少不必要的支出，并发挥自身和幼儿的创造力，变废为宝，一物多用，也能创设适宜幼儿发展的环境。比如，一些幼儿园面积较小，可采取一室多用的方法，用桌子、布帘等将局部的空间进行临时的、有效的分割，使固有的空间具有多种功能；还可充分利用阳台、走廊、屋顶等角落，像开辟屋顶种植区，提高空间利用率等。再就是有意识地丰富材料的多样性，充分利用自然材料、废旧材料，有创造性地开发一物多用，加强材料的重复利用率等。

（八）艺术性原则

艺术性原则是指幼儿园要根据幼儿的审美特点创设具有吸引力和感染力的美的环境，培养幼儿感受美、表现美、创造美的能力，也指创设幼儿园环境的形式、方法要多样、新颖、有技巧。

首先，幼儿园环境需要具有美感，包括整体的造型设计、色彩选择、物品摆放等都要精心设计，长期让幼儿处在美观的环境中可以给幼儿带来愉悦的精神体验，提高幼儿鉴赏美的能力，促进幼儿全面发展。

其次，幼儿园环境无论是选用形式还是内容必须要有趣味性和吸引力，这样的环境才能够调动幼儿的情绪，激发幼儿的好奇心和求知欲，满足幼儿探索的需求。如果幼儿园环境无法引起幼儿的兴趣，那么它即使再具有教育价值也是没用的，环境的教育功能必须通过幼儿和环境的互动才可以发挥作用。

再次，幼儿园环境必须要有生活气息，它可以与季节相呼应，可以有自然场景和社会场景元素，像是自然角、沙水池等。只有这样与幼儿园生活经验相贴近的环境，才能让幼儿对环境产生熟悉感和亲近感，并从中获得有益于生活的启示和社会性的发展。

最后，幼儿园环境需要具备创造性和园所特色。“艺术源于生活，却高于生活”，当今社会也非常注重创造性人才的培养。因此，如果能让幼儿从小处在充满创造性的环境当中，对他们创造力的培养也是大有益处的。教师要与时俱进、利用当前社会中有教育意义的素材和资源，或是不同地区的文化元素进行环境创设，让幼儿领略大千世界。党的二十大报告指出，以社会主义核心价值观为引领，发展社会主义先进文化，弘扬革命文化，传承中华优秀传统文化，满足人民日益增长的精神文化需求，巩固全党全国各族人民团结奋斗的共同思想基础，不断提升国家文化软实力和中华文化影响力。党和国家对中华优秀传统文化传承发展的重视，作为启蒙教育主场的幼儿园应结合幼儿发展特点在教育过程中全方位、立体化地渗透中华优秀传统文化，展现传统文化的魅力，激发幼儿对传统文化的热爱。幼儿园环境创设中运用中华传统文化是实现这一目标的有效途径。最重要的是，要鼓励幼儿发挥自己的想象力和创造力，去创造这个色彩斑斓的世界，使幼儿园环境创设有无限可能。

第二节　幼儿园物质环境创设

幼儿园物质环境包括室内环境和户外环境两部分。室内环境主要是指幼儿园主体建筑物的内部环境，一般以班级为单位进行划分，也包括幼儿园专门设立的功能室。户外环境则是指幼儿园主体建筑物之外的环境。

一、幼儿园室内环境创设

幼儿园室内环境主要包括活动室、各班教室以及公共的楼道、走廊等区域，其中最主要的、最具个性化的就是班级内的环境创设，主要包含墙面设计、活动区域设置两方面。

（一）墙面设计

室内墙面是幼儿园环境中最直观的部分，也是直接影响幼儿生活的部分。幼儿园的墙面根据功能一般分为主题墙、展示墙、操作墙等。主题墙是班级内最核心、最花心思、最和幼儿学习活动相关的一个墙面。主题墙，顾名思义，是具有强烈主题性的一面墙，主题内容通常较为广泛，季节、节日、植物、动物或者人物等皆可。展示墙、操作墙的设计可以根据具体的教育内容进行选择，营造出浓厚的情景氛围，让幼儿能有“身临其境”的感受。

在进行墙面设计时，尤其是主题墙面的环境创设时，有以下几点要求。

1. 从幼儿兴趣和需求出发

墙面最终是要面向幼儿的，因此在墙面上选用什么元素、呈现什么信息、如何排版装饰都要从幼儿的兴趣和需求出发，以幼儿为中心去设计和思考是基本前提。例如，如果班级幼儿对“宇宙”特别感兴趣和想要了解，那墙面可以运用宇宙的相关元素和一些科普小知识，色调的选择、不同内容板块的名称这些可以营造成宇宙风格，这样也可形成不同的班级特色。

2. 与主题活动相结合

墙面内容能够发挥重要的教育作用，尤其是教室的主要墙面，可以结合幼儿园的课程内容进行设计，所以才会被称为“主题墙”。例如，实施“国庆”的主题活动时，教师可以带领幼儿一起将课程板块的内容同步到墙面上进行设计，活动中的一些幼儿作品也可贴于展示墙上用来布置环境。这样既达到了美化环境的效果，也达到了深化教育内容的目的。

3. 注重层次性

虽然墙面是一个完整的大平面，但在进行环境创设时不适合刻板地平铺摆放，在排版布局上需要精心考虑层次性，错落有致地排列材料，材料的材质也可以多样化，从而在视觉上具有舒适的观感。放置内容也要主次分明，重点内容需要得到突出。

4. 增强幼儿参与度和互动性

进行墙面环境创设时，教师需要与幼儿共同参与。在空间的设计、色彩的运用、材料的选择、墙面的布置等环节，教师应该调动幼儿参与的积极性，努力将墙面布置变成幼儿园课程的一个环节。教师在主题墙的布置中起着引导和支持的作用。此外，墙面也需要有专门的互动板块。如果所有墙面都只是用来观赏的，那么幼儿很快就会失去兴趣、习以为常，如果有能够操作和互动的部分内容，那么幼儿从墙面上持续性的、有所收获的可能性将大大提高。

案例

某幼儿园的王老师在布置班级墙面的下半部分时，设计了一个平面小女孩，并在旁边贴了一个衣架，上面有很多衣服。这些衣服的背面都有粘胶，幼儿来到这里时可以按照自己的想法把衣服撕下来“换”到小女孩身上。并且后续随着主题活动的开展，不断增添了不同季节的衣服，使幼儿可以依据季节和天气的变化给小女孩穿上合适的衣服，从而巩固主题教学活动中所收获的新经验。班上的幼儿非常喜欢王老师的墙面设计，并且对这些衣服非常爱惜，孩子们玩了好些天仍旧乐此不疲。

5. 布置内容丰富且有整体感

一些幼儿园在进行墙面环境创设时留有大片的空白墙，上面仅零散分布一些装饰性的元素，这是远远不够的，墙面的内容需要达到一定的数量并且有不同的种类，要把墙面的空间全部合理地利用起来。当然，这不代表就要走向另一个极端，把墙面全部装饰得满满的。另外，墙面各元素之间也不能“各自为政”，要统筹考量，若花样太多则会显得很凌乱并且割裂整个空间。在色彩上，墙面要避免大面积地使用过于鲜艳的颜色。幼儿喜爱明快的色彩对比，要让幼儿可以从中感受到色彩的变化。色彩应结合实际需要进行选择，如睡眠室的色彩尽量选择柔和的色调，营造温馨的感觉，有利于幼儿睡眠。墙面还需要考虑画面的整体美，色调需要与主题相符合，使环境更艺术化。比如所选内容布置是春天，但颜色选用大量的红色系就不太搭调，而是应该配套选用具有春天气息的绿色系。

6. 注意准确性和美感

在准备墙面内容的时候一定要做好充分的资料收集和筛查校对，给幼儿传递的内容一定要准确，不能够有任何违背社会主义核心价值观等导向的内容。此外，墙面的整个排版布局需要有美感，这样才能吸引幼儿的注意，从而发挥作用。

（二）活动区域设置

幼儿园班级常设的区域一般包括美工区、表演区、角色扮演区、建构区、阅读区、益智区、科学区、自然角等。教师需要结合本班实际情况确定活动区的数量，创设活动区的环境。

1. 室内区角的创设要点

（1）活动区要数量合理，面积适宜。不是每个班都会设置一样多的区域，教师要依据班级活动室的面积、班级幼儿人数，预留出班级集体活动的场地，合理地进行规划，安排具备不同教育功能的活动区。一般而言，活动区会设置4～6个，每个活动区要保证5人以下的小组活动开展。

（2）活动区的空间布局要做好规划。在每个区域里都要投放充足的玩教具材料，还有桌椅板凳等物品，所以在有限的空间里如何进行合理的摆放是需要提前思考的。需要做到区域内的所有物品都一目了然、条理清晰，互相之间没有任何的遮挡，并给予幼儿必要的指示信息，如区域名称、进区规则、人数控制、玩教具的操作说明等；整个区域内的活动路径要非常清晰，不管是取材料，还是开展活动，都能够顺畅地去到对应位置，不会彼此干扰；地面、墙面，甚至是天花板，所有的空间都能够充分利用但又不会过于拥挤，整体看起来清爽透亮。

（3）活动区要动静分开、干湿分离。有的区域会动静比较大，比如表演区、建构区；有的区域需要安静，比如阅读区、科学区。在进行区角设置时，需要将相对热闹的区角和相对安静的区角分开，这样就可以把区角间的相互干扰降到最低。与此同时，有的区域需要用到水，比如科学区、美工区；有的区域需要相对干燥，比如阅读区。所以还要将干湿区分开。

（4）活动区要有一定的分隔。区域与区域之间不能封闭，这样不利于流通，但也需要一定的间隔，以免互相干扰。可以利用书架、桌子、柜子等物品将各区角有机分隔。空间的划分还要保证幼儿进出方便，不能阻碍幼儿彼此之间的交往。

（5）活动区要投放合适的材料。在活动区的玩教具材料需要做到数量充足，具备多样性和层次性，满足所有进区幼儿的需求；补给材料和辅助材料要充分，让幼儿有自制玩教具和创新已有材料玩法的可能；自然材料和废旧材料可以占到一定的比例，不一定全部玩教具都是购买的成品。

（6）活动区要有主题元素和文化元素。活动区是整个班级环创的一部分，并不是独立的，所以和墙面一样可以配合主题。比如，进行到“我要上小学”的主题时，阅读区可以投放跟上学和小学相关的绘本，角色扮演区可以布置与小学相关的场景让幼儿进行角色扮演。另外，在环境创设中融入文化元素，尤其是中国传统文化元素和当地的本土文化元素。比如，同样是角色扮演区的饭馆主题，饭馆的装修可以是中国风的，卖的吃食可以是当地特有的。

2．各区域的创设要点

每个区域环境的创设在空间布置、材料投放上都应具有自身的特点。

（1）美工区。通常用于给幼儿开展美术和手工两大类活动的区域，主要发展幼儿的审美和创造力。较为安静，多在桌面上进行；位置要靠近水源，并配备宜清洗的地面和清洁用品，便于幼儿利用水清理道具和地面；投放材料多为绘画类、做手工的各类材料，需要注意及时补充消耗材料；作品可贴在墙上或陈列在玩具柜上。

（2）表演区。通常用于给幼儿进行音乐、舞蹈类表演的区域，主要发展幼儿的情绪情感和艺术素养。较为热闹，需要空间较大，需要有舞台；投放材料多为各类服装、乐器等。

（3）角色扮演区。通常用于给幼儿扮演各种现实中或虚拟故事中存在的角色的区域，主要发展幼儿的社会性和沟通合作能力。较为吵闹，需要较大的空间；投放材料多为各种主题的服装，需要配套布置相应的设施设备，如娃娃家、医院、超市等。

（4）建构区。通常用于给幼儿提供搭建的区域，主要发展幼儿的建构能力、空间能力等。较为吵闹，需要较大的空间，需要有平整的地面或桌面；投放材料多为各类尺寸的积木、积塑和带主题的辅助小玩具等，可以根据大小、类属、功能的不同将材料分类放置在筐里；可准备一些建筑物的图片或模型供幼儿参考。

（5）阅读区。通常用于给幼儿进行阅读的区域，主要发展幼儿的阅读能力。较为安静，需要位于光线充足和安静的地方，需要平整的地面；投放材料多为适合幼儿的儿童读物，包括绘本、童话、寓言故事等，还有坐垫、地毯、抱枕等。

（6）益智区。通常用于给幼儿进行益智游戏的区域，主要发展幼儿的数学逻辑思维能力。较为安静，多在桌面开展游戏；投放材料多为各种益智类操作材料，包括棋牌、拼图、迷宫、数学操作材料等；要注意根据幼儿的年龄特征和认知水平提供不同难度的益智玩具，并及时更新。

（7）科学区。通常用于给幼儿进行科学探索的区域，主要发展幼儿的认知、科学探究、动手能力等。较为安静，多在桌面开展活动；投放材料多为各种科学实验类操作材料，包括水、电、声、光、力等，还有动植物观察类材料，又称为自然角。

除此之外，有些幼儿园还会创设私密空间，当幼儿想独处或是和同伴分享秘密的时候可以到这里，这类空间通常在楼梯下的角落或小房子、小帐篷里。还有些幼儿园会开发有园所特色的个性化的区域设置，这就由每所幼儿园按需决定了。

二、幼儿园户外环境的创设

《幼儿园工作规程》也明确提出："幼儿园应当有与其规模相适应的户外活动场地，配备必要的游戏和体育活动设施，创造条件开辟沙地、水池、种植园地等，并根据幼儿活动的需要绿化、美化园地。"幼儿园户外环境是为了满足幼儿户外活动准备的，主要包括集体活动区、大型器械区、沙水区、种植养殖区、自然绿化区等。

（一）集体活动区

集体活动区是幼儿进行团体体育游戏活动、运动活动和其他集体活动的场所，包括早操、体智能活动、体育游戏、投掷区、钻爬区、平衡区、骑行区、球类区等。集体活动场地的大小应该因地制宜，满足幼儿园开展各项集体活动的需要。场地充足的幼儿园会把每个区独立分隔开来，也有很多幼儿园是同一个场所排序轮流进行的。户外还可以根据实际需要设置材料储藏区，把户外活动经常用到的材料器具放置其中，或利用室内楼梯下的区域储藏，需要用时再搬出。作为幼儿进行体育游戏等集体活动的场地，还需要考虑场地的安全性。集体活动区应该设置在日照、通风良好的位置，要避开园内的道路，避开植被对场地的干扰，也要与大型器械保持一定的安全距离。

（二）大型器械区

大型器械区主要是幼儿借助大型器械锻炼大肌肉动作发展的区域。幼儿园提供的大型器械多为采买的滑滑梯套组、攀爬架等；也有利用本地资源开发具有自身特色的游戏材料，如土坡、泥墙等。教师也可以从传统游戏材料入手，制作简单、功能多样的游戏材料。

（三）沙水区

沙水区是能让幼儿借助沙、水等工具和材料进行游戏的区域。玩沙玩水给幼儿带来快乐的同时，也促进其认知和社会性的发展。通常沙池和水池会靠得比较近，玩沙玩水时，教师还可以给幼儿配备一些工具和玩具来丰富幼儿的游戏内容。比如，配备一些最基本的打捞工具，以及一些搭建材料、主题扮演材料等。

（四）种植养殖区

现在很多幼儿园会在合适的地点设置一块或者多块土地，供幼儿种植蔬菜、花卉等，便于幼儿观察、学习，这便是种植区。养殖区通常设置一些小木屋或者小棚子，供幼儿饲养诸如小鸡、小鸭、小兔子等动物，亲近大自然。教师需要教给幼儿必要的种植养殖的知识和注意事项，随着动植物的生长可以配合课程开展系列主题教学活动。

案例

某幼儿园在进园左手边的空地上开辟了一个菜园子，每个班级都有属于自己的一块地，每块地上都插有各班级取好名字的名牌，并种植了班级票选出的一种蔬菜。菜地旁边有一些种菜工具和观察记录表，每天都有各班级的一名幼儿负责浇水等小任务以及关于菜的成长情况的观察记录表的简单填写。菜地旁边围了一圈围栏，里面养了一些小兔子，同样配有养殖工具和观察记录表，全园的幼儿都能来这里给兔子喂食和填写观察记录等。幼儿园的小朋友热情高涨，每天入园、离园的时候都会跑去看它们，也经常一起交流种植养殖经验。

（五）自然绿化区

蒙台梭利指出：“儿童是自然的一部分，因此必须设法让儿童有机会接触自然的环境，借此让儿童来认识与欣赏自然的秩序、和谐与美。”幼儿园的环境应避免用过多的人工环境代替自然环境，和住宅一样需要达到一定的绿化面积，这片区域通常在建造幼儿园时进行统一规划，后续随着需要再实时调整。

第三节　幼儿园精神环境创设

幼儿园精神环境是指由人际关系、文化观念等无形因素交织在一起形成的心理氛围。相较于显性的物质环境而言，隐性的精神环境则往往容易被幼儿园忽视，如此一来，幼儿园的环境创设就难以达到理想的效果。幼儿园的物质环境和精神环境是相辅相成的，只有二者和谐发展，才能创设出科学的幼儿园环境。幼儿园精神环境从结构上看大致可以划分为两种形态，即幼儿园人际环境和幼儿园文化环境。

一、构建和谐的人际环境

幼儿园人际环境主要由五种人际关系构成，分别为师幼关系、同伴关系、同事关系、干群关系和家园关系。其中，师幼关系和同伴关系是幼儿在幼儿园与他人所形成的两种主要关系类型。《幼儿园教育指导纲要（试行）》明确指出：“建立良好的师生、同伴关系，让幼儿在集体生活中感到温暖，心情愉快，形成安全感、信赖感。”良好的人际关系有助于幼儿积极情绪情感的形成；有助于幼儿自尊心和自信心的建立；有助于幼儿亲社会行为的培养。

（一）建立民主平等的师幼关系

师幼关系是幼儿园人际关系的核心，教师和幼儿之间民主平等的关系能够直接促进幼儿与幼儿之间形成民主平等的关系。教师的行为对幼儿具有榜样作用，因此，教师首先应当以身作则，以民主平等的态度来对待幼儿，善于沟通、理解，鼓励幼儿大胆地表达自己的看法和意见。这样能使幼儿感受到教师重视他们的感受与想法，也相信他们自己有学习与发展的能力。

具体来说，人与人之间交往沟通主要有语言和非语言两种方式。教师可以直接通过语言来表现，像是每天入园时亲切的问候，时刻留心幼儿的闪光点予以夸奖等；还可以借助表情、动作、姿态等表达态度，尤其是对于具体形象思维的幼儿来说，一个微笑、一个拥抱远胜过千言万语，这可以很清晰地向幼儿传递“老师喜欢我”的信息，可以拉近师生之间的心理距离。另外，还可以将两种方式结合起来，如教师说话时保持与幼儿一样高的视线等，这些都是对幼儿民主平等的体现。另一个体现尊重的方式就是教师要学会倾听，用积极主动的倾听方式鼓励幼儿说出自己的感受，理解和接受他们的想法与情感，在倾听的过程中分享对方的感受，并反馈给对方。

（二）建立友爱互助的同伴关系

交往是幼儿社会性交往中重要的微观系统，幼儿的成长和发展离不开同伴经历，这有利于培养幼儿的集体意识和社会性发展。幼儿与幼儿之间的交往往往能产生幼儿与老师之间没有的化学反应，某些方面更易让幼儿接受。教师应当有意识地引导幼儿进行同伴交往，积极为幼儿创造交往机会，帮助幼儿树立正确的交往态度和行为。

具体来说，教师可以经常组织小组和集体活动，在区域中投放材料时准备一些需要多人合作完成的材料（如飞行棋），让幼儿自然地增加与同伴的交往，从而有所收获；教师还需要培养幼儿的社交技巧，通过阅读区的图画书等方式帮助幼儿掌握如何应对各种与同伴交往的情境，帮助幼儿建立良好的同伴关系；此外，教师应当特别关注交往能力较弱的幼儿，引导其参与到同伴交往之中，使其能体验到成功的交往经验，从而建立信心。

案例

某幼儿园中班的两名幼儿在建构区进行区域活动时，两个人就今天要搭建什么发生了争执。两个小朋友一个要搭房子，一个要搭火车，谁也说服不了谁，又都不想放弃自己的想法，不知道要怎么办了，两个人在那生闷气。这时，王老师注意到了他们的争执，走过来询问事情经过。听幼儿说完之后，首先肯定了两个人的想法，不管搭房子还是搭火车都很棒，然后提示他们可以想一想有什么地方里面既有房子又有火车呢，直到大家想到了“游乐场”。最后两个人又和好，开心地一起讨论除了自己心仪的建筑之外还可以增添些什么，通过你帮我我帮你，就这么把属于他们的游乐场搭建完成了。后来王老师又来跟他们回顾了今天的整个活动过程，总结了当遇到类似的情况时可以怎么沟通和商量，让幼儿明白了应该如何和同伴相处。

（三）建立合作顺畅的同事关系

教师之间彼此都存在着教育背景、教育理念的不同，也就导致其做事风格的不同。但是幼儿园的“一日生活皆课程”，幼儿的生活、学习、游戏、运动每一个环节都需要教师间的相互配合、相互帮助，从而实现幼儿全面和谐发展。教师与教师之间友好、和谐的关系不仅有利于自身能力的提高，更能够为幼儿的同伴交往树立榜样，很好地形成教育合力，为幼儿营造一个和谐的人际氛围。因此，在不违背职业道德的前提下，教师要统一共识，开展合作，定期相互交流带班困惑、分享经验、学习新技能，取长补短，共同进步。

（四）建立理解体谅的干群关系

幼儿园干群关系是园领导与教职工的关系。和谐的干群关系有利于教职工队伍的稳定，更有利于幼儿园教育教学工作的顺利开展以及教育质量的提高。建立领导与教师之间相互理解的关系，首先需要教师做到支持和配合领导关于幼儿园的发展规划，理解领导工作中的难处，尽心做好自己的事情；相应的，领导也需要虚心听取教师的意见和建议，保障教师对幼儿园发展事业的参与度，并且发挥带头作用，尽力做到公平公正，一视同仁地支持每一位教师，让教师能够放开手脚做工作。

（五）建立良好的家园沟通关系

陈鹤琴先生曾说过，幼稚教育是幼儿园和家庭教育的总和。因此，家长与教师间良好的沟通关系是幼儿身心健康发展过程中不可或缺的重要方面。要做到这一点，需要家园间达成理念上的共识。比如，幼儿园教师教育幼儿要谦逊礼让，然而幼儿家长教育幼儿不要吃亏受气，这样就容易导致幼儿认知结构“混乱”的事情发生。当然，这不是一蹴而就的事情，需要家园双向沟通，常态性地多交流，日积月累地形成认同感和默契。

二、构建优质的文化环境

幼儿园文化环境主要由制度文化、精神文化等文化类型组成。对于营造良好的精神环境而言，在幼儿园文化建设的过程中，管理者不但要注重园内设施的建设，更要关注并重视制度文化和精神文化的建设。

（一）建立完备的制度文化

幼儿园文化环境的形成是一个长期积累的过程，是幼儿园历史发展过程中所有人员共同努力创造的结果。在全球化趋势不断增强的今天，要建立优秀的幼儿园制度文化，可以借鉴学习国内外幼儿园在制度文化建设方面的先进经验，不断推动幼儿园制度文化的完善。但是，借鉴学习不等于完全照搬，一定要结合当地的方针、政策、法律、法规和本园实际去形成属于自己园所的文化环境，并且随着社会政治、经济、文化不断发展和人员变更与时俱进。

优质的制度文化环境一定是坚持以人为本的制度文化，一方面要坚持以幼儿为本，另一方面要坚持以教师为本。以幼儿为本，即要根据幼儿的年龄特点和身心发展规律，制定科学的幼儿园一日生活制度、班级管理常规等，营造能让幼儿感觉安全和舒适的氛围。以教师为本，既要注重师德，也要注重教师的专业水平。

（二）建立和谐的精神文化

幼儿园要积极营造民主的管理氛围，满足教师的心理需求，加强交流，增强教师对幼儿园的归属感，让教师有积极的情感体验。教师有正向的情绪，一方面容易调动起自身学习的积极性，从而快速获得专业水平的提升，另一方面开心的老师也很容易给幼儿带来开心的体验，从而形成一个良好的园所文化环境。

案例

某幼儿园小一班的两位老师之间平常很少交流，基本都是按照排班情况各自带班。而小二班的两位老师则每天都会将自己带班时的情况以及发现的一些问题和想法互相交换意见，然后讨论第二天的改进办法。到第二学期时，园长发现小一班的氛围和小二班的氛围明显不一样，小一班的小朋友之间仿佛还是不太熟悉，班级里静悄悄的，小二班的小朋友则会活泼一些，班级里也热闹一些。经过观察园长了解到教师间的搭班模式的差异后，带着年级组长一起开了个教研会，互相分享带班的方式方法，也肯定了小二班的两位老师的工作方式。会后园长私下也找了小一班的两位老师谈心。慢慢地，小一班的老师之间也多了一些交流和默契，班级的氛围也随之改变，越来越好了。

本章小结

本章由三节内容构成。

第一节是关于幼儿园环境创设的概述。首先介绍了幼儿园环境、幼儿园环境创设的概念和主张环境支持重要性的理论家蒙台梭利、马拉古奇、皮亚杰、维果茨基、陈鹤琴的基本观点；其次是讲述了幼儿园环境创设的基本原则，包括安全性原则、教育性原则、适宜性原则、参与性原则、动态性原则、开放性原则、经济性原则、艺术性原则。

第二节是关于幼儿园物质环境创设，分为室内环境创设和户外环境创设两部分内容。其中室内环境创设又包括墙面设计和美工区、表演区、角色扮演区、建构区、阅读区、益智区、科学区等区域设置；户外环境包括集体活动区、大型器械区、沙水区、种植养殖区、自然绿化区等区域环境创设。

第三节是关于幼儿园精神环境创设，分为构建和谐的人际环境和优质的文化环境两部分内容，其中人际环境创设包含建立民主平等的师幼关系、建立友爱互助的同伴关系、建立合作顺畅的同事关系、建立理解体谅的干群关系、建立沟通良好的家园关系这五大关系。文化环境创设则包括建立完备的制度文化和建立和谐的精神文化。

关键术语

幼儿园环境创设、物质环境、精神环境

建议的活动

1．到幼儿园实地观察幼儿园环境，分析各类型环境是否完备、是否有遵循环境创设基本原则；比较同一类型的区域在不同班级、不同年级的设置差异，分析优缺点。

2．查阅期刊文献，了解有关幼儿园环境创设的研究现状与前沿。

拓展阅读

1．袁爱玲，廖莉．幼儿园环境创设理论与实操[M]．上海：华东师范大学出版社，2017．

2．王海英，等，儿童视野的幼儿园环境创设[M]．北京：人民教育出版社，2019．

第七章 幼儿园课程

学习目标

1. 知识目标：掌握幼儿园课程的概念，能够全方位地从整体把握幼儿园课程的特点。

2. 能力目标：了解中外几种典型的幼儿园课程模式，学会辩证地看待国外幼儿园课程模式对我国幼儿园课程实施的价值。

3. 素质目标：初步树立正确的课程观和教育观，懂得立足于实际，理解幼儿园课程本土化实践，初步树立课程改革创新意识。

本章知识导图

- 幼儿园课程
  - 幼儿园课程的含义和特点
    - 一、课程的定义
    - 二、幼儿园课程的定义
    - 三、幼儿园课程的特点
  - 幼儿园课程的主要模式
    - 一、蒙台梭利课程模式
    - 二、“五指”活动课程模式
    - 三、高瞻课程模式
    - 四、瑞吉欧课程模式
    - 五、华德福课程模式
  - 我国幼儿园课程的改革与实践
    - 一、我国幼儿园课程改革与实践的历史
    - 二、幼儿教师在幼儿园课程改革中的作用
    - 三、我国幼儿园课程改革与实践的发展趋势

开篇案例

马老师最近被聘任为某市某幼儿园负责教学工作的园长助理。马老师是一个易于接受新思想并付诸实践的年轻人，而且热衷于艺术教育，对课程、教学有人文主义倾向。

该市教育行政管理部门要求各幼儿园积极地按照《幼儿园教育指导纲要（试行）》《3～6岁儿童学习与发展指南》精神实施教学工作。马老师接到教育行政部门的通知后，未征求全体老师的同意，就对幼儿园内的课程结构进行了较大规模的调整，基本上废除了原先的分科课程，以健康、语言、社会、科学和艺术五大领域为标准，重新安排课程，同时，要求老师积极应对课程改革的挑战。许多老师知道后，纷纷表示不能接受，因为许多新的课程及教学不能及时理解、实施；而且，一些家长也表示，新课程虽然好，但是面对激烈的就学竞争压力，他们宁愿让孩子早点开始学习知识性的课程内容，如语文、数学、英语等。马老师了解到这种情况后，感到有责任重视这个问题，既要解决老师们面对新课程的困惑，也要让家长认识到幼儿身心发展特点及其教育目的，同时要让家长明白“拔苗助长”的危害。

思考：

1. 假如你是马老师，你会如何处理呢？
2. 你认为幼儿园应该实施怎样的课程？

幼儿园教师资格证考试 · 考点预测◎

在幼儿园教师资格证考试科目《保教知识与能力》中，本章内容关联内容是“幼儿园课程”模块，对应考试大纲知识点为：掌握幼儿园课程的基本特点，并能对教育实践中的问题进行分析，了解我国幼儿园课程的改革动态与发展趋势，并能结合幼儿园课程的现实问题进行分析。考

点主要有：课程、幼儿园课程的概念、特点，幼儿园课程的几种主要模式，我国幼儿园课程改革的重点和趋势等。在历年教师资格考试真题中考分占比较多，题型主要是单项选择题、简答题、论述题和材料分析题。

课程是教育中比较重要、比较核心、比较难以把握的问题，是教育的社会功能和育人功能得以实现的中介或桥梁。正如泰罗（Philip H. Taylor）和理查兹（Colin Richards）在其《课程研究入门》一书中所言：课程是教育事业的核心，是教育运行的手段，没有了课程，教育就没有了用于传达信息、表达意义，说明价值的媒介。正因为课程在教育活动中起着决定性的作用，因而课程也就具有了研究价值。对课程的认识将促使教师在课程实践中产生不同的课程行动，从而影响课程改革与实践的进程。

第一节　幼儿园课程的含义和特点

一、课程的定义

课程的来源广泛，人们对课程本质的理解和认识往往难以达成一致。因此，课程可以说是应用比较普遍但定义比较模糊的教育术语。在探讨课程的本质内涵时，根据不同学者所持观点，在这里归纳出几种具有代表性的含义。

1. 课程即科目

将课程定义为学科科目（或领域），即主要讨论以文化遗产和科学为基础组织教学的各种课程形态（如科学、数学、语言等）。

2. 课程即经验

课程还被从广泛的意义上定义为学习者的经验，即课程被认为是儿童在教师指导下所获得的一切经验，而不是学科群。

3. 课程即目标

从这种维度来界定的课程关注的并不是学生在学习中发生的过程性事件，而是学习的结果。

4. 课程即计划

将课程定义为计划的视角，与基于“学科”“学习者经验”或“目标”等某个单一的课程组成因素来界定课程的方式不同，它反映的是一种综合多因素的倾向。

以上四种典型的课程定义，象征着学者们从不同维度理解课程这一概念。其要点一是把课程作为学科或科目，即学科课程；二是把课程作为学习者的一切学习经验和体验；三是把课程作为学习目标和结果；四是强调系统性的学习计划。

二、幼儿园课程的定义

幼儿园作为一种正规的教育机构，有自己的一套课程设置，幼儿园课程由于其独特的教育任务和教育对象，决定了它与其他学段课程之间具有很大差异。在此，将进一步讨论幼儿园课程的定义，国内外关于幼儿园课程的定义分别有以下几种观点。

（一）国内幼儿园课程的定义

幼儿园课程即教学科目：这种课程定义注重按科目系统性地教学，强调教师应以知识为本位向幼儿传递知识。

幼儿园课程即教育活动：这种定义，不再视幼儿园课程为狭义的教学科目，而是把它泛化为对幼儿进行的一切教育活动，幼儿园课程不仅局限于教学活动，还包括其他任何类型的教育活动，包括生活活动、游戏活动、运动等。

幼儿园课程即学习经验：幼儿园课程的内容不是来自教材，而是来源于幼儿生活。这种课程观强调周围环境对幼儿潜移默化的教育作用，最终促进幼儿的全面发展。

（二）国外幼儿园课程的定义

国外学者认为，幼儿园课程是多层次的，范围十分广泛，儿童每天的每一种经历，甚至每一分钟的经历，都是课程的一部分。唱歌、游戏、观察和运动是课程的一部分，吃饭、洗漱和休息也是课程的重要组成部分。课程不仅指计划好的、提供给幼儿的经验，也可指未计划好的、幼儿在潜移默化中接受的经验。

从广义的课程观出发，国外幼儿园课程强调注重幼儿的需要、兴趣和个体差异，强调教师在观察评价基础上为幼儿提供相互联系的、有意义的学习经验。精心设计的课程能够给儿童提供丰富的和适宜的经验，提供经验主要通过活动，因此，活动是幼儿园课程的核心，活动是幼儿园课程计划的具体内容。

根据以上国内外幼儿园课程定义的分析，笔者认为，幼儿园课程是指在幼儿教师的引导下，影响幼儿的与幼儿园有关的一切经验，具体表现为通过为幼儿提供适宜的教育环境和材料，满足幼儿多方面发展的需要，帮助幼儿获得有益的学习经验，促进其身心全面和谐发展的各种教育活动的总和，这些活动既包括幼儿自主建构的，也可受到本班教师价值观和态度的影响，以及其他教师、家庭成员和社区人员价值观和态度的影响。

三、幼儿园课程的特点

3～6岁的幼儿处于感知运动和形象思维发展阶段，他们不是以系统的书本知识作为主要学习内容，而是通过多种感官与多样化的活动来获得多方面的经验。幼儿的学习就是通过与环境和材料的相互作用，获得有益的经验。2018年中共中央、国务院出台的《关于学前教育深化改革规范发展的若干意见》中指出："坚持以游戏为基本活动，珍视幼儿游戏活动的独特价值，保护幼儿的好奇心和学习兴趣，尊重个体差异，鼓励支持幼儿通过亲近自然、直接感知、实际操作、亲身体验等方式学习探索，促进幼儿快乐健康成长。"这充分说明了幼儿学习的特殊性，也是对幼儿园课程建设的重要指引。教师需通过把握幼儿园课程的特点，更好地支持儿童身心发展的需要和水平，具体特点如下。

（一）启蒙性

幼儿园课程是启蒙性的。幼儿园课程的核心任务不是教授一个现成的知识体系，幼儿不需要统一的课本，符号体系不适合幼儿的学习。幼儿园课程是从幼儿的发展特点出发，引导幼儿在生活、游戏等多样化的活动中，与周围环境相互作用，充实经验。幼儿园课程的内容往往是与幼儿的生活紧密相联，是粗浅的和启蒙性的。因此，幼儿园课程不是以概念和逻辑的框架进行建构，而是以经验的逻辑设计的。

（二）过程性

幼儿园课程是过程性的。幼儿园课程是多样化的活动，充分运用五官和身体感知和探索周围环境、事物是幼儿主要的学习方式，端坐静听无法让幼儿获得真正的经验。幼儿是教师观察、研究、激发、鼓励和引导的对象，而不是灌输的容器。幼儿有自己的需要和兴趣，教育就是引发幼儿内在的潜能，让幼儿有机会从事适宜的活动，以便更好地调动已有的经验并获得新经验。幼儿园教师不应像小学那样对着教科书备课，因为幼儿园没有教材，幼儿没有课本，教师也不应主要依靠“讲授”让幼儿获得知识，而是要引导幼儿从事多样化的活动获得经验。因此，幼儿教师的备课是要规划幼儿的行动，为幼儿的活动创设环境和材料。书面备课不是幼儿教师备课的主要方式，主要的方式是空间、材料上的准备，为幼儿提供适宜的材料，以便让幼儿获得相应的经验。

（三）生活化

幼儿园课程是生活化的。幼儿园课程关注幼儿的生活，幼儿生活的需要和兴趣是课程重要的出发点，也是新经验重要的来源。幼儿园课程也会不断扩展幼儿的生活空间，关注幼儿园周围的社会生活，并引导幼儿进行交往和体验。因此，幼儿可以在生活中学习。幼儿在日常生活中的很多事项都蕴含了发展的机遇和能力的挑战，都能让他们获得新的经验。幼儿园课程就是从引导幼儿发展的视角去组织和利用各种生活活动，以便更好地促进儿童的发展。课程生活化不是生活过程本身，而是对生活过程的合理利用和组织，就像张雪门先生指出的，自然经验“在生长上是堆积的经验”，人为经验“在生长上是有机的经验”。课程就是把本来生活中自然的经验转化为人为的经验，使这些经验相互关联，相互支撑。

（四）园本化

幼儿园课程是园本化的。教育部颁布的《3～6岁儿童学习与发展指南》（以下简称《指南》）是幼儿三年发展的蓝图，呈现的是基本的发展目标，而不是具体的课程内容和要求。国家没有统一编订幼儿园课程，但一些地方编制了供教师使用的课程方案、课程指南或活动指南，它不是真正意义上的教科书，不是强制使用的，也不完全适合于特定幼儿园幼儿的发展状况，需要从幼儿园的实际出发加以修正和改造。可以说，外来的课程方案不可能完全适合幼儿园，都要经历园本化和本土文化创生的过程。这个过程，就是幼儿园课程建设。几乎所有的幼儿园都会经历借鉴他人的经验开展课程建设的历程，这个历程的本质是使幼儿园课程更具适用性和有效性。

第二节　幼儿园课程的主要模式

在幼儿教育发展史上，许多幼儿教育的先驱都有不少关于幼儿园课程的思想，形成了许多典型的幼儿园课程模式，每一种课程模式都有自己独特的教育哲学理念。在此，我们将重点剖析以下几种课程模式。在面对这些典型的幼儿园课程模式时，重要的是借鉴其先进的理念和优秀的课程技术，为创生本土的幼儿园课程提供思路。

一、蒙台梭利课程模式

20世纪初，蒙台梭利在意大利创立“儿童之家”，招收贫民窟的孩子入学，根据自己在研究智力缺陷儿童形成的成果来对正常儿童进行教育训练，获得了显著的成就。在历经长期的探索和实践改造后，目前已遍布全国各地。无论是以蒙台梭利教育理念为引领的民营蒙氏幼儿园，还是在部分公立幼儿园中，都存在着蒙台梭利教学法的身影。蒙台梭利教学法对幼儿教育的影响是巨大且深远的。

（一）蒙台梭利教学法的特点

1. 以儿童为中心

为孩子打造一个以他们为中心，让他们可以独立“做自己”的“儿童世界”。

2. 不“教”的教育

反对以教师为中心的填鸭式教育，主张提供良好的学习环境，亮丽丰富的教具，让儿童主动去接触、研究，形成智慧。

3. 把握敏感期的学习

0～6岁的儿童，在不同的成长阶段会出现对不同事物的偏好，也就是所谓的“儿童敏感期”。蒙台梭利教学法强调掌握儿童的“敏感期”，给予孩子恰当的引导。

4. 教师扮演协助者的角色

教师须对孩子的心灵世界有深刻的认识与了解，对孩子发展的状况了如指掌，这样才能提供对孩子适时、适性的协助与指导。教师居于协助引导的地位，教师必须放弃传统的自以为是的教育方式，而是从旁适时地给予儿童协助与引导，让儿童成为教育的主体，使他们开动脑筋，挖掘潜力。

5. 完全人格的培养

幼教的最大目的是协助孩子正常化。蒙台梭利认为：儿童具有巨大的潜能，儿童生命的发展是走向独立。通过具体的练习如生活基本能力练习、五官感觉练习、智能练习（语言、数学、科学）等形式，形成健全人格的基础。

6. 尊重孩子的成长步调

没有课程表和上下课时间，使孩子能够专注地发展内在的需要。

7. 混龄教学

不同年龄的孩子会相互模仿、学习，使儿童养成乐于助人的良好社会行为习惯。蒙氏教室是一个小社会的雏形，孩子在其中学会尊重别人、接受别人，学习如何分享自己学会的知识技巧，学会如何领导别人。蒙氏教室提供了培养儿童情感智商的环境。

8. 丰富的教材与教具

蒙台梭利教育拥有一套蕴含无限教育价值的学具，这套学具利用幼儿感觉的敏感性，透过可供幼儿操作的教具，让孩子们轻松愉快地在操作中探索，在探索中吸收许多抽象的概念。尊重幼儿重复练习的特性，所有学具幼儿可以反复操作，满足幼儿生理心理上的需要。教具是孩子“工作”的材料，孩子通过“工作”，从自我重复操作练习中建构完善的人格。

9. 摒除奖惩制度

采取尊重孩子的方式，培养孩子正在萌芽的尊严感。

10. 爆发的教学成果

采取尊重孩子内在需求的方式，让孩子适时、适性地成长，虽然短期内不易察觉成果，但却会在某一时间以爆发的力量彰显出孩子内在心智的成长。

蒙台梭利课程，包括感觉、动作、智能、语言和道德发展等，使个体成为一个身心统整合一的人。“自由”与“纪律”合一，“个性”与“群体”兼顾。启发幼儿，使他们有能力解决困难，适应新的环境，达到自我构建和心智发展的目的。

（二）蒙台梭利教学法的具体教学内容

1. 日常生活教育

日常生活教育包括基本动作、照顾自己、照顾环境、生活礼仪等，培养日常生活自理能力，以及互动、爱物等良好的习惯。

2. 感官教育

培养孩子敏锐的感官，进而培养孩子观察、比较、判断的习惯与能力。

3. 数学教育

使用直观教具玩数学游戏，让孩子在教具操作中懂得数与量的关系，感受四则运算的快乐。

4. 语言教学

让孩子通过对实物的描述，促进语言表达能力的发展，同时渗透文字活动，培养阅读能力，为书写做准备。

5. 文化教育

蒙氏教室里备有动物、植物、天文、地理、历史、地质等各方面的教具，使儿童在玩中探索科学的奥秘，从宏观到微观，培养对科学的兴趣。

资料链接

感官教育是蒙台梭利教学法的核心内容，旨在通过触觉、视觉、听觉、嗅觉和味觉等感官训练增进幼儿的经验，让幼儿在考察、辨别、比较和判断中提高自己的能力。

触觉训练在于帮助幼儿辨别物体的轻重、大小、长短、冷热等，可采用限制戴指套的练习和闭目练习的方式进行。触觉训练的教具主要有立体几何体、触觉板（图7–1）、温觉板等。

视觉训练在于帮助幼儿识别物体的量度、形状和颜色，可通过镶嵌不同大小、形状的木块进行训练。视觉训练的教具主要有各种几何图形板、几何体、颜色板、圆柱体组（图7–2）等。

听觉训练主要包括辨别音高、音响和音色的训练，可运用音色不同的小铃帮助幼儿区别声音、听觉训练的教具主要有发音盒、音感铃、音筒（图7–3）等。

嗅觉和味觉训练主要是提高幼儿嗅觉和味觉的灵敏度，可通过多种嗅、尝活动进行训练。嗅觉和味觉训练的教具主要有嗅觉筒和味觉瓶，如图7–4所示。

图 7–1 触觉板

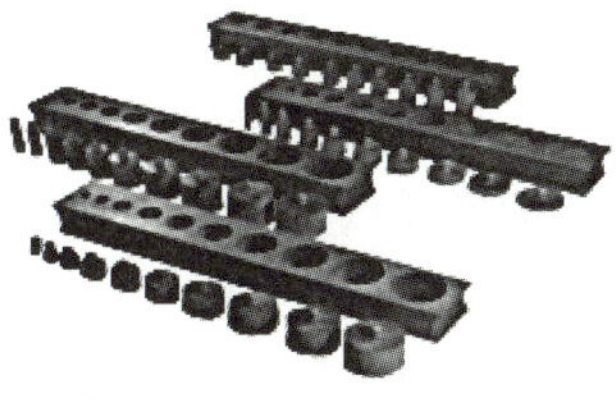

图 7–2 插座圆柱体

图 7–3 音筒

图 7–4 嗅觉筒和味觉瓶

二、“五指”活动课程模式

中国现代幼儿教育家陈鹤琴先生早在19世纪20年代就开始关注当时流弊甚多的中国幼儿教育。面对中国幼儿教育的现实问题，在长期的实践和摸索中，结合其本人在美求学期间学习的实用主义教育理论思想，陈鹤琴逐渐形成了“活教育”的幼儿教育思想。“活教育”的思想意义重大，影响深远，并成为陈鹤琴幼儿教育思想的核心。

（一）“活教育”的教育目的论

陈鹤琴指出，“活教育”的目的是：做人，做中国人，做现代中国人。“活教育”的目的，可分为三层更细的、并且相互关联层层递进的子目的。

1. 第一层：“做人”

“做人”更关注人作为一种社会性的物种所具有的共性，是一般意义上的教育目的，强调从小培养幼儿诸如平等、自由、博爱、沟通、理解、尊重等精神。

陈鹤琴为此提出“做人”的三点要求：①泛爱，且无论阶级、肤色、信仰和国籍；②热爱真理；③天下一家。

2. 第二层：“做中国人”

科学和真理无国界，但是科学家却有着自己的祖国。人总是生活在特定的国家与历史环境中。“做中国人”的教育目的，旗帜鲜明地体现了陈鹤琴的“活教育”思想的民族化和本土化的特征。

3. 第三层：“做现代中国人”

20世纪初席卷中国的新文化运动，高举民主和科学两面大旗，“活教育”主张培养有科学和民主精神的人，体现了这一时代精神。而之后抗日战争又赋予“活教育”理论救国图存的色彩。

陈鹤琴指出，成为现代中国人有以下要求：①要有健全的身体；②要有建设的能力；③要有创造的能力；④要能够合作；⑤要服务。

（二）“活教育”的教育内容论

“大自然，大社会都是活教材”是“活教育”的课程内容论。针对传统课本教师中心论的弊端。陈鹤琴指出，书本上的知识是死的，特别不利于幼儿的理解习得与消化。从大自然、大社会中获取的知识经验才是活的，是直接的，是符合幼儿心理特点，并且容易为幼儿理解和消化的。大自然、大社会才是幼儿经验和学习的最好教材。陈鹤琴绝非彻底否定书本。陈鹤琴认为，书本知识应当作为学习者参考研究的资料，并且，书本知识也要能在儿童生活的自然环境和社会环境中重新得到印证。这样的学习内容对幼儿才是有意义的。

教育的内容必须根据幼儿的认知和心理的发展水平进行科学的选择和设定，并反映儿童的身心特点和一日生活特点。在幼儿心理学的学科知识的引导下将儿童所接触的一切，包括自然环境、社会环境、儿童生活环境和幼儿园的教育内容形成一个有机联系的统一整体，就是陈鹤琴幼儿课程内容论的精髓。

（三）“活教育”的课程结构论

要想让幼儿所接触的一切，包括自然环境和社会环境，儿童生活环境和幼儿园的教育内容形成一个有机联系的统一整体，就必须将这些内容建立科学合理的课程结构。

陈鹤琴在长期研究的基础上，又提出了幼儿“五指”活动课程。“五指”活动课程包括五个方面：①儿童健康活动（体育和卫生等）；②儿童社会活动（史地、公民、常识等）；③儿童科学活动（算数、理化等）；④儿童艺术活动（音乐、美术，手工艺术等）；⑤儿童文学活动（读、作、写、说等）。

需要说明的是，上述所涉及的体育、卫生、算术、理化等学科并不是指相应的学科专业知识，而是幼儿一日生活中能够反映和展现这些学科知识的显著现象。同时，幼儿获得的不一定是知识，更多的是幼儿感性的体验和经验，并带来由此激发对世界的好奇心。

“活教育”体系中的“五指”活动课程包含幼儿健康、社会、语言、艺术和文学五大领域的课程，这五大领域就像五个手指，共同连接着，并且统一于幼儿一日生活的手掌，代表着幼儿的全部生活，渗透着教育即生活的理念，“五指”活动课程既有联系又有区别，是一个有机统一的整体。

（四）“活教育”的教学方法论

杜威提出了“做中学”的教学方法。而陈鹤琴根据儿童身心发展的特点和多年的教育实践经验，将“做中学”扩展为专门针对幼儿教育的“做中教，做中学，做中求进步”。这要求孩子要在“做中学”，即幼儿获得的知识经验，最好能在幼儿的一日生活的体验和操作中获得。教师要在“做中教”即要打破班级、时间、空间、教材的界限，以“做”为中心，重新安排幼儿一日活动的内容。陈鹤琴还提出了“做中学，做中教，做中求进步”的四个教学步骤：实验观察，参考阅读，发表创作，研讨批评。为幼儿教师指明了践行陈鹤琴教学方法论的具体过程和方式。

不难看出，陈鹤琴“活教育”教学方法论的精髓在于一个“做”字。马克思主义哲学告诉我们，人的认识总是从感性经验到理性认识，足够的感性经验方能孕育催化出坚实的理性认识。

特别是对于幼儿来说，感性经验的获得几乎来源于幼儿运用其一切感官自由而无阻碍地和外部世界的接触，而这样的一种获得感性经验的过程即陈鹤琴所说的“做”。“做”这个原则是陈鹤琴教学论的出发点和核心，贯穿于其教学原则和整个教学过程之中。

三、高瞻课程模式

高瞻课程是一种开放式架构的课程。由美国儿童心理学家大卫·魏卡特等人于1962年创立，在20世纪80年代以后在世界各地广泛运用。其理论基础主要是以近代著名的儿童心理学家皮亚杰的认知导向理论为中心，认为人类发展顺序是可预测的，当个体成熟时，新的能力就会出现。简单来说，高瞻课程是对经验的唤起，是对创造的再认识，是实践的生成性。其中，“高瞻”是指站在高的地方看，形容看得远。

（一）高瞻课程模式的核心理念

高瞻课程模式的核心是主动式学习（Active Learning），学习不仅仅是成人向儿童传授知识的过程，同时也是儿童主动发起和参与学习的过程。在高瞻课程中，教师是儿童的支持者、观察者、合作者和引导者。同时，主动性学习已融入高瞻的方方面面，例如：在活动前，年幼的孩子们已经预想了整个活动过程，做出自己的专属计划。通过主动性学习来认识人、材料、事物和思想。学会对自己的活动做出计划、付诸实践，并从回顾和总结中得到收获。

（二）高瞻课程模式的教育目标

高瞻课程的教育目标着重于孩子的认知能力发展，优先考虑孩子的认知技能（语言、体验与表征、分类、序列、数字、空间关系和时间）。具体来说，高瞻课程设计的目的是：让孩子发展有意义的表征能力，并看到物体和事件之间的关系。这些认知技能是通过重要的学习经验来培养的。在这些经验中，孩子学会了成为积极的学习者。

（三）高瞻课程的教育内容

高瞻课程的教育内容包括十大主要经验：

（1）创造性的心象（通过五官认识物体；模仿行动和声音；将模型、图片、照片与实地实物联结；假装游戏；用黏土、积木和其他材料做模型；绘画。）

（2）语言和文学（与他人分享对个人有意义的经验；物体、事件与各种关系的叙述；享受语言：听故事、编故事等；用不同的方式书写：画画、涂鸦等；用不同方式阅读：读故事书、符号，表征自己书写的东西；听写故事。）

（3）社会关系（做选择、计划和决定，并将之表达出来；解决游戏中所遇到的问题；照顾自己的需要；用语言将感觉表达出来；参与团体例行活动；能敏感地感受到他人的感觉、兴趣与需要；建立与他人和其他幼儿间的关系；创造和经历合作性的游戏；处理社会性冲突。）

（4）运动（以不移动位置的方式移动；以移动位置的方式移动；带着物体运动；以创意方式运动；叙述运动；依指示运动；感受节奏并能将节奏表达出来；依一个节奏和顺序活动。）

（5）音乐（律动；探索与辨认声音；探索歌声；发展旋律；唱歌；玩乐器。）

（6）分类（探索与描述事物的异同与特质；分辨与描述事物的形状；分类与配对；用不同的方式去使用与描述事物；同时注意到事物的一种以上的属性；分辨“一些”与“所有”；描述某些事物所没有的特质。）

（7）序列（属性的比较；将一些事物依序排列，并叙述其之间的关系；经由错误尝试进行两个序列的正确配对。）

（8）数（比较两组事物的数，以决定是“较多”“较少”还是“一样”的；一对一配对；数物品。）

（9）空间（填满与倒空；将事物加以组合或拆分；改变物体的形状与排列；用不同的空间观点去观察人、地方与事物；从不同的空间去体验、描述位置、方向与距离；解释绘画、图片与照片里的空间关系。）

（10）时间（根据信号开始和结束一个动作；体验与描述运动的速率；体验和比较不同的时间间隔；预测、记忆、描述事件的顺序。）

（四）高瞻课程的教育方法

高瞻课程为孩子的主动学习创建了连续性的环境，促进孩子独立发展。该课程模式的一日日程由“计划-工作-回顾”（plan-do-review）、小组活动、大组活动等环节组成，以主动学习为核心。“计划-工作-回顾”的顺序不能颠倒，是主动学习的保证机制，是高瞻课程的核心环节。

1．计划时间：表达意愿

许多课程模式会鼓励孩子自己做出选择和决定，但很少会让他们系统地反思他们所做的决定，或者很少帮助他们认识到选择的可能性和后果。“计划时间”能够为孩子提供对成人表达他们想法和意愿的机会，并将自己视为个人行为的决策者。在这段时间孩子可以计划他们想做的事情，比如，活动区域的选择、材料的选择以及同伴的互动。

2．工作时间：执行意原

孩子制订好计划之后，就到了执行即“做”（do）的时间，“做”在一日生活安排中时间最长，孩子和成人都是主动进行的。成人并不对活动进行指挥，孩子自己执行工作，没有一个孩子是被动地坐着或观看的。在工作时间，成人的作用首先主要是观察孩子如何搜集信息，如何与同伴互动以及如何解决问题，然后是参与到孩子的活动中，并不断地鼓励他们，为他们提供“脚手架”支持。在这一过程中，成人要监督、记录、支持、鼓励、评估孩子的学习。

3．收拾、整理时间

执行完活动之后就进入到收拾和整理的时间了，孩子需要把材料和器材归还原处。这一过程使班级恢复了原貌，并给孩子提供了基本认知技能学习的机会。在收拾和整理的时间，可以培养孩子查找材料的能力，树立识别材料的自信，并通过查看标签提高他们的语言认知水平。

4．回顾时间：反思成果

回顾时间是“计划–工作–回顾”的最后一个环节，孩子在这一阶段回顾他们已经完成的和经历过的事情。孩子们以各种各样恰当的方式表达他们工作时间的经历，他们可能会回忆和自己一起合作过的同伴，或者重新考虑所遇到的问题。孩子在“回忆时间”可以自由地表达自己的观点，述说自己的成果，反思自己所取得的进步和不足，他们通常会把自己所做的工作画下来，回忆前几个阶段的情况。

5．小组时间

所有的高瞻课程模式下的教师对“小组时间”的正规设置都很熟悉：教师提出并创建活动，孩子参与其中。这些活动是根据孩子的兴趣、文化背景和实地场景创建的，为他们提供新的材料，引发孩子的兴趣，鼓励他们以不同的方式使用这些材料，让孩子充分地思考和联想。

6．大组时间

在“大组时间”，孩子和成人聚在一起，唱歌、跳舞、做游戏、表演乐器、阅读等。“大组时间”为每个孩子提供参与的机会，与同伴和教师分享观点，表达自己的想法。尽管是成人发起的活动，儿童却可以作为活动的领导者，自己做出选择，尽可能多地说出自己的想法。在大组活动的过程中，孩子和成人可以相互合作和学习，分享各自的想法，共同解决问题。

（五）高瞻课程的教育评价

高瞻课程有两套综合性的评价工具，一套针对机构，一套针对幼儿。其中《学前教育机构质量评价系统》（PQA）（图7–5）评价教师和机构是否有效实施了课程，评价者对课堂乃至整个

《学前教育机构质量评价系统》（PQA）表 A 条目

Ⅰ．学习环境
- A. 安全而健康的环境
- B. 明确划分的兴趣区
- C. 科学设置兴趣区
- D. 户外空间、设备和材料
- E. 有组织和标识的材料
- F. 多种多样的开放性材料
- G. 充足的材料
- H. 多样化的材料
- I. 展示幼儿的作品

Ⅱ．一日常规
- A. 固定的一日流程
- B. 一日流程的环节
- C. 一日流程各环节时间分配合理
- D. 幼儿计划时间
- E. 幼儿自发活动时间
- F. 幼儿回顾时间
- G. 小组活动时间
- H. 大组活动时间
- I. 过渡时间的选择
- J. 清理时间允许合理选择
- K. 餐点时间
- L. 户外活动时间

Ⅲ．成人—幼儿互动
- A. 满足基本的生理需求
- B. 处理与家人的分离焦虑
- C. 温暖关爱的氛围
- D. 支持幼儿的交流
- E. 支持母语非英语的幼儿
- F. 成人以伙伴身份参与游戏
- G. 鼓励幼儿的主动性
- H. 在集体活动时间支持幼儿学习
- I. 幼儿探索的机会
- J. 认可幼儿的努力
- K. 鼓励同伴互动
- L. 独立解决问题
- M. 冲突解决

Ⅳ．课程计划和评价
- A. 课程模式
- B. 协作教学
- C. 全面的幼儿记录
- D. 教师记录轶事
- E. 幼儿观察评价工具的运用

《学前教育机构质量评价系统》（PQA）表 B 条目

Ⅴ．家长参与和家庭服务
- A. 家长参与的机会
- B. 决策委员会中有家长
- C. 家长参与幼儿活动
- D. 分享课程信息
- E. 与家长交流
- F. 家庭中的拓展学习
- G. 正式的家长会
- H. 诊断式 / 特殊教育服务
- I. 必要的服务引介
- J. 幼小衔接

Ⅵ．员工资质和员工发展
- A. 机构管理者的背景
- B. 教师的背景
- C. 员工接受上岗培训与监督
- D. 持续的专业发展
- E. 在职培训的内容和方法
- F. 观察与反馈
- G. 加入专业组织

Ⅶ．机构管理
- A. 机构注册
- B. 保教的持续性
- C. 机构评价
- D. 入园以家庭为中心
- E. 制度与程序
- F. 残疾儿童的入学机会
- G. 机构资金的充足性

图 7–5 《学前教育机构质量评价系统》（PQA）部分条目

《学前儿童观察评价系统》（COR Advantage）的评价内容

学习品质
- A 主动性和计划性
- B 使用材料解决问题
- C 反思

社会性和情感发展
- D 情感
- E 与成人建立关系
- F 与其他幼儿建立关系
- G 集体
- H 冲突解决

身体发展和健康
- I 大肌肉运动技能
- J 小肌肉运动技能
- K 自我照顾和健康行为

语言、读写和交流
- L 表达
- M 倾听与理解
- N 语音意识
- O 字母知识
- P 阅读
- Q 图书知识与乐趣
- R 书写

数学
- S 数字和点数
- T 几何：形状与空间意识
- U 测量
- V 模式
- W 数据分析

创造性艺术
- X 视觉艺术
- Y 音乐
- Z 律动
- AA 假装游戏

科学和技术
- BB 观察与分类
- CC 实验、预测和得出结论
- DD 自然和物质世界
- EE 工具和技术

社会学习
- FF 对自我和他人的认知
- GG 地理
- HH 历史

英语学习（如果适用）
- II 英语听力与理解
- JJ 英语口语

图 7-6 《学前儿童观察评价系统》（COR Advantage）部分条目

机构进行评分，进而识别出做得好的地方以及应改进的地方。这一评价工具在婴幼儿阶段均可使用。而《学前儿童观察评价系统》（COR Advantage）（图7-6）评价幼儿各个内容领域的学习。教师和照顾者每天会记录一些客观描述幼儿行为的简短逸事。他们利用这些记录来评价幼儿的发展，并为个别幼儿或全班幼儿制订活动计划，促进幼儿进步。

四、瑞吉欧课程模式

瑞吉欧·艾米利亚（Reggio Emilia）是意大利北部的一个小城镇，那里具有良好的城市公共生活的传统、艺术和人文的精神氛围。20世纪60年代以来，在创始人马拉古奇的领导下，在市政府和社区民众的大力支持下，在瑞吉欧·艾米利亚的幼儿教师的艰苦努力下，他们发展出了一套独特而具有变革性的幼儿教育理念与实践体系，20世纪80年代后，成为继蒙台梭利课程之后，意大利又一个颇具世界影响力的幼儿教育体系。

（一）瑞吉欧课程模式的课程目标

瑞吉欧幼儿教育追求的不是外在的功利性目标，而是教育的内在品质，即让学校中的儿童教师，包括家长都能生活得幸福愉悦。瑞吉欧的课程目标也许用其所描述的如今儿童的内在特征来表述更为合适，这就是：让儿童“更健康、更聪明、更具潜力、更愿学习、更好奇、更敏感、更具随机应变的适应能力、对象征语言更感兴趣、更能反省自己、更渴望友谊”。

（二）瑞吉欧课程模式的课程特色

1. 弹性计划

弹性计划是指在项目活动之初，教师只预先制定出笼统的、一般化教育目标，具体目标和任务则依靠他们对孩子的了解、以前的经验及对将要发生的事情的种种假设来确定。孩子的需要和兴趣既包括在项目中孩子表现出来的，也包括在项目发展中由教师推断和引发出来的。

瑞吉欧的教师不预先设定每一项目或每一活动的具体目标，这不意味着在活动开展之前他们毫无计划，只是这种计划不是对活动的具体目标与程序的规划，而是考虑到孩子可能的想法、假设和象征，以及他们可能引导的方向，是对多种可能性的“假设”。

案例

某学前教育班（3～5岁）的孩子们对露营特别感兴趣。他们想在班里搭一个帐篷，并且带上手电筒，就像在旅行一样（孩子们坚信手电筒是露营时必须拥有的东西）。老师鼓励孩子们开展这项活动，并且期待这个活动能带动有关露营的戏剧性游戏。当孩子们在帐篷里用手电筒玩耍时，他们很快就注意到了天花板和墙壁上的影子，接着他们开始把手和头放在手电筒前以创建更有趣的阴影效果。老师注意到了孩子们对影子展示出来的强烈兴趣，决定带孩子们在校园里进行“影子漫步”。在散步时，孩子们对自己的影子表现出了浓厚的兴趣。老师密切关注着孩子们提出的问题，将散步和一系列挑战结合起来，引领他们的兴趣发展。老师提出了一系列问题，如“转到一个你能（不能）看到影子的地方”“尝试和同伴的影子接触”“尝试和同伴的影子接触但是身体不接触”。这些问题使孩子参与到一个目标导向，而不仅仅是兴趣导向的活动。在校园散步之后，教师根据年龄和发展水平将孩子分为四人一组的小组。老师用散步时的记录帮助孩子把散步的图片和自己的话结合起来，并帮助他们发展问题和兴趣。其中一个小组的孩子们最感兴趣的是阴影可否移动。孩子们猜测有的影子可以移动，有的影子不能移动。老师把孩子们带到室外让他们去观察事物的影子。孩子们找出了他们认为固定的影子，并用粉笔画出了这些阴影，过了一会儿他们去查看粉笔画，得出结论：所有的阴影都会移动。

“帐篷里的影子”这个案例（图7-7）向我们展示了瑞吉欧教育的课程来源，也描绘了主动而又创造性的学习者学习的过程。在瑞吉欧教育体系中，儿童能通过合作、探索、沟通、协商不断地去获得主客观体现，进而使学习无界化。

图 7-7 瑞吉欧教学案例“帐篷里的影子”

2. 合作教学

合作教学是指师生合作对某一问题进行研究。瑞吉欧教育将教学过程比作“打乒乓球”游戏，教师必须能够借助儿童抛过来的球，并以某种形式再将球推挡给儿童，使他们想同教师一起继续游戏，并且是在一个更高的水平上继续游戏，也许还能发展出其他游戏。虽然师幼双方的经验和能力不对等，但瑞吉欧的教师并不因此试图去控制、限制幼儿的行为，而是强调幼儿自己的主动探索和自由表达。他们经常通过试探性的提问或商谈式的建议，来引发幼儿自己探索和表达。

3. 记录档案

记录是指教师通过持续、细心的观察，运用照片、录音、录像、文字说明及实物等形式，从不同的角度对儿童在不同项目活动中的情况进行材料的搜集、整理及记载。档案是对教育过程及师幼共同工作结果的系统记录。记录的内容包括：在活动的不同阶段儿童所完成的不同作品、反映活动过程的照片、教师撰写的旁注、誊写下来的孩子们的争论和对活动意向的解释以及家长评议等。记录贯穿于项目活动的始终，有力地支持着项目活动的过程。

4. 小组活动

瑞吉欧的项目活动是以小组的形式展开的。小组活动一般为3～5人，有时2人，瑞吉欧教育者认为这样的人员定额有利于保证同伴间的合作研究。在小组活动中，借助老师的帮助，一个或几个孩子的问题或观察可以引发其他孩子去探索其从未接触过，甚至从未怀疑过的现象和事物；孩子们在小组合作探索、交流的过程中获得自我认同或发现矛盾、冲突，进而重新评价或改变自己的认识；能力强的孩子可以向同伴提供经验或技能上的指导与支持。

5. 深入研究

瑞吉欧的项目活动一般持续的时间较长，有的持续几天，有的甚至持续数月之久。由于没有规定的课程表，也没有任何“检查”的压力，瑞吉欧教师并不急于结束耗时较长的活动，也不忙着在活动之间换来换去，幼儿也不会从一个活动被赶到另一个活动之中。瑞吉欧的项目活动是对某一主题进行的深入研究，这种深入研究突出地体现在活动中幼儿对同一现象、概念多角度的全面认识，以及对其在多种水平上不断提升的重复认识。

案例

某幼儿园的教师以“人群”为例，带领儿童从高处、远处、近处等各个不同角度感受、观察人群，同时努力创造各种可能和机会给幼儿以更多的刺激；讨论“人群”的含义，到户外体验、感受人群；在班里扮演人群；用绘画、剪贴、黏土捏制等艺术手段表现人群。这些活动使幼儿对“人群”这一概念的认识和理解在不同层面上不断得到提升。正如瑞吉欧课程模式所追求的，项目活动不是一条直线，而是存在大量的循环和反复，以使幼儿的学习更加充分，能在儿童的心灵世界留下深刻的印迹。同时，这种对特定的主题的深入扩展的学习，又会逐渐发展起幼儿深入广泛地探讨问题的倾向和能力，而这种极具迁移性的倾向和能力将使他们受益终生。

6. 图像语言

在项目研究过程中，瑞吉欧教育者鼓励儿童运用他们的自然语言（包括语词动作、手势、姿态、表情、绘画、雕塑等）和表达风格，自由地表达和相互交流，其中图像语言是主要的表现手段。瑞吉欧的儿童用图像语言去记录和呈现记忆、想法、预测、假设、观察、感觉等，深入探索事物而获得领悟，重新建构先前的认知，并对现象反复探索，然后再建构和共同建构新的认知。

7. 开放的环境

马拉古奇曾说，“教育乃是由复杂的互动关系所构成，也只有‘环境’中各个元素的参与，才是许多互动关系实现的决定性关键”。要实现幼儿与幼儿之间，幼儿与教师、职员以及家长之间、幼儿与物之间的互动，少不了环境的支持与介入。在瑞吉欧的学前教育机构，大到学校的地理位置，小到教室内每一个物件的摆放，都充分地为幼儿的各种互动经验提供便利条件，确保环境成为互动的保障而不是障碍。

在瑞吉欧教育工作者眼中，除了每个班设有的两位教师外，环境是“第三位教师”。当环境具有“教师”的意义时，环境已不再是没有生命的完全物化的东西，而成为一种富有“人格魅力”的教育力量。

五、华德福课程模式

华德福教育以鲁道夫·史代纳创立的“人智学”为基础，注重体验式教学，通过亲近大自然、艺术教育、游戏教育、外出游学等方式，让孩子们在体验参与中不断完善自我。它是一种以人为本，与天性合作，注重孩子心灵平衡发展和发挥本土精神的新型教育方式。

（一）华德福课程模式的理论基础

史代纳学校教育的目的是在发展均衡与和谐的人格、对“人”的了解（人智学）；课程不仅仅是教授科目的内涵，所有的领域都应融合人与万物的关系，也都应强调人文的精神，更重要的是借由各领域的学习，以发展完整的人格及道德。

1. 个体的“身、心、灵”

史代纳强调，人的整体应为身体、心灵、精神合一的个体（图7-8），因此，教育就是将幼儿视为一个完整的个体，以培养他们具有完整的“身、心、灵”。

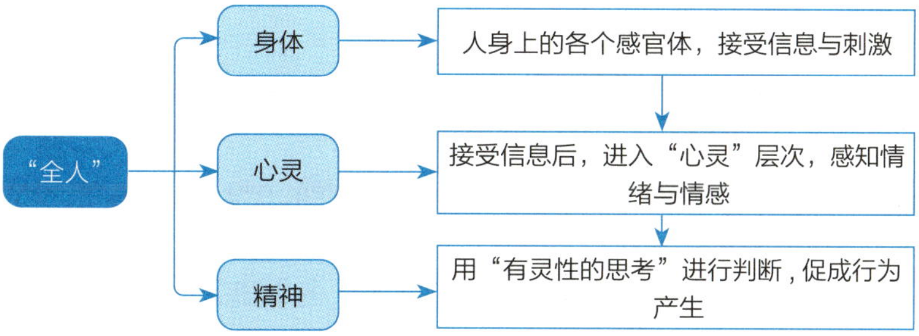

图 7-8　华德福课程模式的“全人”理论框架

2. 气质的分类

华德福认为，幼儿的气质不同，家长和教师对待幼儿的方式也应有所不同（表7-1）。

表7-1　华德福课程模式的幼儿气质类型与成人对待方式

气质类型	特点	对待方式
土相气质	心思细腻，做事谨慎小心，安静沉着，常出现忧郁的神情，较欠缺活力	通过角色扮演增强幼儿的同理心，鼓励幼儿观察外面的世界

续表

气质类型	特点	对待方式
水相气质	个性和善随和，慢条斯理，有些被动，做事认真负责，不会半途而废，但对事情经常提不起兴趣	通过他人对某件事的兴趣来引发幼儿的关注，使其参与到活动中，同时可交代一些任务给幼儿，为了遵守约定，幼儿会认真执行
风相气质	兴趣广泛，对于周遭的事物常充满好奇，对事物常采取正向思考的态度，但想法变化较快，无法对于相同事物持续保持热情，对事物的认识很容易停留在表面而导致半途而废	提供给幼儿适度的引导，让幼儿专心和专注，促使其兴趣持续延伸
火相气质	精力充沛，自信，意志力强，具有强烈的领导力和决断力，但性格急躁，缺乏耐心，处理问题比较冲动	为幼儿树立偶像和建立崇拜之情，进而帮助幼儿纠正错误，在纠正错误时，减少训诫或惩罚，通过较为轻松的方式，给予幼儿时间来缓和情绪

3. 史代纳的儿童发展观

史代纳将儿童的发展以7年为一个周期，从出生到21岁分为三个周期（图7–9），而教育应配合不同成长阶段的特征与需要，让人的“身、心、灵”获得系统与完整的发展。

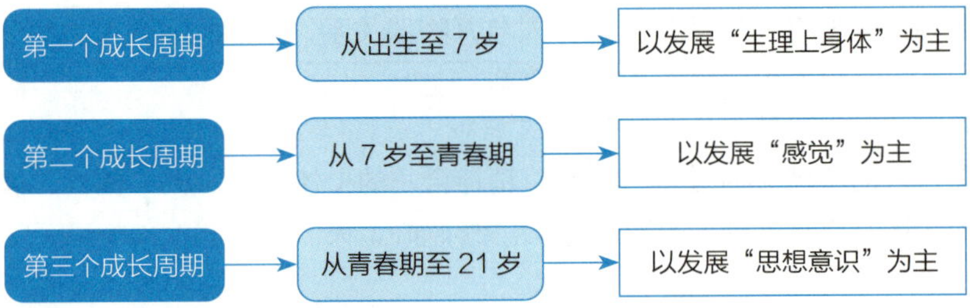

图 7–9　华德福课程模式的儿童发展观框架

（二）华德福课程模式的教育目的

史代纳对人类成长的最终理想为“自由”，教育的目的在于发展均衡与和谐的人格，强调“全人教育”的重要性。具体而言，教育在于回应人性本质及人类真正的需求，生命的每个阶段皆有其发展的需求，因此，身为教育者应先了解“全人成长”的知识，才能有效协助儿童的心灵顺利进入物质身体，实现身体的生命目的。

（三）华德福课程模式的教育内容

华德福幼教系统的重点在于响应儿童“身、心、灵”的发展需要，其适宜的是想象、节奏与活动的教学，而非形式、概念的教学，因此没有固定的、现成的、编好的教材。课程要能帮助他们发展情感、意志，以及自由思考的能力，使幼儿能发挥模仿与意志的能力，建立规律的生活习惯与基础。

（四）华德福课程模式的教学方法

1. 重视呼吸式的生活节奏

华德福幼儿园短期、中期、长期计划由一天、一周和一年的节律所代替。由于不断重复这些节律，孩子在每次重返幼儿园时都会因已有的经验而打消顾虑，并按照经验行事。对孩子来说，这之中的节律是一种“天生的权威”。

资料链接

华德福幼儿园每一个活动单元中都有一种独特的节奏，并且早上的模式包含着两个“呼出”和“吸入”的“波幅”。

创造性游戏时间：扩展（孩子“呼出”）。

圆圈活动时间：收缩（孩子“吸入”）。

户外游戏时间：扩展（孩子“呼出”）。

讲述故事时间：收缩（孩子“吸入”）。

1．一日生活节奏

尽管每位教师根据实际情况自由地建立自己的节律模式，但收缩和扩展的原则不会改变。一天典型的节律一般如下：

9：00—10：00 创造性游戏和每日活动。

10：00—10：30 清洁时间和圆圈活动。

10：30—11：00 洗手、餐点。

11：00—12：00 户外游戏。

12：00—12：30 故事准备。

2．一周生活节奏

在创造性游戏时间内，教师所选择的日常活动为一周节律，而每日节律照常进行。

例如：

周一：水彩绘。

周二：蜡块绘。

周三：蜡塑。

周四：做面包和汤。

周五：清洁日。

与季节和节日庆典相关的手工活动及器具制作活动都将安排在创造性游戏活动中。当孩子们问老师“今天是哪天？”老师回答说“星期四”，他们就会迷惑，因为他们期待的回答是“做汤日”，或另外熟悉的东西。

3．一年生活节奏

一年的生活节律会依循不同的季节转换。季节是华德福早期教育的重要元素。如果把一年看成是一个圆圈，那么节日庆典就可以看成是这个圆圈中的烽火台。教师在选择歌曲、诗、故事、家庭或艺术活动的过程中，也是对环境的装饰，孩子们发现季节的影子。所有活动如手工、工艺制作都与当时的季节有联系。通过一年的往复，鼓励孩子与一年的时间节奏构成生动的联系。只要有可能，户外游戏空间就要设计成能让孩子与季节变换直接产生联系的地方。节日庆典是幼儿园活动的重要组成部分，如果父母加入这些共同的聚会活动中，孩子也能够得到一种归属感（他们可以在更大范围内接受成人的照料和拥抱），他们的惊奇和神圣感由此得到培育。

资料来源：琳·欧德菲尔德．自由的学习[M]．李泽武，译．北京：人民文学出版社，2006：66.

2. 强调艺术化的教学方式

“考虑怎么做比考虑做什么更重要”，这是华德福教师经常引用的一句话。史代纳认为教育是一门艺术，教育必须按照人类发展的规律，让幼儿展现真正的自我。艺术化的教学方式不仅直接丰富幼儿的精神生活，培养健康的心理和生活理念，使心灵得到滋养，而且让幼儿在艺术中进行创造，体会人生的使命和价值。艺术化教学并不是指单纯重视音乐、美术等艺术形式的训练，而是幼儿的生活艺术。在华德福幼儿园中，艺术化的教学体现得淋漓尽致，华德福教师认为艺术活动给予幼儿发挥想象力的机会，有利于幼儿智力的发展。华德福幼儿园充分利用时间、声音和运动的韵律来促进幼儿的成长，比如通过运动的节奏感受圆形、正方形和三角形等各种形状；通过绘画和故事接触文学；通过季节桌感受四季的变化。华德福幼儿园的教育活动非常规律，像乐曲的节奏一样不能轻易改变。

3．教师和家长的角色

在华德福幼儿园，幼儿是课程的中心，教师尊重幼儿，不会强迫或代替幼儿做出决定。在课程的实施中教师充当着多重角色，教师是幼儿模仿的榜样，是重复活动的安排者，是良好生活环境氛围的营造者，也是幼儿行为的研究者和观察者，是童年的保卫者。在华德福幼儿教育课程中，家长是课程的支持者、参与者和课程向家庭延伸的实践者。

第三节　我国幼儿园课程的改革与实践

课程改革是一项庞大、渐进的系统工程。中国特色学前教育立足于中国特色社会主义发展进程，课程改革一方面服务于社会主义建设需要，一方面服务于儿童发展的本体需要，在变与不变、革新与坚守、传承与创新的博弈中前行，寻求好的教育、本真的儿童、幸福的童年。

一、我国幼儿园课程改革与实践的历史

在我国学前教育经历的发展历程中，幼儿园重大课程改革主要有三次，分别发生在20世纪20年代至30年代、20世纪50年代和20世纪80年代至今。

（一）第一次改革：“为了儿童”（解放儿童）

我国幼儿园教育的产生有其特殊的历史原因，它既是伴随着西方殖民主义经济和文化一起强迫输入的“外来品”，又是国内社会进步力量救亡图强、效法西方的社会改革的产物。清政府颁布的第一个有关幼儿教育的文件《奏定蒙养院章程及家庭教育法章程》中，对蒙养院的保育教导要旨、条目、设备等方面进行了规定。

在“五四运动”所倡导的以“民主”与“科学”为核心的思想解放运动的推动下，我国教育领域也掀起深入批判封建专制的儿童观和教育观，宣传新儿童观和教育思想的热潮。陶行知、陈鹤琴、张雪门等幼教先驱针对当时幼儿园课程严重的外国化和非科学化的弊端，积极探讨并初步形成了符合我国国情的、科学化的幼儿园课程理论与实践。无论是陶行知的生活教育理论，陈鹤琴的“活教育”理论和“五指教学法”，还是张雪门的行为课程，都强调幼儿园课程与生活的联系；强调以“做”为中心和“教、学、做合一”，注重儿童的直接经验；强调课程的组织实施要符合儿童生活的整体性特点，采用多样化的活动形式。课程改革的目的是要解放儿童，释放儿童的天性，让儿童成为课程的中心。

（二）第二次改革："为了儿童"（促进儿童全面发展）

新中国建立初期，因缺乏社会主义建设经验的现实困难，政府发出了向苏联学习的号召。借鉴苏联的教育经验，建设新教育成为建国初期教育事业发展的方向。

苏联教育理论坚持唯物主义的儿童发展观，强调教育在儿童发展中的主导作用，重视对儿童进行有目的、有计划的教育教学，对我国建设以马克思主义为基础的幼儿教育理论，对有目的、有计划地实施全面发展的教育，促进幼儿全面发展有着重要的借鉴意义。但其过分强调教师的主导作用、强调系统化知识的教学、强调计划性和统一性，极易导致忽视幼儿的主体性、忽视个体差异、重教轻学、忽视学习内容之间的横向联系等弊端。同时，苏联学者对西方教育理论与实践的片面观点，也导致了一概否定西方教育思想与实践的倾向，并连带否定了我国幼教先驱为创建本土化、科学化的幼儿园课程所做的努力与探索。我国20世纪20至30年代教育民主化、科学化运动中形成的幼儿园课程理论和宝贵的实践经验没能被继承。

（三）第三次改革："为了儿童"（培养知识经济时代所需要的、具有"21世纪核心素养"的人）

1981年，教育部颁布的《幼儿园教育纲要（试行草案）》强调幼儿园教育要尊重幼儿的年龄特征，遵循保教结合的原则，通过游戏、上课、观察、劳动、娱乐和日常生活等活动来完成全面发展的教育任务。但这一文件基本保持了借鉴苏联经验而形成的幼儿园课程模式的特征。

20世纪80年代中期以后，西方新的儿童发展理论、早期教育思想和课程模式开始被介绍进我国。一些幼教工作者在吸纳新思想的同时，开始反思原有教育实践中存在的问题，如忽视知识的横向联系、重结果轻过程、重教师主导作用忽视幼儿在学习过程中的主体地位导致被动学习等重新发现陈鹤琴、陶行知等人的幼儿园课程思想的价值，开始了改革原有课程的弊端、探索更加符合幼儿身心发展规律和学习特点的课程的尝试。与第一次和第二次课程改革不同，这次改革一开始是以解决我国原有幼儿园课程中的现实问题为目的，但社会经济的跨越式发展和国际化视野的形成，使得我国幼教工作者敏感地察觉到人类社会面临的共同发展课题，深入思考教育如何面向一个发展迅猛的知识经济时代，培养新时代所需要的高素质的人才的问题。

幼儿园课程改革渐渐突破原有的思考范围，面向新世纪、奠定人一生发展所需要的素质基础成为改革的新追求。也就是说，这次幼儿园课程改革是以儿童为出发点，以培养知识经济时代所需要的、具有"21世纪核心素养"的人为目的。

二、幼儿教师在幼儿园课程改革中的作用

儿童心理学家皮亚杰说："有关教育与教学的问题，没有一个问题不是与教师培养有关，如果没有合格的教师，任何令人钦佩的改革都不成立。"教师的教育价值观决定着课程的变革；教师的行动力决定着课程的推进。因此，课程改革能否取得效益，最关键的因素是取决于教师。幼儿园课程改革能否达成预期的目标，主要取决于幼儿园教师的专业水平。为此，幼儿教师在幼儿园课程改革中应发挥的作用。

（一）教师要在幼儿教育实践中成为一名研究者

课程改革对幼儿教师有了新的要求，幼儿教师不能再满足于仅仅作为知识的"传声筒"或教材的"扬声器"，而是把自己当作一个理性的、有思想、有见解、有独立判断和决策能力的人；

幼儿教师不再被视为外在的、研究者的对象，更是一个参与甚至主动行动的研究者，当幼儿教师发现问题、遇到困惑、缺乏对策时，不再仅仅依靠外在的研究者，而是自己去探索问题，自己去解决困惑，自己去研究。幼儿教师要搜集教学反馈的信息，对实践进行不断的实验、反思、审视、判断、总结，不断调整教育教学过程，规范自己的教育行为，使自己不断获得专业成长与成熟。幼儿教师还要关注学前教育学发展的动态，高屋建瓴地进行研究。通过研究可以提升幼儿教师的自我反思意识和能力，改进自己的教学工作，促进幼儿教师专业发展。

（二）幼儿教师要争做幼儿园课程资源的开发者

在幼儿教师的专业成长过程中，课程资源的开发发挥着极为重要的作用。课程资源的开发有助于幼儿教师的专业成长，成为教师专业成长的一条有效途径。课程资源是课程设计、实施和评价等整个课程编制过程中可以利用的一切人力、物力以及自然资源的总和。课程资源的开发，实质上就是寻找一切有可能进入课程，能够与教育教学活动联系起来的资源。课程资源开发不仅是课程有实效的必要环节，也是幼儿教师专业成长的一条理想途径。课程资源的开发过程就是幼儿教师专业不断成长的过程，开发程度和范围的大小，将决定幼儿教师专业发展的程度和水平。幼儿教师的专业成长促进了课程资源的开发，成为课程资源有效开发的重要条件。课程资源的开发与幼儿教师的专业成长互为条件、互相促进、相辅相成。

（三）幼儿教师要争做园本课程的建设者

园本课程是以幼儿教师为主体，在具体实施国家和地方课程的前提下，通过对本园儿童的需求进行科学的评估，充分利用当地社区和幼儿园的课程资源，根据幼儿园的办园思想而开发的课程。园本课程的开发使幼儿教师面临的挑战越来越大。当然，在面临挑战的同时，也给幼儿教师自身发展带来了机遇，为幼儿教师的专业发展提供了机会。因为在幼儿教师介入课程开发的过程中，幼儿教师会面临新的教学观念、教材和教学策略的挑战，进而对自己以前的教学进行反思，并提出改进的方法。这有利于幼儿教师研究能力和教学能力的进步；同时，通过参与课程的编制、实施和评价等，能提高幼儿教师的课程意识和课程开发与实施的能力。

（四）幼儿教师要争做园本教研的参与者

园本教研，是以幼儿园为本位，由研究者和骨干教师做引领的教研活动，教师个人的自我反思、教师集体的同伴互助、专业研究人员的引领是开展园本教研的三种基本力量。园本教研能让教师在教育实践中获取处理复杂的、不确定的情景的知识和能力，提高教师的专业水平。在课程改革中，幼儿园教师懂得了许多新的教育教学理念和方法，但是，新名词、新概念并不会自动带来教育实践的改变，新的理解并不等同于新的行为模式，这就是所谓的认识与行为之间的差别。面对复杂多变的教学情境，要保证教师的教学有意义，就必须发挥基于行动的幼儿园园本教研的重要作用。

幼儿园课程改革其实就是幼儿教师专业化发展的过程。从某种意义上说，教师即课程，教师的高度决定着课程的高度。

三、我国幼儿园课程改革与实践的发展趋势

自20世纪80年代以来，伴随着中国经济社会的发展变化，学前教育课程改革也如火如荼。新的儿童观、学习观、知识观、课程观、教师观等，不断被宣传、被接受并逐渐成为主流意识，一点一滴地渗透在幼教课程实践中。从全国幼教改革与实践的情况来看，我国幼儿园课程改革与实

践表现出以下发展趋势。

（一）幼儿园课程理念坚守以儿童为本位

幼儿园课程理念和思想的发展依赖着对儿童本位立场的坚守。儿童本位是全球学前教育改革与发展的基本共识，是我国学前教育高质量发展的一贯追求。进入新时代，该思想进一步得到了肯定与落实，成为我国有关学前教育改革的政策法规的基本立场。例如，《中华人民共和国学前教育法草案（征求意见稿）》规定："对学前儿童的教育应当坚持儿童优先和儿童利益最大化原则，尊重儿童人格，保障学前儿童享有游戏、受到平等对待的权利。"将儿童本位思想作为课程建设的出发点与落脚点，是幼儿园课程改革发展的核心趋势，它推动幼儿园课程从教材走向幼儿的生活与经验，从外在的知识走向幼儿内在的体验，从教师"上课"走向幼儿多形式的活动，从预设走向生成，提倡增加课程的弹性与生成性，鼓励师幼共建课程。

（二）幼儿园课程目标坚持儿童的全面发展

幼儿园课程目标的改革与实践趋势主要表现为对全面发展诉求的坚持。习近平总书记在中国共产党与世界政党高层对话会上的主旨讲话中明确指出，人自由而全面的发展是现代化的最终目标。学前教育阶段的全面发展目标不仅关注幼儿身心多方面的发展需要，而且将追求个人发展的内在目的与促进社会发展的外在目的相结合，将幼儿对童年幸福的需要与未来成长奠基的需求相结合，是中国传统"中和"思想这一文化基因在幼儿园课程目标改革与实践上的表达。

（三）幼儿园课程内容趋于回归幼儿的经验与生活

幼儿园课程内容的改革与实践主要表现为对幼儿经验与生活的回归。摒弃僵死、静态、抽离于幼儿的文本化知识，将幼儿自身作为课程内容选择的主要依据，回归经验、回归生活、关注本土、重视资源，是幼儿园课程内容改革与实践的重要特征。幼儿的有效学习要求学习内容必须与幼儿已有经验存在意义关联，而幼儿的已有经验和可能获得的经验必然是与其生活息息相关的，这就意味着幼儿园课程的内容应当源自对幼儿生活的分析与甄选、对幼儿生活环境中本土资源的挖掘与剖析。

（四）幼儿园课程实施趋于重视幼儿活动与游戏

幼儿园课程实施的改革与实践主要表现为对幼儿活动与游戏的重视。大量研究与实践反复证明，幼儿的学习是通过各种行动与外部世界相互作用而发生的。因此，世界各地的学前教育现代化改革都无一例外地强调对幼儿活动与游戏的支持，强调"做中学"的宝贵价值，这也是我国幼儿园课程改革与实践一直以来注重的层面之一。例如，2018年《中共中央 国务院关于学前教育深化改革规范发展的若干意见》明确要求幼儿园应"鼓励支持幼儿通过亲近自然、直接感知、实际操作、亲身体验等方式学习探索"。2021年教育部工作要点中明确指出要实施"安吉游戏"推广计划，推进科学保教。

（五）幼儿园课程评价趋于多主体、过程性

幼儿园课程评价的改革与实践主要表现为对多主体、过程性评价的推崇。课程评价既是不可或缺的课程要素，又左右着其他课程要素的价值取向和发展水平。可以说，课程评价的改革对于课程整体的改革至关重要，所以《中国教育现代化2035》将"完善学前教育保教质量标准"作为推进学前教育现代化的重要策略。课程评价的改革要注意以下两点。一是要丰富评价主体，优化评价主体结构，建立以教师为核心，园长、幼儿、家长、社会人士等其他利益相关者共同参与的

多元化、民主化评价主体群，这里应特别关注幼儿的参与；二是要改进评价方式，加强对课程实施过程与幼儿学习过程的整体性、跟进性评价，从而强化评价的发展性作用。2022年教育部颁布的《幼儿园保育教育质量评估指南》强调，要树立科学的评价导向，改进评估方式，突出过程评估，强化自我评估，聚焦班级观察，重点关注幼儿园提升保教水平的努力程度和改进过程，推动以评促建。

（六）幼儿园课程改革趋于本土化、园本化

我国幼儿园课程理论与实践的探究始于对西方各种幼儿园课程理论与课程模式的模仿，而我国历次幼儿园课程理论与实践的变革所依循的指导思想也多是以西方儿童教育理论为基础的。尽管这种借鉴对当时起步较晚、基础较弱的中国幼儿园课程来说具有重要意义，但是单纯地复制、照搬无法引导本土教育的向好发展，还有可能扰乱正常的课程生态。

面对上述问题，我国不少学前教育工作者呼吁，要建立既符合幼儿发展规律、教育运行规律，又具有中国特色的幼儿园课程理论，探索根植于中国大地的课程模式。要实现这一理想，除了主观意愿之外，还需要我国社会与学前教育发展具备相应的支撑条件，包括但不限于充足而稳定的经费投入、全面而规范的政策指导、科学而成熟的观念引领和本土创新的实践尝试。

目前，我国学前教育已经进入政府高度重视、事业飞速发展、质量逐渐提升的阶段。全国涌现出一批具有突破性意义的课程实践尝试，如重视幼儿哲学思维品质培养的中华女子学院附属幼儿园的生活化课程、成都市蒲江县南街幼儿园开展的自然教育、南京市实验幼儿园的综合课程、苏州市花朵幼儿园的“生活化、游戏化”课程等是以幼儿园为主体的改革代表，江苏省“幼儿园课程游戏化项目”、浙江的“安吉游戏课程”等则是以地方为主体的改革代表。这些成功的改革案例增强了我国幼儿园进行本土课程创新的文化自信。至此，我国幼儿园课程改革与实践主动开启了本土化、现代化发展之路。

本章小结

本章内容分为三大部分，即幼儿园课程的含义和特点、几种典型的幼儿园课程模式、我国幼儿园课程改革与实践。纵观定义广泛的课程界定，大致可以归为课程即科目、课程即经验、课程即目标、课程即计划。幼儿园课程的定义在历史长河的发展中趋向于发生在幼儿身上的与幼儿园有关的一切经验，具体表现为通过与环境和材料的互动，促进其身心全面和谐发展的各种教育活动的总和，具备启蒙性、过程性、生活化和园本化的特点。在创生本土的幼儿园课程之前，需要在面对这些典型的课程模式时学习和借鉴国内外典型幼儿园课程模式的优秀理念和课程技术，如掌握蒙台梭利、“五指”活动、高瞻、瑞吉欧、华德福课程模式的理论基础和课程实施体系，从而汲取精华并有创造性地运用在园本课程创生中。

学习幼儿园课程的同时也有必要了解我国幼儿园课程改革与实践的历史与趋势。在回顾课程改革历史中，传承着带有中国特色的优秀的幼儿园课程理念和思想，把握新时代幼儿园课程理念、课程目标、课程内容、课程实施、课程评价改革的新趋势，树立我国幼儿园进行本土课程创新的文化自信，开启本土化、现代化发展之路。

关键术语

课程、幼儿园课程、幼儿园课程的要素、儿童本位、知识本位、生活化课程、过程性课程、启蒙性课程、园本课程、蒙台梭利课程、“五指”活动、高瞻课程、瑞吉欧课程、华德福课程、幼儿园课程改革、课程发展趋势、课程本土化

建议的活动

尝试对所见习的幼儿园园本课程实施进行观察、记录和评析。

拓展阅读

1. 虞永平. 生活化的幼儿园课程[M]. 北京：教育科学出版社，2010.
2. 陈秀云，陈一飞. 陈鹤琴全集（第二卷）[M]. 南京：江苏教育出版社，2008.
3. 简楚瑛. 课程发展理论与实践[M]. 北京：教育科学出版社，2010.

第八章 幼儿游戏

学习目标

1. 知识目标：熟悉并掌握幼儿游戏的特点、功能及分类，了解支持幼儿开展游戏活动的条件，掌握各类型游戏的指导要求与评价方式。

2. 能力目标：能结合各类型幼儿游戏的特点有针对性地进行指导，能采用多种形式来对幼儿游戏活动进行评价。

3. 素质目标：树立以幼儿为本的游戏观，在幼儿园一日教学活动中贯彻以游戏为基本活动的理念。

本章知识导图

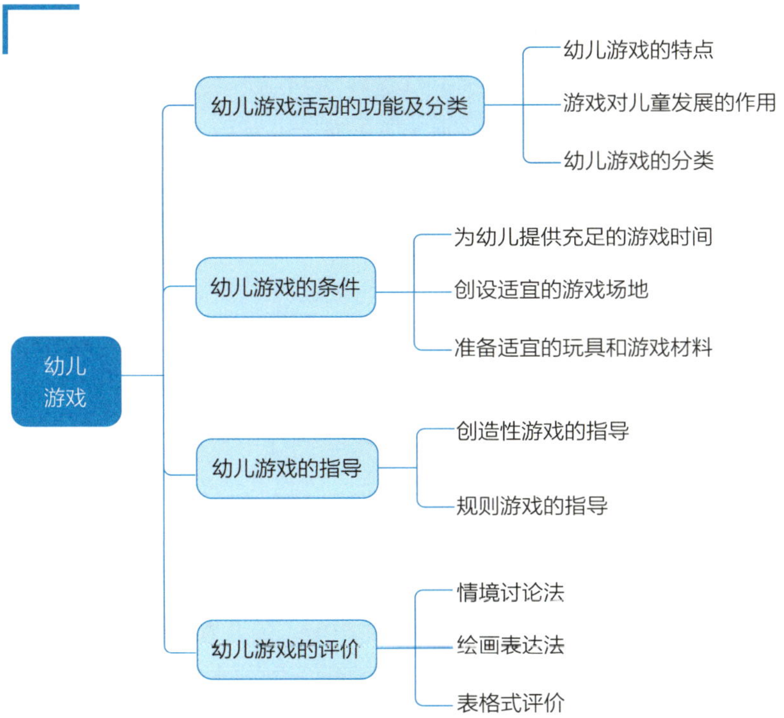

开篇案例

某幼儿园里，幼儿欣语和小曾正在玩稻草编绳子，幼儿辰辰走过来在他们旁边观看。欣语抬头看着辰辰说："你到其他地方去玩吧。"辰辰不理欣语，自顾自地指着她们编的草绳说："这里编错了，你不会让我来。"说完便伸手去抢欣语手中的稻草绳。欣语生气地大喊："这里我在玩，你走开。"辰辰抱着双臂，护着手中抢来的稻草绳，说："你编错了，你不会玩，让我来。""李老师……"，欣语大声地喊着，并用求助的目光看着不远处一直在观察他们的李老师。

思考：这是幼儿园中常见的一幕，如果你是李老师，你会不会介入指导幼儿的游戏？如果指导的话从哪些方面入手比较有效？

幼儿园教师资格证考试·考点预测◎

在幼儿园教师资格证考试科目《保教知识与能力》中，本章内容关联内容是"学前教育原理"模块，对应考试大纲知识点为：理解幼儿园以游戏为基本活动的依据。考点主要有：幼儿游戏的特点、游戏对儿童发展的作用、幼儿游戏的分类、幼儿园各类游戏的指导策略等。在历年教师资格考试中占分较多，题型主要是单项选择题、简答题、论述题和材料分析题。

陈鹤琴先生曾说过："小孩子生来是好动的，是以游戏为生命的。"这一思想在当前我国学前教育的重要指导性文件《幼儿园教育指导纲要》《幼儿园工作规程》都得到了体现。在这两个重要文件中，都明确指出幼儿园"以游戏为基本活动"。因此，我们要研究学前儿童，研究学前教育就必须研究游戏。

第一节　幼儿游戏活动的功能及分类

游戏到底是怎样的？对幼儿具有怎样的重要意义？接下来我们一起通过相关知识的学习，正确认识游戏。

一、幼儿游戏的特点

什么是游戏？这是一个非常难以解答的问题。关于这一问题，古往今来，人类一直在尝试给出答案，但一直未有定论。为了区分游戏活动和非游戏活动，人们试图列举出游戏活动的一些共同特征。综合前人对游戏特征的已有观点，鉴于儿童游戏与成人游戏之间明显的区别，我们总结出幼儿游戏活动以下四个方面的特点。

（一）幼儿游戏是自主自发的

幼儿的游戏是由内在动机驱使的，幼儿自愿、自发地参与到游戏过程中来。这种内在动机很多时候就是幼儿的好奇心、兴趣，无法通过强迫令其产生。幼儿在游戏时是“我要玩”而不是“要我玩”，这给幼儿带来了自由自主的体验。任何外部的强制和干涉都会使游戏过程“中断”，从而影响幼儿内在需要的满足。

幼儿是否可以自由选择活动，是否可以自主决定“我要做什么”，是判断一个活动是不是游戏的第一个标准。

案例

某幼儿园里有一个大型游戏室，是由一间很大的屋子被分割成的若干游戏区，里面有饭店、医院、娃娃家、银行、商店、发廊等。各个区域被逼真精美的玩具与材料装饰得“美轮美奂”，乍眼看去，如同置身于一个美丽的“小人国”。孩子们进入这个美丽的“小社会”之后，都在做些什么呢?在用不锈钢、有机玻璃制成的“挂号台”后，端端正正地坐着一位“小护士”。在约半个小时的时间里，因为没有“病人”来挂号看病，“小护士”就一直呆坐在那里，直到游戏活动结束。在“娃娃家”里，孩子们有的摆弄着逼真精美的各种“食物”、有的抱着“娃娃”走来走去；在“饭店”里，“服务员”在等待“客人”上门。游戏结束后，老师在评价时还专门表扬了“小护士”能够“坚守岗位”。

思考：案例中的“小护士”是在游戏吗？为什么？

分析：不是游戏。因为“小护士”呆坐在那边是为了让老师表扬她坚守岗位。这种教师出于某种教育目的而组织的“游戏”不是真正的游戏。

资料来源：孟戡，夏雯娟．学前教育学[M]．南昌：江西人民出版社，2015：118.

（二）幼儿游戏是愉悦的

幼儿的游戏总是伴随着令人愉悦的情绪。由于幼儿游戏是由内在需要所驱动的，他们总是能带来愉悦的情绪体验活动。幼儿自娱自乐，以不断重复的方式，将有趣的情节保持下去。摆脱了外部的干涉，幼儿可以全身心投入，自由自在地徜徉在游戏的世界中，获得愉悦的情绪体验。

（三）幼儿游戏是假装的

幼儿的游戏是幼儿通过假装和虚构反映现实生活，同时又创造着自己的“现实”的活动。游戏中，幼儿可以不受日常生活的限制，利用想象、虚构等来创造性地再现现实生活。这种假装、虚构的特点，也是游戏之所以吸引幼儿的重要原因。在游戏过程中，幼儿非常认真、投入，但同时，幼儿也能很好地区分真实与虚构，他们清楚地知道“只是玩玩”“是假装的”。

（四）幼儿游戏是过程性的、非功利性的

幼儿游戏是一种重视过程胜过目的的活动。对于儿童而言，游戏活动本身就是目的。尽管游戏活动是不带功利性质的，但并不意味着游戏活动就是没有价值的。

二、游戏对儿童发展的作用

儿童的游戏不同于成人的玩，游戏对儿童的成长具有重要的意义。但在实践中，一些家长、教师却仍然存在着认识模糊、偏差的现象，如有的家长认为游戏只是玩，儿童应该花更多的时间坐下来学习；有的教师则认为游戏只是起到调剂儿童生活、放松情绪的作用。面对这些错误、片面的认识，有必要认真理解游戏对儿童发展所起到的作用。

（一）游戏促进儿童的身体发展

游戏对于学前儿童身体发展的作用主要体现在以下两个方面。

一方面，游戏促进儿童基本动作的发展，还能促进儿童身体生长发育。在各类游戏活动中，都会有各种动作和活动，特别是户外的运动性游戏，能锻炼儿童的走、跑、跳、平衡、投掷等基本动作。

另一方面，游戏能促进儿童身体的运动协调能力的发展。游戏过程中幼儿不仅需要协调自己身体的各项动作，灵活地做出反应，同时还需要协调自己的动作与他人的动作。例如，玩老鹰捉小鸡的过程中，不论是扮演老鹰、小鸡还是母鸡的幼儿都需要灵活地或抓捕或躲避或保护，身体的协调性在这一过程中得到了发展。

（二）游戏促进儿童的认知发展

游戏伴随着儿童成长。儿童通过游戏探索环境。从接触物体中获得知识并解决问题。正如教育家苏霍姆林斯基所说：“游戏犹如火花，点燃了探索求知的火焰。”

1. 在游戏中儿童可以潜移默化地学到许多知识

例如：在爬攀登架中体会到空间和高低；玩水中感觉到干与湿；玩积木中认识到大小、形状和颜色等。

2. 游戏有助于培养儿童的注意力、观察力和判断力

游戏中儿童会不断地移动、触摸、聆听、观察，这些感官刺激有助于培养儿童的注意力、观察力和判断力。例如，推小汽车玩的过程中观察到小汽车的前进速度跟用力大小之间的关系。

3. 游戏能够激发儿童创造力

例如，在角色游戏中学前儿童通过扮演医生、护士、公交车司机、售货员等角色来再现现实生活。这种对现实生活的再现并不是对原有生活经验的照搬，而是学前儿童根据自己的经验进行的创造性的改编，在游戏进行过程中无不闪烁着学前儿童自己的创造性。

4. 游戏能够发展儿童解决问题的能力

游戏中儿童会碰到大量的问题需要解决，为了将游戏进行下去，儿童会尝试各种解决方式。

案例

幼儿云云在班级的娃娃家照顾自己的“孩子”，她想学大人的样子把“孩子”包起来。可是，毛巾横着包的话不够长，娃娃的脚露出来了，竖着包又不够宽，怎么办呢？云云反复试了很多次，约10分钟后，她终于发现用毛巾对角包就可以把娃娃全身都包住了。终于，她如释重负般地出了一口气，表情放松，愉悦地抱着襁褓中的婴儿“串门”去了。

5．游戏能促进幼儿语言能力的发展

游戏中幼儿需要运用大量语言和同伴进行沟通，同时游戏过程中轻松的氛围也让幼儿比平时更愿意用语言进行表达。

（三）游戏促进儿童的社会性发展

孩子们在游戏中作为集体的成员，开始学会相互理解、共同遵守规则，学会与人相处，借助于游戏，儿童的社会交往能力得到了锻炼与发展，特别是在角色游戏中，通过扮演各种角色、学会理解别人，并尝试长大后可能成为的角色。在游戏中，他们首先发现自我，了解到自己是什么样的人，自己会对别人有什么样的反应等。

1．游戏能增强儿童同伴交往的技能

游戏增加了同伴交往的频率，为同伴交往提供了丰富多样的情境。在这些游戏情境中，学前儿童会遇到各种交往方面的问题，在这一过程中可能会通过自身尝试，通过同伴的示范、强化等来进行解决。

案例

幼儿雪儿在旁边看着几个一年级的女孩围成圈伸直双腿坐在地上，边唱儿歌，一边拍手做游戏。她看了一会儿，突然也往地上一坐，伸直双腿，笑着模仿女孩的动作，拍手，嘴里还嚷嚷着。不一会儿，女孩们给雪儿让出了地方，她成功地融进了比她年龄大的女孩们的游戏中，成了游戏圈中的一分子。

资料来源：刘焱．儿童游戏通论[M]．北京：北京师范大学出版社，2004．

2．游戏有助于学前儿童规则意识的形成

儿童对规则意义的理解不是直接教学可以实现的，他们需要在实际的活动中逐渐认识规则的意义，并学会遵守规则。游戏中充满了规则，这些规则有的是外显的，有的是内隐的。规则游戏有着非常详细的游戏规则，而在角色游戏中也有规则。例如，当学前儿童扮演爸爸时，他就会按父亲的行为规则去行动，这种模仿和练习可以缩短学前儿童掌握行为规范的过程，有利于其在现实生活中意识和掌握道德行为规范。

（四）游戏有利于儿童情绪情感的发展

游戏对于幼儿的情绪情感发展的作用主要体现在两个方面，一方面可以促进儿童情感的发展，另一方面还具有情绪恢复的功能。

1．游戏可以促进儿童情感的发展

儿童出生时就具有多种基本情绪，具有适应环境的基本功能。这些基本情绪会在后天逐渐显露和分化，逐步衍生出成就感、道德感、同情心、美感等高级情感。游戏帮助儿童体验各种情绪情感，丰富、深化他们的情绪情感，有助于儿童更好地体会他人的情绪情感。在学前儿童情绪情感发展的过程中发挥重要作用。

例如，角色扮演游戏能为学前儿童提供丰富的情绪体验。比如“医院”游戏中，当病人的儿童会表现出痛苦的神情；当医生的儿童会给“病人”“看病”“开药”，叮嘱“药品”的用量用法；当护士的儿童会给病人“量体温”“打针”，一边“打针”一边还安慰“不疼的，一下就好”。

2. 游戏具有情绪恢复的功能

儿童的游戏活动带有明显的情绪色彩，在游戏过程中，儿童可以表现积极情绪，调整消极情绪。游戏中儿童按照自己的意愿活动，容易产生愉悦、满足情绪。同时，因为游戏是过程性的，没有来自外界的压力，也没有明确要完成的任务，所以允许儿童以自己的方式探索、从而充分享受游戏带来的快乐。

游戏还为消极情绪的表达与缓解提供了安全的场所。刘焱教授指出：“从消极情绪的释放与缓解来说，游戏对于情绪情感发展的独特作用在于它可以修复‘受损失的心灵’”。游戏可以帮助儿童降低因某些事件所引发的恐惧与焦虑，想象性游戏在这方面的作用更为明显。

三、幼儿游戏的分类

幼儿游戏丰富多彩，基于一定的标准可以对其进行分类。在这些游戏分类中，比较典型的有认知分类、社会性分类和基于教育功能的分类。

（一）游戏的认知分类

皮亚杰认为游戏是智力活动的一种，在不同认知发展阶段主导的游戏类型也不一样。他根据儿童认知发展的阶段，把儿童的游戏分为感觉运动游戏、象征性游戏、结构游戏、规则游戏四类。

1. 感觉运动游戏

感觉运动游戏也称机能性游戏、练习性游戏，一般出现在儿童出生到2岁这一阶段。这类游戏的主要表现形式为徒手游戏或重复的操作物体的游戏，如扔捡游戏、反复摇拨浪鼓、在楼梯上反复地爬上爬下等。

2. 象征性游戏

象征性游戏是2~7岁学前儿童最典型的游戏形式。主要表现为使用象征物代替真实事物或“以人代人”等进行模拟、想象、假装、角色扮演。皮亚杰认为，2~4岁是象征性游戏出现的高峰期，4~7岁呈下降趋势。

3. 结构游戏

结构游戏出现在2岁左右，指的是儿童利用各种不同的结构材料来建构反映现实生活中的物体的活动，如积木、积塑等。与象征性游戏同时发展，是游戏活动向非游戏活动的过渡。

4. 规则游戏

规则游戏出现在幼儿中期，是由两个以上的儿童按照一定的规则进行的、带有竞赛性质的游戏。这类游戏的出现标志着儿童的游戏进入高级发展阶段。

（二）游戏的社会性分类

美国心理学家帕顿（Parten）根据儿童在游戏中的社会性参与水平和游戏中的人际交往活动水平，将儿童游戏分为六种类型。

1. 偶然的行为（无所事事）

儿童不是在玩，而是注视着偶然引起他兴趣的事，或摆弄自己的身体，或从椅子上爬上爬下、到处乱走，无所事事。这类行为不属于游戏。

2．旁观行为

儿童大部分时间都在看他人游戏，偶尔与他人交谈，但并不加入游戏。

3．独自游戏

儿童独自一人玩玩具，所使用的玩具和周围其他儿童不同。伙伴位于交谈距离之内，但儿童并不和伙伴交谈。

4．平行游戏

儿童仍是独自在玩，但所使用的玩具，玩的游戏内容都和周围其他儿童类似。

5．联合游戏

儿童仍以自己的兴趣为中心，但有较大的兴趣与其他儿童同处一个集体之中，并在游戏中发生许多如借还玩具、短暂的交谈等行为，但还没有建立共同目标。

6．合作游戏

儿童以集体共同目标为中心，在游戏中相互合作并努力达到目的。游戏中有明确的分工、合作及规则意识。

（三）基于教育功能的分类

从游戏的教育作用的方面，把幼儿园的游戏分为创造性游戏和有规则游戏两大类。

1．创造性游戏

创造性游戏是幼儿主动地、创造性地反映现实生活的游戏，是幼儿典型的、特有的游戏，包括角色游戏、结构游戏、表演游戏等。

2．有规则游戏

有规则游戏是成人为发展幼儿的能力而编制的、有明确规则的游戏。主要包括智力游戏、体育游戏、音乐游戏等。

第二节　幼儿游戏的条件

幼儿游戏活动的顺利开展需要提供适宜的条件，游戏时间、游戏场地和游戏材料是幼儿游戏进行的必要条件。

一、为幼儿提供充足的游戏时间

充足的游戏时间是开展游戏活动的重要保障。有研究表明，游戏时间的长短会影响幼儿游戏的质量。在较长的游戏时段（约30分钟）幼儿才有时间逐渐发展出社会和认知层次较高的游戏形式，其中包括建构游戏、团体-戏剧游戏；而在较短的游戏时段（约15分钟）幼儿没有足够的时间结伴游戏，不能相互协商、讨论或做进一步的探索和建构。[①]

由此可见，无论是哪类游戏都需要充足的游戏时间去探索和尝试。有了充足的时间，幼儿才可能真正投入，探索和享受游戏的快乐。如果游戏时间不充足，幼儿游戏的进行也必将是不充分的。因此，教师要给幼儿提供充足的游戏时间。

① 邱学青．学前儿童游戏[M]．南京：江苏凤凰教育出版社．2008.

幼儿园的一日活动中应既有单独的较长时间段的游戏时间（至少30分钟），也有较短的游戏时间，如早晨入园时间、活动间隙时间等。

二、创设适宜的游戏场地

游戏场地可以分为室内游戏场地和户外游戏场地。

（一）室内游戏场地的创设

对室内游戏场地进行规划时教师应综合考虑各游戏区的特点，保证游戏区的界限和明确的通道，室内空间比较紧张的班级可以充分利用其他空间。

1. 考虑各游戏区的特点来合理布局

在室内开展的游戏活动一般是分成各个游戏区，在区域里面进行。教师在对活动室空间进行布局时要综合考虑不同游戏区的特点，来保障幼儿游戏的顺利开展。

美国学者布朗把游戏区的性质归纳为静态、动态、用水、不用水，并据此把游戏区分为四类：第一类为静态、用水，如科学区、美工区；第二类为动态、用水，如沙水区、“娃娃家”；第三类为静态、不用水，如阅读区、数学区；第四类为动态、不用水，如益智玩具区、建构区、表演区。

教师在安排游戏区的场地时要在考虑区域特点的基础上，注意动静分离、干湿分离。同时把一些相似的区域安排在一起。

2. 各游戏区之间有清晰的界限

各游戏区之间要有明确的界限，便于幼儿开展游戏，也便于教师的管理。游戏区之间的界限可以分为平面界限和立体界限两类。

平面界限的划分，教师可利用地面、桌面的颜色和图案来划分不同游戏区。例如，在积木区铺上泡沫地垫，在娃娃家地面放上粉色的地毯，让幼儿一看就能识别不同的游戏区域。

立体界限的划分，教师可以用架子、柜子等物体来划分不同游戏区。这在幼儿园中也是常用方法，如在娃娃家和积木区之间放一个能让幼儿看到隔壁区域的矮柜子，既能起到区域分隔的作用，也方便幼儿交流。

3. 要保证活动室内有明确的通道

游戏区的安排要方便幼儿在活动室内的行走，幼儿从一个游戏区到另一个游戏区时不需要横穿其他游戏区。有明确的通道也能保障幼儿在活动室内走动时的安全。

4. 充分利用班级空间

在室内开展游戏活动时，如果面临活动室空间不足的问题，教师可以充分利用睡眠室、走廊、封闭的阳台等的空间来布置游戏区域。有条件的幼儿园可以通过架设阁楼、坡道等扩大活动室的空间。

（二）户外游戏场地的创设

《幼儿园工作规程》规定，幼儿园每日户外活动时间不得少于2个小时，寄宿制幼儿园不得少于3个小时。因各地气候不同，要因地制宜，尽可能让儿童有更多的时间在户外活动，包括游戏活动。户外游戏场地的创设要注意以下几点，以保障幼儿在户外开展的游戏活动顺利进行。

1. 注意游戏场地的安全

户外游戏场地的安全性是教师最为关心的问题，也是创设游戏场地的第一原则。户外场地的安全主要包括两个方面：一方面是地面安全，较适宜幼儿开展户外游戏的地面应是软性地面，如塑胶、沙土地面，水泥地面会给幼儿的游戏带来潜在的危险。另一方面是器械、设备和材料安全，包括户外大型器械（如滑梯、攀爬架等），幼儿园应定期检修，排除可能存在的安全隐患。

2. 重视场地自然环境的利用

户外游戏场地区别于室内游戏场地的最大特点就在于自然环境。在户外游戏中，儿童可以充分感受大自然中的花草树木、鸟兽鱼虫，所有这些都能引发孩子们无限的好奇心和探究欲望。

因此，教师要重视对户外场地自然环境的利用（如小山坡、大树、草地、小溪等），尽量保留其原始自然的特点。

3. 创设丰富、有趣味性的游戏场地

好玩的户外游戏场地是丰富的、充满趣味性的。户外游戏环境不仅应当有平面的空间，也应当有垂直的和立体的空间，教师可以增加户外游戏场地的立体空间。同时可以通过组合连接的方式，把不同的器械和设备（如将步道、滑梯、绳梯、斜坡以及高度不同的平台）通过各种途径和方法联结起来，增加设备的复杂性和趣味性，也给不同水平的幼儿提供选择。

4. 户外游戏场地的可接近性

户外游戏场地要靠近活动室，便于幼儿能自由、迅速地从室内去到室外。同时，还要考虑特殊儿童的需要，对游戏场地进行适当的调整。

三、准备适宜的玩具和游戏材料

适宜的玩具和游戏材料是幼儿游戏活动开展的基础。教师在为幼儿提供游戏材料时可以考虑以下五个方面的标准。

（一）安全卫生

这是提供玩具和游戏材料时首先要考虑的因素。教师应结合幼儿身心发展的特点来准备符合安全标准的玩具材料。玩具的材料应保证无毒，玩具应经常消毒，有零部件的玩具要注意是否脱落等。

（二）有教育价值

教师在为幼儿提供玩具和游戏材料时要考虑这些材料能否引发其好奇心和创造性，或者丰富其经验。有教育价值的玩具和游戏材料是将问题隐含在材料中，鼓励幼儿在操作中感受日常生活与学习中的某些现象，而不是直接将结果告诉幼儿。

（三）有操作性

操作性指的是玩具和游戏材料是能活动的，可操作的。操作性强的游戏材料是不同年龄段幼儿都愿意选择的。例如，自然材料（如沙、土、石头）、生活材料（如纸箱、废旧水管）等未成型的玩具材料适用的游戏类型较广，玩法多种多样。还可以为幼儿提供制作其他玩具的条件，这类材料具有较强的操作性。

（四）符合幼儿的年龄特点和个体特点

不同年龄段的幼儿对于玩具和游戏材料的需求是不同的。小班幼儿可选择能促进动作发展的玩具，如皮球、小推车等；选择简单的智力玩具，如拼图、动物玩具等；选择中小型结构玩具；给小班幼儿提供的游戏材料类型不需要太多，但同一类材料的数量一定要多，未成型玩具不宜提供太多。中班幼儿能根据玩具及游戏材料本身的性质边选边玩，他们的生活经验更加丰富，因此给中班幼儿提供的玩具种类要比小班多，而且涉及的范围要广。大班幼儿可以根据游戏需要和游戏情节有目的地选择玩具和游戏材料，他们开始对智力游戏、规则游戏感兴趣，给他们提供的玩

具材料应更多样化、复杂化，智力玩具也应有一定的难度，如提供一些棋牌类玩具。未成型玩具在中班、大班应有充足的种类和数量。

除了考虑各年龄班的特点外，教师还可以有意识地让游戏材料有一定的层次性，以满足班内不同发展水平的幼儿的需求。

（五）定期更新

玩具和游戏材料应随着幼儿游戏的变化而进行调整，一成不变的游戏材料会让幼儿厌倦，从而失去游戏的热情。

第三节　幼儿游戏的指导

游戏是学前儿童的自主活动，儿童是游戏的主人。同时，教师的指导对于儿童游戏的进行及其教育价值的实现又是不可或缺的，这两者之间并不矛盾。幼儿园的游戏基于游戏的教育功能可以分为创造性游戏和规则游戏。

一、创造性游戏的指导

创造性游戏一般包括角色游戏、结构游戏、表演游戏三大类，接下来将分别对这三类游戏的指导要点进行介绍。

（一）角色游戏

角色游戏是学前儿童最常见的游戏形式，了解其概念与结构，继而思考如何对角色游戏进行指导是幼儿教师需要掌握的内容。

1. 角色游戏的概念与结构

角色游戏又被称为想象性游戏、模仿游戏、假扮游戏、社会性游戏，是学前儿童以模仿和想象，通过扮演角色，创造性地反映现实生活的一种游戏。

角色游戏是学前儿童最典型的游戏形式，在整个学前期所占的时间最长，大约2～3岁时产生，直至入小学，其高峰期在3～5岁。

构成角色游戏的要素包括三个方面：角色的扮演、以物代物、情景的迁移。

（1）角色的扮演。角色的扮演即扮演成真实情景中的角色。幼儿在游戏中去扮演假装的角色，要求达到一定的心理水平。首先，要了解和认识成人的行动和活动。其次，能脱离成人行动，并进行概括，把头脑中已有的人物表象重新组合。最后，能用游戏材料、动作、语言，扮演新形象。

（2）以物代物。以物代物，即将一个当前的物体代替一个不在眼前的另一个物体，并以被替代物的名称来命名替代物。在游戏中以一个物品代替另一个物品，这要求幼儿的想象力发展到一定水平。幼儿能够分析过去感知过的物体的特性，并将这些特性与当前的物体相结合。例如，幼儿拿到一把扫帚既可以将它当马骑，也可以将它当成飞行器。

（3）情景的迁移。情景的迁移，即将现实生活中的真实情景迁移到一个假想的情景之中。情景的迁移要求幼儿具有丰富的生活经验。幼儿相关的生活经验越丰富，角色游戏过程中的迁移就会越多，从而游戏情节就会越丰富。此外，幼儿对生活情景的迁移并不是机械照搬，而是会进行创造性的改编。

2. 角色游戏的指导

教师对角色游戏进行的指导可以包括以下四个方面。

（1）丰富幼儿的现实生活经验。角色游戏的主题大多来源于幼儿的现实生活，它建立在幼儿所掌握的生活和知识经验的基础上。幼儿所了解和积累的生活经验越丰富，呈现出来的角色游戏内容越丰富多彩。因此，教师可以跟家庭和社区合作，引导幼儿通过观察、参观、远足，听故事，看图书、电影、电视等多种方式来积累生活经验。

同时，结合角色游戏中幼儿有角色扮演的需要，在丰富幼儿相关的生活经验时，教师可以着重引导幼儿去关注各类生活场景中的角色分工。

案例

“照相馆”游戏中的生活经验

在“照相馆”里，幼儿园老师投放了玩具照相机、相册、空化妆品瓶、镜子、裙子、纱巾等材料。孩子们对这里很感兴趣，“照相馆”里很热闹，可没过多久就出现了混乱无序的现象。在开展游戏活动前，老师认为孩子们都有到照相馆拍照的经验，他们喜欢装扮自己，也爱摆出各种姿势拍照，对照相的过程乐此不疲。由此，老师想当然地认为他们了解照相馆的工作程序，明白不同角色的分工。可事实上，孩子们的表现与老师的期望相差甚远。

于是老师带领孩子们参观了幼儿园附近的一家照相馆，了解了照相馆里的区域划分、物品摆放、工作内容和流程等。回到幼儿园，老师又组织孩子们开展讨论。

师：你们觉得我们的照相馆该怎么布置？

幼：现在我们的照相馆里没有接待室和选样照区，应该加上；真正的照相馆里的布景很丰富，而我们只有一种；我们的服装也太少，应该再收集一些。

师：那我们收集些什么材料好呢？

幼：可以收集假发、发卡、项链、手链、布娃娃、小伞、帽子、假花……

师：我们是否还要做一个柔光灯呢？

幼：我们可以去美工区订货。

师：照相馆里的叔叔、阿姨是怎样工作的？和我们哪里不一样？

幼：叔叔和阿姨每个人都在做自己的工作，他们对顾客很热情，会为顾客倒水，会记录顾客的要求，会安排顾客照相的时间，化妆师会领顾客先选择服装、再化妆……

资料来源：李少梅．学前教育原理[M]．北京：高等教育出版社，2016：148.

（2）深化和拓展游戏主题，及时生成新的游戏主题。幼儿园的角色游戏中比较常见的问题之一就是角色游戏的主题肤浅、单一。具体表现为一个月甚至一个学期的时间幼儿每天玩的主题基本上没有太大变化，幼儿对这一游戏逐渐丧失热情。当出现这种游戏停滞不前的状况，或新游戏刚刚开始的时候，教师要善于发现游戏进行中的问题，恰当地利用或解决这些问题，以此为契机来深化和丰富游戏主题，使游戏更上一个台阶。

（3）丰富游戏环境，提供适宜的玩具与材料。幼儿在角色游戏的进行过程中需要借助一定的玩具和材料，如果教师能提供丰富的、满足幼儿需求的玩具和材料，对于角色游戏的进行具有非常大的促进作用。

首先，游戏玩具与材料应该丰富多样。如果教师给幼儿提供的材料过于单一，幼儿在游戏过程中很容易出现无所事事的现象。丰富的玩具与材料能激发幼儿的游戏愿望。其次，游戏玩具与材料的提供需要考虑年龄特点。例如，在玩具与材料的仿真性方面，小班的幼儿可以提供大量形象逼真的仿真玩具，而中、大班幼儿由于操作能力更强，游戏材料应以简单的物品为主，给幼儿操作与想象能力留出较大的发挥空间。

（4）以间接指导为主，尊重幼儿的主动性。教师在游戏指导中要注意尊重幼儿的主动性，直接的干预或命令会干扰幼儿的游戏进程。因此，在指导角色游戏的过程中应以间接指导为主。间接指导的方式有很多种，包括语言提问、提示、评论，适时给出建议，提供玩具，以角色身份参与到游戏之中等。

案例

幼儿园小班的小朋友们正在角色游戏区活动，幼儿文文在“邮局”里无所事事，随意地摆弄着一个称重器。在此之前，孩子们没有“邮局”这个角色游戏的经验。教师看到这种情况，拿了一个盒子走过去，对文文说：“我想把这个寄到超市去（旁边有超市游戏区），你能帮我称一下吗？”文文马上接过盒子，放在称重器上，看了一下，说：“100克！”教师问：“多少钱？”“10块钱。”教师假装付了钱，文文立刻把盒子送到了隔壁的超市。接着，有几个小朋友也学着老师的样子将一些东西寄到旁边的医院、美容院、娃娃家，邮局开始变得热闹起来。

思考：案例中教师是如何对幼儿的游戏进行指导的？

（二）结构游戏

结构游戏是学前儿童非常喜欢的游戏形式，什么是结构游戏？面对幼儿的结构游戏教师该如何进行指导是接下来要解决的问题。

1．结构游戏的概念

结构游戏是儿童利用各种不同的结构材料，经过创作反映周围现实生活中的物品结构及特性的游戏。幼儿可以用各类积木、积塑、金属材料、纸等来建构物体。利用自然材料，如沙土、雪、水等进行游戏也属于结构游戏。

结构游戏与角色游戏之间既有联系，也有区别。结构游戏与角色游戏在游戏过程中经常联结在一起，幼儿经常在构成某一物体或情景后加入角色与情节。例如，幼儿搭建了一个物体之后把娃娃放进去，开始玩过家家游戏。虽然结构游戏和角色游戏都属于创造性游戏，但一个是以“角色扮演”来反映现实生活，一个是以“建构物”来反映现实生活。

2．结构游戏的指导

结构游戏涉及特定的建构技能及幼儿对建构物的印象，各年龄班在建构过程中也呈现不同的特点。对结构游戏的指导可以从以下四个方面来展开。

（1）丰富并加深幼儿对物体和建筑物的印象。结构游戏的搭建内容主要来源于幼儿的日常生活中积累的对于物体和建筑物的印象。幼儿积累的有关印象越丰富越具体，在进行搭建时主题也会越丰富越具体。教师可以利用实地观察、图片、视频或家园合作等形式来丰富幼儿的经验。

（2）提供适宜的材料，帮助儿童掌握构造的基本知识和技能。不同类型的结构游戏材料有不同的构造技巧，掌握构造技巧能帮助幼儿独立地来完成对物体的建构。随着幼儿年龄的增长，所需掌握的构造知识与技能也在不断复杂和完善。

小班幼儿：应认识常用的建造材料，说出其名称，如积木、积塑片等，并认识建造材料的形体、大小、颜色；学习铺平、延长、围合、盖顶、加宽、加高等技能；识别上下、中间、旁边等方位；会用材料建造成简单的物体，能将物体的主要特征表现出来。例如，会使用积木铺一条路，建一道墙，搭一个小门，会按图形收装好小盒积木等。

中班幼儿：应掌握高低、宽窄、厚薄、轻重、长短、前后等概念；会根据建构物的特点来选择和利用建造材料，并能使用架空、对称等建构技能；能和同伴围绕一个主题来合作共建一组建筑，如用积木或积塑共建一座公园。

大班幼儿：会区别左右；在建造技能上，能综合运用各类建构技巧，建造的物体比中、小班儿童更加精细、整齐、匀称，物体的结构更加复杂和富有创造性；会使用辅助材料装饰建造物体，并会合作建造物体。

（3）鼓励儿童积极参加游戏，逐步增强构造的目的性、独立性。

小班儿童的注意力和兴趣不够稳定，容易被其他目标所吸引，因而教师要帮助他们稳定游戏的构思，并实现这一构思。

中班儿童，应让他们有目的、有计划地进行建造，也就是说儿童知道要建造什么，并懂得按次序进行建造。中班儿童的建造主题和建造内容应丰富多样一些。

大班儿童，应具备独立建造的能力，能有计划、按顺序地进行建造，既会分工合作，又会独自进行。在游戏过程中应注意鼓励儿童的创造精神。

（4）引导儿童正确对待建造材料和建造成果。建构游戏结束之后的材料归纳整理也是游戏过程中的一个重要环节。小班儿童要学会收放材料的方法，逐渐学会独立地收放材料；中班儿童要有条理地、整齐地收放材料；大班儿童应负责保管好建造材料。

教师要尊重和爱惜儿童的建造成果，也要引导幼儿逐渐形成这样的意识。对于幼儿的建构作品不要随意破坏，如有需要也可以用拍照、放到展示区等方式进行存放。

案例

某幼儿园中班建构区，一个男孩（甲）在用软塑料块搭“大高楼”，另一个男孩（乙）在他旁边玩飞机。每一次甲搭好了大高楼，乙的飞机就开过来将它撞倒。细心的王老师发现，乙的行为并没有引起甲的不悦，每当大高楼被撞倒，甲又迅速地搭起一座新的大高楼，似乎在等着乙的飞机再一次到来。

王老师认为两个男孩正在非常默契地玩一种合作游戏，所以没有去干预。而是拿了软塑料块跟甲一起搭大高楼，一边搭一边说：“我们来搭一座不容易被撞倒的大高楼吧。”在老师的示范启发下，“大高楼”越搭越结实，大家玩得津津有味。

（三）表演游戏

表演游戏也是创造性游戏的重要类型之一。什么是表演游戏，表演游戏有哪些特点？教师该如何对表演游戏进行指导是接下来要解决的问题。

1. 表演游戏的概念与特点

表演游戏是幼儿非常喜欢的游戏形式，需要注意将它和角色游戏进行区分。

（1）表演游戏的概念。表演游戏是儿童根据故事童话等作品的内容，运用语言、动作、表情创造性地进行表演的游戏活动。

表演游戏和角色游戏都是通过扮演角色来进行游戏，但二者有明显的区别。在表演游戏中，儿童扮演的角色是以一定的故事或童话为依据，情节也是对故事或童话情节的反映。而角色游戏中，幼儿扮演的角色是幼儿自由创造后的生活经验的再现。

（2）表演游戏的特点。表演游戏的特点表现在以下两个方面。

一方面，表演游戏是“游戏”而非戏剧表演。表演游戏本质上是游戏，幼儿在表演的过程中是“自娱自乐”的，并不关心观众是谁，也不关心表演效果如何。所以，作为教师要明确意识到这一点，在指导过程中不要过度追求表演效果而忽略游戏中幼儿的自主性。

另一方面，表演游戏兼具游戏性和表演性。虽然“游戏性”是表演游戏的本质属性，但因为表演游戏以故事或童话为蓝本，幼儿需要按照一定的框架去表现，因此具有表演性。这也是表演游戏区别于其他类型游戏的典型特征。

2. 表演游戏的指导

由于表演游戏的开展需要脚本，且带有表演的元素，因此教师在进行指导时要注意以下三个方面。

（1）选择适合幼儿表演的作品。选择适合幼儿表演的作品是进行表演游戏的第一步。这些作品首先应该容易为儿童理解，情节夸张有趣，角色个性鲜明。其次，有一定的场面和活动内容，但场面变化不宜过多。情节简单、场景单一的故事适合小班幼儿，如《拔萝卜》；情节复杂、篇幅稍长的作品适合年龄较大的幼儿，如《三只小猪》。最后，要有较多的角色对话，对话与动作相配合，有重复动作或对话。

（2）引导幼儿参与表演游戏的准备工作。在表演游戏过程中，教师提供材料的目的是支持幼儿的活动。什么时候提供材料，提供什么材料，应根据实际情况来确定。教师可引导幼儿一起准备游戏所需的服装、头饰、布景等，这一过程不仅能激发幼儿进行游戏的兴趣，同时也为他们提供了丰富的学习机会。

（3）在表演游戏过程中的指导。小班幼儿不会进行表演游戏，需要教师先做示范表演，然后教会几个幼儿表演，再教会其他的幼儿。当幼儿学会一两个表演游戏后，可让幼儿自己表演其他的一些故事，教师予以指导和帮助。

中、大班幼儿可自愿地、自由地玩表演游戏，教师要热情地支持他们的表演意愿，并在他们的表演过程中给予帮助，如适当地提醒幼儿遗忘的词句，但不需过于严格。

二、规则游戏的指导

规则游戏可以分为智力游戏、体育游戏和音乐游戏三种。

1. 智力游戏

智力游戏是根据一定的智育任务由成人设计的一种有规则的游戏。智力游戏可以按照不同的分类标准分成不同的类型。按游戏任务来分，有训练记忆的游戏、发展语言的游戏、锻炼思维的游戏等。按游戏材料来分，有借助实物、图片等进行的游戏，有通过语言或与动作配合来进行的游戏。

2. 体育游戏

体育游戏是以发展基本动作为任务的游戏形式，也能对幼儿的意志品质进行锻炼。很多传统的民间游戏都属于体育游戏，如老鹰捉小鸡、跳房子、捉迷藏、丢沙包等。

3. 音乐游戏

音乐游戏是在歌曲或乐曲伴奏下进行的游戏活动，一般都会配合相应的动作。这类游戏能帮助幼儿更具体、形象地感知音乐的律动，发展对音乐的感受能力。

教师对规则游戏的指导可以从以下两个方面来进行。

1. 正确认识规则游戏的价值

正确认识规则游戏的价值和含义，需要明确规则游戏并非教学的手段，而是依据幼儿的发展水平选择的游戏类型。幼儿玩规则游戏必须遵守游戏规则，在遵守规则的过程中体验游戏的快乐，并发展规则意识。

2. 制定科学合理的游戏规则

科学合理的游戏规则要能充分发挥幼儿的主动性、积极性，让幼儿获得自由且被尊重。游戏规则要想满足幼儿的需要和达到预期的教育目标，需要教师充分运用自身的智慧、知识、经验以及把握全局的能力。

第四节　幼儿游戏的评价

由教师和幼儿共同进行的游戏活动评价，在幼儿园一般被称为“游戏讲评”“游戏讨论”。教师通过对游戏活动开展评价能了解幼儿的真实想法，发现游戏中的问题，及时为幼儿的游戏提供信息和方法支持。在这一过程中教师自身的综合素质和能力也能得到提升。

对幼儿的游戏活动进行细致观察是对游戏活动进行科学合理的评价的前提条件，对幼儿的游戏进行评价有以下几种常见的方法。

一、情境讨论法

这是幼儿游戏评价过程中最常用的一种方法。教师将在游戏中观察到的典型事例，或迫切需要解决的问题，以情境描述的形式提出来，供幼儿进行讨论，从而帮助幼儿将游戏中的错误经验及违反常规的行为纠正过来。这种方法比较有针对性，能有效解决幼儿存在的问题。

案例

娃娃家的幼儿文文到小商店买白菜。售货员真真接过她手中的钱（雪花插片），但不让她把白菜拿走，并使劲用手捂着白菜说：“不卖不卖，不能拿走！”文文不解地问：“我给你钱了，为什么不能拿走啊？”真真着急地说：“就剩这一个了。”文文悻悻地回到娃娃家。随后又百无聊赖地在商店门口转来转去，趁真真不注意时把白菜偷偷拿回了娃娃家。真真发现后大叫“娃娃家偷小商店的东西”，接着冲到娃娃家把白菜拿了回来。

游戏结束后，教师组织幼儿进行讨论：今天小商店发生了什么事，有什么问题需要大家帮忙解决吗？

真真：“他们老偷我们的东西，……”

文文：“我们交钱了，他们也不让我们拿，我们就只好偷拿了。”

教师：“是不是怕东西卖光了，就没有了？”

真真点点头。

教师：“我们一起想想，商品很受大家欢迎，卖完了怎么办？”

玉玉：“再上，用完了再上。”

教师：“怎么上，从哪上呢？”

涵涵：“用大卡车，从工厂运来。”

教师："那我们班也开个工厂好不好？"

小朋友们一起说："好。"

然后，教师与幼儿商量在工厂里生产些什么，用哪些材料来做。经过讨论后，生成了新的主题"工厂"。

资料来源：刘焱．儿童游戏通论[M]．北京：北京师范大学出版社，2004.

二、绘画表达法

对游戏活动进行评价时，教师可以让幼儿通过绘画将想象的东西表达出来，为每个幼儿都提供充分自由表达观点的机会，这种方式既能满足幼儿的个体需要，又能弥补幼儿语言表达能力上的不足。通过绘画表达的形式，教师可以了解幼儿的真实想法、需要以及已有的经验，有利于后续的游戏指导；同时还有利于幼儿相互交流、交谈游戏的经验。

绘画表达法有两种形式，第一种是每个幼儿都在自己的纸上画出游戏过程的情况；第二种是班上全部幼儿围绕一个共同的主题发表自己的想法，教师在黑板上把幼儿表达的意思用图画或标记表示出来。

案例

在一次幼儿游戏活动结束时，教师为幼儿提供了纸和笔，让幼儿进行绘画，内容即："把你今天玩得开心或不开心的事画下来，也可以画出你想玩或喜欢玩的游戏……"幼儿稍微思考后即动笔画。教师巡回观看幼儿作画，从画面上观察幼儿的情绪和需要，然后分别请幼儿拿着自己的画上台给大家讲述。（教师可适当找一些有代表性的内容，然后有意识地引导、启发幼儿讲述，并带领大家讨论，共同分享其他幼儿的知识和经验。）

王老师发现有多名幼儿的画面上都画有小舞台的游戏情节，有的是歌舞庆祝会，有的是小魔术，有的是武术表演。于是就启发幼儿讨论：小舞台可以表演哪些节目，需要哪些服装、道具；哪些是有益的节目，哪些节目不能在舞台上演（如打斗）。孩子们在热烈的讨论过程中得到了这方面的知识。

王老师运用绘画法讲评的方式进行引导、启发，使幼儿得到了不同程度的发展。

资料来源：邱学青．学前儿童游戏[M]．南京：江苏凤凰教育出版社，2008.

三、表格式评价

除了以上两类常用的评价方法外，教师还可以借助表格的形式对幼儿的游戏情况进行评价。在此主要介绍幼儿游戏一般性发展评价和幼儿游戏环境评价。

（一）幼儿游戏一般性发展评价[①]

幼儿游戏一般性发展评价是教师对幼儿自选游戏情况、主题目的、材料使用、社会性参与、伙伴交往等方面进行的大致评价，具体可参考丁海东的"幼儿游戏一般性发展评价表"（有调整）（表8-1）。教师在游戏过程中可对照表格中的各类评价指标来观察幼儿的游戏，如幼儿表现出相

① 黄婉圣．幼儿行为观察与评价[M]．上海：复旦大学出版社，2020.

应的行为特征，教师可在“评价方式”一栏打“√”，并在“具体表现”一栏中描述幼儿具体的游戏表现。

表8-1　幼儿游戏一般性发展评价表

<table>
<tr><th>项目</th><th colspan="2">评价标准</th><th>评价方式</th><th>具体表现</th></tr>
<tr><td rowspan="3">1. 自选情况</td><td colspan="2">不能自选</td><td></td><td></td></tr>
<tr><td colspan="2">自选游戏玩具</td><td></td><td></td></tr>
<tr><td colspan="2">自选活动及玩具</td><td></td><td></td></tr>
<tr><td rowspan="3">2. 主题的目的性</td><td colspan="2">无意识行为</td><td></td><td></td></tr>
<tr><td colspan="2">主题不确定，易受他人影响而变换</td><td></td><td></td></tr>
<tr><td colspan="2">自定主题，能很快进入游戏情境</td><td></td><td></td></tr>
<tr><td rowspan="3">3. 材料使用</td><td colspan="2">共同商量确定主题，主题稳定</td><td></td><td></td></tr>
<tr><td colspan="2">不会用或简单重复</td><td></td><td></td></tr>
<tr><td colspan="2">正确熟练地运用常规玩法</td><td></td><td></td></tr>
<tr><td rowspan="10">4. 常规</td><td colspan="2">材料运用充分，玩法多样复杂</td><td></td><td></td></tr>
<tr><td rowspan="3">行为规范</td><td>行为有序</td><td></td><td></td></tr>
<tr><td>基本遵守规则</td><td></td><td></td></tr>
<tr><td>行为混乱，不守规则</td><td></td><td></td></tr>
<tr><td rowspan="3">玩具爱护</td><td>轻拿轻放，爱护玩具</td><td></td><td></td></tr>
<tr><td>基本爱护</td><td></td><td></td></tr>
<tr><td>不爱护、乱丢玩具</td><td></td><td></td></tr>
<tr><td rowspan="3">玩具整理</td><td>及时收放，认真整理</td><td></td><td></td></tr>
<tr><td>部分做到</td><td></td><td></td></tr>
<tr><td>不能整理</td><td></td><td></td></tr>
</table>

资料来源：丁海东. 学前游戏论[M]. 济南：山东人民出版社，2001.

（二）幼儿游戏环境评价

游戏环境是影响幼儿游戏行为的重要因素，对游戏环境创设的整体效果进行评价可以参考表8-2。其中数字“1～5”表示的是程度，5分是最高分，1是最低分，分数越大说明游戏环境创设的效果越好，教师可根据班级情况进行打分。

表8-2　游戏环境创设的整体效果评价量表

肯定评价	5	4	3	2	1	否定评价
1. 活动区的设置有利于促进幼儿身心全面发展，类型与数量适宜 2. 各活动区位置适宜 3. 各活动区提供的材料、种类、数量适当 4. 活动区的设置与幼儿年龄特点和实际水平相适宜 5. 能依计划投放和更换材料，变换玩法，激发幼儿新的需要 6. 各活动区之间关系协调 7. 因地制宜，充分利用场地 8. 幼儿有机会参与环境创设 9. 结合游戏规则的建立，增强环境中的自主因素 10. 自选游戏与集体教学适当联系，相互配合促进 11. 保证集中游戏时间，并充分利用零散时间						1. 活动区的设置类型单一、不足或过多 2. 位置不当，如图书角设置在楼道 3. 材料不足或过多，未体现教育意图 4. 活动区的设置与幼儿年龄不符 5. 材料投放是一次性的，无变换 6. 各活动区关系不当，相互干扰 7. 场地利用率低，未按需要加以调整 8. 环境创设由教师包办，幼儿无参与机会 9. 环境中无自主因素，儿童游戏混乱 10. 自选游戏孤立进行，未注意与正规教育教学的配合 11. 实践安排不足或游戏时间无保证

资料来源：丁海东．学前游戏论[M]．济南：山东人民出版社，2001．

本章小结

本章围绕幼儿园的基本活动形式——游戏活动展开论述，通过本章的学习可以掌握幼儿游戏活动的内涵、特点及常见的类型，了解游戏对于幼儿发展的价值，从而对幼儿游戏有初步的认识。幼儿游戏的开展需要适宜的场地、合适的材料以及充足的时间，这些条件需要教师为幼儿提供保障。不同类型的幼儿游戏在进行指导时有不同的侧重点，教师要重点掌握幼儿园常见游戏的指导要点，此外对游戏活动进行评价也是游戏指导时的重要环节。

关键术语

幼儿游戏、角色游戏、结构游戏、表演游戏、规则游戏、创造性游戏、平行游戏、合作游戏

建议的活动

观察幼儿园某一班级的一日活动，分析在一日活动中班级里的幼儿进行了哪些类型的游戏？这些游戏能否体现游戏的基本特征？

拓展阅读

游戏环境的“开放”和“封闭”

场景一：班上有5个娃娃家，2个在活动室拐角的城堡里，3个在阳台上，5个“娃娃家”的玩具、材料都一样，但教师发现孩子们每次最先选择的总是城堡中的“娃娃家”，然后才选择阳台上的。

场景二：活动室里有3个“娃娃家”。第一个放了一张床及一排封闭的柜子；第二个有独立的、仿真的粉红色娃娃家灶台，可以同时供两个孩子游戏；第三个设在一座塑料仿真小屋里，里

面有灶台和灶具，窗外放了一张桌子、几把椅子。在整个游戏过程中，第一、第二个几乎无人问津，而第三个则热闹非凡，孩子们玩得不亦乐乎。

思考：孩子们的游戏行为告诉了我们什么?什么样的环境是孩子喜欢的?怎样创设环境才能让孩子愿意玩?

分析：孩子们并不一定在乎玩具的颜色及仿真性，他们作为一个独立的个体，内心有对“个人空间”和“私密空间”的追求，喜欢选择相对封闭的游戏场所进行游戏（如场景一中独立的城堡娃娃家），因为“封闭”的空间对孩子来说意味着安全、自由个性化，在这样的游戏空间里孩子相对放松。而在教师目光注视下的“公共空间”，孩子则相对比较受拘束，不能完全放松地活动，但是孩子作为一个社会人，同样需要在“公共空间”里学会和人交往，学会在规则的前提下张扬自己的个性。

建议：作为教师，可以通过游戏场地的安排，帮助并促进孩子对“中心我”“边缘我”“个体我”与“社会我”的融合。例如，场景二的第三个娃娃家，教师非常巧妙地通过场地的安排，在塑料房子的外面放了小小的桌子和椅子，既满足了孩子对“个人空间”的需求，又为孩子提供了与同伴交往的机会。孩子在游戏的过程中既可以在房子里摆弄厨具，烧饭、做菜，又可以随时和外界进行交往，所以这个“娃娃家”特别热闹。而那个有着独立的仿真灶台的娃娃家里却没有人玩，因为孩子们并不喜欢这种完全散开的场地布局，只是喜欢到那里拿玩具材料。因此，在场地的利用、游戏区域的设置上应考虑如何让孩子在游戏中有归属感，在空间的“开放”与“封闭”之间形成一种合理的张力。

资料来源：邱学青. 学前儿童游戏[M]. 南京：江苏凤凰教育出版社，2008.

第九章 幼儿园教学活动

学习目标

1. 知识目标：熟悉并掌握幼儿园游戏活动的内涵及特点，掌握不同类型的教学活动设计的环节，了解幼儿园教学活动常见的教学原则、教学方法。

2. 能力目标：能按照幼儿园教学活动的原则，灵活选用多种教学方法和组织形式设计幼儿园的各类教学活动。

3. 素质目标：树立以幼儿为本的教学观，并在教学设计、组织指导等环节贯彻实施。

本章知识导图

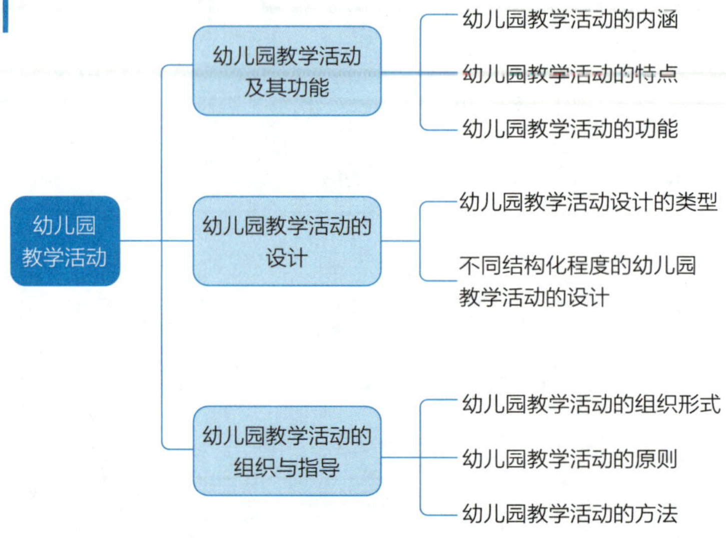

开篇案例

在一次主题为“怎样让大蒜立起来”的科学教育活动中，幼儿教师请孩子们借助橡皮泥、纤维绳、牙签等材料让不能竖立的大蒜头立起来。孩子们都很积极，有的孩子把大蒜头插在橡皮泥上，有的用牙签插上大蒜头……最后，教师示范用小刀将大蒜头横切成两截，放在桌子上，大蒜立起来了！[①]

上述案例中的教育活动虽然进行得很热闹，但问题是：“大蒜能否立起来”与“怎样立起来”是幼儿关心的事情吗？幼儿园的教学活动由哪些要素组成?教师应该怎样设计与组织幼儿园教学活动?

幼儿园教师资格证考试·考点预测◎

在幼儿园教师资格证考试科目《保教知识与能力》中，本章内容关联内容是“学前教育原理”模块，对应考试大纲知识点为：理解学前教育的基本原则，理解幼儿园教育的基本特点，能对教育实践中的问题进行分析。考点主要有：幼儿园教学活动的原则、幼儿园教学活动的方法、幼儿园教学活动的设计等。在历年教师资格考试中占分较多，题型主要是单项选择题、论述题和活动设计题。

第一节　幼儿园教学活动及其功能

教学活动、游戏活动和生活活动是幼儿园的三大类活动，其中教学活动有着非常重要的地位。《幼儿园教师专业标准（试行）》中明确提出，教师应该具备教学活动设计与实施的能力，支持和促进幼儿的主动学习。

① 虞永平，王春燕．学前教育学 [M]．北京：高等教育出版社，2012.

一、幼儿园教学活动的内涵

在幼儿园，教学被称为教学活动，是教师根据教育目的、教育纲要，有计划、有目的地指导儿童的学习活动。它包括集体（全班或分组）的教学活动、教师对个别儿童的专门指导、区域活动等多种多样的学习活动，这些活动有机结合、相互联系，共同促进儿童身心和谐发展。

在幼儿园教学活动中，教师立足于教学目标、教学任务和教学内容来组织和实施教学活动。与游戏活动相比较，就教学本身而言，它更多强调的是教师的作用，强调的是教学的“结果”。幼儿园教学活动是幼儿园开展全面发展教育必不可少的一部分，是游戏活动、生活活动所不能取代的。它必须与游戏、生活等活动有机结合，才能实现幼儿全面发展的教育任务。

二、幼儿园教学活动的特点

幼儿园的教学活动与其他年龄阶段的教学活动一样，都具有目的性、计划性等共同特性。但另一方面，由于幼儿这一教育对象的特殊性，幼儿园的教学活动与中小学教学活动有着显著的区别。

（一）整合性

《幼儿园工作规程》指出，要合理地综合组织各方面的教育内容，并渗透于儿童一日生活的各项活动之中，充分发挥各种教育手段的相互作用。幼儿园教学活动的整合性指的是幼儿园教学活动应促进幼儿认知、情感和技能各方面的整合发展。因为一个完整的儿童也应该是体、智、德、美全面发展的。

这种整合主要体现在两个方面，一方面是教学内容的整合，即各领域教学活动互相渗透。这种渗透和整合包括同一领域内的整合，如科学领域内容前后有一定的逻辑关系；也包括不同领域间的整合，这类整合最典型的代表无疑是主题式的教学活动。相对于分领域的教育活动而言，主题式的教育活动更能体现整合统一性特点的活动形式，当今它也成为幼儿园课程和教育活动的主要呈现样式。另一方面是幼儿园教学资源、方法、形式、手段等的整合。

（二）活动性

幼儿的学习是以直接经验为基础的，是在与周围环境相互作用中得到发展。因此，作为教师在教学活动中应充分调动幼儿的多种感官积极参与活动，发挥幼儿的积极性、主动性和创造性，鼓励他们通过亲身的观看、倾听、摆弄、操作来感知和认识事物，了解事物的特征，发现事物的变化与关系。比如，在活动中给幼儿提供看一看、听一听、摸一摸、尝一尝等直接操作的机会。

（三）生活性

《幼儿园教育指导纲要（试行）》提出了“各领域的内容要有机联系，相互渗透，注重综合性、趣味性、活动性，寓教育于生活、游戏之中”的实施原则。幼儿园教学活动在体现综合、活动性特点的同时，也反映出营造与儿童生活相一致、密切贴近儿童生活世界的趋向，这便是幼儿园教育活动生活性的体现。

一方面是教学活动内容的生活性。这意味着幼儿园教师必须关注儿童的现实生活，在教育活动的内容上注重让现有知识与儿童的生活世界相沟通，与儿童的经验、需要相联系。例如，在数学教育活动中，教师可以帮助幼儿从生活中寻找、捕捉数学的内容，同时也学会让幼儿用数学来解决生活中的问题。

另一方面是教学活动的途径与环境场所的生活性。即在开展教育活动的过程中，用接近生活情境的方式让幼儿回归真实生活的背景中，体验和积累经验，更主动、积极地进行探索和学习。同时，在教育活动场所和环境方面，突破有限的活动室空间，走进无限的“大社会”空间。这种“大社会”空间，既可以是走进大自然——树林、草地、山坡、花园等；也可以是进入博物馆、展览会、建筑群等。

（四）游戏性

《幼儿园工作规程》指出幼儿园应“以游戏为基本活动，寓教育于各项活动之中”，游戏对学前儿童来说是重要的学习途径。在幼儿园教学活动中，游戏与学习的关系是辩证统一的，游戏既是娱乐，也是学习。幼儿在园的一切活动都带有浓厚的游戏性，游戏是幼儿的基本活动形式。

同时，游戏具有丰富的教育价值，它可以促进幼儿运动能力、认知能力、社会性与情感的发展。游戏符合幼儿的内部需要，可以让幼儿在没有压力的情况下，积极主动、富有创造性地学习，从而大大降低为达到某种目标而产生的紧张感。

（五）灵活性和多样性

幼儿园的教学形式具有多样性的特点，教师可以根据教学的需求采用集体教学活动、小组教学活动或个别教学活动的其中一种或综合使用。多样化的教学组织形式则决定了教学方法的灵活性。因此，在实际教学中，教师应该根据不同的教育目的、教学内容、教学对象、教学情境选择不同的教学方法，促进儿童的全面发展。

三、幼儿园教学活动的功能

幼儿园的教学活动是幼儿园三大类活动之一，它有区别于游戏活动、生活活动的独特功能。

（一）幼儿园教学活动能促进幼儿的全面发展

幼儿园教学活动是对幼儿实施全面发展教育的重要途径，它直接影响着幼儿身心发展的质量和水平，能为幼儿的终身学习打下坚实的基础。

与日常生活活动、游戏活动相比，幼儿园教学活动对儿童的全面发展起到的作用更加直接，同时也更有目的性、计划性。在幼儿园教学活动中，教师能根据教育目的选择适宜的教学内容、教学方法、教育组织形式来促进幼儿的发展。例如，开展健康、社会、语言、科学、艺术五大领域的教学活动或“单元主题式”整合课程，促进学前儿童在身体、认知、社会性、美的感知与表现等方面全面发展。学前儿童通过教学活动中的主动学习，可以获得相应的知识经验，发展一定的情感、态度和智能。

教学活动可以从规范儿童行为，培养孩子良好习惯入手，使儿童学会学习、学会生活、学会做人，保持持久的学习兴趣，掌握正确的学习方法，养成良好的学习习惯，从而为学前儿童终身学习奠定坚实的基础。

（二）幼儿园教学活动可以提高幼儿教师的专业素养

幼儿园教学活动不仅可以促进幼儿的全面发展，同时对于教师自身的专业成长也有非常重要的意义。教师在进行教育活动前需要了解班上具体幼儿的特点，了解教学内容与幼儿生活的联系；在教学过程中要随时观察幼儿的反应，灵活地对活动进行调整；教学结束后要考虑活动的延伸与衔接。教师通过全身心投入自己的教育教学活动设计和组织中，不断反思自己的教学行为，从而不断提高自身的教育观念、教学素养、教育艺术，达到提高自身教育素养、促进专业成长的目的。

（三）幼儿园教学活动是幼儿园教育改革的重要阵地

幼儿园教学活动不是随心所欲任意开展的，教师必须根据《幼儿园教育指导纲要（试行）》、《3～6岁儿童学习与发展指南》精神和幼儿身心发展的实际水平有目的、有计划地设计。教学活动的开展过程受到各种因素的影响和制约，它是转化教育目标、内容、活动方式的具体过程，充分体现了设计者的某种教育理念。通过对幼儿园教学活动的教学设计、组织和反思，每一次教学活动无论成功还是失败，都是下一步教学研究的基础。

第二节　幼儿园教学活动的设计

在教学活动进行之前，教师通常需要提前对教学活动进行设计，以便取得期望的教学效果。幼儿园教学活动设计是指幼儿园为实现教育目的和任务，根据学前教育相关文件的精神，结合幼儿园的实际和幼儿的特点，制订工作方案和实施规划的过程。

一、幼儿园教学活动设计的类型

在幼儿园教学活动中，教师既需要在活动进行前预先设计，也需要随时观察幼儿的需要，及时对活动进行调整，即预成与生成相结合。

（一）预成设计

预成设计是指教师在分析儿童目前的知识能力发展特点和需要的基础上，结合目标的要求选择适当的内容和方法，设想活动的步骤、可能出现的问题以及解决方法等，写出活动方案的过程。预成设计能加强活动的目的性和科学性，对于缺乏经验的教师来说，掌握这种设计技能尤为重要。[①]

（二）生成设计[②]

生成设计是指教师在教学活动现场，针对活动中出现的问题、现象，为决定接下来所要进行的有针对性的教学活动而进行的临时设计。这种设计既可以是对预定的某个环节的临时调整，也可以是针对儿童自发的学习而临时进行的设计。

① 卢新予，柳阳辉．学前教育学 [M]．郑州：郑州大学出版社，2012．
② 李少梅．学前教育原理 [M]．北京：高等教育出版社，2016．

在实际的幼儿园教学活动中，教师不能机械地照搬计划，用预成设计束缚儿童的创造力。教师应有教育机智，要随时关注生活、关注儿童的兴趣，根据儿童生活中突发的、有教育意义的事件来调整教学计划，在“预成”和“生成”之间找到一个平衡点。

二、不同结构化程度的幼儿园教学活动的设计

幼儿园教学活动的设计样式多种多样，不同的幼儿园教学活动特点决定了教学活动的设计样式的不同，可以分为幼儿园领域教学活动、幼儿园主题教学活动及区域教学活动等类型，考虑到区域活动在第十章中会详细论述，因此，这里主要介绍幼儿园领域教学活动和幼儿园主题教学活动的设计。

（一）幼儿园领域教学活动

《幼儿园教育指导纲要（试行）》中将儿童的学习领域划分为健康、语言、社会、科学、艺术五个方面。在特定领域的教学活动中，教学内容的组织要结合领域特点，系统地组织与安排，循序渐进地开展相关教学活动。

1. 幼儿园领域教学活动设计的基本环节

幼儿园领域教学活动设计的基本环节包括活动设计意图、活动名称、活动目标、活动准备、活动过程、活动延伸等。这些环节之间相互联系，形成了教学活动的整体结构，并直接决定着教学活动的效果。

（1）活动设计意图。活动设计意图主要包含：选题原因及分析、对象特点及发展水平分析。是根据当地的教育资源、幼儿园及学前儿童的实际情况，结合活动内容，概述活动过程中拟实践的教育理念、原则、方法等。

（2）活动名称。一个规范的活动名称一般包括三个要素：年龄段、内容（领域）、具体活动名称。年龄段是指该活动适合的年龄班，包括小班、中班、大班；内容是指活动属于哪一领域，包括健康、语言、社会、科学、艺术五大类；具体活动名称是这个活动具体的内容，如大班科学活动“有趣的滚动”，这一活动名称清晰地体现了以上三个要素。

（3）活动目标。活动目标是指某一具体活动中儿童应获得哪些情感体验与态度，发展哪些方面的能力，掌握哪些知识与经验。是通过教学活动所要达到的预期结果。活动目标是幼儿园教学活动的出发点和归宿。在进行幼儿园教学活动目标设计时要注意以下几个方面：

①注意目标的整体性，重视幼儿情感发展。教师在拟定具体目标时应包括情感态度、能力发展、认知（知识）经验三个方面。目标要尽可能全面，避免单一。三个方面的目标常用词语如下：

· 情感态度目标：感受、体验、有好奇心、喜欢、愿意、乐意、乐于。

· 能力发展目标：能主动、能听懂、能努力、能清楚、能运用、能掌握、会。

· 认知（知识）经验目标：理解、遵守、学会、接受、知道。

②注意目标的发展性，避免过难或过易。教师制定的目标要符合班级大多数儿童的发展水平，且应该在儿童的“最近发展区”内设计目标，即“跳一跳能摘到桃子”。这要求教师在设计目标时需要对班级幼儿的身心发展水平和已有经验有充分的认识。

③注意目标的层次性，关注每一个幼儿。教师要了解班上幼儿，根据幼儿的不同水平设计不同层次的目标，从而促进每一个幼儿的发展。

④活动目标的表述应以幼儿的“学”为中心，避免以教师“教”的角度来表述。同时，目标要表述为幼儿具体的可观察的变化，避免过于笼统，语言要简洁明了等。

（4）活动准备。活动准备包括教学活动正常开展需要的知识经验准备和物质材料准备。知识

经验准备包括活动前幼儿通过各种方式已获得的相关知识经验、必要的情感、心理准备等。物质准备包括活动进行中需要用到的材料、环境布置、活动场地等。教师要根据教育目标、儿童的身心发展水平来进行活动准备。同时要积极引导幼儿主动参与材料、环境的准备。

（5）活动过程。活动过程是指幼儿园教学活动的展开过程，是教师根据一定的目标、要求和儿童身心发展的特点，借助一定的教学方法，引导儿童认识世界，并在此基础上发展自身的过程。在对教学活动过程进行设计时，教师一定要做到心中有目标，在活动设计的每一个环节中都要有目标意识：幼儿在本次活动中要获得哪些发展？可以设置哪些活动来实现活动目标中预设的幼儿发展？幼儿园教学活动过程一般包括导入环节、基本环节、结束环节三大环节。

①导入环节。这一环节主要目的在于创设情境，激发幼儿的学习动机，集中幼儿的注意力。提问、讲故事、玩游戏、猜谜语等都是常用的活动导入方式，这一环节一般不超过3分钟。

②基本环节。这一环节是活动过程的主要部分，是教师引导幼儿主动学习，以实现活动目标的过程。在基本环节，教师要尊重幼儿在学习过程中的主体地位，多为幼儿提供操作、探索、表达的机会，营造平等、愉快、宽松的师幼互动氛围。基本环节一般可设置3～4个子环节，各子环节的安排应该科学、合理，衔接自然，时间安排上有一定的灵活性。同时应注意减少不必要的集体活动和过渡环节，以免出现幼儿消极等待的现象。

③结束环节。这一环节是对学习内容的归纳和总结。包括教师对教学活动的总结，也包括活动中儿童行为表现的小结。

（6）活动延伸。活动延伸是在某个活动结束之后，还可以引发并组织其他的活动以促使该活动目标更好地达成。教师可以将活动延伸至家庭，可以更好地进行家园共育；教师可以将活动延伸至下一个活动，将有助于实现幼儿活动的整体性；教师还可以将活动延伸至区域活动，从而将教学活动、生活活动和游戏活动进行有机结合。

2．幼儿园领域教学活动设计的注意事项

教师在领域教学活动的设计过程中要注意将知识传授与儿童的兴趣结合起来，换言之，就是既要顺应儿童的自然发展，又要将儿童的发展纳入社会所需要的轨道。在设计领域教学活动时，教师除了掌握教学设计的基本环节之外，还需要注意其他一些事项。

（1）活动设计中要体现领域特点。不同学习领域的教育活动在教师的教学和幼儿的学习方面有不同的规律和要求，教育活动设计要符合这些规律和要求。因此，教师在设计领域教学活动时需结合教学内容参照具体领域的发展目标进行设计，从活动目标、活动过程等部分体现出该领域的特点。

（2）活动设计时要考虑领域间的相互渗透。《幼儿园教育指导纲要（试行）》指出："各领域的内容相互渗透，从不同的角度促进幼儿情感、态度、能力、知识、技能等方面的发展。"各领域教育活动都有自己的特点，但也不是完全分割、各自独立的。

各领域教育活动之间的渗透更有利于保持幼儿对教育活动的兴趣，也能让幼儿获得的知识经验更具联系性、整体性。例如，在刷牙的健康教育活动中教师经常会加入一些朗朗上口的儿歌。例如，"手拿花花杯，喝口清清水，抬起头、闭着嘴，咕噜咕噜吐出水"。教师还可以带领孩子们参观牙医门诊室。这样，健康教育活动和语言、社会教育活动就实现了相互渗透。

（3）活动设计时要分析活动素材，找准定位。教师在利用教材内容时，既要尽量从不同层面对活动内容或素材进行挖掘和设计，又要从幼儿的身心发展水平与已有经验出发分析素材所蕴含的核心经验，从而设计适宜的教育活动目标和内容。

例如，中班语言领域活动"家"中用到一首儿歌：

蓝蓝的天空是白云的家，

密密的树林是小鸟的家，
绿绿的草地是小羊的家，
清清的河水是小鱼的家，
红红的花儿是蝴蝶的家，
快乐的幼儿园是小朋友的家。

儿歌中的天空、白云、树林、小鸟等是幼儿非常熟悉的事物，“蓝天是白云的家”“树林是小鸟的家”等内容对于中班的幼儿来说不存在任何理解上的困难。所以，不宜把活动目标定位在“熟悉”“理解”与“掌握”儿歌上，而内容也就不应着重于反复地看图讲解、复述儿歌。同时，该儿歌句式统一、简单、重复，对仗工整，非常适合中班幼儿进行仿编，幼儿只需要欣赏1～2遍就能掌握句子的结构特点，教师可提供另外几组事物的图片，启发幼儿在原有儿歌基础上续编儿歌。①

（二）幼儿园主题教学活动

在当前幼儿园的教学活动中，除了分领域的集体教学活动形式外，主题教学活动也是非常常见的。接下来重点要介绍的内容是幼儿园主题教学活动的概念、主题网络的绘制和主题教学活动的设计。

1．幼儿园主题教学活动的概念

主题是指课程的某一单元、某个时段所要讨论的中心话题。幼儿园主题教学活动是指通过对这些中心话题的讨论，对中心话题中蕴涵的问题、现象、事件等的探究，使幼儿获得新的、整体的、联系的经验。幼儿园主题教学活动有如下特点：教师教学、决定内容，或幼儿根据较广专题的学习经验发起活动。主题教学活动是当前的幼儿园日常教学中常见的教学活动形式。

2．主题网络的绘制

教师在选定主题，决定采用主题教学活动的形式开展教学后一般需要绘制一张主题网络图（图9-1）。主题网络是以中心的主题为核心，向外分析彼此相关的主要概念和次要概念，即该主题的知识架构，共同构成一个完整的主题。然后在其下设计能达成这些概念的各领域游戏与经验，包括健康、社会、科学、语言、艺术等。

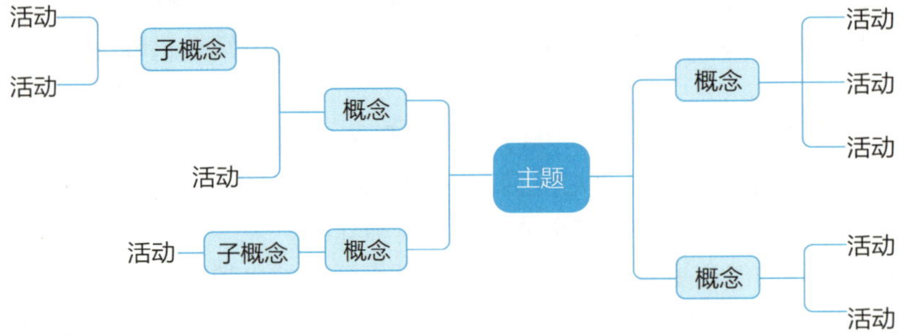

图9-1 主题网络图

3．主题教学活动的设计

幼儿园主题教学活动的设计一般包括以下五个部分：主题名称、主题设计思路、主题目标、主题网络、主题系列活动。主题系列活动即围绕该主题可以开展的活动，活动类型包括领域教学

① 虞永平，王春燕．学前教育学 [M]．北京：高等教育出版社，2012.

活动、区域活动、游戏活动、家园共育活动等。在主题教学活动的过程中，事先设计好的内容并非都要呈现出来，教师要根据幼儿的兴趣与需要及时调整并生成新的活动。

案例

大班主题活动：我是中国娃

主题设计思路：

进入大班后，小朋友们对祖国各地的风景名胜、各地物产等有了初步的了解和探究兴趣，《指南》中指出，大班幼儿能“知道国家一些重大成就，爱祖国，为自己是中国人感到自豪”“知道自己的民族，知道中国是一个多民族的大家庭，各民族之间要互相尊重，团结友爱”。恰逢国庆到来之际，教师选择了这一主题内容，幼儿在这个主题的学习情境中，通过参观欣赏、交流分享等多样化的表现形式，了解祖国的壮丽山河、重大成就、各民族特色，从而产生归属感，为自己是中国人感到自豪。

主题目标：

1. 知道自己的民族，知道中国是个多民族的大家庭。认识国旗、国徽，了解国家一些重大成就、民俗文化，为自己是中国人感到骄傲。

2. 知道升旗的礼仪，激发尊敬国旗、爱护国旗的责任感，有做小小升旗手的光荣感。

3. 在成人的引导下能制定“我是中国娃”活动规划，根据自己的特点自主选择参加相应的活动，愿意用各种形式，如绘画、唱歌等来表达对祖国的喜爱。

4. 积累一定的空间方位识别经验，对中国地图感兴趣，学会看地图的一些简单方法。

5. 乐于收集并欣赏有地域特色的物品，尝试为表演选择和搭配相应服饰、道具和布景。

6. 初步了解当地的特色民俗，并对传统民间艺术和地方民俗文化活动感兴趣。

主题网络（图9-2）：

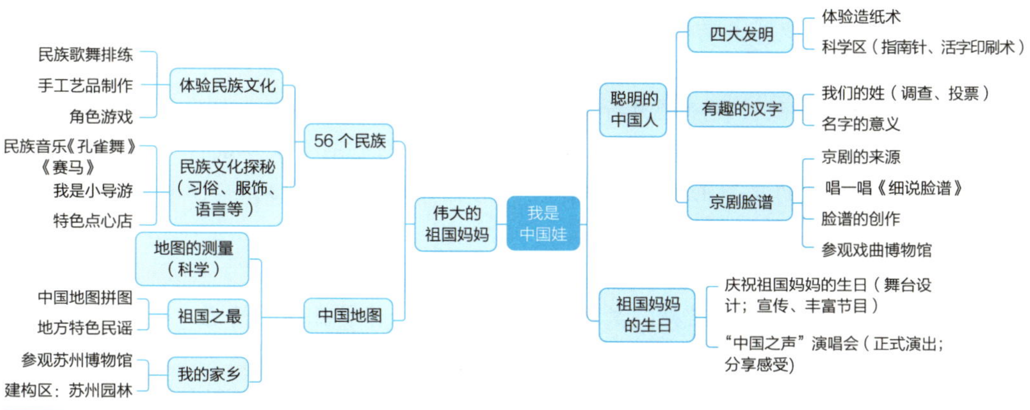

图 9-2 “我是中国娃”主题网络图

主题系列活动：

子活动：大班社会活动之神奇的造纸术

活动目标：

1. 了解纸的演变过程，知道纸是如何做出来的。

2. 积极参与纸的制作过程，锻炼手眼协调能力、观察能力。

3. 知道纸的原材料是树木，萌发爱护环境、保护森林的情感。

活动准备：

皱纹纸、电光纸、报纸、PPT文件、纸巾、透明杯、木棒、纱网、纱网架。

活动过程：

（一）提问导入

师：小朋友们好，今天上课前，老师先让大家看一件东西，你们知道这是什么吗？它有什么作用呢？（纸张，可以用来写字，印书）

（二）引导幼儿梳理、总结纸的演变过程

1. 了解历史上出现的不同的书写品。

师：现在我们有了纸，在纸上写字，用纸印刷书本，可是很久以前，还没有纸的时候，古代人把字写哪里呢？（让幼儿议一议，然后展示龟壳、竹简、布的图片）结合PPT文件讲述。

（1）介绍龟壳。我们的祖先为了记事，就把字刻在动物的骨头或者外壳上。

小结：骨头和龟壳很硬，要用刀刻，不方便。

（2）介绍竹简。后来古代的人想方法把字写在竹片上，然后用绳子把竹片一片片连接起来，变成一本书。小朋友们，你们觉得哪种书好？好在哪里？

（3）介绍布。后来古代人又动脑筋把字写在布上。布与甲骨、竹简相比，哪种好？好在哪里？布跟纸比，哪种更好？为什么？

小结：比较龟壳、竹简、布作为书写品的优缺点，让幼儿知道中国古代人的勤劳聪慧。

（三）介绍蔡伦及造纸术，激发幼儿动手做纸的兴趣

1. 出示蔡伦画像，提问：你们认识他吗？知道他是谁吗？

师：蔡伦是我国古代的一位科学家，造纸术的发明者。

2. 结合视频，讲述制作纸的过程。

看，这位小朋友正在做造纸实验呢，我们一起来看看他是怎么做的吧。

小结：将废旧纸张撕碎，越小越好，然后放在适量的水中浸泡；加入胶水并用木棒搅拌均匀；把做好的纸浆放在沙网上脱水，然后均匀地平摊在塑料板上压平，最后晒干即可。

（四）利用教师提供的材料，引导幼儿自己动手做纸，体验动手做纸的乐趣

1. 幼儿动手体验造纸，教师巡回指导。

师：看了视频里的小朋友做造纸小实验，你们想不想自己动手试一试啊？

请小朋友们到后面的桌子上进行操作，操作之前听好规则。规则一：6个人一桌，相互合作进行。规则二：纸浆不要弄到外面。

2. 组织幼儿交流展示。

（五）讲述纸张的主要原料是树，激发幼儿爱护环境、保护森林的情感

师：小朋友们，你们知道制作纸的原材料是什么吗？幼儿答复。

小结：因为制作纸张的主要原料是树木，一棵5～6岁的大树可以制作750张左右的纸，所以，大家要节约用纸，从而减少对树木的砍伐。

活动延伸：

回家后跟爸爸妈妈一起讨论、交流，动手试一试还有哪些材料可以做成纸吧。

第三节　幼儿园教学活动的组织与指导

一、幼儿园教学活动的组织形式

幼儿园常见的教学组织形式可以分为集体教学活动、小组教学活动、个别教学活动三大类。

（一）集体教学活动

集体教学活动是教师面向全体幼儿的教学活动形式。教师组织全班幼儿在同一时间、同一空间下进行教与学的活动。这种教学形式的优点是便于教师对幼儿实施统一的教学计划，如果教师的引导方法恰当，可以达到较好的效果。但是集体教学活动的缺点也比较明显，教师面向全体幼儿，与幼儿个体的互动非常有限，难以照顾幼儿的个别需要。

（二）小组教学活动

小组教学活动是教师在一定时间内面向部分幼儿的教学活动形式。教师根据幼儿的能力差异、任务的不同、自由组合或其他原因将幼儿进行分组，在各组轮流进行指导。这种形式便于教师分组、分层指导，也有利于幼儿小组内的合作与交流。

（三）个别教学活动

教师根据个别幼儿的特殊需要进行指导的教学就是个别教学活动。例如，教师在活动区内指导个别幼儿、针对教学中个别幼儿出现的困难进行单独辅导等。这种形式的教学形式便于教师关注每一个幼儿的个别差异，并因材施教。但是，由于在进行个别教学时，教师难以照顾到其他幼儿，所以在班级人数较多的情况下，个别教育的时间会比较少。

以上三种教学活动形式各有利弊，如果教师在教学过程中能将这三种形式互相配合、互相补充、互相转换，将能更好地完成教学任务。

二、幼儿园教学活动的原则

在对幼儿园教学活动进行设计、组织指导的过程中，幼儿教师可以参照以下教学活动原则来对自己的教学活动进行调整。

（一）活动性原则

活动性原则就是要让幼儿在真实的活动中，通过感知、操作、体验、交流来主动地进行学习。

幼儿是在活动中学习、获取经验并得到发展的。既然幼儿的身心发展是在和周围环境中各种事物、人和事件的相互作用中实现的，那么教育幼儿就需要从活动入手，让他们在实践中学习，获得必要的经验和体验，从而真正地得到发展。

因此，幼儿园教师要成为幼儿学习与发展的支持者、合作者和引导者，在教学活动中要有意识地创设适宜的环境和条件，让幼儿在具体的活动中感知、探索、操作、练习，通过运动、与人交往、解决问题进行表达和表现，从活动过程中不断获得新的经验而实现发展。静坐听讲式的课堂教学方式不适合学前儿童。

（二）直观性原则

直观性原则是指利用幼儿的各种感官和已有经验，运用各类直观手段吸引幼儿的注意力，丰富幼儿的直接经验和感性知识，帮助幼儿形成正确的概念，获取知识和技能，发展智力。贯彻这一原则时应注意两个方面。

1. 恰当选择和运用直观手段

常用的直观手段有三大类：第一类是实物直观，如观察实物、标本、实地参观、小实验等；第二类是模象直观，指观察图片、图书、模型、玩具等。电化教具，包括多媒体课件、录像、录音、电视、电影等也属于模象直观；第三类是言语直观，主要指教师在教学过程中使用的情境性语言。

教师应根据不同的教学目标、内容及年龄班的要求，灵活地选择直观手段，以激发幼儿的学习动机，帮助幼儿理解和掌握学习内容。不过，在运用直观手段进行教学时应注意所选用的直观手段的代表性，要紧扣教学内容，且不宜过多。

2. 直观手段要与训练幼儿感官和动作相结合

运用直观手段进行教学活动时，应让幼儿有较多机会摆弄物体，看、听、摸、闻、尝、做，供幼儿操作的材料力求人手一份或每组一份，以训练幼儿的感官和动手能力。

（三）发展性原则

发展性原则就是通过教学让幼儿在原有的发展水平上得到身心和谐的、充分的、可持续的发展。

维果茨基提出了“最近发展区”这一概念，他认为教学与发展是互相依赖的，二者之间存在着复杂的关系，好的教学能创造最近发展区。这意味着教学不应当跟在发展的后面，应当促进儿童从当前的发展区域向最近发展区域过渡。

《幼儿园教育指导纲要（试行）》多次提出教学过程中要“以幼儿发展为本”的思想，进一步提升了发展性原则的重要性。遵循发展性原则，教师从制订教学方案做起，设置教学目标，选择教学内容、方法、手段，都应把儿童得到“发展”作为核心思想，尽量做到既适合儿童的现有水平，又有一定的挑战性。既符合儿童的需要，又有利于长远的发展。①

（四）科学性原则

科学性原则是指幼儿园教学活动的教学内容要准确，教学方法等要符合幼儿的身心发展水平。

1. 教学内容要具有科学性

针对学前儿童的教学内容虽然是启蒙的、浅显的，但是，教师却不能因此而随意教学，教师对知识的介绍、说明、讲解、分析、举例等必须保证准确无误，避免给儿童造成错误的第一印象，影响其将来对知识的学习和理解。

2. 教学方法要具有科学性

教学方法的选择需要遵循幼儿身心发展规律，尤其是认知规律，不能盲目地采用不适宜于幼儿认知特点的教学方法。一切不顾幼儿发展水平和年龄特点进行的揠苗助长式的教育，都是违背科学性原则的，是对幼儿发展有害的。

（五）积极性原则

积极性原则是指教师在教学过程中应注意让幼儿产生主动学习的愿望，引导幼儿积极地参与

① 黄人颂. 学前教育学[M]. 北京：人民教育出版社，2015.

活动，以促进幼儿的发展。

只有当幼儿的主动性、积极性被调动起来之后，他们才能全身心地投入学习活动中，成为学习的主人。贯彻这一原则要注意以下两个方面。

1．关注幼儿，精心设计与组织教学活动

教师应注意根据幼儿身心发展的特点，设计、选择和编排幼儿感兴趣的教学内容，设计教学活动时应注意结合幼儿的实际，考虑到幼儿的已有经验。在教学过程中，教师要注意调动幼儿的生活经验，较多地运用启发式教学方法。另外，教师还应注意观察幼儿在活动中的反应，随时调整自己的教学指导方式，以最大限度地发挥幼儿的积极性。

2．坚持正面教育，营造民主宽松的教学氛围

在教学活动中，教师应加强与幼儿的交流，建立起平等的师幼关系，营造一种民主、宽松的教学氛围。在同样的学习活动中，不同幼儿可能会用不同的方式进行探索，并用不同的方式表达自己的发现。教师应鼓励幼儿用多样化的方式进行探索和表达，保证他们在学习过程中能得到积极的情感体验，这种积极的情感体验对幼儿未来的学习和发展意义重大。

三、幼儿园教学活动的方法

在幼儿园的教学活动过程中，为了更好地实现教学目标，促进幼儿的发展，教师通常会结合具体教学活动的特点来综合采用不同的教学方法。幼儿园常用的教学方法有以下五种。

（一）直观法

直观法是让幼儿直接感知学习对象的教学方法，它符合直观性教学原则，也符合儿童初步具有表象思维的特点，是幼儿园教学活动中常用的方法。直观法一般包括观察法、演示法、示范法等。

1．观察法[①]

观察法指在幼儿自发或在教师引导下，幼儿有计划、有目的地感知客观事物的教学方法。包括对个体的观察、比较性观察、长期系统的观察等形式。观察法是幼儿获得直接经验的重要途径，是幼儿园教学活动的基本方法。

运用观察法时应注意以下几个方面：

（1）在观察前，要给幼儿提出明确、具体的观察要求。例如，秋天来了，教师带幼儿到户外去观察地上的落叶，可以通过提问或制作表格等方式来帮助幼儿有目的地进行观察，如请幼儿注意观察落叶的颜色，落叶的形状等。

（2）在观察过程中，教师要用语言和手势指导幼儿注意观察对象的特征、变化和细节，并教会幼儿按顺序观察和比较。同时，教师应调动幼儿的多种感官参与观察，鼓励幼儿在观察中进行讨论。例如，教师带幼儿去观察院子里的樟树，可以提醒幼儿用看一看、摸一摸、听一听、闻一闻等多种形式来感知。

（3）在观察结束后，教师应对幼儿获得的观察印象进行总结，进一步梳理和巩固幼儿通过观察获得的知识。同时，还应组织幼儿用书写、绘画、录音等多种形式来做观察记录，锻炼幼儿的表达能力。

2．演示法

演示法是教师向幼儿展示实物或直观教具，引导儿童观察事物的特征或操作环节，从而获得对某一事物或活动的比较完整的经验与认知。在幼儿园的科学活动、语言活动中较常使用演示

① 李少梅．学前教育原理［M］．北京：高等教育出版社，2016．

法，如要认识各种水果，教师一般会先出示实物，引导儿童进行观察。

运用演示法应注意以下问题：

①演示前要做好准备，教师要根据教学内容制作好演示教具。

②演示时应注意方式与效果。教师要尽量使全体儿童都能观察到演示活动。

3. 示范法

示范法是教师通过自己或儿童的语言、动作、声音为儿童提供可以参照的榜样，是儿童模仿学习的必要方法。比如，在体育教学中教师示范动作要领；艺术教学中教师的范画、范唱、舞蹈动作示范等，都是采用的示范法。

（二）游戏法

游戏法是指教师以游戏的口吻或用规则游戏组织教学的方法。游戏法的使用是幼儿园教学活动区别于中小学的典型特点，是幼儿园教学中使用的主要方法。

运用游戏法组织教学，符合幼儿爱玩的天性，能够激发幼儿的学习兴趣，调动幼儿学习的主动性、积极性，进而达到良好的学习效果。教学活动中运用游戏法是为教学服务，有教学目的，此处的游戏不同于一般的强调自主自愿的幼儿游戏。

游戏法可以在教学活动的某一个环节中使用，也可以贯穿教学活动的整个过程。例如，在教学活动的导入环节，教师采用与教学内容相关的小游戏，很快将儿童的注意力集中到教学上，激发起他们学习新本领的兴趣。再如，体育活动“小小野战军”中，需要幼儿手脚协调匍匐前进，为了增强活动的趣味性，活动过程中始终用野战游戏情境开展动作教学和练习。

（三）实操法

实操法是儿童在教师的指导下通过自身的操作活动进行学习、探索的方法，它符合儿童好动好玩和直觉思维的特点。动手操作是儿童认识世界的重要实践活动，也是儿童巩固新知识、形成技能技巧的方法。

实操法在具体运用中分为实验和操作两种方法。实验法是教师为儿童提供实验材料，启发、指导他们自己开展探索性或验证性的实验，在科学领域的教学中比较常用。操作法同样需要教师为儿童提供操作材料，指导或由儿童自行操作材料，让儿童在与材料的互动中思考、发现、验证、巩固、练习。

教师要保证材料和环境安全、有趣、丰富并且蕴含教育意义；要持鼓励、开放的态度，有充分的耐心和信任让儿童自由探索，不可急于指导和包办代替。

案例

皮球里面的弹簧

一个幼儿抱着大皮球过来告诉老师：“老师，皮球还能拍呢。”“你知道皮球为什么能拍吗？”教师反问她，她一本正经地说：“因为它里面有弹簧。”她边说边用两只手按了按球。老师问：“你怎么知道有弹簧呀？”她认真地说：“我们家气筒上面有一个小弹簧，妈妈把小弹簧一打，就打进去了。皮球就能弹起来了。”原来，在气筒上有一小节弹簧，在打气的过程中，弹簧被压下去又弹上来，她便认为弹簧被打到球里去了。

与幼儿交谈后，老师找来一个打气筒，请她自己给一个瘪瘪的皮球打气。操作前，老师引导她将气筒口对着自己的手心打气，看看到底有没有弹簧出来。打完气之后，老师又让她将皮球中的气挤到手心，看看打进皮球里去的到底是什么。最后，这个孩子终于确认皮球里装的不是弹簧，而是空气。

（四）口授法

口授法是教师运用口头语言开展教学的方法。这是教师与幼儿相互交流的主要媒介，也是最便捷、最常用、最能传达感情的教学方法。口授法包括讲述和谈话两种类型。讲述是教师用口头语言来描述、讲解某事物、现象或作品。谈话是教师根据儿童已有的知识或经验，通过相互问答、谈论、延伸，引导儿童分享的教学方法。

运用口授法的过程中，幼儿教师应注意以下问题：

①应考虑幼儿的年龄特点，口头讲解尽量浅显易懂、生动形象、简明扼要、富有感情，让孩子乐意听、听得懂；

②口头讲解尽量与演示、示范相结合，或辅以恰当的肢体动作；

③提问要注意具体明确，富有启发性、开放性。

（五）探索发现法

探索发现法就是在教学活动中引导儿童通过自身主动对事物、现象的探索，从而发现事物的特点、属性和相互关系的方法。

美国心理学家布鲁纳是发现法的倡导者，他指出学习过程中的发现法不同于通常人们所理解的对未知事物的发明、发现和创造，发现法是指学习者在学习过程中主动地探索，重新发现和吸取人类已有的知识和经验的过程。

教师要给幼儿充分的活动时间，教他们一些发现学习的方法，听取他们在活动过程中的想法、问题，及时给予指导和帮助，鼓励幼儿之间的合作、交流，并进行必要的小结或评价。探索发现法符合幼儿身心发展的水平和需求，是幼儿园教学活动的重要方法。

除了以上列出的五种方法，开展幼儿园教学活动的方法还有很多，在组织教学活动时，教师应根据教学的内容和组织形式的特点选择恰当的方法，以达到最佳的教学效果。

本章小结

本章围绕幼儿园的教学活动展开论述，共分为三个小节。幼儿园教学活动是幼儿园的三大类活动之一，对于幼儿的全面发展有着非常重要的价值。为了更好地开展幼儿园的教学活动，必须掌握幼儿园教学活动的内涵、特点及功能，熟悉不同类型的幼儿园教学活动设计的要求并能加以应用，此外对幼儿园常用的教学原则、教学方法的了解也是必不可少的。

关键术语

幼儿园教学活动、领域教学活动、主题教学活动

建议的活动

1. 查阅资料，了解幼儿园课程的健康、语言、社会、科学、艺术五大领域中每个领域的具体内容。

2. 以小组为单位选择一个领域，为大班幼儿设计一个集体教学活动。要求提供纸质版的教案并以模拟课堂的形式进行展示。

第十章 幼儿园区域活动

学习目标

1. 知识目标：掌握幼儿园区域活动的概念，了解其功能。熟悉幼儿园区域活动的设计原则，知道区域活动规划的要点。熟悉幼儿园常见的区域活动及内容，初步了解区域活动方案设计要点，重点掌握幼儿园区域活动组织要点与指导方法。

2. 能力目标：能初步设计区域活动方案，能分析幼儿园区域活动组织与指导的实际问题。

3. 素质目标：能正确理解教师在幼儿园区域活动中的角色与作用，树立以幼儿为本的儿童观和教育观。

本章知识导图

- 幼儿园区域活动
  - 幼儿园区域活动及其功能
    - 幼儿园区域活动的概念
    - 幼儿园区域活动的功能
    - 幼儿园区域活动与游戏及教学的关系
  - 幼儿园区域活动的设计
    - 幼儿园区域活动的设计原则
    - 幼儿园区域活动的规划
    - 幼儿园常见的区域活动
    - 幼儿园区域活动方案设计
  - 幼儿园区域活动的组织与指导
    - 教师在区域活动中的角色与作用
    - 幼儿园区域活动的组织
    - 幼儿园区域活动的指导

开篇案例

忙碌的一个学期刚刚结束，期末分享会上小一班的陈老师拿出了两张教室的照片，一张是开学前、一张是学期末。开学前教室显得有些空荡荡，各处玩具柜大多是空的。学期末的教室最引人瞩目的是空角落里搭起了漂亮的“美食屋”，“烤炉”“烤串”“饮料”“餐具”等琳琅满目。这是日常游戏中最受小朋友欢迎的地方。其他架子也放置了各种游戏材料，小陈老师分享着和搭班同事不断丰富活动材料的过程，以及孩子们在各个角落里玩耍和学习的故事。园长有感而发地找出一张20多年前老园所老教室的照片，老教室大约30平方，除了桌椅和坐着的孩子们，再没有更多的空间。赵老师说，现在老家村里的幼儿园也差不多如此。李老师说城市中有些条件差些的园所也没有提供开阔的空间和丰富的玩具材料，平时除了教幼儿认字、数数、做作业，根本没有机会玩。老师们看着照片纷纷交谈起来……

思考：

1. 你认为幼儿园教室和小学教室最鲜明的区别在哪里？
2. 有人说，让幼儿去活动区玩，老师就轻松了，你认可吗？

幼儿园教师资格证考试·考点预测◎

在幼儿园教师资格证考试科目《保教知识与能力》中，与本章相关的考试内容是“环境创设”模块，对应考试大纲知识点为：了解常见活动区的功能，能运用有关知识对活动区设置进行分析，并提出改进建议。考点主要有：常见活动区的功能，分析并改进活动区设置。该考点在“幼儿园游戏”相关课程中涉及更多。本章内容在历年教师资格真题中考分占比较少，主要是单项选择题。

幼儿园区域活动是教育活动的多种形式之一，它同时也是幼儿园游戏的实现途径和主要形式之一。《幼儿园工作规程》第五章第三十条写到，幼儿园应“合理利用室内外环境，创设开放的、多样的区域活动空间”。2011年发布的《教育部关于规范幼儿园保育教育工作防止和纠正“小学化”现象的通知》中指出，幼儿园“要坚持以游戏为基本活动，灵活运用集体、小组和个别活动等多种形式”，“要创设多种区域活动空间，配备丰富的玩具、游戏材料和幼儿读物，为幼儿自主游戏和学习探索提供机会和条件”。可以说，区域活动是实现因材施教的重要形式，了解它有助于我们更好地领会学前教育的特点，避免学前教育小学化。

第一节　幼儿园区域活动及其功能

什么是幼儿园区域活动，它有怎样的功能，它作为幼儿园教育活动形式之一，与游戏、教学活动有怎样的关系？了解这些，是设计与组织幼儿园区域活动的基础。

一、幼儿园区域活动的概念

幼儿园区域活动指的是将幼儿园的活动室、走廊、室外场地等可利用的空间，划分为若干活动区域，投放适宜的材料，通过幼儿自主选择，与材料和同伴等积极互动的一种个别化、小组化的幼儿园教育活动形式。幼儿园区域活动也称为“区角活动”“活动区活动”。

二、幼儿园区域活动的功能

（一）促进幼儿发展

开展区域活动的意义首先指向促进幼儿的发展。第一，促进幼儿认知的发展。各区中有形色各异的玩具材料，首先可以丰富幼儿的感知觉。在与材料的互动中，幼儿可以探究操作、亲身体验，发展自己的思维能力，丰富自己的创造力。第二，促进幼儿个性的发展。学前阶段是幼儿自主性、主动感发展的重要阶段，区域活动可以为幼儿提供自由选择、自主决定的机会。每个幼儿都能够顺应自己的兴趣、经验、需要，使好奇好探究的性格得到满足，也能够实现自我的发展，成为具有差异性、独特性的个体。第三，促进幼儿社会性发展。区域活动能够为幼儿提供大量的社会交往情境，发展同伴关系、师幼关系，表现亲社会行为，体验规则，促进道德萌芽。

（二）提升教师保教能力

教师需要个别化的机会了解幼儿多方的发展特点，区域活动就是一个重要的机会。在幼儿区域活动中，教师通过观察增进对每个幼儿兴趣差异、学习特点、能力高低等的认识，并能直接通过区域活动为幼儿创造差异性发展的机会，更好地进行保教实践。通过区域活动也可以丰富教育活动的组织形式，教师可以体验与小组幼儿、个别幼儿互动，练习更敏锐地观察、改善活动设计，教师也能够不断提升个人的专业发展水平。

（三）推动幼儿园教育实践

首先，开展区域活动是幼儿园响应国家学前教育政策法规、规范保教实践的必然要求。《幼儿园工作规程》中明确要求幼儿园创设区域活动，《幼儿园教育指导纲要（试行）》中指出，应保证幼儿每天有适当的自主选择和自由活动时间，《3～6岁儿童学习与发展指南》中也提出五大领域的教育需要在区域活动中实现。

其次，开展区域活动是幼儿园实现因材施教的重要途径。要想支持幼儿按照自身的速度和方式向更高水平实现多元发展，就必须尊重幼儿的个性和差异性，小组化活动和个别化活动就显得尤为重要，区域活动能够提供很好的机会。

最后，开展区域活动可以为幼儿园提供发展课程特色的机会。近年来在倡导以游戏为基本活动的幼儿园教育实践中，关于区域活动的观摩、教研、比赛越来越受重视。在区域活动中体现出地域性、园本特色，或体现出年级差异、班级差异，是发扬幼儿园课程特色的有利体现。

案例

寒假前的最后一个月，幼儿苗苗的班级正进行着名为“盼新年”的主题学习，班级环境满是过年的气氛。老师不仅教幼儿了解中国新年的来历、风俗，学说吉祥话、学习剪窗花，还在各种区域活动中投放了与新年有关的游戏材料。美工区里的幼儿用红纸制作了一串串鞭炮，生活区里的幼儿用黏土搓汤圆、送到娃娃家的“爸爸妈妈”手中。图书角里的幼儿津津有味地看着跟新年有关的图书，一点也没有被远处敲锣打鼓的音乐区影响……

三、幼儿园区域活动与游戏及教学的关系

幼儿园教育活动的形式有不同类型的划分，其中最重要的就是游戏活动和教学活动。区域活动作为教育活动的形式之一，与两者有所联系也有所区别。

（一）与游戏活动的关系

游戏是最能体现幼儿自主、自由、自发的活动，幼儿在活动的过程中学习。从这一点来看，区域活动属于游戏活动，幼儿根据自己的兴趣自主选择区域及内容开展游戏，教师通过各种方式对幼儿的活动施加影响，支持、促进、帮助幼儿顺利活动①。因此，区域活动也可称为“区域游戏”“区角游戏”等。

（二）与教学活动的关系

教学是教师主导的，有组织、有计划、有目的的活动。理论上说，教师可以利用区域环境，组织小组化的教学，但这不是真正意义上幼儿的区域活动，因为活动的主导权不在幼儿。区域活动的性质属于游戏，从性质上与教学活动不同。但作为幼儿园课程的重要组成部分，区域活动与教学活动又有所关联。可以利用区域活动中小组化、个别化的特点，使幼儿巩固和强化在集体教学中的学习结果。实践中区域活动常常作为集体教学活动的延伸活动，幼儿个别化的探究、创造可以在区域活动中得以持续。幼儿在区域活动中的行为表现和学习故事，也可能被善于捕捉的教师作为集体教学活动对全体幼儿开展，使幼儿个别化的经验成为该年龄段幼儿的共同经验。

案例

中二班的幼儿在美术领域的集体教学活动“装饰新衣”中学习到了运用不同的创意材料装饰新衣。活动结束后，许多幼儿仍意犹未尽，想尽办法把自己的衣服装饰得更加漂亮。老师鼓励幼

① 李会敏，侯莉敏．幼儿园区域活动概念辨析 [J]．基础教育研究，2006（02）：51.

儿在美工区继续完成自己的作品。兰兰是个畲族女孩，在美工区里她突发奇想，制作了一件畲族新衣，引来同伴围观。幼儿间问着各种问题："你是什么民族的？""那我们汉族有什么特别的衣服？"老师觉得可以利用这个机会，让孩子们了解有关民族的知识，于是开展了一个名为"五十六个民族是一家"的集体教学活动。

第二节　幼儿园区域活动的设计

在组织幼儿区域活动前，教师需要做好充分的准备，也就是设计班级区域活动。既包括了解设计原则，从环境、材料、规则方面合理规划，也包括为某一个区域游戏设计活动方案。本节将详细介绍以上内容。

一、幼儿园区域活动的设计原则

教师在设计本班区域活动时，应把握以下原则。

（一）发展性

区域活动作为幼儿园游戏活动的重要组成部分，对幼儿的发展起到促进作用。因此，教师应针对本班幼儿的年龄特点及兴趣需要，为幼儿当前的发展设计适宜的区域活动。所提供的区域活动应难易适中，设计应符合幼儿"最近发展区"。例如，为小班刚入园的幼儿设计娃娃家，模拟幼儿平时在家的生活情境和角色；为中班幼儿发展同伴关系设计合作性游戏；为大班幼儿的幼小衔接设计前书写经验相关的语言区域活动。

（二）动态性

区域活动并不是一成不变的，要根据近期的教育活动重点、班级主题活动、幼儿的兴趣、季节特点等更新、更换区域活动内容及材料。通常来说，幼儿园课程中教育活动的重点会定期变化，班级主题活动也会相应改变，季节特点也部分影响着教育重点和主题，因而需注意定期更换区域活动。例如，秋季主题的区域活动到了冬季主题还不更换，就是不适宜的。教师可以随着课程变化新增游戏材料；当观察到幼儿对某些材料不再感兴趣、较少选择时，应注意及时更换或做出调整；当然也应保留幼儿兴趣格外浓厚的活动材料。

（三）整体性

设计班级区域活动要从整体考虑。根据班级幼儿人数的多少规划区域总数，根据幼儿的发展性需要设计区域类型、是否均衡涉及各领域教育，从活动空间的大小及环境条件合理安排各类区域的位置。每个区域内，也应从整体上保证游戏材料类型多样、数量适当。

（四）互动性和开放性

区域活动是幼儿通过自主选择、自主操作进行个别学习的活动，因此区域活动材料首先应具备互动性，能够激发幼儿探究和创造以获得经验。同时，幼儿在区域中也有许多与同伴交往合作的发生，区域活动材料也应支持幼儿之间的互动。此外，玩法单一、固定的材料难以帮助幼儿获得更多创造性体验，应注意提供开放性的活动材料。幼儿知道怎么玩，又能玩出创意的材料最佳。

（五）差异性

幼儿的兴趣各不相同、经验水平不一，在以个别或小组为主要形式的区域活动中，只有提供不同类型、不同难度的活动才能满足幼儿差异化的发展需要。一方面，活动类型多样，供幼儿自主选择。另一方面，在常规玩法的基础上，也应有难度降低和难度升级的设计，使每个幼儿都能在自己当前的发展水平上，获得成功体验、获得新经验。此外，区域活动设计的差异还可以体现文化差异、地方性差异、园所特色、班级差异等，尤其是优秀传统文化、乡土资源的运用，不仅能丰富幼儿的活动，也能使幼儿浸润地产生民族归属感和自豪感。

二、幼儿园区域活动的规划

根据区域活动设计的原则，教师在具体规划班级区域活动时，主要把握以下两个方面。

（一）环境设置

在本书第六章第二节“幼儿园物质环境创设”中，介绍室内环境创设时已阐述了室内区角创设的要点。在本书第八章第二节“幼儿游戏的条件”中，阐述室内游戏场地创设时，也已介绍了室内游戏区环境设置的要求。归纳来看，区域活动的环境设置要注意以下三点：第一，要根据活动室面积及幼儿人数确定区域数量及类型。第二，规划区域空间，把区域安排在活动空间中适当的位置，包括设置独立且开放的区域空间、规划通道、充分利用班级空间。第三，合理分配不同区域，动静分离、干湿分离等。使幼儿园活动室规划出适宜的区域，以便后续投放材料、设置具体的活动。

（二）材料投放

规划区域活动的另一方面是材料投放，包括恰当选择材料的种类和数量、把握材料的特征，并注意材料的更新。

1. 材料的种类及数量

教师需要把握每一个区域中游戏材料的种类和数量。尽管不同的区域活动所需要的材料类型不一，但教师可以把握材料投放的一般要求。一是每个区域最多容纳5～6名幼儿，因此从绝对数量上说，整个区域应有满足5～6名幼儿所需的材料数量。二是根据不同年龄的幼儿游戏的不同特点投放材料。小班幼儿游戏水平较低，模仿行为突出，以独立游戏、平行游戏为主，因此材料的种类可以稍微少一些，同类材料的数量稍多一些。中班幼儿逐渐从联合游戏向合作游戏过渡，可以适当增加材料的种类，减少同类材料的数量[①]。大班幼儿游戏的自主性与合作性较强，游戏水平也逐渐提高，类型差异较大的材料能支持幼儿个性化需要，材料数量保证充足以便幼儿完成较为完整、复杂的作品。

2. 材料的特征

首先，依据幼儿园区域活动的设计原则，教师应提供安全卫生的区域活动材料；确保材料的年龄适宜性、能促进幼儿的发展，避免小学化；提供丰富的、可操作的材料满足幼儿与材料及同伴互动的需要，发展幼儿的自主性；注意材料的层次性，以便满足幼儿差异性发展。

其次，从幼儿游戏水平的年龄差异考量。小班幼儿认知水平不高，较难对材料进行创造性想象，可以适当提供玩法较为明确但不至于功能过分固定的材料，如串珠子、搭积木、较为鲜艳逼

① 朱家雄．学前教育教师参考用书（试用本）游戏活动（3～6岁）[M]．上海：上海教育出版社，2016.

真的模拟厨具，可能比口哨、发条小汽车等更能使幼儿发挥创造力，也可能比纸盒、易拉罐、小棒等更能激发小班幼儿的兴趣。同时材料的颜色、形状不要过多，使幼儿注意过于分散。中、大班幼儿游戏水平逐渐提高，玩法开放、没有固定操作步骤的低结构化材料可以随之增加。在材料的颜色、形状、材质等特点上，可以较为多样，这样既提高幼儿的感知，也便于幼儿自主创造。

资料链接

高结构化游戏材料和低结构化游戏材料

高结构化的游戏材料是指材料在操作时有一定的步骤、规则和方法，幼儿只要按照这个步骤、规则和方法就可以完成材料的操作，并且材料操作的结果比较一致。

低结构化的游戏材料是指在游戏过程中没有固定的操作步骤、规则和方法，但在材料中隐含部分操作的线索，需要幼儿进行创造性思考，从而形成独特的操作结果。

资料来源：王微丽．幼儿园区域活动：环境创设与活动设计方法[M]．北京：中国轻工业出版社，2016.

此外，还可以挖掘优秀传统文化和乡土资源。根据幼儿接受特点筛选优秀传统文化内容，多途径应用。农村幼儿园更应结合本园实际，挖掘可利用的乡土资源，尤其是地方特色产业、文化资源，开展具有本土特色的区域活动。

3．材料的更新

活动材料是幼儿自主游戏、学习探索的客观对象，激发幼儿的活动，也顺应幼儿的活动需要。当近期的教育活动重点、班级主题活动等定期更换时，也需相应更换区域活动材料。当预设的活动材料对幼儿缺乏吸引力，或不符合幼儿的“最近发展区”，就应及时撤下或改进。有些令幼儿意犹未尽的材料，也可与幼儿协商合理保留。此外，若幼儿提出需要额外的活动材料，教师也应尽量予以满足。

三、幼儿园常见的区域活动

为保证设置班级区域时种类丰富，需知道有哪些类型、有哪些常见的区域。

（一）常见的区域活动类型

由于区域活动中幼儿可以有创造性的活动，难以严谨分类，各类资料中也无一致意见。教师可依据幼儿游戏的分类，从常见区域活动的一般特点上考察。以幼儿活动形式划分，把幼儿的游戏分为：运动性游戏、智力性游戏、装扮性游戏、操作性游戏、接受性游戏五类。[①]据此，以下是常见的区域活动分类参考：

①运动性游戏：运动区。

②智力性游戏：科学区、数学区、益智区、语言区。

③装扮性游戏：角色区、表演区。

④操作性游戏：建构区、美工区、生活区、植物区。

⑤接受性游戏：阅读区。

教师在安排班级区域活动时，需注意合理安排，避免出现太多类型相同、活动内容相近的区域。

① 华爱华．幼儿游戏理论[M]．上海：上海教育出版社，2000.

（二）常见的区域及其活动

每个区域都有对幼儿发展的特殊价值，适合开展不同的活动，也有不同的注意要点，以下将对幼儿园中常见的区域分别进行介绍。

1. 科学区

幼儿普遍具有强烈的好奇心和探究欲望，科学区可以满足幼儿科学学习的需要。通过科学探究活动中的实际操作，幼儿发展着对科学活动的兴趣、体验个别化的探究过程、发展科学思维能力。结合幼儿的科学探究兴趣和科学经验水平，科学区提供的活动内容可以包括：对自己身体的认识、对事物物理特性的认识、对自然现象的认识、对动植物的认识等。比如：人体结构拼板，色彩及混合、光与影、沉与浮、溶解、磁铁、平衡、摩擦力、重力、音量及音色、电的传导等探究，日地月关系模型，植物类型或动物特性的分类游戏，等等。注意保证活动的感官效果，以适应幼儿思维阶段的具体形象性特点。从中班开始增加有助于激发幼儿做计划和记录的材料，令幼儿有机会与他人讨论分享、共同探究。有时科学区需要延伸大一些的场地或水源，有时可能会发出一定声响，注意合理安排科学区的场地，尤其注意保证幼儿探究活动中的安全问题。

2. 数学区

数学区给幼儿提供科学领域中数学认知的发展机会。数学作为中小学中一门重要的学习科目，在幼儿园教育中也一贯受重视，但切忌将数学区变成片面训练幼儿数学技能的做法。从幼儿对事物形状和数量的兴趣，事物排列规律的认识，空间方位的辨别等方面，设计适宜的数学活动。比如：形状拼图，大小动物排排队，规律穿珠，一一对应，数字排队，测量游戏等。数学区活动需要符合幼儿具体形象思维的特点，借助幼儿喜爱的形象帮助幼儿理解抽象的数学概念。数学区有时更多是个别化的操作，需要相对安静的环境。

3. 益智区

理智感的发展使幼儿喜爱益智游戏，以满足智力活动的愿望。从五大领域教育来看，益智游戏更多涉及幼儿科学领域的经验。有时，幼儿园会把科学区和数学区的一些活动综合起来，作为益智区活动。此外，还有一些解谜游戏、规则游戏，如猜谜、走迷宫、五子棋、飞行棋等，也深受幼儿喜爱。中班起，也可以向幼儿介绍一些需合作开展的益智游戏。

4. 语言区

幼儿的语言学习主要有听、说、读、写四个方面，语言区能延续语言教学中幼儿听说能力的发展、文明用语的学习、阅读能力初步的发展、书写兴趣和初步技能的萌发。从这四个方面安排活动，设置一些听说游戏、讲述活动、阅读活动、前书写活动。注意给幼儿创设一些生动的语言练习情境，避免机械识字、背诗等小学化学习，也可以适当使幼儿领略我国优秀的传统文化。比如：绕口令、你描述我猜测、看图编故事、图书阅读、认识百家姓、我会写名字、古诗欣赏等。此外，信息技术可以为语言区带来趣味性，如利用平板电脑等实现人机互动，可记录幼儿的语言表现，或为幼儿提供言语示范。教师也可以给幼儿提供利用语言进行同伴交往的活动。

5. 音乐区

音乐区可以丰富音乐领域教育的活动形式，让幼儿在音乐活动中感受与欣赏，个性化表现与创造。活动内容可以从音乐欣赏、韵律游戏、歌唱活动、打击乐演奏等主要类型中编选。比如，国内外名曲欣赏、随音律动、听音造型、我是歌手、欢乐交响乐等。音乐区可能需要较为开阔的场地，可能有较大的声响，应注意空间布局。

6. 角色区

角色区也称角色扮演区，是幼儿在假想的现实生活中，认识和模拟各种情境角色的游戏区域，主要涉及幼儿语言和社会领域的发展。幼儿在各种喜爱的模拟情境中，进入角色情境，走出自我中心，理解情境规则和他人处境，用语言与他人积极交往。角色区把不同经验水平的幼儿组成游戏共同体，相互搭建同伴支架，所以，教师创设的角色情境越符合幼儿的日常生活经验，幼儿越能投入游戏。比如，娃娃家、小餐厅、小医院、小超市等常见情境，快递驿站、美食外卖等贴近当前幼儿生活的情境也备受欢迎。角色区作为一种综合性较强的活动，教师还可以创造性地融入其他领域的发展机会，在小医院、小餐厅里增加洗手、刷牙、合理饮食等健康保健知识，在小餐厅、快递驿站提供菜单记录等练习科学记录的游戏设计。角色区通常需要稍微开阔的空间，也可能与其他区域联动。

7. 表演区

表演区主要是供幼儿扮演影视或文学作品中的人物形象，表演其语言动作，演出故事情境。与角色区的区别在于，表演区的角色、情境、对话往往有“剧本”，幼儿必须把规定的情境几乎一致地再现出来，而不能自由发挥。尽管幼儿的角色台词基本被固定，但整个表演的协商、分工、配合过程，会极大地考验幼儿的社会交往技能和语言交流水平。有时，表演区域的布景、灯光、装饰，角色的服装道具搭配，也会锻炼幼儿的审美能力。教师要注意提供幼儿喜爱的、熟悉的、角色多样的，尤其是具有一定教育意义、主旨积极向上的内容，如集体教学中的故事情节，国内外经典的文学作品、流行的儿童电影情节等。另外，表演区也可以是一些带有演出、展示性质的活动，如时装走秀、小小歌星等。提供丰富的服装道具使幼儿入“戏”，安排开阔的场地、不使幼儿活动声响影响其他区域。

8. 建构区

建构区是幼儿有意识地运用各种技能搭建材料的活动，感知建构材料形状、大小，发展空间方位，锻炼想象创造能力，发展计划和实施能力，与同伴协同活动。常见的建构材料以积木、积塑为主，纸箱、纸盒、易拉罐、奶粉罐、PVC水管等废旧材料也被广泛使用。建构区根据材料的不同，需要的场地大小也可能不一。可有小型的桌面建构游戏，如小颗粒积木、雪花片、插塑等；也可设在活动室空地稍微开阔的地方。近年来，也有些幼儿园会利用户外场地，组织全班幼儿自由开展大型建构活动。在一定程度上，可视作建构区与运动区的结合。教师可引导幼儿逐渐学习更多的建构技巧，小班主要有连接、延长、围合、加宽、垒高等；中班有架空、覆盖、桥式和塔式等，大班有转向、穿过、平式联结和交叉联结等复杂的三维搭建并给以装饰[①]。鼓励中、大班幼儿合作，鼓励幼儿设计并实施建构蓝图，有时创设一定的建构情境也能起到激发作用。注意保留幼儿未完成的建构作品，将成品陈列展示。

9. 美工区

美工区能为幼儿提供个别化美术活动的机会，是幼儿感受、表现和创造美的区域，而不只在于美术技能训练，多元开放的审美要求幼儿的自由创作应受到肯定与欣赏，自然界、生活中、艺术作品中的美都使幼儿有机会接触。从活动形式上，主要有绘画、泥工、纸艺、布艺、创意加工等；从动作技能上，主要有画、揉搓捏、折、剪、拼贴、拓印等；从美术材料上，有各色各类纸和笔、剪刀、胶布胶水、黏土、橡皮泥，纽扣、串珠等装饰性小配件，布头、废旧材料等。教师布置美工区应注意益于幼儿审美，注意材料的安全性及对幼儿的安全教育，提供半成品材料激发幼儿创作。保留幼儿未完成的作品，待幼儿完成后用于环境装饰，或归入幼儿作品集。美工区宜设置在较为安静、接近水源的地方，可作为美术教学活动的延伸，也可以作为“游戏材料生产地”与其他区域联动。中、大班起，指导幼儿在美工活动中结合多种形式，合作完成更加完整、复杂的作品。

① 陈君．建构游戏的特点及指导要点 [J]．早期教育（教师版），2013（04）：47.

10. 生活区

生活区以基本动作训练为主，发展幼儿的手部精细动作、手眼协调能力，发展自我服务技能和生活自理能力，培养劳动意识。活动内容主要包括：基本动作、自我服务活动、照顾环境等方面，如串珠子、夹夹子、拉拉链、扣纽扣、穿衣服、系鞋带、用筷子、使用扫把、整理物品、叠被子、分碗筷、浇花等。根据幼儿的年龄特点，选取与幼儿日常生活经验密切相关的、当前重点培养的生活活动。将生活区设置在较为安静的区域，以便幼儿专注。注意生活区活动设计的趣味性，引导幼儿互相协作。注意与一日生活环节中真实的生活活动相联系，也可以将一些游戏融入角色区。

11. 种植区

种植区往往设置在活动室阳光较充足、通风情况较好的角落，设置各类较容易照顾的植物、花卉，主要发展幼儿科学领域中有关植物的探究兴趣和探究能力。幼儿可通过观察记录，了解植物的生长变化，增进对周围环境的感知、提高自然探究的能力，培养对自然生命的责任心。仙人掌、多肉植物、芦荟、兰花、天竺葵、绿萝、龟背竹等容易存活，也可挑战相对易养的花卉，如虎刺梅、茉莉花等。如有开阔的场地，还可种植小葱、小番茄、黄瓜等成熟后可采摘的植物，幼儿期待果实采摘也会更有动力承担植物照料的任务。教师需注意引导幼儿持续关注种植区，承担浇水、通风、修剪枯叶等照料工作，不使种植区成为无人问津之处，引导幼儿做观察记录。

12. 沙水区

幼儿喜爱体验玩沙玩水的乐趣，游戏中可以了解沙水的特性，游戏包含动作、想象力和创造力的锻炼。教师经常提供各类玩沙玩水的工具，因此活动也包含一些幼儿对工具的使用与探究，如水桶、铲子、漏斗、筛子、量杯、塑料玩具、面罩等。沙水区可以设置在户外开阔的场地，可将沙池和水池分开设置，也可以在沙池一角设置水龙头，使两者结合，幼儿可利用有湿度的沙子进行造型游戏。也可以在室内接近水源的角落，设置小型的沙水区，需注意向幼儿明确活动要求，以免扬出的沙水影响室内环境或带来安全隐患。还需保证沙水的干净卫生，教育幼儿游戏后做好整理及个人清洁工作，避免弄湿衣裤导致着凉感冒。幼儿在沙水区经常会有自发的同伴游戏，应给予鼓励和引导，推动幼儿更高的游戏水平。

13. 阅读区

可将幼儿语言学习中的阅读活动专门设置在阅读区中，萌发幼儿的阅读兴趣、培养阅读技能和阅读习惯，从文学作品中激发幼儿的积极情感。阅读区需要设置在光线充足、较为安静的区域，有时为让幼儿感到舒适会铺设地毯、摆放沙发。把适合幼儿当前年龄和生活经验、阅读兴趣的图书分类摆放整齐，通常将图画书的封面完整展现出来以吸引幼儿兴趣。注意充分挖掘经典的国内作品，筛选优秀的国外作品，提供符合幼儿形象思维的图画书。注意养成幼儿正确的阅读姿势，避免消极的阅读行为，教导幼儿爱护书籍。由于阅读可能是一种接受性的活动[①]，可以增加图书配套录音、手偶等激发幼儿阅读兴趣，也可以为中、大班幼儿提供纸笔，鼓励幼儿记录阅读中的所思所感，投票选出喜爱的作品并在表演区演出。

14. 运动区

从广义上说，以大肌肉动作为主的运动游戏常常在户外分区域开展，因而运动区也应视作区域活动的一种。但由于运动区主要发展幼儿各类大肌肉动作，需要足够开阔的场地，活动组织中常常是全班幼儿同时开展各类运动区域，不会将某一个运动区和其他主要在室内区域开展的活动组合进行。

运动区主要涉及幼儿健康领域教育，发展肢体的平衡能力、协调动作，发展力量和耐力，发展环境适应能力，培养乐观情绪和坚强意志。根据各年龄段幼儿动作发展水平，利用丰富的运动

① 华爱华. 幼儿游戏理论 [M]. 上海：上海教育出版社，2000.

资源，组织锻炼走、跑、跳、攀、爬、悬垂、抛接、投掷等基本动作的活动。比如：踩高跷、走独木桥、袋鼠跳、跳绳、攀爬、吊环、骑车、丢沙包、拍篮球、踢足球、投球等。运动活动开始前，教师要注意组织幼儿热身；活动中关注幼儿的运动量，适当休息、适量饮水、增减衣物；活动后放松关节、做好盥洗等。也应引导幼儿学习自我保护，支持幼儿合理开展运动竞技。

除了上述区域，实践中有的幼儿园会创造性地设置一些其他区域，如：提供真材实料、发展幼儿生活劳动技能的烹饪区；提供木块及各种连接甚至切割工具的木工区；养殖乌龟、金鱼、蝌蚪、蚕宝宝等易养动物的养殖角等。

资料链接

为什么要创设私密空间

所谓私密空间，是指幼儿园为幼儿提供一个小型、封闭的、容纳人数少的空间，这种空间一般只能容纳1～2个人，其作用是给幼儿一种有安全感、归属感的环境。在幼儿园提倡“合作、共享”的教育背景下，为幼儿创设私密空间，其目的是尊重幼儿的个人空间，让某些幼儿在疲劳、厌倦和烦躁不安时，有机会独处、自省和退避。这样会减少幼儿到处游荡和攻击他人的行为。

资料来源：朱家雄. 学前教育教师参考用书（试用本）游戏活动（3～6岁）[M]. 上海：上海教育出版社，2016.

四、幼儿园区域活动方案设计

创设好班级区域及材料投放，接下来是设计具体的活动，有时需要撰写活动方案。不同于集体教学活动方案有较为明确的设计要求，区域活动方案设计较为灵活。可以参考集体教学活动方案设计的要素，但不可将区域活动方案设计成由教师主导的分步操作。应突出幼儿的主体性，对活动所需的材料与主要玩法以及教师对幼儿活动的观察指导要点这两方面作重点描述。建议区域活动方案设计可有以下结构组成：

（1）活动对象的年龄段、所属区域以及活动的具体名称。

（2）活动目标。从认知、能力、情感三个方面挖掘幼儿通过区域活动能实现的发展目标。

（3）活动材料。描述活动所需要的材料及数量，注意提供开放性的、能支持幼儿差异性发展的材料。

（4）主要玩法。区域活动中幼儿的操作具有自主性和创造性，因而不能完全限定活动的操作步骤，但可以描述材料的主要玩法。通过幼儿自主操作应基本实现预设的活动目标。

（5）观察和指导要点。针对活动目标和主要玩法，描述幼儿自主活动时教师应从哪些角度观察并指导幼儿顺利游戏。此外，发展水平强的幼儿可能有怎样的游戏表现，还可以从哪些方面给幼儿提出挑战。

此外，还有其他设计要素可视需要写入方案。例如，区域活动的设计意图，可以从近期教育活动的重难点目标、当前的课程主题等描述活动设计的重要背景，还应描述本班幼儿独特的兴趣和需要，这是区域活动设计的直接依据。

需要指出的是，上述区域活动方案设计主要针对某一项游戏，不是整个区域活动的组织方案。如需撰写完整的区域活动过程，可以考虑以下三个环节：一是开始部分，教师集中介绍区域、对幼儿提出活动要求；二是展开部分，幼儿自主选区、自主活动；三是结束部分，组织幼儿收拾活动材料，集中分享游戏经验，探讨是否需要其他游戏支持。

案例

小班科学区域活动名称：好玩的磁铁

一、活动目标

1. 能够尝试用磁铁吸引不同的材料，发现磁铁不能吸引所有材料。

2. 喜欢操作，体验科学探究的乐趣。

二、活动材料

大磁铁若干，纸片、回形针、积木、塑料摆件、铃铛、棋子、弹珠、铁片、木片等颜色形状各不相同的材料若干；“猜想与验证”记录纸若干。

三、游戏玩法

幼儿可用不同的材料玩磁铁，探究什么材料能够被吸引。尝试利用记录纸进行猜想和验证，体验科学思维的方法。

四、观察和指导要点

1. 观察幼儿是否对科学探究感兴趣，是否愿意积极操作，从事操作活动的专注力与问题解决情况等。鼓励幼儿大胆尝试，若幼儿表示想探究更多的材料，将给以允许。

2. 观察幼儿是否发现自己能够被一些材料吸引，同时，也有一些材料不能吸引自己。可以根据幼儿的表现情况，指导幼儿进行猜想与验证，做简单的记录。

3. 对于发展水平较强的幼儿，可以引导其对“能被吸引”和“不能被吸引”的材料进行分类，猜想原因。

4. 观察记录幼儿在游戏中与同伴的互动情况、言语表达等。

第三节　幼儿园区域活动的组织与指导

在设置好区域活动环境、准备了适宜的材料后，将组织幼儿实际开展区域活动。教师应准确把握区域活动中自身的角色和作用，合理地对幼儿游戏进行组织，并适时提供指导。

一、教师在区域活动中的角色与作用

组织实施幼儿园区域活动时，教师应从以下四个方面对自身的角色及作用有所认识。

（一）教师是区域活动的创设者

教师投放富有挑战的区域活动材料，为幼儿创设能激发学习兴趣的区域活动环境，使环境成为第三位教师。教师提供的材料要让幼儿能从材料中看到自己现在能做些什么，以后还能再做些什么，为自己的进步感到满足和自豪。这需要教师关注每个幼儿在各种活动中进行的探索和兴趣倾向，提供开放性的材料引发幼儿自主活动，增设差异化的材料供不同水平的幼儿选择，不断地按照幼儿的发展需要对环境和材料进行变换。

例如，在阅读区内，有的幼儿喜爱一本图画书，看了又看，把里面的细节都找出来；有的幼儿喜爱看教师刚讲过的图书；有的幼儿喜爱独自翻阅图书；有的幼儿喜欢和同伴合看一本图书；有的幼儿喜欢边看边表演；有的幼儿看完想自主绘画……因此，书架上既应有几个星期前幼儿爱

看的图书，也应有本周刚讲过的图书，每周还要放上将要看的新书，以及幼儿扮演故事角色的照片、绘画、记录等。当一个新的主题出现时，教师还应及时提供与主题相关的图书，并采用集中展览的方式供幼儿挑选。如果不加挑选就陈列图书，只要摆满就行，图书从开学到学期结束也不变换，那么阅读区将逐渐门庭冷落。

（二）教师是区域活动的观察者

区域活动是以幼儿的自主选择、自由操作为主导的活动，虽弱化了教师的教学，但不代表教师可以放任不管。要想发挥区域活动的功能，就需要教师做一个积极的观察者，主动了解幼儿活动开展的情况。教师的观察包括整体观察和局部观察，通过扫视或巡视整体观察各活动区的人数、秩序、幼儿总体的游戏状态，局部观察主要是了解幼儿个别的活动情况，尤其关注能力强和能力弱的幼儿[①]。做好文字或图像记录，以便分析、反思，为更好地支持幼儿的活动提供依据。

（三）教师是区域活动的启发者

尽管区域活动中环境材料是直接的老师，幼儿与材料互动发生学习，但幼儿在活动中总会遇到这样那样的困难，这就需要教师成为幼儿和材料之间的桥梁，启发幼儿的活动。把新的材料介绍给幼儿，鼓励幼儿尝试、支持幼儿创造性地操作；当观察到幼儿活动受阻，教师应以恰当的方式给以指导；启发幼儿学会学习，启迪幼儿构想自己的活动及所需，使幼儿成为活动的主体。

（四）教师是区域活动的分享者

区域活动为每个幼儿都提供了经由自主学习获得进步的过程，教师应以欣赏的眼光发掘幼儿的精彩表现，分享幼儿的发现、成功和喜悦。通过观察记录、照片、视频，把幼儿个别的、小组的活动过程、经验发现、趣闻轶事分享给全班，使之成为群体经验。收集幼儿在区域活动中的作品、学习故事，记录成长档案袋，把幼儿的进步分享给家长。教师甚至还可以将班级的活动资源或活动经验分享给其他同行，构建更好的专业发展共同体。瑞吉欧幼儿园将幼儿在各类区域活动中的出彩表现作为教育特色分享给全世界，甚至改变了人们的儿童观；若我们能将幼儿在区域游戏中获得的学习广泛地分享，那么崇尚学前识字算数的提前教育风气也会得到改善。

二、幼儿园区域活动的组织

教师在活动室内设置好了环境及适宜的区域、投放了恰当的材料，也明确了自己在区域活动中的角色和作用后，将组织幼儿开展区域活动。首先设定基本规则，其次组织幼儿活动，最后对区域活动进行评价。

（一）设定基本规则

在组织幼儿开展区域活动之前，教师应对班级开展区域活动的基本规则有所明确。

1. 合理安排活动时间与时长

幼儿园要体现以游戏为基本活动的课程理念，就应在一日生活中分配足量的区域活动时间。有研究者发现，要保证幼儿每周至少有3次自由选择和使用各类区角的机会，每次活动30分钟以上，才能保证区域活动对幼儿发展的作用[②]。午餐前、下午点心后等较为充裕的时间常被选择，因为幼儿自

① 陈明辉．幼儿园中班区域活动 [M]．北京：中国轻工业出版社，2014.

② 陈佳艺，李克建．幼儿园区角活动质量与幼儿发展的相关性探索 [J]．幼儿教育（科学教育），2015（Z3）：10.

主活动开始前需要教师组织，活动结束时还需要时间收拾整理，甚至有的教师会组织幼儿集中分享活动过程。倘若时间过短，幼儿活动还未充分开展就不得不草草结束，将会影响幼儿的活动兴致。

2．限制区域活动人数

由于每个区域空间大小、材料数量有限，教师可以根据班级区域的数量和幼儿的总人数，对每个区域最多能够容纳的人数加以限制，以保证区域活动基本有序地开展。通常一个活动区最多5～6人为宜。

3．设置区域活动基本规则

区域活动的基本规则包括：支持幼儿依据个人兴趣自主选择区域及活动内容，按照先来后到的原则进入区域，当区域人数达到上限时，则改选其他区域。活动中，允许幼儿根据兴趣变化，改换活动内容以及所选区域。遇到困难时，可随时向教师求助。有的班级会规定每个区域的材料不能带去其他区域，也有的幼儿园鼓励实施“共享区域活动”，区域材料、区域资源、创意、经验等都可以打破区域的限制[①]。教师可以根据本班幼儿的实际情况，秉持最大程度支持幼儿游戏的原则初步设定。总之，教师制订的区域活动基本规则，应体现出民主、平等、开放、支持、促进的师幼关系，为幼儿创建宽松、积极的心理环境。

（二）组织幼儿活动

正式组织幼儿开展区域活动，主要有以下四个环节。

1．集中向幼儿介绍活动及规则

这是区域活动的开始部分。首先，教师要明确告知幼儿现在开展区域活动，让幼儿预知活动将有多长时间，利用12小时制电子钟等计时工具、使幼儿逐渐形成时间概念，以便安排自己的活动。其次，向全体幼儿介绍有哪些区域及活动可选，有计划地向幼儿介绍新设计的活动，激发幼儿的活动兴趣。再次，向幼儿讲述区域活动的基本规则。最后，视需要对幼儿进行活动的安全教育。

当幼儿对这一组织环节已经多次经历、变得熟悉后，教师可请幼儿自行讲述，缩短用时。教师需要令每一位幼儿都听清楚要求，不能忽视这个环节的组织，它在很大程度上会影响幼儿自主活动的基本秩序。

2．幼儿自由选区自主活动

这是区域活动的展开部分，也是用时最多的主体环节。为避免幼儿蜂拥，可分组轮流启动。在幼儿的自主活动中，教师主要从活动选择权和活动时长上把握组织要点。一方面，教师应允许幼儿按照个人兴趣自由选择活动区，自主开展活动，包括活动意愿的改变、活动内容的更换等。如果规定幼儿去什么区域，限制幼儿只能从事什么活动，将使幼儿活动的自主性大打折扣，区域活动将失去原有功能。同时，活动中教师应弱化教育者的身份，更多地作为幼儿游戏的观察者、启发者，对活动中幼儿的发展进步做观察记录，恰当指导。收集幼儿的作品，分享幼儿的成功。另一方面，要把握好活动时间，在幼儿游戏已充分开展、仍意犹未尽时结束游戏，保留再次游戏的意愿，过短或过长的时间都不适宜。

3．收拾整理活动材料及环境

此时区域活动已接近尾声，教师要给出明确的信号，使幼儿知道自主活动时间就要结束，需要自行承担收拾玩具材料、整理活动环境的责任。有的教师会选择一段节奏鲜明、欢快的音乐作为提示，当幼儿一听到音乐时就开始收尾工作。教师应重视本环节的组织，教育幼儿收拾垃圾、清洁桌面和地面，将材料物归原处，注意物品摆放的秩序，根据不同区域活动的特点加以组织。有时要注意保存幼儿未完成的作品，以便下次完成；有时要让幼儿把半成品玩具拆卸、恢复原

① 刘红喜．共享区域活动：幼儿园“共生课程”特色实施模式[M]．上海：华东师范大学出版社，2018.

样，以便其他幼儿下次开展活动。教师应切记不可包办替代，要使幼儿养成良好的行为习惯和劳动意识，也可以发展幼儿帮助他人、关心环境的良好品质。

4. 集中交流活动经验

这个环节是重新将幼儿集中起来，分享自己在活动中的发现、经验、成果、趣事的过程。

此环节中，幼儿通过回忆并连贯地讲述，尝试自我表达，学会倾听他人，使大家共享个别化的经验。此环节具有构建学习共同体，学会相互欣赏的重要价值，教师不应忽视。教师给出观察中拍摄的幼儿活动影像资料，可以帮助幼儿回忆和表达。为帮助年龄小的幼儿回到活动情境，尤其是当班级人数不多时，可以用开火车的方式使所有幼儿列队，依次在各活动区集中，再请幼儿讲述。

此外，有的教师会鼓励幼儿提出自己活动中遇到的困难，请其他幼儿共同出谋划策；还有教师会鼓励幼儿大胆表达自己的游戏还需要什么，使教师真正成为幼儿游戏的辅助者。

（三）评价区域活动

区域活动作为幼儿园教育活动形式的一种，既包括活动设计、组织实施，也包括活动评价。评价的主体主要是本班教师、本班幼儿，还可由幼儿园课程组、其他教师同行观摩后评价。评价的对象可以有：教师预先的区域活动设置，包括环境设置、材料投放等；教师实际的区域活动组织和指导情况；幼儿整体的活动秩序、兴趣，个别幼儿的活动表现；幼儿与活动材料的互动情况；幼儿与同伴的交往表现；师幼之间的互动情况；等等。

区域活动的评价结果可以由幼儿作品集、教师反思记录、幼儿学习故事等形式呈现，如果能运用更好的研究工具进行客观评分，把量化评价和质性评价结合起来，将对区域活动的改进提供依据。

资料链接

幼儿区域活动评价表①

幼儿姓名： 性别：男 女 所在班级：小班 中班 大班

所在区域： 材料名称： 操作时间：

指导教师： 评议者： 日期：

项目	评价项目要点		评价分值	
			参考最高分值	评价实际分值
情感（24分）	区域活动	对整体区域活动的兴趣程度	8	
	区域材料	对材料操作的乐意程度	4	
		对材料的珍惜程度	4	
	区域中的人	对教师的喜爱、尊重与信任程度	4	
		与同伴友好相处的程度	4	
态度（24分）	规则意识水平		8	
	专注力	区域材料的吸引力	4	
		区域环境的影响力	4	
	意志力	学习品质	4	
		材料难度	4	

① 王微丽. 幼儿园区域活动：环境创设与活动设计方法 [M]. 北京：中国轻工业出版社，2016.

续表

能力（20分）	社会交往能力发展水平			5		
	动手操作材料的能力			5		
	发展问题、解决问题的能力			5		
	观察事物的能力			5		
知识（16分）	各区域知识的系统性掌握程度			4		
	区域知识的全面性掌握程度			4		
	区域知识的复杂性掌握程度			4		
	区域知识的迁移性水平			4		
技能（16分）	各区域技能的系统性掌握程度			4		
	区域技能的全面性掌握程度			4		
	区域技能的复杂性掌握程度			4		
	区域技能的迁移性水平			4		
各分项目得分	情感	态度	能力	知识	技能	总分
综合评价等级水平	优秀（100～85分）	良好（84～75分）		合格（74～60分）	不合格（60分以下）	
分析评价结果						
教育策略的调整与改进						

上述区域活动评价表将幼儿个体作为评价对象，从五个方面多个条目对幼儿在区域活动中的行为表现进行分值评价，累计总分得出等级水平，可以看作是量化评价的典型。从评价表最后的栏目也能看出，评价结果将作为教师指导该幼儿开展后续区域活动的依据。

实践中，常见教师将幼儿在区域活动中的表现写成轶事案例，并做相应分析，这可以看作是教师对幼儿区域活动表现质性分析和评价的一种体现。

案例

幼儿豪豪扮演一名理发师，他拿着积木和梳子在为客人理发。只见他脱下自己的外套给客人当理发的围裙，将客人的耳朵压下来，然后用手中的积木轻轻地在他耳后的头发上来回推动，推完了左边推右边。推了几下以后，他说："好了！"随后解下客人身上的衣服，在一旁用力抖了抖。

之后，又来了一位客人要洗头理发。他拿了一个方形玩具盒放在客人的脑袋后面接着，再将客人的头往后仰，又迅速地在他的头上捋了一把，随即拿起一颗麻将当作洗发水捏挤了两下，放下后，再换另一颗。之后他拿起一个黄色大纽扣积木当作洗头刷在客人头上来回搓动。搓好以后，顺手撩起一旁的小毛巾旋转式地为客人擦了擦头发。

案例分析：

在这个案例里，幼儿豪豪用了多种简单材料来替代理发工具与洗发物品：把盒子当作洗头盆，把长方形积木当作电推剪，把麻将当作洗发水，把纽扣积木当作洗头刷，用自己的衣服替代理发用的围裙等。豪豪活灵活现地展现出它们的功能，从梳、推、压、捋、挤、洗、擦等一系列熟练动作上，让人一眼就能看明白他使用的是什么工具。

在过去的游戏中，教师往往会设置精致的“理发店”区角，把所有逼真的理发、洗发工具与材料都准备好，以便儿童使用。在这个案例中，教师没有替儿童设计任何游戏情节和游戏材料，儿童却用这些简单材料玩出了如此逼真的游戏。

资料来源：程学琴．放手游戏发现儿童[M]．上海：华东师范大学出版社，2019.

上述案例来自安吉游戏，教师从幼儿在区域活动的表现中看到了幼儿游戏中的认知经验，课程组从中看到了教师材料投放对幼儿游戏的积极影响。

评价区域活动是非常重要的，但其复杂性也使之有一定的挑战。这不仅依靠教师个人，更有赖于教师群体，如幼儿园课程团队的研讨。本书第八章第四节“幼儿园游戏的评价”中所述方法也可用于区域活动评价。总之，评价区域活动需要注意评价的主体、对象和形式等，把量化评价和质性评价结合起来，为改进区域活动的组织实施提供依据。

三、幼儿园区域活动的指导

在教师组织幼儿自主开展区域活动中，通过教师的观察和判断，把握恰当时机、运用适宜的策略，指导幼儿顺利活动、在已有水平基础上获得发展。

（一）指导时机

幼儿在区域自主活动时，总会遇到这样那样的状况，并不是问题一出现教师就要立刻解决，可以把握以下指导时机。

1．活动出现危险时

保证幼儿身心安全是幼儿园一切活动的基础，当区域活动环境、活动材料、活动内容危害到幼儿的生命安全、身心健康时，应当立刻采取措施。具体来说，当活动环境有坍塌、坠物等危险时，应将幼儿立即带离、即刻修缮；当活动材料有毒有污染时，应避免幼儿接触、妥善处置；当幼儿从事的活动即将有明确的风险时，如幼儿严重打闹、即将被刺伤、擦伤时，应立刻停止幼儿的活动。极少数情况下，假如某个幼儿面临其他幼儿霸凌，教师也应及时给以干预。

值得提出的是，教师应提高活动风险程度的判断力，可以把握恰当时机指导幼儿学会察觉危险，学习自我保护。但也不能过分担心，屏蔽一切可能有风险的活动，如使用剪刀，这样会使幼儿失去安全学习的机会。

2．活动长时间失序时

区域活动可以为幼儿提供一个小型的社会交往情境，在学习调整自己、适应群体规则的过程中，是从无序到有序过渡。幼儿总会因为活动机会、活动空间、活动材料等资源与他人产生冲突，暂时无法顺利进行活动，适当地让问题解决的机会留给幼儿，让幼儿在真实的情境中发展问题沟通和协商解决的能力，是十分必要的。在幼儿尝试较长时间后问题仍不能解决时，说明幼儿没有掌握恰当的方法，教师应给予恰当的指导，使活动顺利推进。

3．幼儿主动求助时

教师是幼儿活动最重要的支持者、协助者，当幼儿主动寻求教师帮助时，教师应及时响应，让幼儿在获得心理支持的基础上，解决当前困境。教师应将幼儿本人作为困难的面对者、将自身作为幼儿的协助者，不包办替代，要根据幼儿的求助情境，针对幼儿的个性和能力差异，为幼儿学习自己解决问题搭建支架。

4. 幼儿活动受阻时

当幼儿在活动中受到阻碍、经历挫折时，教师应给以指导。了解幼儿活动受阻的原因，适当安抚幼儿情绪，教给幼儿克服困难的方法，鼓励幼儿树立积极的心态，培养坚韧的品质。

5. 幼儿活动再无挑战时

区域活动对幼儿的发展价值，不仅是在自主活动中巩固已有经验，也鼓励幼儿应对挑战、推动幼儿不断进步。幼儿喜欢重复自己擅长的活动，如果活动无法为幼儿创造最近发展区，应及时改进材料投放。但假如幼儿在活动中总是规避困难、拒绝挑战，教师应给以关注。判断挑战是否过大，是否需要调整活动材料、适当降低难度。鼓励幼儿大胆尝试，教给幼儿获得成功的新方法。

6. 幼儿无所事事时

当教师观察到幼儿在区域活动中发呆、闲逛、无所事事时，这表示幼儿没有在积极从事区域活动，教师应在此时给以指导，观察或询问幼儿消极行为的原因。如果幼儿身体不适，则安排幼儿休息。还有可能是当前活动对幼儿太难或太容易，导致当前活动对幼儿没有吸引力，或幼儿与同伴产生了矛盾等，教师可以及时调整活动材料，或支持幼儿调整活动内容或操作方法，开解幼儿消极情绪、解决同伴冲突等。

（二）指导策略

恰当把握指导时机后，教师也要注意指导策略。

（1）适当等待。自主自发是幼儿区域活动的重要特征，也是幼儿获得学习的条件。过早帮助幼儿解决问题，幼儿就会失去学习的机会。

（2）根据活动中的游戏类型进行指导。区域活动也是幼儿的游戏活动，教师可以分析区域活动中游戏的类型，根据各类游戏的特点进行指导。

（3）介入活动以间接指导为主。教师介入幼儿游戏进行指导时，有时需要以教师的身份直接干预，向幼儿直接提出要求。教师还可以不破坏游戏情境，与幼儿一同“入戏”，化身为某个游戏角色，启发并推动游戏，简单地给予指导。这样既尊重了幼儿的自主性，维持了游戏氛围，也向幼儿展示了在游戏中解决问题的方法。

（4）利用环境暗示。教师指导幼儿游戏的方法不只是言语指导、动作示范，还应注意充分发挥区域活动环境的作用，“让环境说话”。例如，控制区域人数时，用设计进区卡、控制材料份数、贴小脚丫等方式，让幼儿学会理解环境及规则。

（5）鼓励幼儿同伴互助。教师应意识到，幼儿不只是与材料互动，遇到困难不只有教师是可求助的对象，同伴也是幼儿区域活动的重要资源。提供帮助时，可以不介入幼儿游戏，启发幼儿向同伴学习、鼓励幼儿同伴互助，发挥幼儿之间的互相影响作用[①]，也使幼儿学会关心他人、学会共同生活。

本章小结

本章有三节内容。

第一节明确了幼儿园区域活动的概念及功能，并分析了区域活动与游戏活动、教学活动的关系。

第二节重点阐述了幼儿园区域活动的设计。包括设计的原则，从环境设置和材料投放明确了区域活动规划的方法，列举了14项幼儿园常见的区域活动及内容，初步明确了区域活动方案设计的结构。

第三节阐述了幼儿园区域活动的组织与指导。明确了教师在区域活动中承担的四种角色即创设者、观察者、启发者、分享者，从设计基本规则、组织幼儿活动、评价区域活动三个方面详细阐述了区域活动的组织要领，提出了有关区域活动的指导时机和指导策略。

① 冯晓霞．活动区的创设、利用及活动指导（四）[J]．幼儿教育，1994（09）：6.

关键术语

幼儿园区域活动、区角活动、环境设置、材料投放、组织要点、指导方法

建议的活动

1. 在幼儿园见习时，调查区域活动的设置，对比同一类型的区域在不同班级、不同年级的设置差异。

2. 观察幼儿教师实际的区域活动组织过程，记录一则师幼互动轶事，谈谈你的看法。

3. 分组模拟区域活动的组织，请其他组找出不合理之处，并集体讨论组织要点。

4. 查阅文献，整理国内外对区域活动共有哪些角度的研究，以及近年来研究的重点是什么。

拓展阅读

1. 华爱华. 幼儿园活动区活动的功能定位[J]. 幼儿教育，2012（25）.

2. 黄进. 幼儿园区域活动的来源与挑战[J]. 学前教育研究，2014（10）.

3. 华爱华. 从学前教育改革与发展看幼儿园活动区活动[J]. 幼儿教育（教师版），2018（08）.

4. 李晓文，原晋霞. 儿童视角下的幼儿园区域活动[J]. 学前教育研究，2019（02）.

第十一章 幼儿园日常生活活动

学习目标

1. 知识目标：掌握幼儿园日常生活活动的含义及内容，理解幼儿园日常生活活动的意义，重点掌握幼儿园日常生活活动组织与指导的原则与要点，了解自由活动的特点与功能、组织与指导要点。

2. 能力目标：能够分析与评价幼儿园日常生活活动组织与指导的实际问题。

3. 素质目标：充分理解学前儿童在日常生活活动中的发展需要及个别差异，充分认识幼儿教师工作的价值，建立积极的专业情感。

本章知识导图

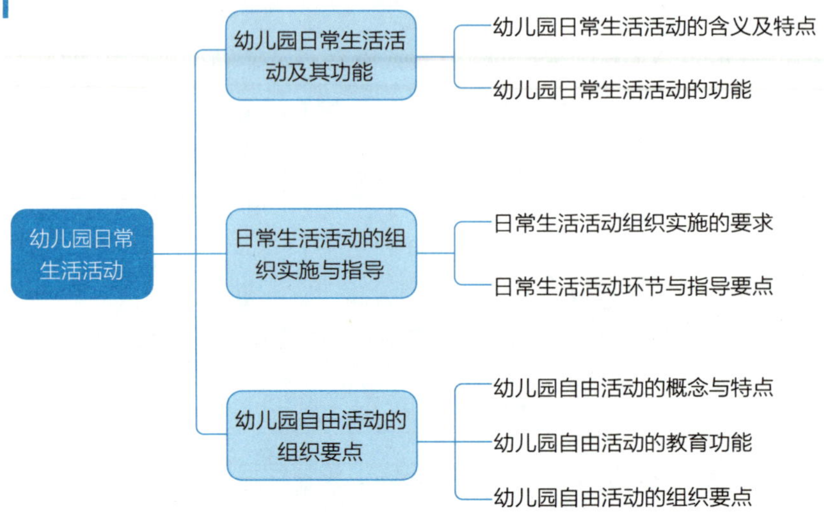

开篇案例

小宝是小一班老师们心目中既喜爱又令人头疼的孩子。他在集体教学活动或游戏活动中表现突出，是班里受人瞩目的“智多星”。可是在其他时间里，他也是老师们的“头号难题”。午餐时，每天都要和老师们谈一堆条件，磨磨蹭蹭、挑食偏食，午睡时也有各种理由和老师“交涉”。在盥洗、如厕等事情上，更是事事依赖老师。

小一班还有不少小朋友和小宝情况类似，这让刚刚入职的陈老师倍感苦恼。她组织集体教学活动非常自如，但其他时间却不知怎么办为好。如厕时需要帮助的孩子应接不暇，根本顾不上维持秩序；午餐时、午睡时孩子们也吵吵闹闹，几乎无一刻安宁。

园长建议陈老师以此为契机，好好思考幼儿园一日生活的组织，与小一班的孩子们好好谈谈幼儿园日常生活的本领。

思考：

1. 你认为幼儿园日常生活活动的良好组织有怎样的意义？
2. 幼儿园日常生活活动涉及哪些环节？你认为陈老师可以怎么做？

幼儿园教师资格证考试 · 考点预测◎

在幼儿园教师资格证考试科目《保教知识与能力》中，与本章相关的考试内容是“生活指导”模块，对应的考试大纲知识点为：熟悉幼儿园一日生活的主要环节，理解一日生活的教育意义。了解幼儿生活常规教育的要求与培养幼儿良好生活、卫生习惯的方法。考点主要有：幼儿园日常生活活动的功能，组织实施的基本原则、环节与指导要点。该考点在“学前儿童保育学”相关课程中也有涉及。本章知识在历年教师资格考试真题中考分占比较少，题型主要是单选题和论述题。

小班幼儿离开家长的帮助开始独立生活，需要一定的时间来适应，包括培养一定的生活自理能力、社会交往能力等。需要成人有意识地利用生活活动的诸多方面，来提高幼儿的独立生活能力，养成一日生活常规。对于许多幼儿园实习生或新教师来说，集体教学活动与游戏活动的组织与开展往往是首要关注的，但一日生活的其他环节却成了盲区。本章将对幼儿园日常生活活动及其组织实施进行介绍，使大家对幼儿园一日生活的全貌有所了解。

第一节　幼儿园日常生活活动及其功能

幼儿自3岁左右进入幼儿园后，每日有近8小时甚至更多时间在园生活。除了集体教学、游戏，还贯穿着大量的日常生活活动，诸如盥洗、进餐、睡眠等。幼儿园的保育与教育工作，也浸润在日常生活活动的方方面面，对幼儿的身心健康发展有重要影响。

一、幼儿园日常生活活动的含义及特点

理解幼儿园日常生活活动的含义及特点，是有效组织实施与指导日常生活活动的基础。

（一）幼儿园日常生活活动的含义

幼儿园日常生活活动，可简称幼儿园生活活动，也可简称幼儿园一日生活活动，是指幼儿园一日生活中教学、游戏活动之外的一切日常活动[①]，即幼儿在园的一日活动中各生活环节和每日所要进行的常规活动的总和。内容包括幼儿的饮食起居，如盥洗、如厕、进餐、饮水、睡眠等环节；还有与家庭生活活动不尽相似的、幼儿园特有的活动，如晨间检查、离园、自由活动等。

日常生活活动是实施保育和教育的重要途径，甚至是保教活动的起始点，也是幼儿园课程的重要组成部分。幼儿认知经验有限、缺乏一定的生活自理能力和自我保护能力，需要良好的保教环境。日常生活活动的顺利开展，也是幼儿各方面积极发展的综合体现。从广义上说，幼儿园日常生活活动还涉及家长的共同参与。

资料链接

班级常规和生活常规教育

在幼儿园实际工作中，常常会听到“班级常规”“生活常规教育”等名词，以下为部分资料中的解释。

班级常规：幼儿园班级常规是指幼儿园一日生活制度安排和幼儿在各项活动中应遵守的具体行为准则。而幼儿园常规教育即对幼儿进行正确、有序执行一日生活中各个环节的具体制度和行为准则的教育过程。具体内容包括：使幼儿学会按时作息，有规律地生活，轻松愉快、稳定有序地参加幼儿园一口生活中的各项活动；掌握各项活动的基本技能，形成良好的行为和生活卫生习惯；使幼儿较好地适应集体生活和各项活动的要求，促进幼儿身心健康，行为文明。[②]

生活常规教育：是幼儿园为了培养幼儿良好的生活习惯和生活基本能力，确保幼儿健康成长而制定的幼儿园生活各环节的基本规则与要求。幼儿园生活常规对幼儿在幼儿园每天生活活动的内

① 朱宗顺．教育学原理[M]．北京：中央广播电视大学出版社，2011.

② 傅芳芳．幼儿园班级常规教育研究：以上海市某一郊区幼儿园为例[D]．上海师范大学，2011.

容、时间、程序等均有明确的规定，使幼儿的一日生活能在一定的节奏、秩序和规律中进行，有利于培养幼儿良好的生活卫生习惯和基本生活自理能力，同时生活常规也是实现幼儿园教育目标的重要保证。①

（二）幼儿园日常生活活动的特点

幼儿的日常生活活动与教学活动、游戏活动一样，是幼儿园课程的重要组成部分，对幼儿的全面发展起着重要作用。相对而言，日常生活活动具有以下特点。

1. 幼儿的行动具有一定的自由性

幼儿在家庭中的生活活动具有极大的自由性，可以随时随意地做自己想做的事，较少受到时间、场合等的限制。感觉饿了就吃东西、困了累了就休息，生活活动的安排较为宽松，以幼儿相应需要的提出为主导。同样，在学前教育机构中，相较于教学活动、各种类型的游戏活动，生活活动主要指向幼儿的生活或生理的需要，也具有一定的自由性。在规定的活动环节幼儿可以根据自己的情况自由选择，在未规定的时间也可以按照自己的需要提出要求。

需要指出的是，由于幼儿各生理系统的发展特点，年龄越小的幼儿生理需要越具有随机性和个别差异性。比如，在活动间隙中教师安排幼儿如厕、饮水，有的幼儿此时没有如厕需要，而等到教学活动或者游戏活动开展过程中突然有了如厕需要，此时教师也应允许。另外，随着幼儿生理系统发展不断完善、心理过程不断发展，教师对幼儿的行动也可提出一定的要求。尤其是大班后期为适应幼小衔接做学习准备时，有时教师会要求幼儿有意识地调节和控制自己的行为，不在教学或游戏活动当中要求如厕、喝水等。因此，幼儿在园有关生活活动的行动具有一定的自主性和自由性。

2. 教育时机的选择具有一定的随机性

幼儿园保教实践中，教师常常专门设计教学活动和游戏活动使幼儿获得发展，而日常生活活动环节较多、内容细碎，幼儿的行动较为宽松自由且有个体差异，使得生活活动中教育时机的选择具有一定的随机性。但这不代表生活活动的组织与实施就不重要，无须重视挖掘其中的教育契机。陶行知说“生活即教育”，幼儿在生活活动中的表现，既是生活教育的成效，又可以作为课程的来源。教师若善于抓住活动中的各种教育契机，就能最大限度地发挥生活活动的教育价值。

3. 教育效果蕴含在习惯的培养中

幼儿在园获得积极的情绪体验首先来自日常生活活动的顺利完成，不会为衣食住行等生活小事受挫。挖掘生活活动中点滴的教育价值，建立合理的生活活动规则并制度化，保证教育的一致性和连贯性，让幼儿在日日重复的小事中发展独立自立的能力，建立积极愉快的情绪，培养良好的行为习惯、与他人沟通交往的行为方式等，是日常生活活动教育效果的体现。

资料链接

动力定型

为什么良好行为的塑造需要日日坚持?

当身体内、外部的条件刺激按照一定的顺序重复多次不变以后，大脑皮质的兴奋和抑制过程在时间、空间上的关系就会固定下来，前一种活动成为后一种活动的条件刺激，条件反射的出现会

① 赵光伟，李利芹，胡燕红．学前教育原理 [M]．上海：华中师范大学出版社，2017.

越来越恒定和精确，即动力定型。①即在某种条件刺激下，系统按照严格的序列和时间做出的系列反应。

在日常生活中，如果一个人比较稳定地从事某一活动，客观刺激的系统经常按照一定前后顺序和强弱程度作用于有机体。大脑皮层能够把这些刺激有规律地协调成为一个条件反射链索系统，人的行为就塑造成了习惯。

二、幼儿园日常生活活动的功能

《3~6岁儿童学习与发展指南》指出，幼儿的学习以直接经验为基础，是在游戏和日常生活中进行的，要珍视生活的独特价值，合理安排一日生活。明确日常生活活动对幼儿发展的多种价值，有助于把握日常生活活动的组织实施与指导。

（一）保障幼儿的生长发育

学前教育机构在促进幼儿全面发展的教育任务中，保障幼儿生命安全和身体健康是首要的。学前儿童各生理系统功能尚未发育完善，对各种自然环境和社会环境的适应能力不足，对疾病的抵抗能力和对压力的承受能力较弱，因此通过学前教育机构一日生活的科学规划和组织实施，保证幼儿能获得合理的营养、充足的睡眠、充分的活动，以满足幼儿各种生活和生理需要，为其生长发育提供保障。

（二）养成幼儿健康的心理素质

学前教育机构合理有序的生活活动不仅能保证对幼儿身体的照顾，还有利于幼儿健康心理素质的养成。从《3~6岁儿童学习与发展指南》中看幼儿健康的心理素质，主要包括培养积极愉快的情绪和培养良好的社会交往与适应能力等。教师精心照顾幼儿的生活，为幼儿创造良好的心理氛围，保持愉快的情绪；幼儿在集体生活中感到温暖、愉快，形成安全感和信赖感；学会关注和理解自己及他人的情绪情感，学习用恰当的方式表达情感和需要，促进幼儿社会性发展。在生活活动中，幼儿总是在不断克服困难中获得成功的体验、增强自信心；在形成良好生活习惯的过程中，健康的心理素质也获得了累积和发展。

（三）养成幼儿良好的生活习惯和自理能力

学前期是幼儿形成各种习惯的关键时期。幼儿年龄越小，可塑性越大，建立动力定型也越容易。经由各种日常生活活动来锻炼幼儿的独立自理能力，比通过教学和游戏更有实效性。家庭中家长有时包办替代或要求松散，容易导致幼儿生活自理能力水平低下、劳动观念淡薄。学前教育机构的生活制度和生活常规，为幼儿提供了反复训练并养成良好习惯的机会。教师的耐心教养和严格要求能有效地培养幼儿良好的生活习惯和卫生习惯，如定时定量进餐、不挑食、饭前便后洗手、不随地吐痰等。同时，幼儿作为未来的建设者和劳动者，也应从小培养一定的劳动观念，以便在未来发展成具有开拓创新和吃苦耐劳精神的人。

通过日常生活活动，培养幼儿独立生活的能力和自我服务的能力，使幼儿养成良好的生活习惯，幼儿的学习活动、社会交往活动也能从中受益，并将持续终身。

（四）为幼儿的学习积累生活知识与经验

《幼儿园教育指导纲要（试行）》中指出："幼儿园教育活动内容的组织应充分考虑幼儿的学

① 顾荣芳．学前儿童卫生学[M]．南京：南京师范大学出版社，2009．

习特点和认知规律”，“寓教育于生活、游戏之中”。幼儿在日常生活活动中可以获得许多生活知识和经验，是学习的重要途径。例如，幼儿在日常活动和交往中积极地运用语言与他人交流，在交往中积累社会性知识与技能；在穿衣、喝水等生活活动中感受季节的科学特征与变化，发展一定的动作技能等，为相关主题中的学习活动提供必要的知识经验。正是幼儿的这种学习特点和认知规律，使得生活的过程就是学习的过程。这也是教育者常说的：“教育即生活，生活即教育。”

案例

“5<2”

5天的幼儿园生活马上结束了，郑老师看着独立进餐的孩子们皱起了眉头。原本班里有不少孩子进餐习惯不好，在主配班老师和保育老师持续的鼓励和教育下，已大有进步。然而郑老师最怕过周末，因为到下周一进餐时，孩子们已有进步的进餐表现就会出现“倒退”。一些家长认为孩子吃饭总是弄得到处都是，于是在家直接给孩子喂饭，他们认为吃饭这类生活小事孩子长大自然就会了，没必要辛苦教育。郑老师有时感叹道：“这真是5<2呀！”

第二节　日常生活活动的组织实施与指导

为了充分发挥日常生活活动的教育功能，教师需要了解日常生活活动组织实施的要求，掌握生活活动的环节与指导要点。

一、日常生活活动组织实施的要求

幼儿园日常生活活动组织实施的要求包括两部分：一是掌握日常生活活动组织实施的基本原则；二是明确日常生活活动组织实施的基本目标。

（一）日常生活活动组织实施的基本原则

日常生活活动的组织实施有一些基本原则，充分理解这些原则有助于教师恰当地组织实施与指导。

1．保教结合原则

学前教育机构承担着对幼儿进行保教并重的发展任务。贯彻保育与教育相结合的原则，一方面要重视对幼儿生活上的照顾和保护，不包办替代也不疏忽大意，通过制定合理、科学的一日生活制度和生活常规，使幼儿有安全且愉悦的环境，充分全面的营养，充足的活动与休息，获得身心健康发展。另一方面，“一日生活皆教育”，教师要善于利用生活细节中蕴含的教育资源和契机，结合不同年龄段幼儿身心发展的特性，发展幼儿相应的生活技能，积累一定的生活经验，为其他学习做铺垫，培养积极态度和行为习惯。

2．发展性原则

首先，幼儿身心发展特点需要适宜的生活活动规则并制度化。根据学前卫生学中不同年龄幼儿的生理差异可知，幼儿年龄越小，越容易疲劳，学习和游戏持续的时间越短，尽量不把主要的脑力活动放在每个活动周期的起始和尾声，妥善安排活动负荷。将生活活动合理安插在学习和游戏中，动静交替，减少疲劳的发生，提高活动效率。为便于幼儿适应不同季节，适当调整晨间活动时间和午睡时长。其次，教师还应注意观察幼儿的兴趣和需要，注意随机性、灵活性地组织实施活动，充分满足幼儿的身心发展需要。

3. 一致性与连贯性原则

幼儿一切技能和习惯的训练和培养，从大脑皮层活动规律来说都是动力定型的过程。[①]建立日常生活活动制度时，在时间、地点、内容等方面形成一种固定的模式，既便于教师执行，也有利于幼儿形成动力定型，如上下楼梯不能打闹、准备进餐要有秩序、进入寝室要轻声等。所提的要求不能朝令夕改，执行时也不能三天打鱼两天晒网，让幼儿无所适从。同时，幼儿良好的生活习惯的形成，需要教师和保育员、家庭等均相互协调，前后一致、坚持不懈地在生活中反复巩固，形成教育合力。

4. 自主性和差异性原则

尽管制度化的生活活动，有助于幼儿适应并养成良好常规，但各生活环节组织实施应建立在幼儿个体意愿之上。允许幼儿根据当前需要参与生活活动，自我感知、自我决策、自我调节。在集体组织的基础上，支持幼儿的差异性表现、个别化选择。充分考虑幼儿不同的自主意愿、背景差异、能力高低，切忌整齐划一、“一刀切”的做法。

5. 情感性原则

生活活动在幼儿一日生活中所占的比例可能超过教学和游戏活动，许多对成人来说非常简单的生活活动，对初次学习的幼儿来说其实充满挑战。离开家庭和父母的照顾，幼儿学习独立生活、自我照料，多多少少会受挫，他们需要情感上的共情和抚慰，需要教师耐心教导。教师应以极大的包容允许幼儿犯错、不予嫌弃，对其进步多加欣赏和鼓励。为幼儿构建轻松的心理氛围、舒适的生活节奏和有弹性的生活制度，不使幼儿对在园生活感到灰心、焦虑，为更好地学习和游戏“充电”。关爱幼儿，以幼儿为本，既体现幼儿教师良好的职业道德行为规范和修养，也是幼儿教师专业标准的要求。

（二）日常生活活动组织实施的基本目标

幼儿园日常生活活动对幼儿的全面发展具有促进作用，应根据生活活动的价值取向，确定组织生活活动的基本目标。在基本目标的基础上，再根据不同年龄幼儿的特点和需要以及教育机构的实际条件，将目标具体细化。

根据日常生活活动的意义以及组织实施的基本原则，日常生活活动组织实施的基本目标主要有：①保证幼儿基本的身心状况；②建立生活制度，形成班级生活常规；③培养幼儿良好的生活与卫生习惯；④发展幼儿的生活技能和自理能力；⑤养成良好的生活态度和劳动意识。

二、日常生活活动的环节与指导要点

一般来说，幼儿园日常生活活动环节主要有：入园、饮水、如厕、盥洗、进餐、午睡及起床、离园等。教师需要依据生活活动组织实施的原则，合理安排各环节工作；了解这些生活活动环节是什么，幼儿在这些生活环节中应达到的目标；明确环节的组织与指导要点，针对经常出现的问题采取恰当的应对措施；注意家园合作，帮助幼儿更好地在园生活。

① 顾荣芳. 学前儿童卫生学 [M]. 南京：江苏凤凰教育出版社，2009.

（一）入园

入园环节一是进行晨间检查，简称晨检，二是开展晨间活动。接待幼儿来园，了解幼儿健康情况并记录。根据天气情况合理安排晨间活动，如运动、早操、自由活动等。

1．幼儿应达到的目标

（1）幼儿衣着整洁，愉快入园，接受晨间检查。

（2）有礼貌地向老师、同伴问好，和家长告别。

（3）将自己的衣物用品放在固定的地方，叠放整齐。

（4）能主动告诉老师自己的身体有无不舒服的感觉。

（5）积极投入晨间活动。

2．教师的组织与指导要点

（1）在幼儿入园前做好活动室内外清洁工作及开窗通风。

（2）以热情、亲切的态度接待幼儿，并向家长询问幼儿在家中的情况，听取家长的意见和要求，做好个别幼儿的衣物、药物交接工作。

（3）协助保健医生做好晨间检查及记录。晨检的内容主要包括：幼儿精神状态是否基本健康，体温是否正常，有无发热、咳嗽或其他疑似病状，如有异常，在保健医生进行临床诊断后联络家长妥当处理，并做好记录，全日对幼儿重点观察，做好主配班、保育员之间的沟通。若疑似有疾病或传染病迹象，建议幼儿及时就医或回家休养。此外，教师还可以留意幼儿有无携带不安全物品、手指甲是否及时修剪、衣服是否干净整洁等，恰当处理。

（4）清点来园人数，做好点名记录。如有幼儿因病对饮食有特殊需求，报告给相关后勤餐饮管理人员。

（5）合理组织晨间活动。准备好活动材料，让幼儿参加自己喜欢的活动，关注幼儿的活动情况等。

（6）晨间活动结束前，提醒幼儿收放玩具。

3．常出现的问题及应对措施

（1）分离焦虑。常见于小班新入园的幼儿，离开熟悉的家庭环境进入托幼机构，与父母分离，需要一段时间才能适应新环境。此时，幼儿可能表现出紧张不安、哭闹、抗拒等消极反应，哭闹剧烈时有可能引起呕吐、夜惊梦魇等。分离焦虑也可能出现在新学期开始个别适应能力较差的幼儿身上，或转学的幼儿身上。

针对幼儿的入园焦虑，可以采取以下措施：①入学前可组织家长和幼儿来幼儿园参观，熟悉环境。②教师可提前做家访，让幼儿对教师感到熟悉、信任。③在家庭中锻炼幼儿具备一定的独立自理能力，使幼儿在园不致过多受挫。④教师组织有趣的晨间活动，吸引幼儿的兴趣，转移注意力。⑤教师适当安抚哭闹的幼儿，允许幼儿表达消极情绪，给予一定的冷却时间。⑥根据幼儿园的情况，组织亲子活动、半日活动等，使幼儿逐渐适应。

（2）消极等待。有些幼儿入园较早，等待时间较长。教师可以安排适当的活动，如组织桌面游戏、区角活动，请幼儿照顾植物、记录每日菜谱、播报天气预报，减少幼儿消极等待。

（3）药物交接。有时家长会在入园时请教师在特定时间给幼儿用药，此时教师应格外谨慎。家长须仔细填写用药说明及注意事项，有时也会要求家长签责任状。或由保健室统一负责管理，以防当班教师无法顾及造成不良后果。

案例

不再错过晨间活动

幼儿欣欣像个大懒猫，每天早晨都很难叫醒，穿衣、洗漱都磨磨蹭蹭，吃完早饭来到幼儿园时，往往晨间活动都结束了。一天，欣欣来园时，老师把早晨户外运动时小朋友们快乐游戏的照片放给大家看，小朋友们愉快地说起照片上的自己和伙伴。老师看欣欣听小朋友的分享时有些羡慕和茫然，便私下问欣欣想不想和大家一起玩，约定明天早点来园参与晨间活动。在欣欣离园时，又与欣欣的家长沟通晨间活动的意义，请家长帮助欣欣改变生活习惯，早睡早起。经过一段时间的努力，欣欣收获了许多晨间活动中老师抓拍的有趣照片，再也没有错过晨间活动。

（二）饮水

幼儿新陈代谢旺盛，在一日生活中应安排幼儿少量多次饮水，根据气候变化及一日活动量合理调节，保证每位幼儿每天饮水量充足。

1. 幼儿应达到的目标

（1）口渴时会主动取水喝，饮水速度适当。

（2）用自己的水杯喝水，用完后放回原处。

（3）取水时能排队、轮流、不拥挤。

（4）不喝生水，不浪费水，避免呛咳。

2. 教师的组织与指导要点

（1）水杯要在幼儿使用之前进行消毒，每个幼儿的水杯应放在水杯柜中固定的地方。

（2）保证班上随时有温开水，提醒并允许幼儿随时喝水。

（3）考虑季节、运动量等，保证幼儿充足的饮水量，每日400ml ~ 600ml。

（4）指导幼儿有序地取水，谨防烫伤、跌滑等意外情况。

（5）教育幼儿合理取用、避免浪费，喝水时不说笑、不走动，以免呛咳。

3. 常出现的问题及应对措施

（1）错拿水杯。为了便于高温消毒，幼儿园使用的口杯一般是一模一样的不锈钢口杯，小班幼儿极有可能会拿错水杯，尤其是刚刚入园的孩子。教师可以在水杯柜相应的位置，贴上幼儿的照片或其他标记，方便幼儿拿取。

（2）幼儿无法合理估计自己的饮水量，导致浪费或饮水不足。一日生活中，尽管有不少饮水的环节，有的幼儿不爱喝水，或没有明显口渴的感觉就不注意饮水，导致口唇干裂、小便泛黄。当教师看到有的幼儿不时地舔嘴唇，要注意提醒该幼儿饮水。可以通过环境创设让幼儿记录每日饮水量，鼓励幼儿多饮水。当无法合理估计自己的饮水量而导致浪费时，教师应提醒幼儿少量多次饮用，注意节约。

（三）如厕

受幼儿泌尿系统和消化系统机能影响，一天中也应给幼儿提供多次如厕的机会。允许幼儿在有需要时及时如厕，帮助幼儿发展自理能力，养成良好的卫生习惯。

1. 幼儿应达到的目标

（1）有如厕需要能及时自理，大小便有异常情况能主动告诉老师。

（2）定时排便，便后冲水，便前便后把手洗干净。

（3）能自己脱裤子、提裤子，大小便入池，便后自理。小班幼儿可在教师协助下完成。

（4）解便时能不弄湿自己和同伴的衣裤。

（5）能排队、轮流，不在厕所拥挤、打闹、玩耍。

2. 教师的组织与指导要点

（1）不限制幼儿如厕次数，提醒易遗尿的幼儿解便。

（2）帮助有困难的幼儿穿脱衣裤，便后擦拭等。

（3）观察幼儿大小便情况，如有异常及时记录并告知家长。

（4）备好卫生纸，指导幼儿正确使用。

（5）观察并提醒幼儿便后冲水及洗手。

（6）保持厕所通风清洁，做到干爽无异味。

3. 常出现的问题及应对措施

（1）如厕自理能力差。有些幼儿生活自理能力较差，穿脱裤子需要教师帮助，尤其是冬天，教师应注意幼儿腹部的保暖，教幼儿逐渐学会整顿好衣裤。此外，有的幼儿可能不适应幼儿园蹲位如厕，或尚不会便后擦拭，教师要帮助这些有困难的幼儿，帮助幼儿适应并学会如厕的方法。做好家园沟通，家园同步地锻炼幼儿如厕时的自理能力。

（2）遗尿。幼儿遗尿的原因可能有：羞于表达自己的便意；尚不习惯幼儿园的如厕方式；玩耍太过投入，以致来不及如厕；午休前没有小便，以致睡觉时尿床等。针对这个问题，教师要鼓励幼儿表达自己的便意；随时发现、提醒幼儿是否要大小便；提醒幼儿午睡前不要喝太多水，小便后再睡觉；当幼儿遗尿时，不批评呵斥，也应制止其他幼儿嘲笑，及时用温水帮幼儿清洗干净，更换干净的衣裤，或提醒家长换洗被褥。

（3）憋尿。幼儿可能专注于某个活动而不愿如厕，教师应注意提醒。幼儿坐在座位上时不停地晃动身体，可能有较强的如厕需要，应予准许。使幼儿学会合理安排个人的如厕时间，为适应幼小衔接，养成在活动前后如厕的好习惯。个别幼儿可能因为不适应幼儿园的如厕方式、如厕环境，而极少排尿，非常不利于幼儿的健康。应及时家园沟通，帮助幼儿尽快适应、克服障碍，及时排尿。

（四）盥洗

盥洗主要包括洗手、洗脸、漱口等。在进餐前后、如厕后、户外活动后，或手有污垢时，用正确的方法洗手。进餐后、午睡后，或其他有需要时，正确地洗脸、漱口。

1. 幼儿应达到的目标

（1）自觉遵守盥洗的规则，轮流、不拥挤，动作迅速、认真；不玩水，不弄湿衣服和地板。

（2）学习并掌握正确的洗手方法，养成良好的洗手习惯。

（3）能按正确的方法漱口、洗脸，保持良好、整洁的仪表形象。

2. 教师的组织与指导要点

（1）为幼儿创设干净卫生的盥洗环境，提供适宜的盥洗用具。让每个幼儿用专门的毛巾、口杯，及时清洁消毒。

（2）做好盥洗前的准备工作，为幼儿准备好温度适宜的流水。

（3）根据实际的用具设备，组织幼儿有序、分批进行盥洗。

（4）教会并提醒幼儿洗手、洗脸、漱口的顺序和方法。

（5）盥洗结束后，逐一检查或使幼儿相互检查，保证幼儿衣着整齐。

（6）秋冬季节教幼儿适量使用面油、手霜等。

3．常出现的问题及应对措施

（1）不会正确地洗手。小班幼儿可能由于经验不足，还不能准确地控制水流大小，不会用正确的方法洗手，以致在洗手时经常会弄湿衣袖和地面的情况。教师可以采用儿歌、游戏的方式，教导幼儿学会正确洗手的方法，养成良好的洗手习惯，在盥洗室贴上正确洗手、洗脸方法步骤的标志，引导幼儿熟练正确地洗漱。中、大班幼儿也可能会因偷懒而没有把手洗干净，如没有涂抹香皂，没有充分洗净双手等情况；教师要注意检查提醒，或设置值日生来督促幼儿。

（2）喜欢嬉水。幼儿好奇好动，洗手时经常出现嬉水、打闹、不专心等现象。对此，教师可以录像的方法，让幼儿发现自己的不当行为，并组织幼儿讨论嬉水的安全隐患和环保问题；让幼儿自己商讨建立规则，树立积极榜样。此外，教师可以考虑专门为幼儿提供玩水机会，在安全、适宜的场合，让幼儿尽情开展有关水的感知与科学探索。

（五）进餐

幼儿园提供的餐点情况各不相同，可能有早餐、上午点心、午餐、下午点心、晚餐等。应根据幼儿的健康需要，制定合理的饮食制度，定时定量。照顾个别幼儿特殊的进餐需要。培养幼儿良好的进餐习惯，营造愉快的进餐氛围。避免餐后剧烈运动。

1．幼儿应达到的目标

（1）餐前认真洗手，方法正确。

（2）养成文明的进餐行为和习惯。愉快、安静地进餐，做到独立进餐，细嚼慢咽、不高声谈笑，不边吃边玩，保持桌面、地面、衣物清洁。

（3）正确使用餐具：一手拿勺子，一手扶碗，喝汤时两手端着碗。

（4）不挑食偏食，不进餐过快，不剩饭菜，不过量进食。

（5）餐后收拾食物残渣，将餐具放到指定地点，主动擦手擦嘴、漱口。

2．教师的组织与指导要点

（1）进餐前半小时安排幼儿安静地活动。

（2）进餐前15分钟提醒幼儿收拾玩具，摆好桌椅，做好盥洗，准备进餐。

（3）做好餐前消毒工作；指导值日生工作，准备餐具。

（4）营造愉快、安静的进餐气氛，介绍当餐食品。

（5）分发食物，组织幼儿按时进餐；鼓励幼儿独立进餐，观察每个幼儿的进食量；对情况特殊的幼儿给予个别照顾，及时处理异常情况；适当提醒幼儿进餐速度及食量适当，纠正不良的进餐习惯。

（6）进餐结束后，检查并提醒幼儿漱口、擦嘴等；收拾餐桌，清扫地面；合理组织幼儿的餐后活动，避免剧烈运动。

3．常出现的问题及应对措施

（1）幼儿进餐速度过快或过慢。幼儿在进餐时常常出现这两种极端状况，进餐过快不利于消化，速度过慢会使得饭菜变凉也不利于健康。对此，教师首先要反思自己是否在进餐速度上对幼儿有不当要求，如催促幼儿尽快吃完、比比谁是第一名等。可以组织主题讨论，并为幼儿示范恰当的做法。有些幼儿进餐过慢是因为餐量过多或食欲不佳，教师针对幼儿个别化的情况可适当减少餐量。最后，鼓励幼儿在家自己进餐，提示家长关注幼儿进餐时间。

（2）幼儿挑食。幼儿可能因为一些食物的特殊气味、口感甚至颜色、形状等挑食，教师应教育幼儿了解均衡饮食对身体的益处，鼓励幼儿勇敢尝试不喜欢的食物，利用同伴的影响树立榜样。教师也应了解幼儿挑食可能来自家庭的饮食习惯，注意不强迫幼儿，及时与家长沟通，寻求利于幼儿健康、又不使幼儿感到痛苦的饮食方案。

（3）桌面撒满剩饭剩菜。幼儿学习自己吃饭时，难免会遇到饭菜撒在桌面或地面的情况，这是幼儿动作尚不协调的正常情况。但教师需要提醒幼儿进餐时加以注意，尽量减少饭菜撒漏，并教育幼儿在餐后加以收拾。另外，可以设计一些发展幼儿手部小肌肉的游戏活动，发展手眼协调能力。

案例

看谁吃得快①

小二班的保育老师边分发饭菜，边说："老师要看看，今天哪个小朋友吃得又快又干净！"没过多久，主班老师说："谁第一个先吃完，下午放学我就发给谁一朵小红花，好不好？"全体幼儿齐声应答："好。"吃饭过程中，有的幼儿很乖，大口大口地吃着饭；有的幼儿自顾嬉戏，没有专心吃饭，这时老师走过去直接站在不专心吃饭的小强面前提醒道："小强，快点儿！大口大口地吃。"在这期间，老师又催促了几个吃饭动作慢的孩子。

算了，还是老师喂你吧①

小三班的孩子们都已经开始吃饭了，只有亮亮在围着活动室转悠，主班老师规劝了几句也不起什么作用，副班老师拿起亮亮的小碗，搬着小椅子朝他走去："来，乖孩子，老师喂你吃。"主班老师也边嘱咐孩子们快吃，边走到慢悠悠吃饭的宁宁身边，拿起盛了很多饭的勺子朝宁宁嘴里喂去，喂了两三下，看宁宁碗里只剩一点了才去继续喂别的幼儿。丁丁由于小手不灵活，勺子用得有些费力，饭粒撒得不少，老师直接对丁丁说："算了，又把饭吃成这样啊，还是让老师喂你吧。"

（六）午睡

在午餐后组织幼儿午睡，营造良好的睡眠环境和氛围，《3～6岁儿童学习与发展指南》建议每日午睡时间达到2小时，使幼儿获得机体恢复活力。午睡前后使幼儿有序穿脱衣物，及时如厕、盥洗。

1. 幼儿应达到的目标

（1）午睡前如厕，保持良好情绪，不高声说话、喧闹，轻声进入寝室。

（2）有序地脱衣裤，脱下来的衣裤叠放整齐、鞋子摆放整齐。可在教师帮助下完成，或与同伴协助完成。

（3）不带玩具上床，盖好被子，闭上眼睛不东张西望，安静入睡。

（4）按时起床，自己穿好衣裤、鞋子。小班幼儿可在教师协助下完成，中、大班幼儿可相互协助至独立完成。

（5）学习并整理自己的床铺，小班幼儿由教师协助，中、大班幼儿可相互协助至独立完成。

2. 教师的组织与指导要点

（1）幼儿就寝前半小时，开窗通风。午睡时注意保持室温适宜，室内空气新鲜，但避免流风吹在幼儿身上。拉上窗帘，调整适宜的明暗度。

（2）提醒幼儿睡前如厕，进入寝室后禁止高声谈笑、喧闹，创造安静的气氛。

（3）协助有困难的幼儿穿脱衣物，提醒佩戴眼镜的幼儿摘下眼镜、妥善保存。

（4）为每位幼儿盖好被子，纠正不良睡姿，避免幼儿呼吸不畅；随机巡视，如发现幼儿神态

① 刘晶．小班午餐活动组织现状及对策研究：以河北省武安市幼儿园为例 [D]．河北师范大学，2014.

异常应及时处理。

（5）利用幼儿睡眠时间，检查幼儿服装及鞋袜是否需缝补，擦洗幼儿佩戴的眼镜，做好值班记录。

（6）午睡过程中，允许幼儿大小便。

（7）保证每天2小时午睡时间，按时将幼儿叫醒，并询问幼儿的睡眠情况。

（8）协助幼儿完成起床、穿衣、整理床铺等一系列常规任务。

（9）注意观察幼儿外部表现，包括精神、皮肤、呼吸等，发现异常情况及时与医务人员联系，逐个检查幼儿服装、床铺是否整齐。

（10）提醒收拾整齐的幼儿如厕、饮水。

3. 常出现的问题及应对措施

（1）入睡困难。造成幼儿入睡困难的原因有很多，如睡前兴奋或忧虑，没有午休习惯，同伴影响等。教师在睡前要为幼儿提供一个轻松安全的环境，保持卧室环境的安静。对于入园焦虑的幼儿，允许他们从家里带一两个熟悉的玩具或毯子提供心理安全感。给幼儿讲舒缓的睡前故事，同时注意家园一致地使幼儿养成午睡的习惯。切记恐吓幼儿必须立刻入睡，将起到反效果，不利于幼儿身心健康。

（2）独立穿脱衣服有困难。幼儿在穿脱衣裤上有困难，教师可以加以协助，或请同伴相互协助完成。另外，可以提示家长，给幼儿更换方便自行穿脱的衣物，如带拉链的衣服、尼龙搭扣的鞋子等。否则当教师无法顾全所有幼儿时，有的幼儿尚未清醒，容易因无法自理而情绪急躁，或耽误如厕导致遗尿。

（3）睡前、醒后，幼儿容易说话吵闹。有的幼儿入睡时间长，有的幼儿清醒的时间早，可能因为无聊说悄悄话、唱歌、吵闹。教师需要提醒幼儿进行一定的自我控制，以免影响其他幼儿。教师还可以思考，是否允许少数午睡需求低的幼儿从事其他活动，要求实在睡不着的幼儿只能躺在床上是否真的有益于幼儿身心健康。

（4）家长未注意定期晾晒被褥。幼儿新陈代谢旺盛，有的幼儿午睡后被褥就会被汗水浸湿，因而需要经常换洗，教师应注意提醒家长，一至两周更换一次最佳。

案例

幼儿午睡时师幼互动中的教师权威[①]

某幼儿园小五班的小朋友们都脱好衣服躺在床上了，但可以看出来大家没有丝毫困意，因为有的三五成群地躺在那讨论着刚刚吃完的午餐，有的在独自哼着上午学的儿歌“大树妈妈”，有的甚至还在床上跳起了舞蹈……

这时突然听到盥洗室方向传来汪老师的呵斥声：“都已经上床多久了，是谁还在那大喊大叫?”随着声音越来越近，汪老师走到了这时还在说话的幼儿果果身边。等果果看到气呼呼的汪老师正在用犀利的眼神盯着自己时，竟放声大哭起来。“你还好意思哭，我都说了多少遍了，进入午睡时间后就不许说话，我在盥洗室隔着这么远都能听到你说话，你如果不想睡午觉，我现在就打电话告诉你妈妈让她把你领走，我不要你了……”。听老师说不要他了，果果哭得更凶了，这时其他的小朋友也都安静了下来，没有人再发出任何声音，大家都像温顺的小猫一样安静地入睡了，只有果果一个人哭了很久才入睡，那天他还在午睡期间尿床了。

① 肖燕．教师组织幼儿午睡活动的研究：以武汉市A园为例[D]．华中师范大学，2014．

（七）离园

离园前应安排幼儿做好整理工作，收拾好玩具或其他的物品，整理自己的仪表。确认来接幼儿的人员，与其适当交流幼儿在园情况，使幼儿礼貌告别，愉快离园。

1. 幼儿应达到的目标

（1）整理好自己的衣物、用具，收拾好自己的玩具用品。

（2）耐心等待家长来接，不擅自离开教师视线。

（3）家长来了以后，有礼貌地与老师、同伴告别，愉快地离园回家。

2. 教师的组织与指导要点

（1）提醒幼儿做好离园准备，整理好自己的物品，检查幼儿仪表是否整洁。

（2）可与幼儿进行总结性谈话，对幼儿进行安全教育和礼貌教育，与幼儿一起回顾一天的生活，对幼儿的进步和提高加以表扬和鼓励，提醒回家时的注意事项。

（3）确认家长身份后，方可交接；可适当向家长介绍幼儿在园情况。

（4）对未及时接走的幼儿应组织适当活动等待家长来接；时间过长时可以与家长联系，安抚幼儿情绪。

（5）幼儿离园后，需要清洁卫生，关闭门窗、切断电源。

3. 常出现的问题及应对措施

（1）陌生的接送者。一些家庭有时会变换不同的亲属来接幼儿。有些幼儿园为家长办理了接送卡作为凭证，但教师需要留意，尽量向幼儿确认亲属关系，甚至向幼儿父母联系确认，做到万无一失。

（2）幼儿滞留时间过长。教师有时会组织幼儿进行一些小游戏，一边游戏一边等待家长来接，以免幼儿长时间消极等待。家长来接后，也有部分幼儿和家长继续游戏，导致滞留时间过长。从幼儿的角度来说，额外的、过长的游戏时间，改变了生活环节的合理安排，不利于幼儿发展一定的时间观念，也会影响幼儿下一次游戏的兴趣。对教师来说，也会导致无法准时做好离园工作。对此，教师可以与幼儿商量出一个适宜的时间段，使离园环节对幼儿、家长、教师都能较为愉快地接受。

第三节　幼儿园自由活动的组织要点

《幼儿园教育指导纲要（试行）》中指出，应“科学、合理地安排和组织幼儿一日生活”，“教师直接指导的活动和间接指导的活动相结合，保证幼儿每天有适当的自主选择和自由活动时间”。自由活动可以给幼儿足够的交往、游戏和想象的空间，使幼儿获得主体性体验，从而培养幼儿独立决策、独立思考与独立行动的能力，有益于幼儿主体性的发展与培养。幼儿园应注重开展有目的、有计划的自由活动。

一、幼儿园自由活动的概念与特点

合理组织自由活动应从明确自由活动的概念、把握自由活动的特点入手。

（一）幼儿园自由活动的概念

幼儿园一日生活中的自由活动，是指教师有组织、有计划地允许幼儿根据自己的意愿，自主选择活动材料、活动内容、玩伴和活动方式的活动。也就是说，自由活动中，幼儿可以自己决定玩什么、和谁玩以及怎么玩。在活动过程中幼儿主动参与、充分交往，获得直接经验，体验各种情感。经常被设计在入园离园、过渡环节、户外活动、午餐后午睡后等环节中。

需要注意的是，一日生活环节中的自由活动与游戏活动存在差异。游戏活动是幼儿自发、自主、自由的活动，不同于探究行为、工具性行为，更不是发呆闲逛。相较而言，自由活动的范围更广，那些不属于游戏行为的探究或操作、散步、闲聊等都可能出现在自由活动当中。

（二）幼儿园自由活动的特点

首先，自由活动体现出较大的自主性和自由性。自由活动可以说是教师主导性最低的活动，幼儿可以最大程度地自我决策从事什么活动、自主安排怎样活动，在活动中幼儿也可能独创出一些活动方式。其次，自由活动仍然有鲜明的娱乐性。幼儿不仅在自由活动中获得放松、休息，他们也常常利用自由活动进行游戏，以获取快乐为动机进行自由活动。最后，自由活动兼具计划性与随机性。它既可以作为一个专门的环节在一日生活中固定开展，也可能在日常生活活动中随机出现。例如，在午餐后允许幼儿玩自己从家里带来的玩具，或是户外活动结束前临时决定让幼儿散散步、观察蚯蚓松土，午睡起床后准许幼儿在走廊看春雨等。

二、幼儿园自由活动的教育功能

自由活动作为一种充分体现幼儿自主意愿的活动，其价值不同于教学活动；自由活动也常出现幼儿的游戏行为，因而具有一些与游戏活动相似的教育功能，但又不完全相同。概括来说，主要体现在以下几个方面。

1. 有助于培养幼儿的主动性和创造性

与游戏活动相比，自由活动有时有更大的弹性。自主决定活动内容、方式，自主选择活动材料与玩伴，尝试实现自我意愿，尝试自我调节，幼儿在自由活动中充分地发展着自己的主体意识和主导能力。并且，幼儿在自由活动中常以不同于某种要求或规则的方式，自发地、创造地进行某些富有想象力的活动，创造性地获得新的经验。

2. 有助于幼儿维持积极稳定的情绪

自由活动能充分发挥幼儿的主体性体验，幼儿是活动的主导，以自我决定的方式与外在环境互动，较少受到限制，获得较多的自由空间。在自由活动中幼儿或放松休息，或从事游戏，得以体验积极愉快的情绪，维持稳定的身心状态。

3. 有助于提升幼儿的言语及社交能力

自由活动中没有教师的严格组织和过多参与，这就为幼儿的社会交往提供了机会。自由活动为幼儿交往能力的发展提供了很多现实情境：想要加入别人的游戏，需要征求别人的同意；同伴间发生小摩擦，需要自行商量解决问题；遇到麻烦，需要请求别人帮忙与合作。这些情形有助于幼儿学习礼貌用语、更好地表达自我，相互协商、沟通合作，也有助于发展良好的同伴关系和积极的社会交往技能。从学前教育德育来说，在自由活动中培养幼儿的亲社会行为，是塑造幼儿良好品德的途径之一。

4. 有助于增强幼儿的自我保护意识与能力

幼儿在自由活动中，可能遇到各种“危险的”情境，比如：使用尖锐的工具、从高处向下跳、与同伴迎面碰撞等。这些情境给幼儿提出了学习自我保护的要求与机会。一方面人类本能具有一定自我保护的警觉性，幼儿在自由活动中，在一定程度上可以感知与判断潜在的不安全因素，进行自我监控和自我调节。另一方面，通过观察学习榜样行为，或经由教师的安全教育，幼儿可以在自由活动中发展和检验自我保护能力。

三、幼儿园自由活动的组织要点

组织幼儿园自由活动首先需要了解自由活动中有哪些经常出现的问题，注意避免；然后把握有效组织自由活动的策略。

（一）幼儿园自由活动中经常出现的问题

自由活动中经常出现的问题既有教师方面的，包括不合理组织以及不当的场地与材料设置，也有幼儿方面的，如缺乏自我保护能力。了解这些常见的问题，有助于教师更有效地组织自由活动。

1. 教师的不合理组织

（1）忽视自由活动。有的教师认为幼儿在园应该尽可能多地学习，或在教师主导的游戏中学习；也有教师认为幼儿缺乏自制力，无法自我决定、自主安排，需要持续管束，因而在一日活动中没有预设的自由活动，也少见随机的自由活动。这些看法体现出消极的儿童观，忽视了幼儿的主体性，导致教育观上管控过多，否认了自由活动对幼儿的意义。

（2）高度控制。自由活动中，有些教师担心各种意外的发生，因此不敢让幼儿充分地活动。或者为了避免发生纠纷，在活动前规定幼儿去哪活动、怎样活动，甚至要求幼儿在活动中不得随意离开、更换游戏材料或内容。这些都极大地限制了幼儿自主性和创造性的发展。

（3）放羊式管理。与高度控制相反的是“放羊式管理”，教师不给幼儿提供任何游戏的机会、材料、空间，只要保证不出事故，就让幼儿漫无目的地玩耍。这种情况下既可能在游戏中出现消极游戏，也可能在过渡环节中出现较多消极等待。此外，有的教师为了减少组织和监管的时间，或是为了完成自己的其他事务，要求班级保持良好的秩序，要求幼儿端坐在座位上休息、目的不明地等待。这种随意的组织方式，不仅没有充分发挥自由活动对幼儿发展的教育作用，实际上幼儿也无法按照教师期望的那样长时间被动、安静地等待。

2. 活动场地和材料设置不当

幼儿的自由活动需要一定的场地和材料支持。活动场地上，将幼儿限制在狭小的空间内，不允许幼儿利用某些安全的场地，幼儿就无法充分地开展活动。户外空间也是自由活动的重要场所，因担心安全事故的发生而忽视户外自由活动也值得商榷。活动材料上，有的幼儿园没有给幼儿提供任何自由活动的材料，如书籍、玩具、运动器材等。有的幼儿园为幼儿提供的活动材料非常有限，种类不多的玩具从小班玩到大班，从不更换。幼儿重复使用单一的材料，早就缺乏游戏的动机和兴趣，自由活动也失去了它应有的功能。

3. 幼儿缺乏自我保护能力

在幼儿进行自由活动时，由于认知经验不足或家庭中家长过度保护，有时会发现幼儿缺乏自我保护意识和能力，不能清楚地预见自己和他人行为的后果，所以在活动中幼儿经常会给自己或他人带来危险。经常发生磕磕碰碰、争吵打闹、误吞细小物品等事件。

（二）幼儿园自由活动有效组织的策略

为应对自由活动中常见的问题，可以从以下几个方面把握如何有效地组织自由活动。

1. 提供充分的活动条件

（1）提供适宜的时间和场地。一日生活中，自由活动的时间可长可短，需要教师合理规划。例如，晨间活动的时间较长，可以根据季节和气候，给幼儿安排一些户外运动或桌面游戏；午餐后的自由活动可以安排阅读、绘画、建构等较为安静的游戏；而时间较短的自由活动可以安排讲故事、手指游戏等。考虑幼儿的活动兴趣，使幼儿玩得尽兴，又避免消极等待。

充分利用室内及户外场地开展自由活动，确保环境中无安全隐患，根据幼儿的活动需要设置场地的大小。避免空间过大而使幼儿离开视线，也需避免空间过窄而使幼儿间拥挤碰撞。活动前请幼儿一起商定适宜的空间范围，不同人数的组别是否需要空间划分，或协商规则。适当设置一些显眼的标志，图文并茂的形式给幼儿一定的提醒和警示。

（2）投放适宜的材料并注意更换。材料是引发幼儿积极活动的载体，为了充分体现自由活动的价值，教师应投放丰富、适宜的材料。首先，要保证材料的安全性，排除幼儿活动中的危险因素。其次，材料的种类及数量要适当。种类过多幼儿反而无从选择，数量太少容易引发幼儿间的争抢。再次，教师需要注意适时更换材料。通过观察和询问，及时更换破损的、幼儿不再喜欢的，或挑战性低的材料。最后，可以考虑提供给幼儿一些手工制品或半成品，低结构化的材料更利于幼儿发挥主动性和创造性。

2. 明确教师的角色为支持者和引导者

教师首先是幼儿自由活动的支持者，有意识地在一日生活中为幼儿提供专门的或随机的自由活动。鼓励幼儿充分获得自主性体验，鼓励幼儿自主选择活动材料、玩伴和活动方式，让幼儿掌控自由活动的主导权。不过分控制，也可适当允许幼儿放松、休息。自由活动也不意味着放任幼儿长时间漫无目的地行动，或当幼儿活动出现困难时毫不关心。教师应关注幼儿的自由活动，观察幼儿的行为表现，适时给予引导。当幼儿没有积极从事自由活动时，适当引入游戏；当幼儿遇到困难时，可以等待幼儿自己想办法解决，或启发幼儿找到解决问题的办法。

3. 提高幼儿的自我保护意识与能力

幼儿活泼好动，任何东西在他们眼里都是有趣的，提供一个安全的环境固然重要，教师还应在保护幼儿生命安全的同时，对他们进行积极的引导和教育，使其在发生危险、意外时，有能力自我保护，而不是束手无策。教师可以通过专门的安全教育活动，如自由活动开始前，让幼儿了解活动中基本的安全常识和规则，学习简单的自我保护方法，遇到危险情境会躲避和求助。在户外自由活动中，要帮助幼儿掌握基本的动作技能，增强活动能力。活动开展中关注幼儿的行动，把握随机的安全教育。

4. 捕捉自由活动中的教育契机

幼儿的自由活动中有很多随机的教育活动契机，比如，对幼儿安全教育的，对幼儿身心状态的，对幼儿社会交往一言一行的，对幼儿探究与创造的，等等。教师还可注意挖掘自由活动中对幼儿劳动教育、品德发展、乐观态度和坚强意志的教育机会。时时都是教育良机，事事都有教育价值。教师可以通过观察幼儿自由活动中的表现，为幼儿的活动提供支持，进行积极的师幼互动。

本章小结

本章内容主要包括两个部分。一是幼儿园日常生活活动。阐述了日常生活活动的含义、特点，以及对幼儿多方发展的意义。明确了幼儿园日常生活活动的组织实施要求，包括基本原则和基本目标。对入园、饮水、如厕、盥洗、进餐、午睡、离园七个幼儿园常见的生活活动，详细阐述了幼儿应达到的目标、教师的组织与指导要点，和常出现的问题及应对措施。二是专门阐述了幼儿园自由活动的组织要点，包括幼儿园自由活动的概念、特点、教育功能，并从常出现的问题和有效组织的策略两个方面阐述了幼儿园自由活动的组织要点。

关键术语

幼儿园日常生活活动、生活活动、一日生活活动、入园、晨间检查、晨间活动、饮水、如

厕、盥洗、进餐、午睡及起床、离园、自由活动

建议的活动

1．在幼儿园见习中，调查幼儿园有哪些日常生活活动，有哪些需要教师与其他人员配合开展的活动环节。

2．分组模拟组织任一幼儿园日常生活活动环节，设计一些错误的指导要点，请其他同学纠错，并集体讨论该环节的指导要点。

3．调查幼儿园有哪些专门的自由活动，具体是如何开展的，记录你观察到的随机的自由活动。

4．观察记录幼儿园一日生活活动组织中幼儿的行为状态，谈谈你对教师组织生活活动的看法。

拓展阅读

1．宋彩虹．幼儿生活活动保育[M]．上海：华东师范大学出版社，2020.

2．赵继忠，等，幼儿园一日活动指导[M]．2版．北京：北京师范大学出版社，2021.

3．许丽萍，卢燕．儿童立场下幼儿园生活环节的组织[M]．南京：南京师范大学出版社，2022.

4．李春华．幼儿园各年龄班生活活动的特点与教育策略[M]．北京：中国农业出版社，2010.

5．晁昱．故事一定有办法：幼儿一日生活行为指导故事[M]．郑州：大象出版社，2022.

第三部分　学前教育衔接篇

第十二章　幼儿园与家庭、社区和小学的联系

学习目标

1. 知识目标：掌握幼儿园家园合作、幼儿园与社区合作和幼小衔接的概念，能够全方位认识家园社协同育人的重要意义。
2. 能力目标：了解家园社协同共育和幼小衔接工作的内容和实施方式，能够结合所学案例吸收国外先进教育理念，学习我国本土幼儿园的优秀做法。
3. 素质目标：学会抓住社会热点，把握最新发展趋势，初步树立科学的家园社协同共育观念和幼小衔接观念。

本章知识导图

- 幼儿园与家庭、社区和小学的联系
  - 幼儿园与家庭的合作
    - 一、家园合作的内涵与意义
    - 二、家园合作的内容
    - 三、家园合作的方式
  - 幼儿园与社区的合作
    - 一、幼儿园与社区合作的意义
    - 二、幼儿园与社区合作的内容和方式
  - 幼儿园与小学的衔接
    - 一、幼小衔接的概念
    - 三、幼小衔接的内容
    - 三、幼小衔接工作中应注意的问题

开篇案例

幼儿欣欣在幼儿园是个讨人喜欢的宝宝，用老师的话说：欣欣又懂事、又爱帮助人，不仅老师喜欢，许多小朋友也乐意和她玩。一天，欣欣的妈妈在单位时觉得有点肚子疼，吃了药后觉得疼痛稍微缓解了些。因为欣欣爸爸没有时间去幼儿园接欣欣，欣欣妈妈下班后强忍着疼痛把欣欣从幼儿园接回家。到家后，欣欣嚷嚷着要喝酸奶，“欣欣，家里没有酸奶了，妈妈肚子疼，不能出去给你买，你自己从冰箱里拿果汁喝吧，妈妈得赶快到床上躺一下。”妈妈说完就躺在床上了，欣欣拿完果汁，打开电视自顾自地边看电视边喝果汁……过了好一会儿，欣欣始终对妈妈的病情毫无反应，欣欣妈妈觉得好难过。

思考：

1. 欣欣在幼儿园和家里的表现有差异吗？这种差异说明了什么？
2. 你认为幼儿园和家庭教育应该如何配合，形成最大的合力？

幼儿园教师资格证考试·考点预测◎

在幼儿园教师资格证考试科目《保教知识与能力》中，本章内容关联内容是“家园合作、幼儿园和社区合作和幼小衔接”模块，对应考试大纲知识点为：理解协调家庭、社区等各种教育力量的重要性，了解与家长沟通和交流的基本方法，掌握幼小衔接工作中应注意的问题，并能对教育实践中的问题进行分析。考点主要有：家园合作、社区教育和幼小衔接的概念、内容和特点，幼儿园教育小学化的危害，幼小衔接的发展趋势等。在历年教师资格考试真题中考分占比较少，题型主要在单项选择题、简答题和材料分析题。

上述开篇案例中，尽管幼儿在家中反映的问题是个性化的，但欣欣妈妈面临的问题是具有普遍性的。从故事中，我们可以看出欣欣在幼儿园与家中的表现大相径庭，造成这种差异的原因是多样的，但最密切的还是来自家庭教育的影响。随着社会经济的发展和人们生活质量的提高，家长对于孩子心灵上的养育似乎跟不上物质条件的优越照料，家长过分的娇宠、纵容，容易使孩子养成一些不良的性格特征，就像欣欣一样不懂得关心他人，任性冷漠。由此可见，做到家庭教育与幼儿园教育的一致性是家园双方都需要研究的重要课题。这里也存在教育机构、家庭、社会教育如何配合、形成最大合力等问题。幼儿园教育应如何处理好于儿童家庭、社区以及下一个阶段的教育是小学的关系，将在本章进一步探讨。

第一节　幼儿园与家庭的合作

关于幼儿园与家庭的关系，20世纪30年代，我国著名教育家陈鹤琴先生曾这样说：“幼稚教育是一件很复杂的事情，不是家庭一方面能单独胜任的，也不是幼稚园一方面可以单独胜任的，必定要两方面共同合作方能得到充分的功效。”二者的关系，在《幼儿园教育指导纲要（试行）》文件中也被明确指出：“家庭是幼儿园重要的合作伙伴。应本着尊重、平等、合作的原则，争取家长的理解、支持和主动参与，并积极支持、帮助家长提高教育能力。”由此看出，家庭与幼儿园犹如幼儿阶段教育的“双翼”，二者相互补充，缺一不可，并在幼儿的发展过程中发挥着各自独特的作用。

一、家园合作的内涵与意义

（一）家园合作的内涵

家园合作是指幼儿园和家庭都把自己当作促进儿童发展的主体，双方积极主动地相互了解、相互配合、相互支持，通过幼儿园与家庭的双向互动共同促进幼儿的身心发展。

具体而言，家园合作是一种双向互动活动，是家庭教育和幼儿园教育的相互配合。一方面，幼儿园要把家长作为促进其孩子学习与发展的积极合作者，积极向家长反馈孩子在幼儿园生活中方方面面的表现，邀请他们参与幼儿园活动，认真考虑家长提出的意见和建议等；另一方面，作为家长，要积极向幼儿园提出好的建议或意见，也可以就自己育儿过程中的困惑与问题积极与教师沟通交流，并对幼儿园开展的教育及时做出反应。

（二）家园合作的意义

实践证明，重视与家庭配合的幼儿园，能充分发挥家长的作用，教育工作更加顺利。家园合作的意义主要反映在以下三个方面。

1. 确保幼儿教育的整体性与一致性

现实生活中，家庭教育与幼儿园教育之间或多或少会存在某些方面的不协调，如伴随着部分幼儿园与教师对科学教育理念的逐步掌握，他们越发重视幼儿在生活与学习中习惯、态度及品质等方面的培养，也越发强调在游戏和活动中开展教育，但仍有不少家长受传统应试教育观念的影响依旧认为只要做好幼儿的“智育”就行。这种观念上的分歧，会造成家长与教师间的心理隔阂，并在一定程度上影响幼儿教育的效果。为此，增进幼儿园与家庭之间的良好沟通与合作，可以促进家长在幼儿教育的理念、内容、方法等方面的科学认识，确保家园教育环境的整体性与一致性，使幼儿在协调一致的环境中生活、学习并健康成长。尤其是日常生活习惯方面的培养，如果家庭教育不协同配合，便会抵消幼儿园的教育。总之，家园合作有利于统一教育观念，确保教育目的的一致性，并获得良好的教育效果。

2. 促进教育资源的充分整合与利用

幼儿园的教育教学活动的开展会不同程度地受到教育资源有限的影响，为了拓展教育内容，提升实际教育教学效果，幼儿园会通过各种形式、内容的家园合作，寻求家庭教育资源的支持，从而实现教育效果的最大化。资源的整合与利用主要表现在两个方面。一方面，家长和幼儿通过一起为幼儿园的教育教学活动及环境创设收集或制作相关材料，可以更好地实现家园教育资源的互惠共享。另一方面，幼儿园可以充分结合家长的职业优势，拓展幼儿活动的形式和内容。家长们从事不同的行业，具有不同的经历、职业特长。这些可以成为幼儿园开展各种相关主题活动的重要教育资源。

3. 促进家园双方教育质量的同步提高

幼儿自诞生之日起，就无时无刻不受到家庭教养观念、家庭成员的行为模式、家庭环境等潜移默化的影响。由于每个家庭在这些方面存在差异性，每个幼儿都从自己家庭的生活中获得不同于他人的个性特点、经历和行为方式等，而家长作为幼儿最亲近的人，他们对幼儿的了解更加全面、具体。为此增进幼儿园与家庭的沟通与合作，能帮助教师更加全面、深入地了解每个幼儿的具体情况，并努力做到因材施教，以进一步提升教育质量。与此同时，家长在与教师的进一步沟通中，一方面能了解幼儿在幼儿园的生活与学习情况，更好地认识幼儿的特点。另一方面，通过与教师的沟通交流，也能获得更为科学、具体的育儿内容与方法，逐渐树立正确的幼儿教育观。

二、家园合作的内容

幼儿教育不仅需要凭借幼儿园的力量，也要积极获取幼儿家庭的支持与合作，努力营造幼儿学习与发展的良好的大环境，如此才能更好地促进幼儿身心的健康成长。家园合作的内容包含幼儿园和家长两大方面。

（一）幼儿园方面

1. 主动与家庭配合，指导家长科学育儿

《幼儿园工作规程》明确指出，幼儿园须主动与幼儿家庭沟通合作，建立幼儿园与家长联系的制度。因此，开展幼儿家庭教育指导工作，指导家长科学育儿是幼儿园的责任。幼儿园对家长的指导具体表现在以下几个方面。

（1）宣传科学保育、教育幼儿的知识，帮助家长树立科学育儿理念，改善家长教育行为与方法，优化家庭教育环境。

（2）就学前教育领域热点问题、难点问题以及幼儿园的重大事件，幼儿园要同家长积极交换意见。

（3）与家长全面、深入交流幼儿的具体情况，分享该阶段幼儿的常见问题。了解家长在教育幼儿过程中存在的问题与困惑，并与家长协商有针对性的教育策略。

（4）转变家长观念，使其认识到家长的参与、支持与配合对幼儿园教育的重要价值，增强家长参与家园活动的热情。

2. 保障家长知情权，积极与家长共同解决儿童在园问题

为促进幼儿更好地成长和幼儿园的发展，切实提升教育质量，加强细节管理，幼儿园在家园互动中还应努力做到以下两个方面：一方面，定期或不定期地向家长介绍幼儿园教育概况，宣传和解释幼儿园教育的理念，让家长了解幼儿园的教育内容和方法，以确保家长知情，激发其对幼儿园工作的信任与支持；另一方面，坚持积极、及时地与家长沟通幼儿在园情况，敏锐地发现幼儿在园出现的异常情况和可能的问题，让家长第一时间了解幼儿在园的一日生活及具体表现，家园双方共同合理解决幼儿的生理或心理问题，提高家庭教育水平。

3. 吸纳家长合理意见，整合利用家长资源

家长通常有着不同的职业与教育背景，有着广泛的社会联系与社会资源。为协调幼儿园教育与家庭教育可能存在的差距，同时使幼儿园教育内容更好地考虑幼儿的个别差异，幼儿园在开展课程开发、实施与管理等方面的工作时，也需适当听取并参考家长的合理意见与想法，并引导家长参与幼儿园教育内容的构建和实施。例如，琪琪的爸爸是一名警察，在一次幼儿安全教育活动中，他被邀请给班上的幼儿讲解安全知识并教给他们遇到不同的危险时该如何保护自己，丰富幼儿的社会生活经验。

（二）家长方面

1. 转变观念，积极与家长做好沟通

现实生活中，有些家长认为把孩子送到幼儿园以后，教育就仅是幼儿园的事，自己只需满足孩子的物质需求即可；还有些家长认为，“孩子在家归家长管，在幼儿园归教师管”。这些观念都是家庭教育观念淡薄的表现。基于此，家长要努力转变观念，认识到幼儿入园并不是幼儿教育责任的移交，而是教育资源的拓展、教育环境的丰富、教育合作伙伴的增加等。因此，当幼儿入园后，家长要积极与教师做好沟通，了解自己的孩子在幼儿园一日生活中的具体情况，了解幼儿园实际教育教学活动开展的情况，并努力与幼儿园教育形成合力，以更好地促进幼儿的学习与发展。

2. 发挥优势，积极参与幼儿园生活

幼儿园教育的顺利开展离不开家长的信任、支持与配合。作为家长，要努力发挥自身优势，积极参与幼儿园教育活动的准备与实施等过程。具体来讲，家长可以根据幼儿园教育教学实际需要，收集相关材料或与幼儿一起制作创意作品；参与班级环境的创设与布置；家长也可以根据幼儿园教育教学主题带领孩子走向广阔的生活空间，并帮助其积累相关的生活经验，如幼儿园将开展以“我眼中的春天”为主题的绘画活动，为了孩子在此活动中能有效参与，家长在此活动开展前可带领孩子走进大自然，引导孩子通过看、听、嗅、摸等感官接触大自然，并积累丰富的感性经验；除此之外，家长还可发挥自身职业优势，帮助幼儿园拓展教学内容与形式。

三、家园合作的方式

家园合作的方式分为幼儿园日常家长工作和家长参与幼儿园活动两大类：幼儿园日常家长工作的主要方式有个别和集体两种，个别方式包括线上线下的个别交流，集体方式包括开放日活动、成果展览会、家长委员会和家长会等。家长参与幼儿园活动主要包括亲子活动、家长志愿者活动、参与园所环创、发挥家长社会资源优势、家长助教等。

1. 线上线下教育活动开放展示

线下的教育活动开放展示可以以园所开放日的方式进行，具体可以让家长在幼儿入园前对幼儿园整体环境设施设备等进行参观与了解，也可以是幼儿入园后的一日或半日活动的观摩与参与。前者旨在帮助幼儿熟悉新环境，使其较快适应幼儿园生活；后者主要是让家长了解幼儿园的一日生活及孩子在园的表现，从而解除家长的忧虑。无论何种开放日，幼儿园皆需做好充足的准备工作。尤其对于幼儿入园后的教育活动开放日而言，幼儿园首先需在活动开始前向家长说明一日生活的大致流程，并积极指导家长的观摩或参与过程，使其“知其然，也知其所以然”，不仅如此，事后还要积极听取家长意见与建议，切实提升开放日效果。

线上的教育活动开放展示主要体现在微信公众号平台和微信群的宣传上，通过微信推文的方式用精美的排版和翔实有力的内容向家长传递园所办园理念和丰富多彩的教育活动。

2. 幼儿学习成果展览与汇报会

幼儿学习成果展览与汇报会旨在增进家长对幼儿园的信任，并给他们以教育的信心和方法。当然，这样的展示应该是全方位的，既有知识的掌握，又有能力的表现，更有良好品德的展现，而不是只集中在艺术技能等方面的展示。与此同时，教师还需对班级每个幼儿在各方面的进步有一个充分的了解，为他们选择合适的展示内容与方式，确保每个幼儿的积极参与。

3. 线上线下的个别交流

这是一种以访问、谈话为主要方式的个别交流形式，交流途径包括家庭访问、接送访问、家园联系手册或联系卡交谈内容、个别谈话和电话、微信联系等，交流内容可以是孩子在园的日常行为表现、问题、矛盾冲突、个性特征等，也可以是家长在家庭教育中遇到的问题与困惑。双方通过此种形式的互动，一方面可以让家长了解孩子在幼儿园的具体情况，另一方面教师也能较为全面、深入地了解到幼儿在家庭里的行为表现及家庭的教育观念、环境等，从而与家庭教育形成合力，共同促进幼儿发展。

4. 家长委员会和家长会

家长委员会是家长参与幼儿园管理的最常见的形式，也是开展家园合作非常重要的一种渠道。《幼儿园工作规程》也明确指出，幼儿园应成立家长委员会。家长委员会的主要任务是：对幼儿园重要决策和事关幼儿切身利益的事项提出意见和建议；发挥家长的专业和资源优势，支持幼儿园保育教育工作；帮助家长了解幼儿园工作计划和要求，协助幼儿园开展家庭教育指导和交流；家长委员会在幼儿园园长指导下工作。

家长会是将全园、全班或某一类型的家长召集在一起开会的家长工作形式。一般情况下，它是幼儿园主动发起的。类型一般包括讲座式家长会与讨论式家长会。前者一般是幼儿园邀请专家或本园教师就某个问题做全面系统的讲解，后者主要是教师根据平日观察及与家长的交流，找出家庭教育中的共性问题，与他们一起开展讨论，倾听家长的经验和困惑、建议和意见，并分析、解答家长的困惑。

案例

家长会之生气的妈妈

（成都华德福幼儿园）

今天幼儿园迎来了一次特别的沉浸式体验家长会，主题是“生气的妈妈”。家长会开始之前，老师将前一天孩子们在活动中画的“你心目中妈妈生气的样子”发给每位妈妈，有的孩子画了一只大熊猫，认为妈妈生气时会瞪着双眼，像熊猫一样；有的孩子画了一头彩色的大象，认为妈妈在不同情境下生气的样子有着不同的颜色，发出的声音也像大象一样。老师还播放了孩子们的视频，让家长从孩子的视角了解自己生气时的样子，孩子们也说出了希望妈妈们不要生气的期望。通过图画与视频，老师进一步和家长探讨“我们一般在什么情景下会对孩子发脾气?”“生气的动机是什么?”“如果再来一次，我们应该怎样做?”等问题，真正地让家长懂得面对孩子时情绪管理的重要性，以及如何管理自己的情绪，如何转移不良情绪。在家长会的最后，老师邀请孩子们来到教室，提供亲子面对面敞开心扉的时间，妈妈和孩子们都紧紧地抱在一起，空气中弥漫着温馨与感动。

5. 家长参与园所活动

引导和组织家长参与幼儿园的教育可以使家长这一重要教育资源充分发挥作用，具体方式主要包括以下几种。

（1）亲子活动。亲子活动是一种有助于增强教师与家长、家长与幼儿情感交流的集体活动形式，它是学前教育机构与家庭共育的重要渠道。教师可经常组织开展亲子活动，由孩子邀请家长参与各种内容和形式的亲子活动，它有利于增进儿童与家长的感情，培养儿童良好的个性、健康的心理；有利于教师、家长相互了解、理解，增强共育的默契；有利于强化家长的认同感和合作责任意识，从而达到家园共育的理想境界。家长在家长开放日中就可以参与教师所组织的亲子活动，参与节日的家园同乐活动，参与班级组织的郊游、参观活动以及参加幼儿园的开学、毕业典礼等活动。

（2）家长代表参与活动。若有可能，班级平时教育还可以请个别或一些家长作为代表来班上参与日常的教育活动，让家长可以与孩子共同制作食品、手工，一起开展游戏、娱乐及体育竞赛活动等。家长的参与会大大提高儿童学习与探索的积极性，还可以使家长在参与过程中，学会如何引导幼儿主动学习。随着教育的深入，孩子们会对生活、自然界表现出越来越多的兴趣，并希望能走出校园进行更大范围的探索。幼儿园可以组织儿童去郊游、到果园采摘、到博物馆参观等活动，可以组织家长自愿参与，不仅能保证孩子的安全，也可使孩子的情绪更加高昂。活动之后，教师还可组织家长反馈教育效果，增强教育力度。

（3）支持园所环境建设。幼儿园在环境建设时，小至建立自然角，大至美化、绿化全园环境，家长都可以力所能及地发挥作用，并受益于孩子。

（4）支持和参与孩子的活动。学前儿童是在与丰富的环境充分有效的互动中获得发展的，教师应经常引导儿童参与环境创设，从中调动孩子探索学习的积极主动性，培养综合能力。这一过程教师要引导家长重视孩子的参与过程，并予以积极的支持、参与和帮助，这将对孩子的学习发展起到莫大的促进作用。

（5）为儿童认识社会创造条件。由于家长来自社会的各个行业，在他们当中蕴藏着极为丰富的社会资源。他们的工作单位和工作环境就是很好的教育环境资源。教师可充分利用这一资源，带领儿童前往参观，请家长接待并做讲解，以扩大孩子对社会的认识，扩大视野。例如，可利用家长资源，组织孩子参观火车站、机场、轮渡码头、博物馆等。家长还可以利用专业和职业优势协助教师、儿童搜集教育教学和开展活动所需要的相关资料，为丰富学前教育机构的教育活动创造条件。

（6）参与教师的教学。这也是充分利用家长的职业资源而开展的合作共育，称为“家长教师”的家园共育活动。日常与家长专业、职业有关的教育内容都可以有计划地与有关家长沟通联系，请他们当“助教”，与家长一起讨论、备课，使家长能以儿童乐于、易于接受的方式，发挥专业、职业优势开展教育活动。实践证明：“家长老师”利用自身专业优势，组织开展的教育活动很受儿童欢迎，既有新鲜感，又很准确地认识有关知识经验。“家长老师”往往比幼儿园老师讲授的内容更具知识性、趣味性和创造性。例如，主题活动“交通工具”中，当交警的家长给孩子们讲述“交规”常识、标志，介绍重要路口的交通情况，并组织孩子们参观交通指挥中心停车场，认识汽车标志，让家长和孩子们一起玩“标志游戏”等。又如，在区域游戏中，家长轮流以“助教”的身份与幼儿共同参与和建构游戏主题和内容，近距离感受幼儿园课程，走入孩子的内心。

第二节　幼儿园与社区的合作

社区是以一定的社会关系与组织制度为基础，居住在同一区域的社会共同体。它是社会大环境中与幼儿园关系极为密切的一部分，对于幼儿园来说，与社区合作是与社会大环境结合的主要内容之一。《幼儿园工作规程》中指出：幼儿园应当加强与社区的联系与合作，面向社区宣传科学育儿知识，开展灵活多样的公益性早期教育服务，争取社区对幼儿园的多方面支持。《幼儿园教育指导纲要（试行）》中指出：幼儿园要充分利用自然环境和社区的教育资源，扩展幼儿生活和学习的空间。幼儿园同时应为社区的早期教育提供服务。

随着2021年《关于进一步减轻义务教育阶段学生作业负担和校外培训负担的意见》（简称“双减”政策）的颁布，教育模式逐渐走向新时代发展格局，即打破传统机构式学习的壁垒，开创多元共生的教育环境，不仅是学校环境和家庭环境，更需要让儿童在开放、包容、多样的社会环境中学习与成长。因此，幼儿园与社区的合力教育也成为新时代幼儿教育的一项重要议题。

（一）幼儿园与社区合作的意义

社区的教育资源对学前教育十分重要，孩子与社会接触，使教育更加生活化，让儿童亲临社会、体验现实生活，这也符合儿童认知事物的特点。

1. 拓展幼儿园教育空间，丰富教育内容

社区是幼儿的生活环境，也是幼儿的学习环境，社区中蕴藏着丰富的教育资源，如社区中有医院、商店、学校、邮局等丰富的社会资源，还有丰富的自然环境与浓厚的社区文化等。幼儿园在与社区的合作中可以充分利用社区中富有教育意义的资源，打破传统的封闭式教育，将教育扩展到社区的大背景下进行，这不仅扩大了教育的空间，更丰富和升华了其教育内容。

2. 发挥幼儿园优势，为社区建设出力

幼儿园是社区事业的一部分，是社区当中重要的教育机构，具有诸多的教育优势，如完备的硬件设施与环境、专业的师资、明确的教育目标和与之相适应的教育活动等。幼儿园可利用自身优势，向社区辐射教育功能，丰富社区活动，如开办家长学校、宣传科学育儿知识、解答育儿困惑与难题、慰问社区孤寡老人、组织社区文娱活动等，以带动整个社区学前教育的发展，营造社区良好的精神风貌，共创幼儿发展的良好社会环境。

（二）幼儿园与社区合作的内容和方式

社区组织应充分发挥好学前教育机构的作用，尊重这个队伍的智慧与力量，幼教机构也应主动依靠社区，采取多种措施，发挥园所功能，为社区建设服务。

1. “请进来”，争取社区多方力量的支持

（1）利用社区物质资源对幼儿进行教育。社区的物质资源主要包括社区的花草树木、景观建筑、机构设施等，这些都可以成为幼儿教育的资源。例如，为了使孩子们全面认识“秋天”，某幼儿园组织孩子们在社区中“找秋天”，让幼儿通过看、听、嗅、触等感官全面、深入地感受秋天的气息，了解秋天的特征。再如，为了促进孩子们的角色游戏，幼儿园组织幼儿到超市、银行等地方，让孩子们观察并体验多种多样的社会角色的社会行为，在现实活动中丰富幼儿对于社会的认识。

（2）挖掘社区人力资源，争取社会力量的支持。社区中有从事各行各业的人员，如消防员、超市收银员、清洁工等，他们以自身的劳动展示着多彩的社会生活，给幼儿认识社会角色提供了丰富的素材。尤其是社区里的离退休老人、劳动模范、民间艺人等，他们更是潜在的教育力量。例如，某幼儿园开展主题活动时，邀请社区里会制作糖人的老艺人来幼儿园，为孩子们现场展示制作糖人的过程，并给孩子们亲自体验的机会，给孩子们留下了美好的印象。

（3）利用社区文化资源，丰富幼儿园教育活动。每个社区都有自己的文化特色，大到风俗节日、民间传统，小到社区居民的仪表言谈、邻里关系、文明素养等。优秀的社区文化是无形的公共教育资源，同样也是幼儿园教育的宝贵资源。例如，某幼儿园重阳节组织幼儿到社区看望老

人，孩子们通过送自制礼物、表演节目等学会爱老、敬老。

2. “走出去”，为社区建设出力

（1）开放幼儿园教育资源，拓展教育范围。幼儿园要将教育资源看作是社区资源的一部分，为社区的居民和儿童提供更多的教育服务。一方面，幼儿园应有组织地开放幼儿园场地、教育设施设备等，利用开放日等形式吸引社区儿童和家长来园活动，开展玩具借玩、图书借阅等活动，更好地发挥幼儿园的社会效益；另一方面，幼儿园可以定期为3岁以下儿童提供半日保育教育的服务和亲子游戏活动等，为社区未达到入园年龄的孩子提供适宜的教育，增进家长对幼儿园教育的了解，为日后孩子正式入园接受教育打下基础，且促进家长之间的相互交流与学习。

（2）参与社区教育工作，提升社区成员教育水平。幼儿园作为专门的学前教育机构，对幼儿进行科学的保教，发挥着示范、指导和辐射作用，承担着宣传的责任。例如，幼儿园可以协助社区成立社区家长学校，并将其作为宣传阵地，双方合作举办专题讲座、印发资料、布置宣传栏来宣传幼儿身心发展特点的理论知识、正确的家庭教养方式方法等，并可对家长在育儿过程中遇到的困惑进行有针对性的指导，以提高社区成员的教育水平。

（3）开办多种社区活动，发挥文明辐射作用。幼儿园还要积极发挥其精神文明阵地的辐射作用，不断提高自身教职员工的素质，树立良好的形象，为社区成员做好示范。对社区举办的一些公益活动，幼儿园不仅要积极参与，还要尽可能提供帮助，为社区的植树绿化、社区治安的维护贡献自己的力量。

第三节　幼儿园与小学的衔接

2022年教育部办公厅印发了《关于开展2022年全国学前教育宣传月活动的通知》，全国第十一个学前教育宣传月正式启动，活动主题为：幼小衔接，我们在行动。这是继2012年全国第一个学前教育宣传月活动以来，第三次将主题聚焦在了“幼小衔接”上。

“幼小衔接”这一概念在我国出现，大约源于20世纪80年代。在这之前，幼儿园被认为是社会服务的组成部分，主要是为了解决家长工作的后顾之忧。20世纪80年代后期，对幼儿教育重视的呼声日渐高涨，有学者提出这一问题，是希望社会重视幼儿园教育的作用，强调幼儿园由服务功能转向教育功能。20世纪90年代，当时国家教委基础教育司与联合国儿童基金会在我国又进行了为期5年的“幼儿园与小学衔接”的合作研究，这是国家层面本土开展的第一次幼小衔接的探索研究。2017年，OECD（世界经济合作与发展组织）发布了《强势开端V：幼小衔接》的报告，进一步推动了我国幼小衔接的研究。2021年3月，教育部发布了《关于大力推进幼儿园与小学科学衔接的指导意见》，首次对幼儿园入学准备与小学入学适应的教育指导从国家层面给出了明确要求，进而也引发了新一轮关于幼小衔接的探讨。这些年，社会上对“幼小衔接”这一问题的关注也愈演愈烈，这一问题俨然成为社会的热点问题。

（一）幼小衔接的概念

幼小衔接的概念经常被人们从狭义的角度来解释，即专指幼儿园教育向小学教育的过渡，尤其是幼儿园的最后一年向小学第一年的过渡。在这样的过渡阶段，成人往往注重幼儿在入学前的生活和学习技能的准备。而在20世纪90年代后，许多发达国家不再将幼小衔接的概念等同于发展学生入学需要的一系列学习技能，而是在生态学模式的基础上重新界定幼小衔接的概念。从生态学的模式出发，幼小衔接的概念不再聚焦于学习技能，而是关注学生的技能是如何发展和变化的，儿童、家庭和学校、教师如何帮助儿童做好入学准备。幼小衔接的策略从影响儿童发展的环境入手，除了学前教育机构要帮助儿童做好入学准备之外，家庭和学校也要积极参与进来。在《强势开端Ⅴ：幼小衔接》中，特别区分了“入学准备法”与“社会教育法”两种幼教模式。二者的差别也反映在对待儿童过渡过程的态度上：前者重视幼小衔接的“学习准备”功能，儿童被预期达到预设的认知发展与学习水平；后者注重幼小衔接的社会功能，关注儿童的衔接体验，即儿童适应两个教育阶段之间的过渡过程。正如虞永平教授所说：“从幼儿园到小学，不是翻山越岭，不是跳跃大沟深壑，也不是进入天壤之别的生活……而是童年生活的一种自然延伸和过渡。”目前，在全球视野范围里，大家普遍更认同后者，即在幼小衔接过程中关注儿童的衔接体验，将儿童置于“幼小衔接”系统的主体地位。总体来说，幼小衔接是为了促进儿童连续的、不断发展的身心各方面的适应，促进其从学前教育阶段顺利进入接下来的教育阶段，学校、家庭、儿童、社会间持续不断的相互衔接的过程。

（二）幼小衔接工作的内容

我国教育部和联合国儿童基金会历时5年进行的“幼小衔接研究”，通过儿童入小学前半年和入小学后半年的连续实验研究发现，做好幼小衔接工作，即要帮助幼儿做好学习适应方面的准备与社会适应方面的准备。

1．幼儿学习适应方面的准备

学习适应方面的准备着眼于幼儿终身学习的需要，其内容主要包括以下三个方面：①良好的学习习惯的培养，如爱看图书，做事认真，注意力集中，能保持文具、书本的整洁等。②良好的思维能力与基础学习能力的培养。思维方面，要逐渐帮助幼儿学会对常见事物进行初步分析、归类、比较，并进一步形成简单概念的能力。而基础学习能力的培养则包括倾听能力、书写能力、语言表达能力及阅读能力等。③良好的学习品质的培养，如重视培养幼儿的好奇心及对外部世界的兴趣和探索的积极性，培养幼儿坚持不懈、不怕困难的意志品质，树立幼儿的自信心等。

2．幼儿社会适应方面的准备

社会适应是影响幼小衔接质量和幼儿能否顺利适应小学生活的关键因素，其内容主要包括以下四个方面：①幼儿规则意识的培养，即帮助幼儿能够认识并理解教育环境中的规则，养成按规则进行活动的行为习惯，养成按指令统一行动的习惯，学习制定有关规则，最终形成规则意识。②幼儿任务意识的培养，即培养幼儿积极完成任务的态度。教师要充分挖掘生活中的各种教育机会，尝试让幼儿完成一些简单的任务，并通过游戏、设置情境让幼儿掌握完成任务的方法。③幼儿独立性的培养。学前教育阶段，要注意培养幼儿的时间观念，增强独立意识，让幼儿知道什么时候应该做什么事情，并自觉去做，逐渐减少成人的直接照顾，如自己穿衣、整理物品、清洗简单的衣物等。④幼儿人际交往能力的培养。教师要有意识地与幼儿接近，鼓励幼儿与同学和老师交往，逐步建立彼此之间的信任感；通过多种方式促进幼儿间的分工合作与相互配合，使其感受到与同伴合作的乐趣。此外，家长也要为孩子提供人际交往的机会与条件，鼓励孩子主动地寻找游戏的伙伴，帮助孩子建立交友的自信心。

（三）幼小衔接工作中应注意的问题

1．转变观念，注重幼小衔接的全面性与连贯性

幼小衔接工作应着眼于儿童终身的学习与发展。基于此，教师不仅要考虑到幼儿在认知方面的衔接，更要考虑到幼儿学习品质、习惯、能力、规则意识、任务意识、独立性、人际交往能力等内容的全面衔接。然而，又因儿童的发展兼具连续性与阶段性的特征，幼小衔接工作的开展仅

靠幼儿园大班阶段或大班阶段后期来完成幼儿的入学准备，这显然超出了幼儿的承受范围。

为此，必须将幼小衔接工作贯穿于幼儿园教育的全过程，真正促进孩子幼小衔接能力的发展可以下沉到幼儿园的各个环节中，如一日生活、集体教学活动、户外自主游戏、家园校合作等，而且要从小班就开始。唯有如此，孩子的幼小衔接能力才会在这个过程中逐步提升。根据幼小衔接的内容以及幼儿不同年龄阶段的认知水平和特点，合理设计有关情感、态度、意识、习惯、能力等方面的教育目标，并围绕这些教育目标开展教育活动，以切实提升儿童的入学适应能力。

2. 回归“儿童立场”的幼小衔接

幼小衔接工作的重点不是知识的准备问题，而是如何激发幼儿的学习兴趣，引发其对知识的好奇心，培养幼儿具有积极主动的学习态度，养成良好的学习习惯，并树立克服困难的勇气等。幼儿园教育应该弱化知识，强化情境；弱化理性化的成人思维导向，强化儿童的全身心投入，注重他们身心融合的整体性参与学习过程。正是这种个体身心整体性地浸入，才能促成个体与世界产生模糊而深度的联结，为个体后期的发展奠定多样而开放的可能性。

因此，幼小衔接应该以幼儿发展为本，遵循幼儿的年龄和心理特点，注重兴趣、习惯、能力的培养。正如虞永平教授说的：“让幼小衔接回归常态，让儿童有时间成为儿童，让儿童有机会品味童年，让儿童真正的健康成长。”

3. 注重“幼小衔接”到“小幼衔接”的双向科学衔接

2021年教育部印发了《关于大力推进幼儿园与小学科学衔接的指导意见》，首次提出了幼儿园与小学双向衔接的目标，并明确了两个阶段双向衔接的任务和要求，为幼小衔接工作指明了方向。

目前，我们的教育体系一直强调实现“幼小衔接”，而对“小幼衔接”这一说法鲜有提及。真正实现“幼小衔接”不是幼儿园单方面的工作，而是幼儿园与小学都应当对接作为教育对象的儿童。实现幼小衔接不能只靠学前教育界来解决，小学教师要多与幼儿园老师沟通，通过园长和校长工作坊、幼小座谈会、主题研讨会等方式共同研究教育理论及探讨教学方法，推进幼小衔接工作的有力开展。

本章小结

《幼儿园教育指导纲要（试行）》在“总则”中提出：幼儿园应与家庭、社区密切合作，与小学相互衔接，综合利用各种教育资源，共同为幼儿的发展创造良好的条件。为此，家园合作、幼儿园与社区的合作、幼小衔接便成为幼儿全面、和谐、健康发展的重要路径。关于家园合作，本章简要分析了家园合作的内涵与意义，从幼儿园方面与家长方面阐述了家园合作的内容，并提出家园合作的方式及注意事项；关于幼儿园与社区的合作，本章在介绍了幼儿园与社区合作的意义的基础上，重点分析了幼儿园与社区合作的途径与内容，并简要提出需要注意的事项；关于幼小衔接，本章首先解释了其概念及幼小衔接观念的转变，在此基础上总结了幼小衔接工作的具体内容，并通过分析当前我国幼小衔接工作开展中应注意的问题，提出有实质性借鉴意义的观点。

关键术语

家庭教育、家园合作、家园共育、家长资源、社区教育、家园社协同合作、社区环境、幼小衔接、幼小双向衔接、入学适应

建议的活动

对见习幼儿园的幼小衔接工作进行调查研究，选择一个主题撰写一份调查研究报告。

拓展阅读

1．基础教育教学研究课题组．幼儿园家园共育指导[M]．北京：高等教育出版社，2014.

2．钱德勒·巴伯．家庭、学校与社区：建立儿童教育的合作关系[M]．丁安睿，译．南京：江苏教育出版社，2013.

3．波曼．老师，你在听吗：幼儿教育活动中的师幼对话[M]．汪寒鹭，译．北京：中国轻工业出版社，2010.

4．李岩，桑琳．幼小衔接实践中的探索与反思[M]．北京：北京师范大学出版社，2009.

第十三章 学前教育政策法规的重点解读

学习目标

1. 知识目标：熟悉《规程》《纲要》《标准》和《指南》等政策法规制定的意义或背景，重点理解这几个政策法规的主要内容。

2. 能力目标：掌握《规程》的主要理念、《纲要》的指导思想，对《标准》的内涵透视有所掌握。能够初步掌握《指南》的价值蕴涵与基本理念。

3. 素质目标：正确理解学前教育这几个重要政策法规的基本内容，从而树立依法从教理念和意识。

本章知识导图

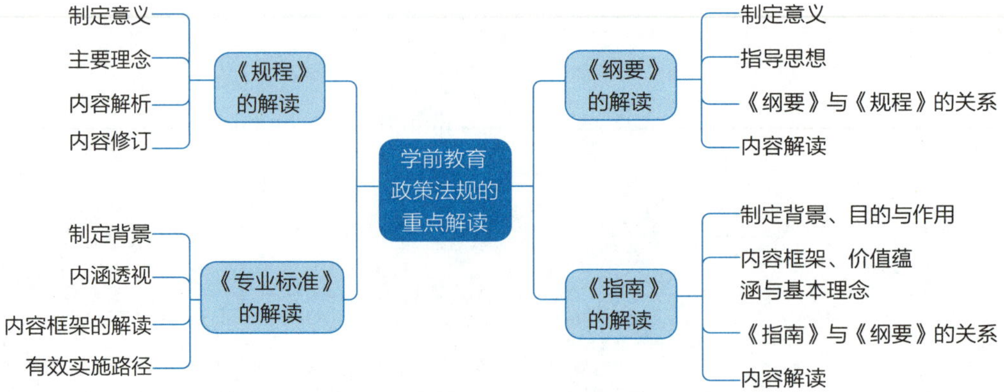

开篇案例

未进行入园体检产生的严重后果

2020年6月21日上午9时许，某市一家私立幼儿园的值班老师发现2岁的可可发烧，第一时间报告了幼儿园园长王某，并打电话通知了孩子的母亲孙某。随后，幼儿园将孩子送到附近医院治疗。经医生诊断后发现，可可患有右侧额颞顶部硬膜下血肿、脑疝、肺部感染等疾病。当月28日，经医院抢救无效死亡。后经法医鉴定，可可病症的出现是由头面部外伤造成的。孙女士遂向当地法院提出上诉。幼儿园园长王某后悔不已，认为自己错就错在当初孩子进园的时候，没有严格遵守有关规定，没让孩子进行全面的体检。

幼儿园是人一生中最早接触的社会场所，是儿童出生后第一个重要的学习环境，体检是幼儿入园时必不可少的一个重要环节。根据《幼儿园、托儿所卫生保健管理办法》规定："儿童入园必须进行健康检查，体检合格后方可入园。"即将进入托幼园所生活的幼儿，在入园前必须进行全面健康检查，来衡量该幼儿是否能过集体生活，并预防将某些传染病带入幼儿园中。此外，入园前的健康检查还能为幼儿园更好地了解、掌握每名幼儿的生长发育特点及健康状况提供重要的资料。正如《幼儿园工作规程》第十条对幼儿园的入园检查进行的明确规定，即"幼儿入园前，须按照卫生部门制定的卫生保健制度进行体格检查，合格者方可入园。"

幼儿园教师资格证考试 · 考点预测◎

在幼儿园教师资格证考试科目《保教知识与能力》中，与本章相关的考试内容是"学前教育原理"模块。对应考试大纲知识点为：掌握《幼儿园教育指导纲要（试行）》在幼儿园教育活动的目标、内容、实施和评价上的基本观点和要求。考点主要有：教育活动组织与实施、家园合作、幼小衔接等方面。在历年教师资格考试真题中考分占比较少，题型主要是单项选择题、简答题和论述题。

第一节　《幼儿园工作规程》的解读

《幼儿园工作规程》(以下简称《规程》)是当前我国幼儿园规范办园和科学管理的重要依据。2016年3月1日起施行的《规程》与时隔20年前的1996年版《规程》相比有哪些主要特点？内容上有哪些重要的调整？

一、《规程》制定的意义

1996年3月9日颁发的《幼儿园工作规程》(国家教委令第25号)，对加强各级各类幼儿园的科学规范管理，提高保育和教育质量发挥了重要作用。据教育部基础教育司司长吕玉刚介绍，2021年全国幼儿园数达到29.5万所，比2011年增加了12.8万所，增长了76.8%，有力保障了不断增加的适龄幼儿入园需求。中西部和农村发展最快，全国新增的幼儿园80%左右集中在中西部，60%左右分布在农村。可以说，随着我国经济社会的快速发展，学前教育改革发展的大环境悄然发生巨大变化，国家各种教育政策法规颁布和修订，特别是《国家中长期教育改革和发展规划纲要(2010—2020年)》(以下简称《规划纲要》)颁布后，学前教育事业规模不断扩大，普及程度大幅提高，旧的《规程》无法适应学前教育的发展速度，也不能满足学前教育规范化管理的新需求。

为了进一步加强幼儿园的科学管理，规范办园行为，切实提高保育和教育的质量，促进幼儿身心健康、全面和谐发展，依据《中华人民共和国教育法》制定了新的《规程》。它不仅是我国第一部以规范幼儿园内部教育管理为主的规章制度，也是在基础教育领域中比较早的一部管理规程，在发布的20余年间对规范各级各类幼儿园的管理发挥着重要的指导作用。2016年施行的新《规程》具有以下三个方面的意义。

(一)新形势下加强学前教育规范管理的需要

随着经济体制的改革和市场经济的推进，幼儿园的办园体制已从过去单一的以公办为主转为多元化办园的格局，民办幼儿园数量激增，占比已超过幼儿园总数的2/3。教育部门对幼儿园的规范管理已从计划经济条件下的业务指导转向办园资质审批和全面监管，需要不断完善管理制度，强化制度管理，新修订的《规程》是新形势下加强学前教育规范管理的需要。

(二)推进幼儿园管理规范化和科学化的需要

由于长期资源不足，目前一些幼儿园在办园条件、安全卫生、教育教学、教职工管理等方面还存在很多不规范的行为，亟待通过健全规章制度，加强规范管理，引导幼儿园依法依规办园。规章制度就是幼儿园的“法”，是幼儿园的基本活动准则。尤其是新的《规程》对幼儿园的学制、办园规模、经费、资产、信息等方面的管理提出了明确要求。

(三)落实依法治教的需要

教育是一项关乎千家万户切身利益、关系一代又一代人健康成长和发展的神圣事业，只有坚持依法治教，才能使教育改革发展走上一条合乎教育规律、顺应国家发展和满足人民需要的、科学有效发展之路。正如《规划纲要》明确提出的目标要求：“强调完善中国特色社会主义教育法律法规，根据需要，修订教育法、职业教育法、高等教育法、教师法、民办教育促进法等，制定考试、学校、终身学习、学前教育、家庭教育等法律。”这些目标要求正在逐步落实，为依法治教提供了坚实的基础和有力的支撑。

二、《规程》的主要理念

（一）全面发展理念

1999年中共中央、国务院发布《关于深化教育改革全面推进素质教育的决定》，对我国的教育方针做了新的表述：“实施素质教育，就是全面贯彻党的教育方针，以提高国民素质为根本宗旨，以培养学生创新精神和实践能力为重点，造就‘有理想、有道德、有文化、有纪律’的，德智体美劳全面发展的社会主义事业的建设者和接班人。”“五育并举”是落实党的教育方针、推动人的全面发展的重要途径。所谓“五育并举”，就是指通过德育、智育、体育、美育、劳动教育五种教育方式共同作用，多方面、全方位提高人的素质，开发人的潜能，促进人的全面发展。从具体内容的角度而言，人的全面发展的内容是人的平等发展、和谐发展和自由发展。它主要针对人的不平等发展、畸形发展和不自由发展而提出。人的全面发展是指每个人都能得到平等发展、完整发展、和谐发展和自由发展。正如《规程》第三条关于幼儿园的任务的规定：按照保育与教育相结合的原则，对幼儿实施体、智、德、美等方面全面发展的教育，促进幼儿身心和谐发展。和第二十五条规定：德、智、体、美等方面的教育应当互相渗透，有机结合。

（二）整体育人理念

一方面体现在活动组织上的育人整体。日常生活活动和游戏活动、教学活动，在幼儿园的课程中都是缺一不可的。正如《规程》第二十五条规定幼儿园教育应当贯彻以下原则和要求：“综合组织健康、语言、社会、科学、艺术各领域的教育内容，渗透于幼儿一日生活的各项活动中，充分发挥各种教育手段的交互作用。”另一方面体现在机构上的育人整体。个体一般会受到社会教育、学校教育、家庭教育三方面的教育。幼儿园在所有教育模式中占据主导地位，社区教育是进行幼儿教育、家庭教育的补充、延续，幼儿园、家庭、社区教育是相辅相成的关系，成为教育合力，在推动儿童发展方面共同发挥作用。正如《规程》第四十八条规定：幼儿园应主动与幼儿家庭配合，帮助家长创设良好的家庭教育环境，向家长宣传科学保育、教育幼儿的知识，共同担负教育幼儿的任务。第四十九条规定：应建立幼儿园与家长联系的制度。第五十条规定：幼儿园应成立家长委员会。第五十一条规定：幼儿园应密切同社区的联系与合作。宣传幼儿教育的知识，支持社区开展有益的文化教育活动，争取社区支持和参与幼儿园建设。

（三）游戏理念

游戏是儿童的工作，游戏是儿童的生命。游戏是儿童内心活动的自身表现，是儿童最纯洁、最神圣的心灵活动的产物。游戏的理念应该体现在幼儿园工作的方方面面。正如《规程》第二十一条规定：幼儿园教育工作的原则是（之一）：以游戏为基本活动，寓教育于各项活动之中。第二十五条规定：游戏是对幼儿进行全面发展教育的重要形式。游戏是儿童活动的基本形式之一，通过虚拟情境以再现成人的社会经验与人际关系，旨在使儿童达到认识周围世界的目的。因此，游戏体现了儿童与现实的一种特殊关系，通过某种虚拟的情境把某一类实物的特征转移到另一类实物之上。《规程》已经明确了游戏在幼儿园教育中的地位，将以游戏为基本活动，寓教育于各项活动中专门作为幼儿园教育的一条指导原则，指出游戏是对幼儿进行全面发展的重要形式。基于此，幼儿园应把游戏作为主要的活动形式，渗透在幼儿的一日生活中。

（四）多元理念

一方面体现在教学方法和手段的日趋多元。顺应信息化时代，采用多媒体教学手段，转变传统教学观念。近年来，除传统的教学方法之外，各种各样的教学方法或教学组织形式进入了幼儿园，成为幼儿园教育方法系统的有机组成部分。另一方面则体现在多元化的评价机制。幼儿园教育评价是幼儿园全面工作的重要组成部分，也是进一步提高幼儿园教育质量的重要途径之一，更是了解教育的适宜性、有效性，调整并改进工作，促进每一个幼儿发展，提高教育质量的必要手段。幼儿园的评价指标和标准应该具有多样性，只要有利于促进幼儿的发展，符合幼儿身心发展规律的评价，都可以进行尝试。但评价时应该注意其全面性，要全面、客观、辩证、科学地看待幼儿发展和教师的教育工作。

（五）生活教育理念

生活教育理念的重要精髓之一是教育要以生活为中心。幼儿园围绕“一日生活皆课程”，让幼儿在以游戏为主的各项活动中体验生活、学会生活、创造生活，让幼儿在生活化、游戏化的活动中发现美、欣赏美、创造美。教育的最终目的是培养社会的人，而这个人应该是一个会生活的人、幸福的人。教育的过程本身就是生活经验的不断构建和积累。这是教育，尤其是幼儿教育的价值。正如《规程》第十三条规定：幼儿园应制定合理的幼儿一日生活作息制度。两餐间隔时间不得少于三个半小时。第二十七条规定：幼儿园日常生活组织，应当从实际出发，建立必要、合理的常规，坚持一贯性和灵活性相结合，培养幼儿的良好习惯和初步的生活自理能力。

（六）活动教育理念

人的心理、意识是在活动中形成和发展的。人们是通过活动认识周围世界，形成个性品质，可见“活动”对于个体发展的重要意义。何为活动？活动就是人与客观世界建立联系的必要形式，儿童通过活动才能获得发展，没有活动就没有发展。在《规程》中，无论是“作业”还是“上课”都没有再出现，代替这两个用语的是一个新词汇——“教育活动”。儿童正是通过努力从事活动，从而使得个人得到发展的。可以说，活动是幼儿发展的基础，幼儿园的活动就是幼儿发展的过程，而这一过程具有预设和生成的双重属性。《规程》中共出现了27处“活动”，如强调要将各领域的教育内容渗透于幼儿一日生活的各项活动中。这意味着幼儿的生活是由一个个活动组成，每个活动都是幼儿与周围世界相互作用的过程。因此，幼儿一日生活的过程就是活动的过程。一旦离开了活动，幼儿就难以得到发展。

（七）环境育人理念

陈鹤琴先生说过：“儿童教育要取得较大的效益，必须优化环境。”环境是重要的教育资源，有效利用和创设幼儿园环境，将有利于促进幼儿身心健康的发展。幼儿园环境创设是幼儿园环境的重要组成部分，是幼儿园理念与文化的重要载体和外在反映。从某种程度上来讲，环境创设已经成为幼儿园教育教学的有效手段之一。苏霍姆林斯基说过：“要使校园的每一面墙壁都会说话。”因此，各年龄班教师要因地制宜，为幼儿创设一个温馨愉悦、充满童趣、寓教于乐的生活环境，升华“环境育人”的理念，充分发挥环境作为“隐性课程”的教育功能。正如《规程》第三十条规定：幼儿园应当将环境作为重要的教育资源，合理利用室内外环境，创设开放的、多样的区域活动空间，提供适合幼儿年龄特点的丰富的玩具、操作材料和幼儿读物，支持幼儿自主选择和主动学习，激发幼儿学习的兴趣与探究的愿望。

（八）幼小无缝衔接理念

虞永平教授指出：“从幼儿园到小学，不是翻山越岭，不是跳跃大沟深壑，也不是进入有天壤之别的生活，而是童年生活的一种自然延伸和过渡。”幼小衔接教育在教育工作中处于重要环节，处理好幼儿教育与小学教育之间的衔接问题，是提高教育质量的关键环节。教育部《关于大力推进幼儿园与小学科学衔接的指导意见》（2021）中强调四大入学准备：身心准备、社会准备、生活准备和学习准备。其中，身心准备被置于首要位置，这意味着对于儿童来说，在从幼儿园进入到小学，心理准备是做好过渡的重中之重。正如《规程》第二十九条规定：幼儿园和小学应密切联系，互相配合，注意两个阶段教育的相互衔接。因此，要以儿童发展为本位，勇于研究小幼衔接契合点，努力探索出一条向下延伸、系统推进的小幼教育无缝衔接之路，从而提高幼儿园、小学科学开展幼小衔接的能力，促进幼儿健康快乐成长。

三、《规程》的内容解析

2016年版的《规程》共分为十一章，分别是：总则，幼儿入园和编班，幼儿园的安全，幼儿园的卫生保健，幼儿园的教育，幼儿园的园舍、设备，幼儿园的教职工，幼儿园的经费，幼儿园、家庭和社区，幼儿园的管理，附则。

（一）幼儿园教育的性质、任务以及保育和教育的主要目标

（1）幼儿园教育的性质。幼儿园是对3周岁以上学龄前幼儿实施保育和教育的机构。幼儿园教育是基础教育的重要组成部分，是学校教育制度的基础阶段。

（2）幼儿园教育的任务。贯彻国家的教育方针，按照保育与教育相结合的原则，遵循幼儿身心发展特点和规律，实施德、智、体、美等方面全面发展的教育，促进幼儿身心和谐发展。幼儿园同时面向幼儿家长提供科学育儿指导。

（3）幼儿园保育和教育的主要目标：①促进幼儿身体正常发育和机能的协调发展，增强体质，促进心理健康，培养良好的生活习惯、卫生习惯和参加体育活动的兴趣。②发展幼儿智力，培养正确运用感官和运用语言交往的基本能力，增进对环境的认识，培养有益的兴趣和求知欲望，培养初步的动手探究能力。③萌发幼儿爱祖国、爱家乡、爱集体、爱劳动、爱科学的情感，培养诚实、自信、友爱、勇敢、勤学、好问、爱护公物、克服困难、讲礼貌、守纪律等良好的品德行为和习惯，以及活泼开朗的性格。④培养幼儿初步感受美和表现美的情趣和能力。

（二）幼儿园的管理体制

幼儿园按照国家相关规定设园长、副园长、教师、保育员、卫生保健人员、炊事员和其他工作人员等岗位，配足配齐教职工。幼儿园园长负责幼儿园的全面工作。正如《规程》第五十六条规定，幼儿园实行园长负责制。幼儿园应当建立园务委员会。园务委员会由园长、副园长、党组织负责人和保教、卫生保健、财会等方面工作人员的代表以及幼儿家长代表组成。园长任园务委员会主任。园长定期召开园务委员会会议，遇重大问题可临时召集，对规章制度的建立、修改、废除，全园工作计划，工作总结，人员奖惩，财务预算和决算方案，以及其他涉及全园工作的重要问题进行审议。

幼儿入园和编班方面，《规程》第十一条规定：幼儿园规模应当有利于幼儿身心健康，便于管理，一般不超过360人。幼儿园每班幼儿人数一般为：小班（3周岁至4周岁）25人，中班（4周岁至5周岁）30人，大班（5周岁至6周岁）35人，混合班30人。寄宿制幼儿园每班幼儿人数酌减。幼儿园可以按年龄分别编班，也可以混合编班。

（三）幼儿园的园舍、设备

（1）幼儿园应当按照国家的相关规定设置活动室、寝室、卫生间、保健室、综合活动室、厨房和办公用房等，并达到相应的建设标准。有条件的幼儿园应当优先扩大幼儿游戏和活动空间。

（2）幼儿园应当有与其规模相适应的户外活动场地，配备必要的游戏和体育活动设施，创造条件开辟沙地、水池、种植园地等，并根据幼儿活动的需要绿化、美化园地。

（3）幼儿园应当配备适合幼儿特点的桌椅、玩具架、盥洗卫生用具，以及必要的玩教具、图书和乐器等。玩教具应当具有教育意义并符合安全、卫生要求。幼儿园应当因地制宜，就地取材，自制玩教具。

（4）幼儿园的建筑规划面积、建筑设计和功能要求，以及设施设备、玩教具配备，按照国家和地方的相关规定执行。

（四）幼儿园的卫生保健

卫生保健工作在幼儿园工作中具有特别重要的意义，是为了保证幼儿身心正常发育和健康成长而实施的各种措施。因为幼儿园保健工作的对象是正在发育和成长中的幼儿。学前期儿童正处在生长发育的关键时期，也是长知识、长身体、增强体质的最重要、最有利的时期。然而各器官的生理功能尚不够完善，机体免疫功能低下，在集居环境下，相互接触密切，极易引起疾病传播和流行。因此，幼儿园卫生保健工作，对提高幼儿的健康成长具有重要意义。它包括科学地安排幼儿一日生活，提供合理的营养膳食，定期体检，进行疾病的防治和生活卫生常规的培养，加强体格锻炼，以及建立安全措施等一系列工作。

1. 创设安全、卫生的生活环境

幼儿园的园舍应当符合国家和地方的建设标准，以及相关安全、卫生等方面的规范，定期检查维护，保障安全。幼儿园不得设置在污染区和危险区，不得使用危房。幼儿园的设备设施、装修装饰材料、用品用具和玩教具材料等，应当符合国家相关的安全质量标准和环保要求。入园幼儿应当由监护人或者其委托的成年人接送。

2. 建立合理的生活制度

幼儿园应当制定合理的幼儿一日生活作息制度。正餐间隔时间为3.5～4小时。在正常情况下，幼儿户外活动时间（包括户外体育活动时间）每天不得少于2小时，寄宿制幼儿园不得少于3小时；高寒、高温地区可酌情增减。

3. 提供营养平衡的膳食

供给膳食的幼儿园应当为幼儿提供安全卫生的食品，编制营养平衡的幼儿食谱，定期计算和分析幼儿的进食量和营养素摄取量，保证幼儿合理膳食。幼儿园应当每周向家长公示幼儿食谱，并按照相关规定进行食品留样。

4. 健康检查防病

幼儿园应当建立幼儿健康检查制度和幼儿健康卡或档案。每年体检一次，每半年测身高、视力一次，每季度量体重一次；注意幼儿口腔卫生，保护幼儿视力。幼儿园应对幼儿健康发展状况定期进行分析、评价，及时向家长反馈结果。同时，幼儿园应当关注幼儿心理健康，注重满足幼儿的发展需要，保持幼儿积极的情绪状态，让幼儿感受到尊重和接纳。

5. 开展体格锻炼

幼儿园应当积极开展适合幼儿的体育活动，充分利用日光、空气、水等自然因素以及本地自然环境，有计划地锻炼幼儿肌体，增强身体的适应和抵抗能力。正常情况下，每日户外体育活动不得少于1小时。幼儿园在开展体育活动时，应当对体弱或有残疾的幼儿予以特殊照顾。

（五）幼儿保护规范

1. 严禁体罚、侮辱幼儿人格

幼儿园教职工应当尊重、爱护幼儿，严禁虐待、歧视、体罚和变相体罚、侮辱幼儿人格等损

害幼儿身心健康的行为。幼儿园可分为全日制、半日制、定时制、季节制和寄宿制等。

2. 对五类儿童应予以照顾

幼儿园每年秋季招生。平时如有缺额，可随时补招。幼儿园对烈士子女、家中无人照顾的残疾人子女、孤儿、家庭经济困难幼儿、具有接受普通教育能力的残疾儿童等入园，按照国家和地方的有关规定予以照顾。

3. 紧急情况下优先保护幼儿的人身安全

幼儿园应当严格执行国家和地方幼儿园安全管理的相关规定，建立健全门卫、房屋、设备、消防、交通、食品、药物、幼儿接送交接、活动组织和幼儿就寝值守等安全防护和检查制度，建立安全责任制和应急预案。幼儿园教职工必须具有安全意识，掌握基本急救常识和防范、避险、逃生、自救的基本方法，在紧急情况下应当优先保护幼儿的人身安全。

4. 幼儿园应开展反家庭暴力教育

幼儿园应当结合幼儿年龄特点和接受能力开展反家庭暴力教育，发现幼儿遭受或者疑似遭受家庭暴力的，应当依法及时向公安机关报案。

（六）幼儿的发展

幼儿的发展主要包括两方面的内容：一是着眼于幼儿终身发展的长远目标，培养其适应未来、适应终身教育的基本素质，特别是幼儿的主动性、独立性、合作精神、乐于助人等现代社会需要的重要个性品质，使他们今后能学会学习，学会关心，有自我教育能力，能做到自律自控、有责任感，成为社会的合格公民。二是着眼近期目标，帮助幼儿做好上小学的准备。小学是幼儿从幼儿园毕业之后的第一个“后继学习”的场所，因此为幼儿做好入小学学习的准备是幼儿园教育的重要内容。主要在身体动作、生活能力、语言和认知、社会/情绪情感、学习品质、审美与创造等方面。

四、《幼儿园工作规程》的内容修订

新修订的2016年版的《幼儿园工作规程》，主要从以下五个方面的内容做了调整。

（一）坚持立德树人

进一步强调幼儿园要坚持国家的教育方针，遵循幼儿身心发展特点和规律，实施德、智、体、美诸方面全面发展的教育，促进其身心和谐发展。

总则第三条规定，幼儿园的任务是：贯彻国家的教育方针，按照保育与教育相结合的原则，遵循幼儿身心发展特点和规律，实施德、智、体、美等方面全面发展的教育，促进幼儿身心和谐发展。幼儿园同时面向幼儿家长提供科学育儿指导。

（二）强化安全管理

专设“幼儿园的安全”一章，明确要求幼儿园要建立健全设备设施、食品药品以及与幼儿活动相关的各项安全防护和检查制度，建立安全责任制和应急预案。在“幼儿园的卫生保健”一章中，对建立与幼儿身心健康相关的一系列卫生保健制度做了明确规定。

第十五条规定，幼儿园教职工必须具有安全意识，掌握基本急救常识和防范、避险、逃生、自救的基本方法，在紧急情况下应当优先保护幼儿的人身安全。幼儿园应当把安全教育融入一日生活，并定期组织开展多种形式的安全教育和事故预防演练。幼儿园应当结合幼儿年龄特点和接受能力开展反家庭暴力教育，发现幼儿遭受或者疑似遭受家庭暴力的，应当依法及时向公安机关报案。

第二十条规定，幼儿园应当建立卫生消毒、晨检、午检制度和病儿隔离制度，配合卫生部门做好计划免疫工作。幼儿园应当建立传染病预防和管理制度，制定突发传染病应急预案，认真做好疾病防控工作。幼儿园应当建立患病幼儿用药的委托交接制度，未经监护人委托或者同意，幼儿园不得给幼儿用药。幼儿园应当妥善管理药品，保证幼儿用药安全。幼儿园内禁止吸烟、饮酒。

（三）规范办园行为

新修订的《规程》对幼儿园的学制、办园规模、经费、资产、信息等方面的管理提出了明确要求。

第十一条规定，幼儿园规模应当有利于幼儿身心健康，便于管理，一般不超过360人。幼儿园每班幼儿人数一般为：小班（3周岁至4周岁）25人，中班（4周岁至5周岁）30人，大班（5周岁至6周岁）35人，混合班30人。寄宿制幼儿园每班幼儿人数酌减。幼儿园可以按年龄分别编班，也可以混合编班。

第四十六条规定，幼儿园的经费由举办者依法筹措，保障有必备的办园资金和稳定的经费来源。按照国家和地方相关规定接受财政扶持的提供普惠性服务的国有企事业单位办园、集体办园和民办园等幼儿园，应当接受财务、审计等有关部门的监督检查。

第四十七条规定，幼儿园实行收费公示制度，收费项目和标准向家长公示，接受社会监督，不得以任何名义收取与新生入园相挂钩的赞助费。幼儿园不得以培养幼儿某种专项技能、组织或参与竞赛等为由，另外收取费用；不得以营利为目的组织幼儿表演、竞赛等活动。

第五十一条规定，幼儿园应当建立经费预算和决算审核制度，经费预算和决算应当提交园务委员会审议，并接受财务和审计部门的监督检查。幼儿园应当依法建立资产配置、使用、处置、产权登记、信息管理等管理制度，严格执行有关财务制度。

（四）注重与法律法规和有关政策的衔接

一方面是做好与现行法律政策规定的衔接，如：《幼儿园教育指导纲要（试行）》《3~6岁儿童学习发展指南》对幼儿园的教育目标、内容、教育活动组织等提出了清晰而具体的要求，修订《规程》时将这些方面的要求改为一些原则性规定；《托儿所幼儿园卫生保健管理办法》对幼儿园卫生保健工作提出了很多新要求，《规程》与之做了相应衔接；根据《反家庭暴力法》，增加了幼儿园应当进行反家庭暴力教育和发现家暴情况及时报案的规定。另一方面，《教育法》《民办教育促进法》《语言文字法》等法律法规对学校一些具体办学行为做了明确规定的，《规程》不再重复提出要求。

（五）完善幼儿园内部管理机制

要求幼儿园进一步加强科学民主管理，强化了家长委员会的职能作用，家长委员会应参与幼儿园重要决策和事关幼儿切身利益事项的管理。强调幼儿园应当建立教研制度，加强教育教学研究，研究解决教师在保教工作中遇到的实际问题。

第五十四条规定，家长委员会的主要任务是：对幼儿园重要决策和事关幼儿切身利益的事项提出意见和建议；发挥家长的专业和资源优势，支持幼儿园保育教育工作；帮助家长了解幼儿园工作计划和要求，协助幼儿园开展家庭教育指导和交流。家长委员会在幼儿园园长指导下工作。

第五十九条规定，幼儿园应当建立教研制度，研究解决保教工作中的实际问题。

第二节　《幼儿园教育指导纲要（试行）》的解读

为贯彻《中华人民共和国教育法》《幼儿园管理条例》和《幼儿园工作规程》，指导幼儿园深入实施素质教育特制定了该纲要。2001年7月国家正式颁布《幼儿园教育指导纲要（试行）》（以下简称《纲要》），作为指导幼儿园教育工作的科学纲要，它总结了近年来我国幼儿教育改革的经验，立足于我国幼儿教育改革的现实，在充分吸纳世界范围内早期教育优秀思想和研究成果的基础上，阐明了幼儿教育的发展目标，力求体现终身教育、全面推荐素质教育的思想，倡导尊重儿童、尊重儿童身心发展规律、师生共同成长等先进的观念。它是针对我国国情和现阶段教育发展的水平来制定，体现出我国学前教育一直在不断探索与革新，在社会发展的不同阶段分别提出了不同的教育方针，学前教育事业也取得了较大发展。但在一些短视、急功近利的观念的误导下，学前教育仍存在一些不容乐观的现象。

一、《纲要》制定的意义

（一）立足于学前教育改革的现实，指明了我国幼儿教育改革的方向

它总结了近年来我国幼儿教育改革的经验，立足于我国幼儿教育改革的现实，在充分吸纳世界范围内学前教育科研的优秀思想和研究成果的基础上，力图使我国学前教育符合世界学前教育发展的趋势。其中，阐明了幼儿教育的发展目标，力求体现终身教育、全面推荐素质教育的思想，倡导尊重儿童、尊重儿童身心发展规律、师生共同成长等先进的观念。《纲要》的颁布，标志着我国的幼儿教育改革进入了一个新的历史时期。《纲要》是幼儿园教育改革的指南，也是国家对全国幼儿园进行指导的总纲，对幼儿园教育的全面、系统的论述，不仅指明了我国幼儿教育改革的方向，而且其本身就是这场改革的重要组成部分，也是这场改革的一个重要标志。

（二）推进我国幼儿教育法制化建设的道路上迈出了重要一步

作为“指导广大幼儿教师将《规程》的教育思想和观念转化为教育行为”的指导性文件，《纲要》在推进我国幼儿教育法制化建设的道路上迈出了重要的一步。一方面，《纲要》的颁布标志着幼儿教育的课程改革已经与整个基础教育课程改革同步启动，对于全面贯彻教育方针、全面提高幼儿园保教质量具有重要的意义；另一方面，它是国家为指导幼儿教育所颁布的规范性文件，是幼儿教育的宏观纲领，对幼儿教育活动的目标、内容、实施、评价进行规范，其的颁布体现了幼儿园教育的要求，为高质量的幼儿教育指明了方向。

二、《纲要》的指导思想

（一）终身教育的思想

终身教育是产生在20世纪60年代，于20世纪80年代后在各国教育改革与发展中付诸实践的一种现代教育思潮。终身教育理论认为，教育不是一个局部问题或过渡环节，不能只限于人生的某一时期，而应该贯穿人的一生。《纲要》中各领域的目标、内容和要求、指导要点以及组织实施与评价均一致地将培养幼儿终身学习的基础和动力放在核心地位。终身持续发展最基本的素质包含：积极主动的态度、强烈的学习兴趣、有效地与环境互动的能力、初步的合作意识、责任感等。因此，教师应积极落实终身教育的理念，促进幼儿的全面和谐发展的儿童观。正如《纲要》中指出的，幼儿园教育是基础教育的重要组成部分，是我国学校教育和终身教育的奠基阶段，实施素质教育，为幼儿一生的发展打好基础。

（二）“以人为本”的教育思想

《纲要》自始至终贯彻着“以幼儿发展为本”的精神，而且强调“幼儿园教育是人一生发展的基础”。以人为本的理念，以幼儿的发展为本，促进每个幼儿富有个性的发展，以幼儿的发展为本；重视建构性，过程性知识的获得，坚持新的知识观。在总则部分，明确提出了“为幼儿一生的发展打好基础”，“共同为幼儿的发展创造良好的条件”，“满足他们多方面发展的需要，使他们在快乐的童年生活中获得有益于身心发展的经验”，“尊重幼儿的人格和权利，尊重幼儿身心发展的规律和学习特点”。可见，以幼儿发展为本的教育是帮助幼儿从现实的存在状态过渡到更高质量生活的中介，这一理念的反映与贯彻将为幼儿发展权的实现做出积极的贡献。

（三）面向世界的科学的学前教育

《纲要》提出了“科学”领域的名称，明确了“探究”在科学教育中的重要地位，勾勒出探究过程的基本框架，才开始聚焦“科学探究”的理论和实践的深入研究，这意味着在很大程度上是将幼儿教育纳入科学发展的轨道。在现代生理学、心理学、教育学、发展心理学等理论的指引下，尤其吸收了建构主义和现代认知心理学有关的研究成果，促使《纲要》进一步强调教育内容在知识方面的建构性、过程性，针对不同领域知识的不同性质，提出了幼儿学习知识的不同方式和教师指导的不同方式。此外，《纲要》将教师的角色定位为“幼儿学习活动的支持者、合作者、引导者”，倡导形成合作的探究式的师生互动关系，与幼儿一起共同建构认知理解的途径。

三、《纲要》与《规程》的关系

《纲要》是在《幼儿园管理条例》《规程》颁布实施之后，我国教育史上又一个重要的里程碑。它是根据党的教育方针和《规程》制定的，是指导广大幼儿教师教育行为的指导性文件。《纲要》遵循《规程》的精神，从幼儿园教育的基本理念、基本原理、基本规律出发，具体地规定了我国幼儿园教育的基本内容范畴、目标以及基本的实践规范和要求。另一方面，《纲要》是对《规程》中第五章的“幼儿园的教育”作详细阐述。这主要体现在《纲要》只将其第五章“幼儿园的教育”的内容展开并具体化以在《规程》与教育实践层面之间搭起过渡的桥梁，《纲要》是《规程》的下位文件的桥梁。《规程》包括幼儿园所有相关内容，对幼儿园教育的性质、任务、发展方针、设置管理、保育教育、卫生保健、幼儿保护等内容都有具体的要求和规范，而《纲要》则是确定教育系统下的总目标，主要针对幼儿园教育，《纲要》共分为四个部分：第一部分为总则；第二部分为教育内容与要求；第三部分为组织与实施；第四部分为教育评价。

四、《纲要》第一部分“总则”的解读

“总则”中一共有5条。它具体说明了《纲要》总的目标要求，具体如下：

第一条：为贯彻《中华人民共和国教育法》《幼儿园管理条例》和《幼儿园工作规程》，指导幼儿园深入实施素质教育，特制定本纲要。这条主要说明制定纲要的原因和目的，也就是说我们制定纲要的一个依据。它的依据是什么呢？就是《中华人民共和国教育法》《幼儿园管理条例》和《幼儿园工作规程》。它的目的又是什么呢？就是指导幼儿园深入实施素质教育。因此，在总则的第一条说明了制定纲要的一个依据和目的。

第二条：幼儿园教育是基础教育的重要组成部分，是我国学校教育和终身教育的奠基阶段。城乡各类幼儿园都应该从实际出发，因地制宜地实施素质教育，为幼儿一生的发展打好基础。这

条说明了我国幼儿教育的性质和根本任务。它的性质就是幼儿教育，幼儿园教育是基础教育的重要组成部分，是我国学校教育和终身教育的奠基阶段。它的根本任务就是为幼儿一生的发展打好基础。所以说，在第二条当中，我们应该熟悉它的性质和根本任务。

第三条：幼儿园应与家庭、社会密切合作，与小学相互衔接，综合利用各种教育资源，共同为幼儿的发展创造良好的条件。这条说明了我国幼儿园教育的一个外部原则。也就是说，幼儿园必须适应社会的变化，在更新教育资源概念的基础上，充分利用外部资源，与家庭、社会密切合作，共享资源，开办更加开放、社会化的幼儿教育。

第四条：幼儿园应为幼儿提供健康、丰富的生活与活动环境，满足他们多方面发展的需要，使他们在快乐的童年生活中获得有益于身心发展的经验。这条指出了幼儿园教育自身的特点。也就是说，幼儿园不同于小学的特点，强调幼儿园是通过创设健康丰富的生活和活动环境来帮助幼儿学习的。幼儿也是在通过环境当中与他人共同生活来获得经验的。他们在生活中发展，在发展中生活；而不是像小学生那样，主要靠通过学科的教学来获得间接的知识。他们是通过亲身体验、实际操作、直接感知的方式获得知识。

第五条：幼儿园教育应尊重幼儿的人格和权利，尊重幼儿身心发展的规律和学习特点，以游戏为基本活动，保教并重，关注个别差异，促进每个幼儿富有个性的发展。这一条规定了幼儿园教育的一个内部原则。幼儿园在教育过程当中必须遵循的基本原则，比如尊重幼儿的人格和权利，尊重幼儿身心发展的规律和特点，以游戏为基本活动，保教并重，关注个别差异等，并且提出了要促进每个幼儿富有个性的发展的要求。

五、《纲要》第二部分“教育内容与要求”的解读

“教育内容与要求”部分是《纲要》的重点环节。幼儿园的教育内容是全面的、启蒙性的，可以相对划分为健康、语言、社会、科学、艺术五个领域，也可做其他不同的划分。各领域的内容相互渗透，从不同的角度促进幼儿情感、态度、能力、知识、技能等方面的发展。

《纲要》颁布后，广域课程成为我国幼儿园课程的新形式。它明确地体现了通过综合教育、环境教育等课程形态来实施幼儿园教育才是关键所在。

（一）目标

“目标”作为幼儿园教育活动设计与组织的方向和落脚点，其地位不言而喻。幼儿教育是一种有目的、有计划的社会实践活动。它的目的性反映在幼儿园教学过程中就是根据社会的希望和要求去塑造幼儿。这种期望和要求，用概括性语言加以表述，就是教育目标。《纲要》在目标表述中呈现以下鲜明的特点：明确了该领域的教育重点、主要的价值取向。每一个领域的目标在表述上都较多使用了“体验”“喜欢”“乐意”等词汇，突出了情感、兴趣、个性等方面的价值取向，着眼于培养终身学习的基础和动力。

（二）内容与要求

《纲要》在“内容与要求”部分实际上是帮助教师知道应当做什么、如何做，强调不能以固定的知识点作为目标来设计活动，强调要组织适合幼儿的活动，强调要创设适宜的教育环境，以此实现幼儿的主动学习。比如，在健康领域的内容与要求是“建立良好的师生、同伴关系”“建立科学的生活常规”“开展丰富多彩的户外游戏和体育活动”等；在语言领域的内容与要求是“创造一个自由、宽松的语言交往环境”“养成幼儿注意倾听的习惯”“鼓励幼儿大胆、清楚地表达自己的想法和感受”“引导幼儿接触优秀的儿童文学作品”等；在社会领域的内容与要求是“引导

幼儿参加各种集体活动”“为每个幼儿提供表现自己长处和获得成功的机会”“提供自由活动的机会”等；在科学领域的内容与要求是“让每个幼儿都有机会参与尝试，支持、鼓励他们大胆提出问题，发表不同意见，学会尊重别人的观点和经验”“用多种方式表现、交流、分享探索的过程和结果”等；在艺术领域的内容与要求是“提供自由表现的机会”“肯定和接纳他们独特的审美感受和表现方式，分享他们创造的快乐”等。

（三）指导要点

《纲要》在“指导要点”部分旨在点明该领域所指认知及能力的主要特点及恰当的学习方式，并对教学中可能出现的带有普遍性的问题进行探讨。比如，《纲要》指出，社会领域的教育具有潜移默化的特点，由于幼儿社会态度和社会情感的培养尤其应渗透在多种活动和一日生活的各个环节之中，要创设一个能使幼儿感受到接纳、关爱和支持的良好环境，避免单一呆板的言语说教，应为幼儿提供人际间相互交往和共同活动的机会和条件，并加以指导。与其他领域的活动不同，科学教育活动更加强调幼儿的自主探究和创新意识的形成，即需要幼儿与周围世界通过活动自我建构产生直接的相互作用。各领域的指导要点提法也有所不同，在健康领域“既要高度重视和满足幼儿受保护、受照顾的需要，又要尊重和满足他们不断增长的独立要求”，“鼓励并指导幼儿自理、自立的尝试”；在语言领域“发展幼儿语言的关键是创设一个能使他们敢想、敢说、喜欢说、有机会说并能得到积极应答的条件”；在社会领域“社会学习是一个漫长的积累过程，需要幼儿园、家庭和社会密切合作，协调一致，共同促进幼儿良好社会性品质的形成”；在科学领域“尽量创造条件让幼儿实际参与探究活动，使他们感受科学探究的过程和方法，体验发现的乐趣”；在艺术领域“应支持幼儿富有个性和创造性地表达，克服过分强调技能技巧和标准化要求的偏向”。

六、《纲要》第三部分“组织与实施”的解读

工作过程的创造性是幼儿教师职业特点的重心和基础，这主要由幼儿这一特殊的教育对象所决定。幼儿教师要根据实际情况及时调整，要发挥教育的智慧，使其成为一种创造性发挥的过程。只有这样，教育过程才能充满活力。正如《纲要》明确指出的：教育活动的组织与实施过程是教师创造性地开展工作的过程，教师要根据《纲要》，从本地、本园的条件出发，结合本班幼儿的实际情况，制订切实可行的工作计划并灵活地执行。“组织与实施”部分的十一条表述，主要从幼儿园教育组织与实施的根本原则，幼儿园教育活动的含义，教育活动的组织与实施的基本原则，教育活动的目标、内容、形式、环境、一日生活、衔接问题，到教师在活动组织与实施中的角色和作用等方面予以明确。

（一）幼儿园的教育应面向每一个幼儿

《纲要》中指出，幼儿园的教育是为所有在园幼儿的健康成长服务的，要为每一个儿童，包括有特殊需要的儿童提供积极的支持和帮助。因此，教师应当为每个幼儿的充分活动提供机会条件和充足的丰富的材料，以保证每个幼儿各方面健康发展的需要。

（二）教育活动目标具有导向作用，应增强目标意识和过程意识

《纲要》中指出，幼儿园的教育活动，是教师以多种形式有目的、有计划地引导幼儿生动、活泼、主动活动的教育过程；教育活动目标要以《规程》和《纲要》所提出的各领域目标为指导，结合本班幼儿的发展水平、经验和需要来确定。因此，教师在制定和落实目标的过程中应该充分考虑到本班的具体情况，具体问题具体分析。

（三）教育活动内容的选择与组织应依据教育活动目标，有助于幼儿的学习

在选择教育活动内容时，一是要考虑幼儿的年龄特点，充分了解幼儿的现有水平。二是内容要具有挑战性，有利于幼儿建构新的经验。三是要利于幼儿的长远发展。

（四）环境是重要的教育资源，创设适宜环境促进幼儿的发展

环境对人的影响是潜移默化且持久深远的，幼儿园环境创设是重要的教育资源。在环境创设的过程中，幼儿的参与非常关键，幼儿在其中可习得关键经验，获得身心健康成长。良好的育人环境对幼儿园的发展会产生良好的社会影响，同时环境创设也是课程实施及教育目标落实的重要组成部分。因此，创设与教育相适应的良好环境，为幼儿提供活动表现的机会和条件。

（五）科学、合理地安排和组织一日生活，发挥一日生活整体育人功能

科学合理地安排一日生活不仅有利于活动的有序开展，更重要的能满足幼儿多方面的发展需要，帮助他们获得有益于身心发展的经验。一是时间安排应有相对的稳定性与灵活性，既有利于形成秩序，又能满足幼儿的合理需要，照顾到个体差异。二是教师直接指导的活动和间接指导的活动相结合，保证幼儿每天有适当的自主选择和自由活动时间。教师直接指导的集体活动要能保证幼儿的积极参与，避免时间的隐性浪费。三是尽量减少不必要的集体行动和过渡环节，减少和消除消极等待现象。四是建立良好的常规，避免不必要的管理行为，逐步引导幼儿学习自我管理。

（六）教师应成为幼儿学习活动的支持者、合作者、引导者

教师是幼儿学习活动的支持者、合作者、引导者，这是新课程下教师角色的根本变化，是教师角色转变过程中的一个飞跃与突变。教师不但是教学工作的引导者，更是幼儿活动的合作者。合作既是支持的方式和手段，也是支持本身。而支持和合作都体现着教育的意图，实现教育对幼儿的直接或间接的引导。教师和幼儿之间不只是导与被导的关系，而是在充分尊重幼儿主体性前提下的一种平等的“对话”关系。

七、《纲要》第四部分“教育评价”的解读

该部分内容主要围绕幼儿园的教育评价问题，从幼儿园教育评价的功能、幼儿园教育评价的主体、幼儿园教育评价实施的原则、幼儿园教育工作评价的主要内容、幼儿发展评价的原则等方面予以明确，提出了评价的发展性、合作性、标准的多元性，在评价方法上强调多角度、多主体、多方法、重过程、重差异、重质性研究的原则。

（一）以发展为根本目的

美国著名教育评鉴学者史塔佛宾有一句名言：“评价的目的在于追求改进，而不在于证明什么。”评价改革的核心在于评价目的的转变，传统的学前教育评价主要以区分评价对象的优劣程度为目的，重视评价分等次的功能。教育评价是依据教育质量的标准，鉴定评价对象的优劣，提出改进教育质量的意见。幼儿园教育是培根铸魂的事业，是否做到“德育为先、立德树人”，为人的一生打好基础，应该成为评价幼儿园教育质量的首要标准。正如《纲要》中指出的，评价是促进每一个幼儿发展，提高教育质量的必要手段；强调评价的过程是教师自我成长的重要途径。

（二）突出评价情景的真实性

评价的最终目的是促进幼儿的真实发展。《纲要》中指出：教育评价是幼儿园教育工作的重要组成部分，是了解教育的适宜性、有效性，调整和改进工作，促进每一个幼儿发展，提高教育质量的必要手段。幼儿发展评估要在日常生活与教育教学过程中采用自然的方法进行。平时观察到的具有典型意义的行为表现和积累的作品是评价的重要依据。这表明对幼儿的评价应在真实的生活、学习背景下开展。传统教育的缺陷是过分强调教师的作用，扼制学生的个性和创造性，忽视学生的主动性与潜能的发挥，与之对应的传统的教育评价，往往由于测验情境、测验内容与真实生活不符，所测验的结果往往与现实生活脱节。因此，教师可以不断对照评价目标，通过评价过程中的持续观察、反馈和调节，了解幼儿的发展程度，发现教学中的问题，及时调整和优化教学内容和方法，从而更好地实现教学目标。

（三）注重过程性评价

过程性评价，就是基于学习过程开展的评价。过程性评价是与教学活动以及日常自由活动同时进行的一种评价，是对幼儿的学习发展进行的一种动态的，对幼儿的学习表现进行的一种即时性的评价，是对幼儿的外在行为表现和学习内在活动进行结合的一种综合性的评价。其主要有以下特点：①关注学习过程。它不仅关注学习结果，更能看到学习方法的运用，有利于深度学习的发生。②重视非预期结果。过程性评价的标准不是预设的，而是目标游离和价值多元的，可以将评价的视野投向儿童整个学习经验领域，凡是有价值的学习结果都应当得到评价的肯定，而不管这些学习结果是否在预定的目标范围内。可见，幼儿园教育评价的观念和方式也逐渐发生变化，开始由注重结果的、以选拔性为目的终结性评价逐步过渡到关注幼儿表现、发展的个性评价方式。

第三节 《幼儿园教师专业标准（试行）》的解读

为促进幼儿园教师专业发展，建设高素质的幼儿园教师队伍，根据《中华人民共和国教师法》，特制定《幼儿园教师专业标准（试行）》（以下简称《专业标准》）。它是国家对合格幼儿园教师专业素质的基本要求，是幼儿园教师开展保教活动的基本规范，是引领幼儿园教师专业发展的基本准则，是幼儿园教师培养、准入、培训、考核等工作的重要依据。

一、《专业标准》制定背景

在我国学前教育事业发展需要和国际幼儿园教师专业发展趋势的双重推动下，作为落实《国家中长期教育改革和发展规划纲要（2010—2020 年）》（以下简称《教育规划纲要》）的一项具体措施和紧迫任务而研制、颁布实施。

（一）立足我国学前教育事业发展的需要

随着《教育规划纲要》《国务院关于当前发展学前教育的若干意见》的贯彻实施，各地学前教育三年行动计划的纷纷出台，国家学前教育重大项目的启动，大力发展学前教育成为我国教育事业发展的一道亮丽风景线。学前教育发展不仅要建设一批坚实安全的幼儿园，更需要建设一支师德高尚、业务精良的幼儿园教师队伍。要实现“基本普及”的战略目标，满足人民群众对学前教育的热切需求，不仅仅意味着入园率的提高，更重要的是学前教育质量的提升，而其中的关键与核心便是教师队伍质量的提升。基于此，《专业标准》正是在回应学前教育事业发展之需，在加快普及学前教育的新形势、新背景下，为保障幼儿园教育质量和幼儿健康成长而出台的一个重要文件。

（二）迎合国际幼儿园教师专业发展的趋势

幼儿园教师质量决定着学前教育的质量，高素质专业化的幼儿园教师队伍是高质量教育和儿童健康发展的重要保障。1966年联合国教科文组织发布的《关于教师地位的建议》中提出，应该把教师工作视为专门职业，以此提升教师地位和实现教师权益。自此，在世界范围内掀起了一场声势浩大的“教师专业化”运动。而在1980年代以后，教师专业化运动追求的目标从教师权益转移到教育质量上。1986年，美国卡内基教育和经济论坛发表《国家为培养21世纪的教师做准备》、霍姆斯小组发布《明日的教师》报告，敦促教师专业化水平提高的改革。1984年英国建立了师范教育认可委员会（CATE），加强中央对教师教育的标准管理。1989年颁布了新的课程标准，于1990年1月1日实施。此外，为了提高未来教师的英语和数学教学能力，英国政府制定了培养初等教师的全国标准，并从1997年9月开始实施培养初等教师的全国统一课程。20世纪70年代开始，日本采取了一系列措施推进教师专业化发展，并设立了丰富的激励机制以促使教师投入专业化发展中。20世纪80年代以来，教师的专业发展成为教师专业化的方向和主题。人们越来越认识到，只有不断提高教师的专业教育，才能使教学工作成为受人尊敬的一种专业，成为具有较高社会地位的一种专业。因此，从国际经验看，提升教师队伍的专业化水平，大多是从教师专业标准的制定和实施入手。顺应国际幼儿园教师专业发展的趋势，制定我国的幼儿园教师专业标准是国际教师专业标准化运动的一部分，以此共同推动着国际幼儿园教师专业化的进程。

（三）落实《教育规划纲要》的紧迫任务

公平与质量是新时期教育发展的核心任务。学前教育是终身学习的开端，是国民教育体系的重要组成部分，是重要的社会公益事业。《教育规划纲要》指出：“教育大计，教师为本。有好的教师，才有好的教育。提高教师地位，维护教师权益，改善教师待遇，使教师成为受人尊重的职业。严格教师资质，提升教师素质，努力造就一支师德高尚、业务精湛、结构合理、充满活力的高素质专业化教师队伍。”这不仅是国家对教师队伍的重要性和教师职业地位的确认，也是对高素质专业化教师队伍的时代呼唤。《教育规划纲要》还指出：“严格执行幼儿园教师资格标准，切实加强幼儿园教师培养培训，提高幼儿园教师队伍整体素质，依法落实幼儿园教师地位和待遇。”这是教师专业化队伍建设在学前教育领域中的具体体现，重点在于严格执行幼儿园教师资格标准。因此，无论是促进教师的专业化，还是在提升教师的教育质量方面，《专业标准》都能够起到重要的指引作用。只有严格执行才能确保幼儿园教师队伍的质量，从而实现幼儿园教师的专业化。

二、《专业标准》内涵透视

《专业标准》共包括基本理念、基本内容、实施建议三个部分，在“师德为先、幼儿为本、能力为重、终身学习”的基本理念下，对幼儿教师的专业素质提出了具体要求，包括三个维度、十四个领域，分别对幼儿教师的专业能力、职业道德做了详细阐述。

（一）儿童观：坚持以幼儿为本位，发挥其主体性

一切为了幼儿，为了幼儿的一切。在社会发展的今天，教育的不断变革，对教师提出了更高

的要求。作为幼儿园老师的专业准绳和基本行为规范，《专业标准》提出的一条重要理念就是要以“幼儿为本”。它强调“尊重幼儿权益，以幼儿为主体，充分调动和发挥幼儿的主动性；遵循幼儿身心发展特点和保教活动规律，提供适合的教育，保障幼儿快乐健康成长”。“幼儿为本”是“以人为本”的科学发展观在幼儿教育身上的具体体现，是幼儿教育本质的重要内涵，也是幼儿教师应秉持的核心理念。将“幼儿为本”的儿童观作为教师专业发展的内在要求，更是促进教师专业化发展以及保证学前教育质量的重要环节。

（二）教师观：体现了人本主义的教师观

所谓“教师观”，就是关于教师职业的基本观念，是人们对教师职业的认识、看法和期望的反映。它既包括对教师职业性质、职责和价值的认识，也包括对教师这种专门职业的基本素养及其专业发展的理解。人本主义流派对传统的教师观提出挑战，以马斯洛、罗杰斯等为代表的人本主义者认为，教师的任务不是教学生学习知识，也不是教学生如何学习，而是为学生提供学习资源，提供一种促进学习的氛围，让学生自己决定如何学习。这意味着教师应与儿童平等，尊重儿童的主体性，发挥儿童的独立性。

《专业标准》借鉴人本主义教师观的理念，对教师的教育行为提出明确要求，表现为：①强调幼儿园教育环境的创设，并明确了环境的教育作用。包括室外教育环境及室内教育环境。室外教育环境包括整个教育氛围、大型设施等；室内环境，包括室内墙壁布置、班级中的常规要求、一日活动作息时间和发生在师幼间、幼儿同伴间、教师间、幼儿与家长间、教师与家长间的行为活动等的布置。②主张以游戏活动为主，游戏是幼儿的生命，游戏是幼儿最喜欢的活动，也是幼儿园对幼儿实施教育的主要形式。游戏是幼儿的天性，幼儿游戏蕴藏着发展的需要和契机，发展的多样性、差异性、自然性等特点。幼儿是在幼儿中成长，游戏对于幼儿来说，其价值不应该在满足快乐上，而应该在满足快乐的同时也获得发展，幼儿通过“玩”增长知识和经验，通过游戏获得各方面的发展。③建构良好的师幼关系。教师应是幼儿生活中的朋友，学习中的伙伴，使幼儿在心理上得到安全与放松，让孩子们生活在自由、尊重、平等、合作的气氛中，让幼儿充分地活动，获得表达自己欲望和能力的机会。

（三）学习观：积极践行“发展取向型学习观”

儿童的学习观是对儿童学习本质、目标、内容、过程与途径等方面的基本看法与观点。包括以下几个基本问题：儿童的学习是什么?儿童为什么要学习？儿童学习什么？儿童如何学习？以及如何评价儿童的学习？幼儿的学习是以直接经验为基础，是在游戏和日常生活中进行的。可以说，学习观与教师观、学生观等一同作为教师的教育观念，对幼儿教师的教学行为有重要影响。

三、《专业标准》内容框架的解读

《专业标准》是对合格幼儿园教师专业素质的基本要求，也是幼儿园教师开展保教活动的基本规范，更是引领幼儿园教师专业发展的基本准则。贯穿“幼儿为本、师德为先、能力为重、终身学习”的基本理念，基本内容构架包含“专业理念与师德、专业知识、专业能力”3个维度，14个领域62项基本要求，与中、小学教师专业标准在框架结构上基本一致，但在具体内容上有所不同。尤其在“专业能力”方面，充分体现了幼儿园教育的突出特点和保教工作的基本任务，强调幼儿园教师所必须具备的良好环境的创设与利用、幼儿一日生活的合理组织与保育、游戏活动的支持与引导、教育活动的恰当计划与实施能力等。具体内容框架见表10–1。

表10-1 《幼儿园教师专业标准》的内容框架

维度	领域	基本要求
专业理念与师德	（一）职业理解与认识	1. 贯彻党和国家教育方针政策，遵守教育法律法规 2. 理解幼儿保教工作的意义，热爱学前教育事业，具有职业理想和敬业精神 3. 认同幼儿园教师的专业性和独特性，注重自身专业发展 4. 具有良好职业道德修养，为人师表 5. 具有团队合作精神，积极开展协作与交流
	（二）对幼儿的态度与行为	6. 关爱幼儿，重视幼儿身心健康，将保护幼儿生命安全放在首位 7. 尊重幼儿人格，维护幼儿合法权益，平等对待每一个幼儿。不讽刺、挖苦、歧视幼儿，不体罚或变相体罚幼儿 8. 信任幼儿，尊重个体差异，主动了解和满足有益于幼儿身心发展的不同需求 9. 重视生活对幼儿健康成长的重要价值，积极创造条件，让幼儿拥有快乐的幼儿园生活
	（三）幼儿保育和教育的态度与行为	10. 注重保教结合，培育幼儿良好的意志品质，帮助幼儿形成良好的行为习惯 11. 注重保护幼儿的好奇心，培养幼儿的想象力，发掘幼儿的兴趣爱好 12. 重视环境和游戏对幼儿发展的独特作用，创设富有教育意义的环境氛围，将游戏作为幼儿的主要活动 13. 重视丰富幼儿多方面的直接经验，将探索、交往等实践活动作为幼儿最重要的学习方式 14. 重视自身日常态度言行对幼儿发展的重要影响与作用 15. 重视幼儿园、家庭和社区的合作，综合利用各种资源
	（四）个人修养与行为	16. 富有爱心、责任心、耐心和细心 17. 乐观向上、热情开朗，有亲和力 18. 善于自我调节情绪，保持平和心态 19. 勤于学习，不断进取 20. 衣着整洁得体，语言规范健康，举止文明礼貌
专业知识	（五）幼儿发展知识	21. 了解关于幼儿生存、发展和保护的有关法律法规及政策规定 22. 掌握不同年龄幼儿身心发展特点、规律和促进幼儿全面发展的策略与方法 23. 了解幼儿在发展水平、速度与优势领域等方面的个体差异，掌握对应的策略与方法 24. 了解幼儿发展中容易出现的问题与适宜的对策 25. 了解有特殊需要幼儿的身心发展特点及教育策略与方法
	（六）幼儿保育和教育知识	26. 熟悉幼儿园教育的目标、任务、内容、要求和基本原则 27. 掌握幼儿园环境创设、一日生活安排、游戏与教育活动、保育和班级管理的知识与方法 28. 熟知幼儿园的安全应急预案，掌握意外事故和危险情况下幼儿安全防护与救助的基本方法 29. 掌握观察、谈话、记录等了解幼儿的基本方法 30. 了解0～3岁婴幼儿保教和幼小衔接的有关知识与基本方法
	（七）通识性知识	31. 具有一定的自然科学和人文社会科学知识 32. 了解中国教育基本情况 33. 掌握幼儿园各领域教育的特点与基本知识 34. 具有相应的艺术欣赏与表现知识 35. 具有一定的现代信息技术知识
专业能力	（八）环境的创设与利用	36. 建立良好的师幼关系，帮助幼儿建立良好的同伴关系，让幼儿感到温暖和愉悦 37. 建立班级秩序与规则，营造良好的班级氛围，让幼儿感受到安全、舒适 38. 创设有助于促进幼儿成长、学习、游戏的教育环境 39. 合理利用资源，为幼儿提供和制作适合的玩教具和学习材料，引发和支持幼儿的主动活动

续表

维度	领域	基本要求
专业能力	（九）一日生活的组织与保育	40. 合理安排和组织一日生活的各个环节，将教育灵活地渗透到一日生活中 41. 科学照料幼儿日常生活，指导和协助保育员做好班级常规保育和卫生工作 42. 充分利用各种教育契机，对幼儿进行随机教育 43. 有效保护幼儿，及时处理幼儿的常见事故，危险情况优先救护幼儿
	（十）游戏活动的支持与引导	44. 提供符合幼儿兴趣需要、年龄特点和发展目标的游戏条件 45. 充分利用与合理设计游戏活动空间，提供丰富、适宜的游戏材料，支持、引发和促进幼儿的游戏 46. 鼓励幼儿自主选择游戏内容、伙伴和材料，支持幼儿主动地、创造性地开展游戏，充分体验游戏的快乐和满足 47. 引导幼儿在游戏活动中获得身体、认知、语言和社会性等多方面的发展
	（十一）教育活动的计划与实施	48. 制定阶段性的教育活动计划和具体活动方案 49. 在教育活动中观察幼儿，根据幼儿的表现和需要调整活动，给予适宜的指导 50. 在教育活动的设计和实施中体现趣味性、综合性和生活化，灵活运用各种组织形式和适宜的教育方式 51. 提供更多的操作探索、交流合作、表达表现的机会，支持和促进幼儿主动学习
	（十二）激励与评价	52. 关注幼儿日常表现，及时发现和赏识每个幼儿的点滴进步，注重激发和保护幼儿的积极性、自信心 53. 有效运用观察、谈话、家园联系、作品分析等多种方法，客观地、全面地了解和评价幼儿 54. 有效运用评价结果，指导下一步教育活动的开展
	（十三）沟通与合作	55. 使用符合幼儿年龄特点的语言进行保教工作 56. 善于倾听，和蔼可亲，与幼儿进行有效沟通 57. 与同事合作交流，分享经验和资源，共同发展 58. 与家长进行有效沟通合作，共同促进幼儿发展 59. 协助幼儿园与社区建立合作互助的良好关系
	（十四）反思与发展	60. 主动收集分析相关信息，不断进行反思，改进保教工作 61. 针对保教工作中的现实需要与问题，进行探索和研究 62. 制定专业发展规划，不断提高自身专业素质

（一）对《专业标准》内容的分析

“专业理念与师德”在《专业标准》的结构框架中居于首要位置，具体包括职业理解与认识、对幼儿的态度与行为、幼儿保育和教育的态度与行为、个人修养与行为四个领域。基本要求共计20条，占全部基本内容条目的32%。由此可见，敬业理念与师德是教师专业素养的核心，是教师专业发展的重要标志和关键维度。师德关乎着国家教育事业的发展，关乎着每个幼儿健康幸福成长，作为老师要时刻秉承师德为先的理念，这是教师从事保育和教育实践工作的情感和动力基础。

“专业知识”包括幼儿发展知识、幼儿保育和教育知识、通识性知识三个领域。基本要求共计15条，占全部基本内容条目的24%。专业知识是基本内容三个维度中内容最少的部分，但并不意味着专业知识不重要，其所强调的是与教师保育教育工作实践密切相关的重要专业知识。因此，教师在提升自己的专业知识时，应重点考量这15条要求所涉及的内容，但不能仅局限于此。

专业能力包括环境的创设与利用、一日生活的组织与保育、游戏活动的支持与引导、教育活动的计划与实施、激励与评价、沟通与合作、反思与发展七个领域。基本要求共计27条，占全部基本内容条目的44%。可见，对教师专业能力的高度重视。专业能力是教师专业化发展在教育实践中的集中体现，它直接影响着幼儿园的保教质量和教育对象身心发展。《专业标准》在“专业能力”的七项要求中，前六项是教师实施保育教育工作的能力，最后一项是教师自我发展的能力。因此，幼儿园教师只有深入理解和领会《专业标准》对教师的能力要求并付诸实践，将促使教师专业化水平的不断提高，从而促使幼儿园保教质量全面改善乃至大幅度提升。

（二）《专业标准》体现的特点

通过对内容梳理，不难发现《专业标准》具有以下五个突出的特点。

1．对幼儿园教师的师德与专业态度提出了特别要求

“德高为师，身正为范”，教师必备的首要条件就是要具有高尚的师德。师德与专业态度是教师职业的基准线。幼儿园教师因为工作对象是身心发展迅速、可塑性大、易受伤害的幼儿，因此，更需要有高度的责任感和奉献精神，更需要具有良好的职业道德，并富有爱心、耐心、细心和责任心，热爱幼儿，并给予幼儿精心的呵护和教育培养。

2．要求教师高度重视幼儿的生命与健康

幼儿期是个体生命历程的一个重要阶段。重视幼儿的心理，是个体在随后的人生历程中健康发展的基础和重要保证。《纲要》指出：“幼儿园必须把保护幼儿的生命和促进幼儿的健康放在教育工作的首要位置，树立正确的健康观念，在重视幼儿身体健康的同时，要重视幼儿的心理健康”，这对幼儿期开展心理健康教育提出了明确的要求。《专业标准》明确提出要高度重视幼儿的生命与健康，并从专业态度、知识和能力三个层面相互呼应，全面提出了具体要求。比如，教师要将保护幼儿生命安全放在首位；能有效保护幼儿，危险情况下优先救护幼儿。

3．充分体现保教结合的基本特点

幼儿身心发展的特点和需要决定了保教结合是幼儿园教育的基本原则，也是对幼儿园教师的基本专业要求。保教结合要求教师应从幼儿身心发展的特点出发，在全面、有效地对幼儿进行教育的同时，也要重视对幼儿生活上的照顾和保护，保教合一，确保幼儿能真正健康、全面地发展。正如《专业标准》明确提出的，要“注重保教结合”，不仅将“一日生活的组织与保育”作为重要的专项领域要求，而且对教师提出了多项具体要求，要能合理安排和组织一日生活的各个环节，科学照料幼儿的日常生活，将教育灵活地渗透到一日生活中。同时，能充分利用一日生活中的各种教育契机，对幼儿进行随机教育，以将保教结合原则落到实处。

4．强调教师必须具备的教育教学实践能力

幼儿教师教学的水平会直接影响幼儿教育开展的质量，幼儿教师专业成长也是幼儿教师专业化发展的基础。教育实践能力是教师对幼儿施以积极影响、引导幼儿发展的基础。正如《专业标准》对幼儿园教师必须具备的教育教学能力提出的明确要求，特别强调以下几个方面：幼儿园教师要具有观察了解幼儿、掌握不同年龄幼儿身心发展特点和个体差异的能力；要具有环境的创设与利用、一日生活的组织与保育、游戏的支持与引导、教育活动的计划与实施、对儿童的激励与评价等基本专业能力；能根据幼儿的特点和需要，给予适宜的指导，并能引发和支持幼儿的主动活动，引导幼儿在游戏活动中获得多方面的发展。

5．重视教师的反思与自主专业发展能力

美国学者波斯纳（G.J.Posner）说：“没有反思的经验是狭义的心得，至多只能是平庸的知识。”教育教学反思是教师自我检视、主动调节的一个过程，是观察、理解和评价教育教学实践

的一种手段，是对教育经验的重新组织和重新建构。正如《专业标准》所强调的，幼儿园教师要具有不断进行专业化学习、实践、反思和提高的意识与能力。这既是现代社会发展、教育改革对教师的必然要求，也是幼儿教师不断成长的必然要求。《专业标准》在“基本理念”和“专业能力”中均提出对教师反思与自主发展的明确要求，进一步指出了幼儿园教师在教育工作中应“主动收集分析相关信息，并不断进行反思，改进保教工作”。同时，应制定个人专业发展规划，通过不断的学习、实践、反思，不断提高自身专业素质，从而为学前教育质量的提升和幼儿一生的健康发展打下良好的基础。

四、如何保障《专业标准》的有效实施

《专业标准》正是应学前教育事业发展之需，在加快普及学前教育的新形势下为保障教师队伍质量和幼儿健康成长而出台的重要文件之一。其目的在于为各类幼儿教育工作者提供借鉴、依据。因此，怎么保障实施是一个重要问题，否则也只能将其束之高阁。

（一）各级教育行政部门要将其作为幼儿园教师队伍建设的基本依据

学前教育是以公益性为根本属性、公共产品属性不断趋强的准公共产品，加快学前教育立法。因此，根据学前教育改革发展的需要，充分发挥其引领和导向作用，深化教师教育改革，建立教师教育质量保障体系，不断提高幼儿园教师培养培训质量。制定幼儿园教师准入标准，严把幼儿园教师入口关；制定幼儿园教师聘任（聘用）、考核、退出等管理制度，保障教师合法权益，形成科学有效的幼儿园教师队伍管理和督导机制。

（二）开展幼儿园教师教育的院校要将其作为幼儿园教师培养培训的主要依据

由于一直缺乏正式的幼儿教师专业发展标准，因此幼儿教师行业的准入门槛较低，造成幼儿教师队伍素质参差不齐。因此，要对现阶段幼儿教师专业发展水平进行有效评估，分层制定幼儿教师专业发展规划。同时，重视幼儿园教师职业特点，加强学前教育学科和专业建设。完善幼儿园教师培养培训方案，科学设置教师教育课程，改革教育教学方式；重视幼儿园教师职业道德教育，重视社会实践和教育实习；加强从事幼儿园教师教育的师资队伍建设，建立科学的质量评价制度。

（三）各级各类幼儿园要将其作为教师管理的重要依据

制定幼儿园教师专业发展规划，注重教师职业理想与职业道德教育，增强教师育人的责任感与使命感；开展园本研修，促进教师专业发展；完善教师岗位职责和考核评价制度，健全幼儿园教师绩效管理机制。

（四）幼儿园教师要将其作为自身专业发展的基本依据

幼儿教师是孩子走出家庭的“第一任教师”，承担着启蒙教育阶段帮助幼儿获得学习经验和促进幼儿身心全面发展的任务。幼儿的成长离不开教师的引导，教师的成长离不开专业知识的引领。因此，作为幼儿教师更应该深入学习《专业标准》，加强自身学习和反思，不断提高保教水平，提升职业道德和专业素养；制定自我专业发展规划，爱岗敬业，增强专业发展自觉性；大胆开展保教实践，不断创新；积极进行自我评价，主动参加教师培训和自主研修，逐步提升专业发展水平。

第四节 《3～6岁儿童学习与发展指南》的解读

2012年10月9日，我国教育部正式颁布《3～6岁儿童学习与发展指南》（以下简称《指南》），意在通过提出一整套幼儿学习与发展的目标体系，并配合目标提出有针对性的教育建议向社会各界传达正确的教育观、儿童观、发展观，引导成人正确地支持幼儿学习，科学地帮助幼儿达到教育期望。

一、《指南》制定的背景、目的与作用

（一）《指南》制定的背景

1. 建设社会主义和谐社会的需要

幼儿教育关系着我国数千万幼儿的发展，寄托着数千万家庭对未来美好生活的期盼。提高质量是教育改革发展的核心任务，要树立以提高质量为核心的教育发展观，注重教育内涵发展，以“幼儿为本”的教育理念，从而保障适龄儿童接受基本的、有质量的学前教育。《指南》以提高幼儿教育质量为宗旨，以促进每一个幼儿学习与发展质量为目标，是幼儿教师学习的根本。幼儿园作为基础教育的基础，更要为孩子扣好人生第一粒扣子。

学前教育是国民教育体系和社会公共服务体系的重要组成部分，努力办好人民满意的学前教育是一项系统工程。正是从这个意义上，可以说以提高幼儿教育质量为宗旨、以促进每一个幼儿学习与发展质量为目标的《指南》的制定与出台是对社会需要的积极回应。

2. 我国教育发展的需要

党的十九届五中全会通过的《中共中央关于制定国民经济和社会发展第十四个五年规划和二〇三五年远景目标的建议》明确提出，建设高质量教育体系，要全面贯彻党的教育方针，坚持立德树人，培养德智体美劳全面发展的社会主义建设者和接班人。把立德树人作为“十四五”时期和未来更长一段时期教育发展的指导思想和根本任务，再次凸显出立德树人的极端重要性，标志着党对教育发展规律和人才培养规律的认识达到了新高度。而《国家中长期教育改革和发展规划纲要（2010—2020年）》（以下简称《规划纲要》）则提出了“把提高质量作为教育改革发展的核心任务”“树立以提高质量为核心的教育发展观，注重教育内涵发展”的战略目标。这不仅标志着我国教育步入了以质量为核心的新的发展时期，也为我国幼儿教育在今后一段时间内的发展指明了必须遵循的方向。据此，幼儿教育发展必须聚焦质量，狠抓内涵，以制定与出台《指南》的积极举措来落实《规划纲要》的有关精神，促进幼儿教育向着以提高质量为核心的方向科学地发展。因此，制定《指南》是贯彻落实《规划纲要》的重要举措。

3. 借助联合国儿童基金会“遍及全球”项目的契机

联合国儿童基金会从2002年开始，在全球的发展中国家发起了一个制定早期儿童学习与发展标准的项目，称“遍及全球”（GoingGlobalProject）项目，旨在从保护儿童的权利出发，通过帮助发展中国家政府制定明确的早期儿童学习与发展标准，促进其学前教育质量的提高，帮助幼儿做好入小学的准备，进而推动教育的“起点公平”。由于该项目针对发展中国家学前教育中普遍面临的问题与需要，不少发展中国家积极地参与这一项目，我国也是如此。

我国社会发展、教育发展的实际需求与国际项目的推动，促成了教育部与联合国儿童基金会在研制我国的《指南》项目上的合作。借助“遍及全球”项目的契机，教育部基础教育司从2005年起，组织我国幼儿发展与教育方面的专家，着手研制以家长和教师为主要使用对象的《指南》。

（二）《指南》制定的目的

人生百年，立于幼学。学龄前阶段是人生最重要的启蒙时期，科学的学前教育对人的后继学习和终身发展具有不可替代的重要作用。《指南》是教育部于2012年10月正式颁布的一份纲领性文件，整个研制过程经历了7年之久，在这个过程中，专家组还多次对《指南》进行效度检验。专家制定了3～6岁儿童学习发展目标以后，又从全国各个地区选了3600名儿童来检验该发展目标的难易程度。

《指南》“说明”第二条明确地表述了制定的目的是以为幼儿后继学习和终身发展奠定良好素质基础为目标，以促进幼儿体、智、德、美各方面的协调发展为核心。这充分表明，要以幼儿现实的、全面的、协调的发展和未来的可持续的、终身的发展为出发点与落脚点，其根本目的是在幼儿教育阶段深入地推动素质教育的实施，促进每一个幼儿获得全面的、基本的发展。与此同时，“说明”中还表述了《指南》目的的实现途径，即“通过提出3～6岁各年龄段儿童学习与发展目标和相应的教育建议，帮助幼儿园教师和家长了解3～6岁幼儿学习与发展的基本规律和特点，建立对幼儿发展的合理期望，实施科学的保育和教育，让幼儿度过快乐而有意义的童年”。也就是说，这一目的的实现主要是通过两个途径：一是提出一整套幼儿学习与发展的目标体系；二是配合目标提出有针对性的教育建议，将正确的教育观、儿童观、发展观自然地渗透其中，引导成人用正确的方法去支持幼儿的学习与发展，科学地帮助幼儿达到教育的期望。因此，这两个途径也使《指南》基本实现了目的性与操作性的统一。

（三）《指南》制定的作用

1. 能够有效转变公众的教育观念

《指南》的实施有助于在全社会树立正确的儿童观、教育观和质量观，引导家长更新教育观念，尊重儿童的天性和认知规律，珍惜儿童童年生活的独特价值，支持幼儿园开展科学保教，自觉抵制那些拔苗助长、违反儿童身心健康的错误观念和做法，把幼儿教育的先进理念普及到家庭和全社会。

2. 能够有效提高广大幼儿园教师的专业素质

幼儿园教育的深入改革与发展对教师的专业素质提出了越来越高的要求。幼儿教师专业素质的核心是了解幼儿、有效地帮助幼儿学习和发展。《指南》言简意赅地表明了各领域对幼儿学习与发展的意义、领域目标、教育要点和注意事项，共同体现了幼儿教育的价值导向，能够指导广大教师实施有效的教育教学。同时，它也能够帮助教师进一步深入掌握幼儿各领域及年龄段的学习与发展目标，科学实施保育和教育。此外，能够通过“教育建议”的引导，帮助教师提高针对幼儿某一发展目标，设计或展开相应的活动、改善课程与教学、创造课程的能力。可见，《指南》的研制有助于广大教师专业素质的提升。

3. 能够有效提高广大家长的科学育儿能力

家长是《指南》的主要使用者，也是幼儿的第一任教师，家长与幼儿的关系状况对幼儿早期学习和发展具有至关重要的作用。由于《指南》比较关注幼儿在家庭里的行为表现，加之《指南》的先进教育观念通俗易懂，内容简洁明确，活动易于操作，教育建议也较多地照顾了家庭、特别是农村家庭的条件和可能性，因此，《指南》能够让家长获得许多关于教育幼儿的知识和教育方法。同时，渗透在《指南》中的正确教育观念有利于帮助家长形成对幼儿、幼儿的学习和发展、幼儿的入学准备、幼儿教育本质等的正确理解，有利于促进家长以平等、尊重的态度对待孩子，学会理解孩子，用科学的方法教育孩子，从而有效地提高家长的教育能力和家庭教育质量。

4. 能够有效防止和克服“小学化”倾向，全面提高学前教育质量

在学前教育跨越式发展的历史新阶段，研究制定《指南》，是贯彻落实《规划纲要》和学前教育“国十条”的重要举措。《规划纲要》明确提出：遵循幼儿身心发展规律，坚持科学保教方法，保障幼儿快乐健康成长。“国十条”明确要求“国家颁布幼儿学习与发展指南”。《指南》的印发对于有效转变公众的教育观念，提高广大幼儿园教师的专业素质和家长的科学育儿能力，防止和克服“小学化”倾向，全面提高学前教育质量具有重要意义。

二、《指南》的内容框架、价值蕴涵与基本理念

《指南》是一个针对3～6岁儿童学习和发展的导向性文件，是基于处于3～6岁儿童身心发展的规律与学习特点以及对我国幼儿学习与发展状况的调查研究，以一整套比较科学、明确、具体的标准、指标与支持性策略活动，来反映国家对3～6岁儿童学习与发展的方向与应达水平的合理期望，并体现了国家对幼儿教育的方向与质量的基本要求。“正文”从3～6岁儿童学习与发展的五个领域分别描述了幼儿的学习与发展。这五个领域分别是“健康”“语言”“社会”“科学”“艺术”，既是幼儿最基本最重要的学习领域，也是幼儿发展的最基本、最重要的方面。一是学习与发展目标，分别对3～4岁、4～5岁、5～6岁三个年龄段末期幼儿应该知道什么、能做什么、大致可以达到什么发展水平提出了合理期望，共32个目标；二是教育建议，根据幼儿的学习与发展目标，针对当前学前教育普遍存在的困惑和误区，列举了一些能够有效帮助和促进幼儿学习与发展的教育途径与方法，同时指出了错误做法对幼儿终身发展的危害，为广大家长和幼儿园教师提供了具体、可操作的指导，共87条教育建议。

当今世界对学前教育发展提出越来越高的要求，基本趋势是对学前教育质量及教育公平的日益关注。教育部制定《指南》，既是贯彻落实《国家中长期教育改革和发展规划纲要（2010—2020年）》的重要举措；也是贯彻落实《国务院关于当前发展学前教育的若干意见》的必然措施。历时6年研制时间，先后经历了文献研究、文本起草、效度检验、三次集中征求意见和学前教育专家指导委员会审议五个阶段，一方面体现了《指南》文本的背后凝聚了整个研制团队大量的心血与智慧；另一方面充分体现了科学性、民主性与先进性、时效性、操作性等特点。同时，多次在不同范围内自上而下与自下而上的广泛征求意见，又体现了教育部决策的民主性。它所承载的内涵与价值极其厚重：既有理性的高度，又有人性的温度；既具有重要的现实意义，又具有深远的历史价值。具体来说，主要有以下几点。

1. 体现了“育人为本”的理念

从本源上看，教育是一种基于人、通过人而又为了人的活动。教育的基本宗旨在于树人育人，以促进每一个儿童的健康成长和终身幸福。正如《规划纲要》提出的“优先发展、育人为本、改革创新、促进公平、提高质量”的工作方针。“育人为本”是以尊重客观规律为基础的“科学发展观”在教育中的体现。《指南》中指出的：“以为幼儿后继学习和终身发展奠定良好素质基础为目标，以促进幼儿体、智、德、美各方面的协调发展为核心，……让幼儿度过快乐而有意义的童年”，表达的就是“育人为本”的价值诉求。

2. 高扬了“尊重儿童”的旗帜

在我国古代教育发展史上，孔子提出了“有教无类”“启发诱导”和“因材施教”的教学思想，《学记》则提出了“导而弗牵，强而弗抑，开而弗达”这一启发性教学原则。在西方近现代教育发展史上，卢梭的“自然主义”教育理论、裴斯泰洛齐的“和谐发展”教育观，以及蒙台梭利和杜威的教育思想与实践等无不蕴含着“尊重儿童”的人文情怀。

卢梭在《爱弥儿》中提出：最好的教育是无所作为的教育。学生看不到教育的发生，却实实

在在地影响着他们的心灵，帮助他们发挥了潜能，这才是最好的教育。虽然《纲要》指出：幼儿园教育应尊重幼儿身心发展的规律和学习特点，充分关注幼儿的经验，引导幼儿在生活和活动中生动、活泼、主动地学习。教育活动目标的确定要以对本班幼儿的发展水平和原有经验的了解为基础。教育活动内容的选择符合幼儿的兴趣和现有经验、贴近幼儿的生活、注重幼儿学习的必要性、妥当性。教育活动内容的组织应充分考虑幼儿的学习方式和特点，而这些条目还停留在抽象的理性层面，往往缺乏具体的可操作性。而《指南》却与之不同，它细致地描述了幼儿的学习与发展，并提出了具有极强的实操性的教育建议。

3. 增强了“家园共育”的合力

家长是幼儿园教师的重要合作伙伴，应本着尊重、平等的原则，吸引家长主动参与幼儿园的教育工作。幼儿园和家庭的合作伙伴关系中，合作是关键，幼儿园和家庭是一种联盟，共同分享权利。家园合作不仅使幼儿在园获得的学习经验能够在家庭中得到延续、巩固和发展，也使幼儿在家庭获得的经验能够在幼儿园的学习活动中得到应用。《指南》科学地回答了3～6岁儿童“应该知道什么、能做什么”“应该学习什么、怎样学习”，以及教师与家长“应该提供怎样的帮助与指导”等有关幼儿学习与发展的基础性与根本性问题，这不仅有助于提高教师与家长科学施教的意识与能力，而且有助于他们对幼儿的学习与发展达成基本的共识，从而保持步调一致，结成更稳定的互惠关系，增强“家园共育”的合力。

总之，《指南》揭示了3～6儿童学习与发展的一般样态和基本方向，旨在指导我国3～6岁儿童学习与发展的方向，其本质是导向性、引领性的，而不是要对幼儿发展的具体水平或者发展方式、速度等做出统一规定或量化要求。

三、《指南》与《纲要》的关系

《纲要》的深入贯彻需要一个能在其理念与教育实践之间过渡的桥梁，《指南》正是这样的一个桥梁。《指南》由教育部制定，是学前教育领域内继《纲要》之后的又一纲领性文件。以为幼儿后继学习和终身发展奠定良好素质基础为目标，以促进幼儿体、智、德、美各方面的协调发展为核心，提出3～6岁各年龄段儿童学习与发展目标和相应的教育建议，从而帮助幼儿园教师和家长了解这一年龄阶段幼儿学习与发展的基本规律和特点。

《指南》与《纲要》在对象、层次、内容、功能等方面是不同的，并从教育和儿童发展的不同角度提出要求。《纲要》是指导和规范幼儿园的整个保育和教育工作的宏观性指导文件，各部分内容都是针对幼儿园教育各环节的全面指引与规范，这一功能是《指南》所不具备的。《指南》根据社会发展的需要和幼儿发展的实际，与时俱进地在各领域的目标上提出了许多新的内容与视点，进一步地丰富与发展了《纲要》领域的目标。因此，广大幼教工作者结合自己的理论研究和实践探索，将两者相互呼应和相互补充，不断反思和学习，以加深理解。

四、《指南》说明部分的解读

《指南》的内容由“说明”与“正文”两个部分构成。“说明”简要地指出了《指南》制定的背景与目的、目标与作用、内容与结构以及实施原则等。

（一）《指南》制定的背景与目的

为深入贯彻《国家中长期教育改革和发展规划纲要（2010—2020年）》和《国务院关于当前发展学前教育的若干意见》，指导幼儿园和家庭实施科学的保育和教育，促进幼儿身心全面和谐发展，教育部制定了《3～6岁儿童学习与发展指南》。

（二）《指南》的目标与作用

以为幼儿后继学习和终身发展奠定良好素质基础为目标，以促进幼儿体、智、德、美各方面的协调发展为核心，通过提出3～6岁各年龄段儿童学习与发展目标和相应的教育建议，帮助幼儿园教师和家长了解3～6岁幼儿学习与发展的基本规律和特点，建立对幼儿发展的合理期望，实施科学的保育和教育，让幼儿度过快乐而有意义的童年。

（三）《指南》的内容与结构

从健康、语言、社会、科学、艺术五个领域描述幼儿的学习与发展。每个领域按照幼儿学习与发展最基本、最重要的内容划分为若干方面。每个方面由学习与发展目标和教育建议两部分组成。

目标部分分别对3～4岁、4～5岁、5～6岁三个年龄段末期幼儿应该知道什么、能做什么，大致可以达到什么发展水平提出了合理期望，指明了幼儿学习与发展的具体方向；教育建议部分列举了一些能够有效帮助和促进幼儿学习与发展的教育途径与方法。

（四）《指南》的实施原则

1. 关注幼儿学习与发展的整体性

儿童的发展是一个整体，要注重领域之间、目标之间的相互渗透和整合，促进幼儿身心全面协调发展，而不应片面追求某一方面或几方面的发展。

2. 尊重幼儿发展的个体差异

幼儿的发展是一个持续、渐进的过程，同时也表现出一定的阶段性特征。每个幼儿在沿着相似进程发展的过程中，各自的发展速度和到达某一水平的时间不完全相同。要充分理解和尊重幼儿发展进程中的个别差异，支持和引导他们从原有水平向更高水平发展，按照自身的速度和方式到达《指南》所呈现的发展“阶梯”，切忌用一把“尺子”衡量所有幼儿。

3. 理解幼儿的学习方式和特点

幼儿的学习是以直接经验为基础，在游戏和日常生活中进行的。要珍视游戏和生活的独特价值，创设丰富的教育环境，合理安排一日生活，最大限度地支持和满足幼儿通过直接感知、实际操作和亲身体验获取经验的需要，严禁“拔苗助长”式的超前教育和强化训练。

4. 重视幼儿的学习品质

幼儿在活动过程中表现出的积极态度和良好行为倾向是终身学习与发展所必需的宝贵品质。要充分尊重和保护幼儿的好奇心和学习兴趣，帮助幼儿逐步养成积极主动、认真专注、不怕困难、敢于探究和尝试、乐于想象和创造等良好学习品质。忽视幼儿学习品质培养，单纯追求知识技能学习的做法是短视而有害的。

五、《指南》各领域内容的解读

《指南》分五大领域：语言、社会、艺术、健康、科学。每个领域下又分子领域，比如社会领域的子领域有两个，分别是人际交往和社会适应，每个子领域下又分目标1、2、3，每个目标1、2、3下又包含各个年龄段孩子的典型性表现，最后是综合给出教育建议。

（一）对健康领域的整体认识

健康是指人在身体、心理和社会适应方面的良好状态。幼儿阶段是儿童身体发育和机能发展极为迅速的时期，也是形成安全感和乐观态度的重要阶段。发育良好的身体、愉快的情绪、强健的体质、协调的动作、良好的生活习惯和基本生活能力是幼儿身心健康的重要标志，也是其他领域学习与发展的基础。《指南》指出："健康是指人在身体、心理和社会适应方面的良好状态"，同时提出"发育良好的身体、愉快的情绪、强健的体质、协调的动作、良好的生活习惯和基本生活能力是幼儿身心健康的重要标志"。由此可见，幼儿的健康包括身体健康和心理健康。

同时，《指南》将幼儿在健康领域中的学习与发展划分为"身心状况""动作发展""生活习惯和生活能力"三个方面内容，为幼儿园开展健康领域的工作指明了基本方向。

首先，"身心状况"包括幼儿身体和心理两个方面的发展状况，这是正确健康观念的重要体现。根据幼儿体态发育、情绪表现和适应能力三个维度提出了幼儿阶段需要学习和发展的具体目标，集中表现为幼儿在身体形态、机能和心理发展的基本状况。其次，"动作发展"包括身体大肌肉动作和手部小肌肉动作的发展目标。最后，"生活习惯与生活能力"包括与幼儿健康成长密切关联的生活习惯、卫生习惯、生活自理能力和安全生活的能力。良好的生活与卫生习惯是维护和促进幼儿自身健康的重要保证。

（二）对语言领域的整体认识

《指南》在语言部分开宗明义地指出："语言是交流和思维的工具。幼儿期是语言发展，特别是口语发展的重要时期。幼儿语言的发展贯穿于各个领域，也对其他领域的学习与发展有着重要的影响：幼儿在运用语言进行交流的同时，也在发展着人际交往能力、理解他人和判断交往情境的能力、组织自己思想的能力。通过语言获取信息，幼儿的学习逐步超越个体的直接感知。"《指南》中的语言领域，从倾听与表达、阅读与书写的准备两个方面，提出6个目标，着重强调了以下几点。一是强调幼儿期是语言发展的关键期，是后继语言学习和终身语言发展的基础；二是强调交流沟通是学习语言的重要途径；三是强调幼儿的阅读和书写主要是激发幼儿对阅读和书写的兴趣，是为后继的语言学习做准备阶段。

（三）对社会领域的整体认识

《指南》在社会部分开宗明义地指出："幼儿社会领域的学习与发展过程是其社会性不断完善并奠定健全人格基础的过程。人际交往和社会适应是幼儿社会学习的主要内容，也是其社会性发展的基本途径。幼儿在与成人和同伴交往的过程中，不仅学习如何与人友好相处，也在学习如何看待自己、对待他人，不断发展适应社会生活的能力。良好的社会性发展对幼儿身心健康和其他各方面的发展都具有重要影响。"《指南》的社会领域从人际交往和社会适应两个方面，着重强调了三点：一是培养幼儿的交往愿望与交往能力；二是学习自尊、自主和自信；三是关心和尊重他人，逐步适应群体生活，拥有积极正确的情绪与情感并遵守基本的行为规范。

（四）对科学领域的整体认识

《指南》在科学部分开宗明义地指出："幼儿的科学学习是在探究具体事物和解决实际问题中，尝试发现事物间的异同和联系的过程。幼儿在对自然事物的探究和运用数学解决实际生活问题的过程中，不仅获得丰富的感性经验，充分发展形象思维，而且初步尝试归类、排序、判断、推理，逐步发展逻辑思维能力，为其他领域的深入学习奠定基础。"《指南》的科学领域从科学探究和数学认知两个方面，提出6个目标，强调幼儿的科学学习应注重激发幼儿的探究兴趣、体验探究过程，培养初步的探究能力；幼儿的数学学习应注重在生活和游戏中感知数学的有用和有趣，初步理解数量关系、形状与空间关系，培养初步的逻辑思维能力。在教育建议方面，强调成人要善于发现和保护幼儿的好奇心、求知欲，注重探究过程，引导幼儿通过观察、比较、操作、实验等方法，学习发现问题、分析问题和解决问题。

（五）对艺术领域的整体认识

《指南》在艺术部分开宗明义地指出："艺术是人类感受美、表现美和创造美的重要形式，也是表达自己对周围世界的认识和情绪态度的独特方式。每个幼儿心里都有一颗美的种子。幼儿艺术领域学习的关键在于充分创造条件和机会，在大自然和社会文化生活中萌发幼儿对美的感受和体验，丰富其想象力和创造力，引导幼儿学会用心灵去感受和发现美，用自己的方式去表现和创造美。"《指南》中确定了艺术领域的4个目标，划分了感受与欣赏、表现与创造两个子领域。其中，对于子领域一"感受与欣赏"，主要要求是让每个幼儿学习善于在生活中发现美、感受美；对于子领域二"表现与创造"，主要要求幼儿能够乐于用自己的方式表现美和创造美。强调让幼儿学会发现和感受自然界与生活中的美，让幼儿欣赏多种艺术形式和作品，萌发对美的感受和体验；鼓励和支持幼儿自发的艺术表现和创造，培养初步的艺术表现能力与创造能力。

本章小结

本章围绕《规程》《纲要》《专业标准》《指南》四个比较重要的学前教育政策法规进行了解读。首先，分析了《规程》的制定意义、主要理念、内容解析等。其次，从制定意义、指导思想、内容解读等方面对《纲要》进行阐述；再次，对《专业标准》的制定背景、内涵透视、内容框架的解读等进行论述；最后，针对《指南》制定的背景、目的与作用进行介绍，在此基础上重点分析了《指南》的内容框架、价值蕴涵与基本理念，并进一步阐述了《指南》与《纲要》之间的关系，从而对其内容进行初步解读。

关键术语

幼儿为本、师德为先、能力为重、终身学习、学习品质、个体差异、学习方式、幼儿学习与发展的整体性

建议的活动

1. 结合幼儿园实习过程中的所思、所想、所悟，积极探寻幼儿园的生活活动、游戏活动、教学活动、区域活动过程中如何体现《规程》《纲要》《指南》的有关要求。

2. 以学前教育专业见习为基础，围绕《专业标准》开展幼儿园教师的访谈，从而加深对专业理念与师德、专业知识和专业能力这三个维度的理解和认识。

拓展阅读

1. 李季湄，冯晓霞. 3～6岁儿童学习与发展指南解读[M]. 北京：人民教育出版社，2013.

2. 中华人民共和国教育部. 3～6岁儿童学习与发展指南[M]. 北京：首都师范大学出版社，2015.

3. 中华人民共和国教育部. 幼儿园教育指导纲要（试行）[M]. 北京：北京师范大学出版社，2001.

4. 中华人民共和国教育部. 幼儿园工作规程[M]. 北京：首都师范大学出版社，2016.

参考文献

[1] 谌启标，柳国辉．美国中小学的“校本管理”改革探略 [J]．比较教育研究，1999，(04).

[2] 杨天平．儿童的委托：美国家长参与儿童早期教育情况透视 [J]．学前教育研究，2004，(05).

[3] 刘明．英国家园合作的特点及启示 [J]．当代学前教育，2008，(02).

[4] 李生兰．幼儿园与家庭、社区合作共育的研究 [M]．上海：华东师范大学出版社，2003.

[5] 周南．瑞士幼儿教育 [J]．外国教育动态，1981，(05).

[6] 陶金玲．德国学前教育特色之二：管理与师资 [J]．山东教育，2007，(27).

[7] 刘焱．英国学前教育的现行国家政策与改革 [J]．比较教育研究，2003，(09).

[8] 胡惠闵．德国的家园合作实践 [J]．幼儿教育，2002，(06).

[9] 刘明．英国家园合作的特点及启示 [J]．当代学前教育，2008，(02).

[10] 李飞，张桂春．中美两国家校合作机制差异之比较 [J]．教育探索，2006，(03).

[11] 欣雯．当代家园对话录 [J]．早期教育，2001，(03).

[12] 缪建东．家园合作模式解析 [J]．早期教育，2003，(12).

[13] 解玉真．“互动式”家教指导模式：实现家园共育的有效途径 [J]．学前教育研究，2005，(21).

[14] 纪红霞．“家庭小队”：家园共育中的家庭合作组织 [J]．学前课程研究，2009，(06).

[15] 李秀丽，潘进芬．幼小衔接中社会适应性教育的家园协作 [J]．早期教育（教师版），2010（Z1).

[16] 尹芳．新时期幼小衔接问题的调查与思考 [J]．早期教育（教师版），2008（6).

[17] 李玉杰，赵春颖，李桂云．幼儿园与小学教育衔接的有效策略 [J]．教育探索，2012（12).

[18] 杨文．当前幼小衔接存在的问题及其解决对策 [J]．学前教育研究，2013（8).

[19] 钟启泉．现代课程论 [M]．上海：上海教育出版社，1989.

[20] 施良方．课程理论：课程的基础、原理与问题 [M]．北京：教育科学出版社，1996.

[22] 冯晓霞．幼儿园课程 [M]．北京：北京师范大学出版社，2000.

[21] 王春燕，等，幼儿园课程论 [M]．北京：新时代出版社，2005.

[22] 高传孝，杨宝山，刘明才．课程目标研究 [M]．北京：教育科学出版社，2001.

[23] 韩和鸣．课程目标问题探讨 [J]．教育理论与实践，2006（1).

[24] 纪德奎．斯坦豪斯“过程模式”探微 [J]．沈阳师范大学学报（社会科学版），2005（2).

[25] 车艺．从方案教学看幼儿园课程的过程模式 [J]．学前教育研究．2000（3).

[26] 李雁冰，钟启泉．课程评价论 [M]．上海：上海教育出版社，2002.

[27] 王坚红．学前教育评价 [M]．北京：人民教育出版社，1994.

[28] 贾珀尔，等．学前教育课程 [M]．黄瑾，等，译．上海：华东师范大学出版社，2005.

[29] 刘晓东．解放儿童 [M]．北京：新华出版社，2002.

[30] 姚伟．儿童观及其时代性转换 [M]．合肥：安徽人民出版社，2000.

[31] 迈克尔・古里安．男孩女孩学习的差异 [M]．北京：华龄出版社，2003.

[32] 但菲，刘彦华. 婴幼儿心理发展与教育 [M]. 北京：人民出版社，2008.
[33] 庞丽娟. 中国教育改革30年：学前教育卷 [M]. 北京：北京师范大学出版社，2009.
[34] 中国学前教育研究会. 中华人民共和国幼儿教育重要文献汇编 [M]. 北京：北京师范大学出版社，1999.
[35] 李生兰. 学前教育学 [M]. 上海：华东师范大学出版社，2014.
[36] 教育部师范教育司. 教师专业化的理论与实践 [M]. 北京：人民教育出版社，2003.
[37] 庞丽娟. 教师与儿童发展 [M]. 北京：北京师范大学出版社，2001.
[38] 黄娟娟. 优秀幼儿教师教育行为研究 [M]. 上海：上海教育出版社，2002.
[39] 陈姝娟. 幼儿教师专业发展：专题与案例 [M]. 广州：广东高等教育出版社，2014.
[40] 朱继文. 师幼互动理念指导下的园本课程 [M]. 北京：北京师范大学出版社，2010.
[41] 晏红. 园本培训，促进幼儿教师专业发展 [M]. 北京：中国轻工业出版社，2010.
[42] 顾荣芳. 竹节的力量：关键事件与幼儿教师专业成长研究 [M]. 南京：南京师范大学出版社，2011.
[43] 李生兰. 学前教育法规政策的理解与运用 [M]. 南京：南京师范大学出版社，2012.
[44] 姚伟. 学前教育学 [M]. 2版. 北京：中国人民大学出版社，2022.
[45] 赵娟，靳琳，李敏. 幼儿园环境创设与玩教具制作 [M]. 2版. 北京：北京师范大学出版社，2020.
[46] 袁爱玲，廖莉. 幼儿园环境创设理论与实操 [M]. 上海：华东师范大学出版社，2017.
[47] 侯莉敏. 幼儿园学习环境创设的变迁、审思与再定义 [J]. 学前教育，2022 (11).
[48] 李英. 浅议幼儿园精神环境创设：和谐关系的建立 [J]. 黑河学刊，2016 (2).
[49] 陈云龙. 试谈幼儿园的制度文化建设 [J]. 早期教育，2005 (7).
[50] 梁奇. 生态学视野下的蒙台梭利环境探析 [D]. 西安：陕西师范大学，2009.
[51] 孟戡，夏雯娟. 学前教育学 [M]. 南昌：江西人民出版社，2015.
[52] 朱宗顺. 学前教育概论 [M]. 北京：高等教育出版社，2015.
[53] 吴娜. 中华优秀传统文化在幼儿园区域活动中的应用 [D]. 烟台：山东师范大学，2017.
[54] 叶蔚青. 挖掘乡土资源，创设农村幼儿园特色区域活动 [J]. 学前教育研究，2018 (11).
[55] 杨莉君，蒋良富. 学前教育政策法规 [M]. 2版. 湖南：湖南师范大学出版社，2019.
[56] 周小虎. 学前教育政策与法规 [M]. 2版. 北京：中国人民大学出版社，2022.
[57] 宋丽博，刘翠萍，李长伟. 学前教育政策法规 [M]. 北京：航空工业出版社，2018.
[58] 童宪明. 幼儿教育法规与政策 [M]. 3版. 上海：复旦大学出版社，2021.
[59] 王福兰. 新中国70年学前教育学科发展回顾与展望 [J]. 学前教育研究，2020 (10).
[60] 张浩茹，许游，连金金. 中国学前教育学源流考述及反思 [J]. 河南科技学院学报，2022 (42).
[61] 赵南. 学前教育学在我国的发展定位及其对学前教育事业的影响 [J]. 教育发展研究，2018 (38).
[62] 覃江梅，梁婷婷. 近十年美国学前教育研究热点及其启示：基于2011—2020年《早期儿童研究季刊》的可视化分析 [J]. 广东第二师范学院学报，2022，(42).
[63] 张斌. 美国学前教育研究的现状与热点：基于2017—2020年《早期儿童研究季刊》的量化分析 [J]. 教育评论，2022 (02).
[64] 池佳颖. 论现代儿童观的意义 [J]. 品位·经典，2021 (16).

[65] 王微丽. 幼儿园区域活动：环境创设与活动设计方法 [M]. 北京：中国轻工业出版社，2016.
[66] 程学琴. 放手游戏发现儿童 [M]. 上海：华东师范大学出版社，2017.
[67] 宁本涛. “五育”融合本质的再认识 [N]. 中国教师报，2020-12-09.
[68] 教育学原理编写组. 教育学原理 [M]. 北京：高等教育出版社，2019.
[69] 郑三元，邹巧玲，尹小晴. 学前教学基础 [M]. 北京：北京理工大学出版社，2018.
[70] 张妙妙. 幼儿园劳动教育的实践困境与对策研究 [D]. 华中师范大学，2021.